亚洲腹地
考古图记

- 修订版 -

[第一卷]

[英]奥雷尔·斯坦因 著

巫新华 秦立彦 龚国强 艾力江 译

GUANGXI NORMAL UNIVERSITY PRESS
广西师范大学出版社
·桂林·

亚洲腹地考古图记
YAZHOU FUDI KAOGU TUJI

出版统筹：罗财勇
项目统筹：唐　娟
编辑总监：余慧敏
责任编辑：罗财勇
责任校对：余慧敏　梁文春　唐　娟
　　　　　唐俊轩　朱筱婷　邹　婧
责任技编：伍先林
整体设计：智悦文化
营销编辑：薛　梅　花　昀

图书在版编目（CIP）数据

亚洲腹地考古图记：全五卷 /（英）奥雷尔·斯坦因
著；巫新华等译. -- 2 版（修订本）. -- 桂林：广西师
范大学出版社，2022.3
　　ISBN 978-7-5598-4280-0

　　Ⅰ. ①亚… Ⅱ. ①奥… ②巫… Ⅲ. ①考古发掘－发
掘报告－中国②考古发掘－发掘报告－中亚 Ⅳ. ①K883

　　中国版本图书馆 CIP 数据核字（2021）第 189994 号

广西师范大学出版社出版发行

（广西桂林市五里店路 9 号　邮政编码：541004）
　网址：http://www.bbtpress.com
出版人：黄轩庄
全国新华书店经销
广西广大印务有限责任公司印刷
（桂林市临桂区秧塘工业园西城大道北侧广西师范大学出版社
集团有限公司创意产业园内　邮政编码：541199）
开本：700 mm × 970 mm　1/16
印张：195　　字数：3 000 千
2022 年 3 月第 2 版　　2022 年 3 月第 1 次印刷
印数：0 001~1 500 册　　定价：2298.00 元（全五卷）

如发现印装质量问题，影响阅读，请与出版社发行部门联系调换。

再版前言

奥雷尔·斯坦因《亚洲腹地考古图记》（全四卷），原名 *Innermost Asia:Detailed Report of Explorations in Central Asia*，*Kan-su and Eastern Iran*（《亚洲腹地——中亚、甘肃及东伊朗探察之详尽报告》），重新校译修订版终于和读者见面了。

20 年前，广西师范大学出版社委托我组织学者翻译《亚洲腹地考古图记》，出版社领导、编辑和译者精诚合作，勠力工作，历时数年才完成翻译与编辑工作，使这部皇皇巨著的汉译本于 2004 年首版面世。让我深感自豪的是，20 年后，《亚洲腹地考古图记》汉译本修订再版之际，该译著仍是其原著的唯一外文译本。

1913 年 8 月 1 日，斯坦因在英属印度西北边境省政府支持下开始第三次中亚考古探险。他率队离开克什米尔，取道帕米尔，经喀什前往和田。10月下旬，斯坦因再次发掘和田河麻扎塔格遗址，获大量吐蕃文文书。然后他向东前往米兰，途中继续发掘尼雅和安迪尔遗址，获得数量可观的文物，尤其是一批佉卢文简牍和用古印度俗语书写的简牍令人印象深刻。

1914 年 3 月，斯坦因再次来到米兰遗址，把上次遗留下来的 11 幅精美壁画全部揭取带走。随后，斯坦因再次发掘楼兰古城遗址及其周围系列遗址，获得汉文、佉卢文、粟特文、婆罗米文等多种古代文书写本，以及古代丝织品、家具等文物。

1914 年 3 月 24 日，斯坦因到达敦煌，在莫高窟仅用 500 两银子就从王道士手里骗取了 570 多件古代写本和各种经幡绢画。5 月，斯坦因经安西到达酒泉。6月，斯坦因沿黑河向北考察，在黑城，发掘佛寺等遗址，获得大量汉文、西夏文、吐蕃文、波斯文和回鹘文等写本文书。7—8月，斯坦因经张掖勘察测绘走廊南山和甘州河河源山地。9月，斯坦因翻越天山经巴里坤到达奇台，考察北庭都护府遗址。10月，斯坦因到达吐鲁番，揭取木头沟柏孜克里克千佛洞珍贵壁画90余箱。

1915年1月，斯坦因发掘阿斯塔那墓地、哈拉和卓墓地，获得写本、丝织品、陶俑和钱币等文物，共计获取吐鲁番古代文物140余箱。此后，斯坦因陆续考察焉耆、库尔勒、库车、拜城等地遗址。

1916年2月底，斯坦因历时两年零八个月，行程近18 000公里的第三次中亚考古探险结束。此次探险，斯坦因共获得古代文物182箱，是他第二次探险所得古代文物数量的三倍以上。

此后，斯坦因花费十年时间，研究、撰写四卷本考古报告《亚洲腹地考古图记》。前两卷为正文，包括插图照片和附录，第三卷为图版，第四卷是地图，1928年出版。

《亚洲腹地考古图记》除了翔实的第一手资料和斯坦因的学术研究成果，还汇集了欧洲多学科权威学者合作研究的成果，因而具有很高的学术价值，成为学术界考古报告编写范例。

需要特别向各位读者说明的是，本版因故对原著的47幅地图未予收录，亦即2004年汉译本的第五卷，其余内容均予以完整保留，并对2004年汉译本进行重新校译修订，对译文进行加工润色，使之在翻译质量和编校质量上有了进一步的提高。

此外，本版在分卷上做了重新划分，以便印刷装订和阅读收藏。

由于我们翻译水平有限，译作中一定还存在诸多不妥和不足之处，敬请方家批评指正！

巫新华

2021年8月22日

2004 年汉译本前言

　　继斯坦因《西域考古图记》五卷汉译本出版之后，广西师范大学出版社组织编译的斯坦因的另一部学术巨著《亚洲腹地考古图记》的汉译本又面世了。

　　《亚洲腹地考古图记》是一部大型考古报告，是斯坦因 1913 年 7 月至 1916 年 2 月，历时两年零八个月、行程 11 000 英里，东迄河西走廊，经新疆塔里木盆地，西至阿姆河上游和伊朗；南自兴都库什山，经准噶尔，北达内蒙古西部地区，在这一时空范围进行的考古调查、发掘资料及研究成果。《亚洲腹地考古图记》记载了作者所考察的古代遗址、墓地、道路遗迹与所发现的大量重要文物。其中重要遗址和墓地有麻扎塔格山废堡遗址、尼雅遗址、鄯善"东故城"佛寺遗址、楼兰古城遗址、汉代长城及烽燧遗址、吐鲁番佛寺遗址和墓地以及从瓦罕经加兰、洛山、舒格楠至达尔瓦孜沿途的古老堡垒遗址，还有锡斯坦的科赫依瓦贾圣山上的萨珊遗址及其南部的史前遗址等。关于古代道路的考察，斯坦因发现颇多，如穿过达丽尔和丹吉尔山谷的中印古代佛教交流之路、喀拉塔仁什河首次探察的古道、从罗布泊到疏勒河的重要古代通道、塔里木盆地北边的古代文献记载的"北道"及绿洲、从喀什穿越俄属帕米尔和阿姆河上游经过的古代丝绸之路等。斯坦因在上述古代遗址附近和道路沿线发现了大量重要文物，如吐蕃文文书、佉卢文木简、佛寺壁画、丝绸、汉文木简和佛教经卷，党项文、吐蕃文手稿和雕版印刷品等。他发掘的古代墓葬出土的遗物，主要有萨珊时期、伊斯兰时期的文物，以及史前时期的石器和彩陶，还有用于体质人类学研究的400多个古人骨骼标本等。这些考古遗迹、遗物的重要性是显而易见的，它们成为研究新疆、中亚考古与历史，探察古代丝绸之路珍贵的科学资料。20世纪许多与此相关的"新学问"的建立，无不与这些新材料的发现有着直接关系。

本书作为一部大型考古学专著，除了以上所说的重要学术意义，还有以下几个特点：

第一，本书对这一地区的古代遗址和遗物考察及研究，始终以古代道路遗迹探索为纲。如果说丝绸之路是古代世界东方和西方光耀寰宇的历史项链，那么这条古代欧亚大通道上众多的古代遗址和历史文物则颇似这条项链上熠熠生辉的珍珠。是丝绸之路孕育出了这些历史的珍珠，没有古代道路，这些历史的珍珠和这条历史项链也就不复存在！正是基于这样的认识，作者在本书中始终以探索古代道路为纲。

第二，亚洲腹地的古今变化，使得作者在考古调查中特别关注人与环境的关系。斯坦因以其渊博的知识，探索并记述了古代河流的变迁、绿洲与沙漠间的环境变化。以这样的视角进行的科学考察，对揭示古代历史发展有着重要的意义，同时也为当前人们进一步研究人与环境的关系及采取相应对策，提供了宝贵的历史借鉴。

第三，考古学通过古代遗存研究人类历史，古代遗存涵盖面相当广泛，它们所涉及的内容几乎包括人类一切科学知识。因此，一部好的考古学著作必须是多学科的结合。80多年前编著《亚洲腹地考古图记》一书时，斯坦因邀集了当时相关知识领域最著名的科学家共同合作研究，如他曾邀请乔伊斯（英国皇家人类学学院副主席）进行体质人类学研究，索罗斯（英国皇家学会会员、牛津大学教授）进行岩石和沙子的分析研究，史密斯（大英博物馆副馆长）进行石器研究等。对这里出土古代文物中所发现的涉及汉文、梵文、和田文、粟特文、回鹘文、蒙古文、吐蕃文、突厥文等资料，斯坦因邀请了当时这些领域最著名的学者马伯乐、西尔文·列维、勒柯克、弗兰克、W.L.兰茨、威尔海姆·汤姆森、F.W.托马斯教授等进行了整理、翻译和研究。《亚洲腹地考古图记》由于多学科学者的良好合作，极大地提高了其学术水平，而且为这类研究提供了一个良好的范例。

　　《亚洲腹地考古图记》与《西域考古图记》一样，这里的考古资料是迄今研究新疆考古与历史最为宝贵的资料，斯坦因以此为基础所开展的研究，也是代表当时最高学术水平的，至今仍具有学科开创性、基础性的科学意义。从总体上来看，这些研究成果揭示出的历史显示：新疆自汉代以来已成为华夏的一部分，新疆地区的古代各族人民共同创造了新疆的古代历史和文化。在现在的新疆地区，汉唐以来至今 2 000 年间，汉族持续是这个历史舞台上的重要一员，一直起着政治主导作用。这些对我们正确地认识新疆历史，无疑有着重要意义。

　　《亚洲腹地考古图记》所反映的新疆古代历史说明，新疆各族人民为华夏民族的一部分，他们与祖国共兴衰；汉唐时期是华夏历史上的黄金时代，考古资料也反映出这一时期新疆历史处于其鼎盛时期。当今中国的改革开放、经济发展为世界所瞩目，西部大开发的号角已吹响，祖国将与新疆地区各族人民共创新的盛世。汉唐时期中华民族的新疆地区开发历史，为我们今天西部大开发提供了有力的、科学的理论支持。

　　作为一部学术专著，《亚洲腹地考古图记》从科学的视角向人们表明，新疆的开发要注意处理好人地关系。人类的活动不能忽视与自然的协调，自然的承受力是有一定限量的，本书所揭示出的这些人类历史的宝贵经验或教训，都将是我们当今建设新疆、开发西部地区的精神财富。

毋庸讳言，《亚洲腹地考古图记》虽然有重大科学价值，但作者于 20 世纪初在我国西部地区所开展的"探险"活动，无疑是属于地地道道的帝国主义对中国人民文化侵略的一部分。对于中国人民来说，此书现在的学术和现实意义，是当年帝国主义的文化侵略者们所不愿看到的。"据说，历史喜欢捉弄人，喜欢同人们开玩笑。本要到这个房间，结果却走进了另一个房间。"① 这大概就是历史魅力！今天我们组织翻译《亚洲腹地考古图记》，也正是基于它的学术和现实意义。

刘庆柱

2001 年 5 月 12 日

---

① 列宁：《资产阶级分子反对工人的方法》，《列宁全集》，第 20 卷，第 459 页，人民出版社，1958。

2004 年汉译本出版说明

本书根据克拉伦登出版社 1928 年版翻译。

斯坦因的《亚洲腹地考古图记》涉及古今多种语言文字以及历史、地理、文化、宗教、美术、建筑等多门学科，是一部语言现象复杂、学科门类繁多的综合性学术专著。我们在组织翻译和编辑过程中，为解决所遇到语言和技术上的问题，拟订了一些原则，特在此略作说明。

一、本书原名《亚洲腹地——中亚、甘肃及东伊朗探察之详尽报告》，作者无理地将我国新疆地区视为中亚而划出我国疆界之外，所谓"中国西部地区"则专指我国甘肃省地区，对此，我们一概不予承认，故此书翻译出版，定名为《亚洲腹地考古图记》。

二、为保持原书的原貌，译文力求忠实于原文。由于时代的局限、文化的差异以及其他原因，斯坦因的原书存在着这样或那样的不足；由于历史的原因，斯坦因原书中的学术观点，有些不很正确；原书中的某些专业术语，表述上也不够规范。此外，由于文化的差异，斯坦因原书中存在着一些知识性错误，如他把"开元通宝"误认为是唐高祖时期发行的钱币。尤其是斯坦因的探险考察还带有明显的政治目的和文化掠夺的性质，因此，他的一些观点具有自我辩护的成分。对这些不足之处，我们已在《西域考古图记》的前言中予以总的说明，在本书正文中则不作具体分析。因此，读者在征引该书观点时要妥加甄别。对原书的专业术语，我们一律保留原貌，但为方便读者阅读，我们在个别容易引起歧义的地方于原表述词后加注说明，阐明译者的意见。

三、确保中文资料的准确性。斯坦因从他人译作中转引了《史记》《汉书》《唐书》《大唐西域记》《魏略》等我国古代文献。这些文献经过多次转译，必然出现偏差和失误。为了确保引文的准确性，我们不根据原文转译，而是对照我国古代文献资料直接抄录。原书附录 A 中引用了一些汉文碑刻，我们也不根据原文转译，而是把碑刻内容直接抄录下来。

四、专有名词（包括人名、地名、著作名称等），均按通行译法翻译。一些译名虽不甚准确，但学术界已约定俗成，故一仍其旧，不再另译。为便于读者准确把握原意，个别冷僻专有名词未作汉译；一些中亚古代文字写卷中的人名、地名，因目前尚无约定俗成的译名，故亦未作汉译。

五、保留原书的计量单位、文物编号及遗物排序等，以便于使用和检索。原书大量使用的计量单位（如里、英里、英尺、英寸、码等），均不换算成现行的法定计量单位；原书中的文物编号、遗址编号，均保留原貌；原书中的附录排序和遗物排序，均有不连续的现象。这些，我们在翻译和编辑过程中，均未作调整。

六、人名、地名及其他方面的专有名词，首次出现时，于汉译名后附注原文，以后出现不再加注。

七、为便于读者查找和对照，我们对"著作名称缩略表"作了汉译，并附上原文。

八、原书注释及正文中征引了大量的文献，凡"著作名称缩略表"中已列有者，均用缩略语表示，凡"见上文（下文）某页"者，一律改为"见上文（下文）某章某节"；译本注文中征引著作的页码为英文版页码；原书注释以节为单位排序，译本以页为单位排序。

九、为了便于排版，有些图版按原图的一定比例缩小，缩小比例标示于各图版的图题上。如某图版按原图 85% 的比例缩小，则在该图版的图题标示：（缩 85%）。

十、地图翻译的说明（注：2004 年汉译本共收录地图 47 幅，本次修订版未予收录——译者）。本书地图所用地名多为 20 世纪初地名，许多地名俱是当地口语的音写，与现今地名出入较大。为保持原图资料的完整性，我们在保留原图音写地名的基础上，着重译出重要的山川、河流、戈壁、沙漠、绿洲、村庄等名称和各类遗址、遗址名称，对那些无视我国主权的地理命名，我们一律不予承认，并据有关资料对其作了修正。本书地图的翻译以国家测绘总局、新疆维吾尔自治区测绘局、甘肃省测绘局以及新疆维吾尔自治区地名委员会的相关地图、地名资料为主要依据。

广西师范大学出版社

2003 年 11 月

引　言

　　按照 1906—1908 年的探险经历和成果，我为本书所述的探险制定了计划。在 1906—1908 年的探险中，我穿越过整个中国新疆地区，考察古代遗址，进行地形学测量，一直到达中国的最西部（包括西藏）。尽管那一大片地区现在很荒凉，但历史上却曾有人居住过。那里的考古学问题和地理学问题令人着迷，吸引着我重新来到这片亚洲内陆的广袤地区。在那里，古代遗址早已被沙漠掩埋，从而为我们保存了古代文明的遗物。这个文明在印度佛教、中国、希腊化近东地区文化的综合影响下，发展并繁荣了一千多年。我在整理第二次中亚探险的成果时，多次想到能否再次进行卓有成效的探险，以补偿上一次考察时因时间紧张，一些遗址被遗漏的缺憾。这一想法一直被迫搁置一边。然而，那浩瀚沙漠的召唤，却是不可抗拒的。

　　第二次探险后，我给大英博物馆带回了大量文物。那些文物的整理和研究工作，使我在英国一直忙到 1911 年。即使在我重新回到印度，开始在印度西北边界和克什米尔那片我熟悉的土地上开展考古工作时，我仍得花大部分时间在《西域考古图记》的撰写上。1912 年，出于多种考虑，我向印度政府提交了一份思考已久的计划，希望能到中亚进行第

提议进行第三
次探险

三次探险（这时撰写《西域考古图记》这一繁重任务还远未完成）。我陈述的一条重要理由是，当时中国和俄属突厥斯坦地区的政治条件对考察工作比较有利。我的两位朋友——印度政府外交国务卿亨利·麦克马洪爵士（Henry McMahon）和英国驻喀什总领事马继业（George Macartney）爵士——劝我尽早起程。考虑到后来我们目睹的变化，我在此尤其要对他们充满洞察力的建议表示感激。

探险计划获得通过　　刚上任的印度总督哈定勋爵（Lord Hardinge）对我以前的探险经历一直深感兴趣。我的新探险就是在这样令人鼓舞的关怀下开始的，如今回想起来我仍心怀感激。印度政府给予了我慷慨的帮助，对此，我认为主要应该归功于两位朋友：一位是哈克特·巴特勒（Harcourt Butler）爵士，他当时是总督政务会的成员、教育部开明的部长，后来又相继担任联合省总督和缅甸总督；另一位是印度考古总监约翰·马歇尔（John Marshall）爵士，作为政府在考古方面的首席顾问，他对我的历次中亚探险的准备工作，以及探险成果的整理，一直给予极为热忱、有效的帮助。我的提议在 1913 年 4 月得到英国印度国务大臣的最后批准。印度政府给我拨款 3 000 英镑，以支付未来三年探险开支的预算。① 反过来，我在探险中得到的任何文物等"考古收益"，印度政府都享有独家所有权。将要在新德里成立的印度人种学、艺术和考古博物馆，是我未来"收获物"的第一个受益者。就这样，1913 年 7 月，我获准从克什米尔出发，开始了又一次长途跋涉。

---

① 后来在 1915 年印度政府又追加了一笔拨款，数额是 12 000 卢比。之所以如此，一方面是因为当时把大量文物运到印度去的费用增加了；另一方面，在战争爆发后，我所到的地区物价大幅上涨。

在我的探险中，地理考察将占很大比重。对此，印度测量局一开始就对我提供了极为有效的帮助。当时的印度总测量员（Surveyor-General）锡德尼·布拉德（Sidney Burrard）爵士、上校对我的这一部分计划，给予了热忱的帮助。我以前的地形学测量活动和测量成果的出版，都大大得益于他。他还同意把印度测量局的副总管助理拉伊·巴哈杜尔·拉尔·辛格（Rai Bahadur Lai Singh）调拨给我，做我的助手（拉尔·辛格是我经验丰富的老伙伴）。印度测量局专门拨款，承担雇用这些测量员的费用。此外，印度测量局还提供所需的一切测量器械，包括我和另一个助手米安·阿弗拉兹·古尔·汗（Mian Afraz-gul Khan）将要用到的器械（关于阿弗拉兹·古尔的帮助，下文将会说到）。

これ样，我们就有可能进行大规模的地形学考察了。与此同时，我在此还要表达对皇家地理学会的诚挚谢意。该学会不仅借给我一些测量设备，还给予了我道义上的慷慨支持。已故的学会秘书长约翰·凯特勒（John Keltle）爵士对我始终表示支持，他的支持永远伴随着我，我从中总是能得到真正的鼓励。

我之所以花很大一部分工夫和精力来直接研究地理学问题，是出于两个很重要的考虑：其一，我探险时将穿过内陆亚洲的某些地区，这些地区有的位于荒凉的山区，有的在大内流盆地的荒芜浩瀚的沙漠中，至今没有被系统测量过，甚至没有人绘制过地图；其二，从某些角度来说，这些地区的确是地球上最不吸引人的地方之一，但如果考虑到它们的历史，它们就是能够说明地理特征和人类活动之间关系的极合适的例子，而人类活动，就反映在历史和考古学遗物中。我曾做过一个演讲，题目是"内陆亚洲：地理作为历史的一个

印度测量局的帮助

皇家地理学会的支持

地理问题和历史问题是联系在一起的

因素"。① 在演讲中我已经详细讨论到，对于研究那一大片亚洲地区的历史和文物的学者来说，为什么很有必要研究该地区的地理特征。在那篇演讲中我还说到，科学地考察那一地区留下的人类历史踪迹（包括历史时期和史前时期的），对于研究一些人们争论已久的地理变化来说，也是很有帮助的。

地形学测量记录

前文我想简单地说明这样一个道理：在这一地区，对地形学事实的准确记录，于考古研究关系重大。因此，我对印度测量局的热心帮助尤为感谢，因为印度测量局使我能够在出版本书的同时，还发表了第四卷中的那些详细地图（注：2004 年汉译本收录了该卷全部地图，本次修订版未予收录——译者）。这 47 幅地图比例尺是 1∶500 000，是在台拉登（Dehra Dun）的三角测量处绘制的。它们汇编了我三次中亚探险的全部测量结果。这些测量活动，包括我和助手一直持续进行的平面测量，以及在条件允许时进行的三角测量和天文观测。这些测量范围足足跨越 28 个经度，8 个纬度，由此足以说明，为了这些实地的系统测量，我们付出了多大的努力。即便在这些地图上，有些地区看起来仍然没有被测量过，有的甚至完全没有被考察过，之所以如此，是因为那些地区大部分地面是令人生畏的浩瀚沙漠，或是与沙漠同样荒凉的高山地区，而要深入这些地区，从自然条件上来说是极为困难的。

绘制地图

由于地域辽阔，且每次探险带回来的资料性质又不同，因此想要完成这些地图的编绘、复制工作非常困难。这一工

---

① 参见《地理学杂志》（*Geographical Journal*）377～403 页、473～498 页，1925 年，第 65 卷 5—6 月刊。

作从 1916 年开始。之后，战争对测量局施加了很大压力，但大部分地图的编绘工作就是在这一艰难时期完成的。因此，对相继负责三角测量处的杰拉德·勒诺克斯-卡宁汗姆（Gerald Lenox-Cunyngham）爵士上校、E. A. 唐第（Tandy）上校和尊贵的 H. 麦克·考威（McC. Cowie），我都要特别致谢，感谢他们持续不懈的努力，使得地图编绘工作能在 1922 年夏最终完成。

　　这些地图中描绘的，是亚洲内陆中一块广大但轮廓清晰　　**地图备忘录**
的地区。它过去曾是印度、中国和西方文明的交汇点。它现在的状况，以及它曾扮演的重要历史角色，吸引了地理学家和历史学家越来越多的关注。实地考察中，在比例尺、时间、所受过的训练等条件允许的情况下，我一直致力于把目前的地理特点尽可能准确、详细地记录下来。在考察结束后的几年，我本人在地图的绘制、复制的各个阶段，对地图的修订花了很大力气。① 为此，我撰写了一本详尽的《备忘录》。在印度总测量员 C.H.D. 莱德（Ryder）上校的批准下，这份《备忘录》作为《印度测量局记录》（*Records of the Survey of India*）的第十七卷出版了。② 在《备忘录》中，我记录下了在我的指导下进行的全部测量活动，讨论了每一地区的重要地理特征。对每幅地图利用的资料，也提供了详细的注释。此外，我还在《备忘录》中详细解释了进行地图汇编时使用的方法，地理细节是如何表示的，以及当地地名等

---

　　① 大多数情况下，我先是校订地图的草稿、样稿等，当时我的考察报告中的相应章节还没有写。因此，编绘过程中的某些错误，或是绘图员的小错误，逃过了我的注意。

　　② 参见《中国新疆和甘肃地图备忘录》。出自奥雷尔·斯坦因爵士 1900—1901、1906—1908、1913—1915 年的测量活动，由印度帝国高级爵士奥雷尔·斯坦因撰写。附录的撰写者有：皇家工兵部队总指挥官 K. 梅森少校；理学博士 J. 德·格拉夫·亨特（J. de Graaff Hunter）。台拉登三角测量处 1923 年出版。第十三卷，共 208 页，29 幅图版，12 幅地图。

情况。对于《备忘录》的出版，我尤其要感谢印度测量局三角测量支局（如今改名为大地测量支局）的官员们。他们在编绘我的探险地图资料时，提供了各种极为热心的帮助。尤其要感谢的是：R.A.沃科普（Wauchope，已故）上校、H.特纳（Turner）上校、J.德·格拉夫·亨特博士、F.J.M.金（King）少校、K.梅森（Mason）少校和 W.E.伯里（Perry）少校。

拉尔·辛格的工作

拉伊·巴哈杜尔·拉尔·辛格是一个不知疲倦的老伙伴。关于他在我第三次探险中所做的工作，《备忘录》和地图本身都是充分的证明。[①] 他在干旱的沙漠地区和大风劲吹的山区进行测量，经受了很多严峻考验，有时甚至是冒着生命危险。读了本书的人就会明白这一点的。

其他印度助手

我另外还选了两个印度助手，这样就构成了我们的这支小探险队。事实证明，我这个选择是极为幸运的。其中一个助手是奈克·夏姆苏丁（Naik Shamsuddin）。他本是乔治王所属的孟加拉坑道工兵部队的一名下士，如今已经晋升为"贾玛达尔"（Jamadar）。我是从那一杰出部队的 J.E.迪吉（Dickie）少将阁下那里，把他"租借"来的，我发现他很能干，而且在需要技术才能的所有工作上都是把好手；另一个助手是年轻的军事测量员米安·阿弗拉兹·古尔·汗。他是个帕坦（Pathān）人（分布在阿富汗东南部和巴基斯坦西北部的民族——译者），属于虔诚的卡卡海尔（Kaka-khel）家族。当时他是开伯尔（Khyber）步枪队的一名印度士兵。1912 年，在乔治·鲁斯·克伯尔爵士（George Roos-Keppel）

---

① 我尽量让拉尔·辛格和我走不同的路线。地图上标明这些路线的方法，参见《备忘录》60 页以下。

的推荐下，我在印度西北边境的考古发掘中第一次雇用了
他。我很快发现他精力旺盛，聪明过人，在野外考古工作
中，是一个得力助手。他对地形问题敏感而且感兴趣，这使
得我还能让他参与到地形测量工作中，大大提高了我们的工
作效率。① 我们回来之后，由于他能力突出、勇气可嘉，获
得了麦克格雷格尔银质勋章（Macgregor Silver Medal），并进
入了印度测量局，担任副总管助理。自那之后，米安·阿弗
拉兹·古尔·汗［如今叫汗·萨西伯·阿弗拉兹·古尔·
汗（Khan Sahib Afraz-gul Khan）］工作成绩突出，证明把他
召入印度测量局是完全正确的决定。

　　前面已经说过，这次探险的考古学和地理学目的是密切　　探险的范围
联系在一起的。这就可以解释为什么探险范围很广。直到我
1916 年探险归来回到克什米尔（Kashmir），探险持续了近两
年零八个月，行程将近 11 000 英里。我探险的目的，不只是
考察古代遗址，为博物馆收集新资料，以供文物学和语言学
之研究。在我看来，同样重要的另外一点是，凡是能为古代
中亚道路所穿越的地区的历史和现状提供线索的东西，我都
要观察和记录下来。曾有几百年，那些道路都是商贸和文化
交流的通道。宗教信仰的影响和政治征服的影响，就是通过
它们传播的，从而把中国和印度、近东联系在了一起。有鉴
于此，本书的考察地理范围从中国西部的河西走廊，穿过整
个塔里木盆地（Tarim Basin），到阿姆河（Oxus）的最上游，
一直到伊朗；从南面的兴都库什（Hidoo koosh）山，经过准
噶尔，一直到准噶尔东北的内蒙古。这次探险回来之后，由

①　1915 年 2—3 月，阿弗拉兹·古尔克服极大的困难和物资匮乏之苦，成功完成了穿越罗布泊的
补充测量工作。参见本书第二十三章第四节之后。

于各种原因，我的时间很紧张，没能发表一份关于探险的个人回忆录（这样的回忆录能指导读者，理解本书中的考察范围和各部分的意义）。因此，下面我就有必要概述一下考察活动的内容。

我从克什米尔出发后，经过达丽尔（Darel）和丹吉尔（Tangir）山谷到达喀什（Karshgar），恰好彼时条件比较有利，使我能够穿过达丽尔山谷和丹吉尔山谷。那是兴都库什山中的一个地区，欧洲人从未涉足过。我经过之后，那一地区又陷入了部族之间纷争的无政府状态，再次对外封闭了（见第一章）。① 在那里，我追寻了一条古道。在佛教时期，中国朝圣者就是沿着它到达印度河流域的。然后，我经过亚辛（Yasin），穿过德尔果德（Darkot）冰川山口（该山口曾是一次著名的中国战役的地点），然后越过格拉姆巴尔（Karambar）河和罕萨（Hunza）河源头的那些雪山，在塔克墩巴什帕米尔〔Taghdumbash Pamir，今塔什库尔干（Tash-kurghan）境内——译者〕到达了中国境内。从那里到喀什的途中，我在大色勒库尔谷（the great Sariko Valley，今蒲犁县全境——译者）考察了某些古代遗址，并考察了一条新道。那条道是沿着难走的喀拉塔什（Kara-tash）河河谷朝下延伸的，迄今为止还没人探察过（见第二章）。

马继业爵士的帮助

我在喀什短暂休整了一下，住在我的老朋友、好客的马继业爵士家里（他是大英帝国的前任驻喀什总领事，现已逝世）。我利用这段时间组织了驼队。而且，马继业爵士对我

---

① 本书第四卷《奥雷尔·斯坦因爵士在穿过齐拉斯（Chilas）、达丽尔和丹吉尔时，所走的路线图》，是在第一章已经付印之后编绘的。那份地图体现了在我的指导下，拉尔·辛格进行的平面测量的结果。测量的比例尺是图上 1 英寸相当于实际距离 2 英里，测量覆盖了 1 200 平方英里的地区。那一地区以前从来没有一个欧洲人绘制过地图，甚至根本没有欧洲人到过。

未来的探险，给予了实际帮助，并提出了不少建议，使我受益匪浅。自从革命（指辛亥革命——译者）之后，中国新疆的行政管理状况有了很大变化。就是因为马继业爵士的一直关注和大力支持，才避免了官方后来对我的计划的严重阻挠。他很有影响力，而且富有远见，使我在中国的整个旅程都大为受益。对此，我将永远心怀感激。

从喀什出发后，我沿着一条没人考察过的沙漠古道，贴着天山最外围走，来到了巴楚（见第三章第一、二节）。然后，我试图从巴楚出发，穿过塔克拉玛干（Taklamakan）的沙海，直行到和田（khotan）河畔的麻扎塔格山（Mazā-tāgh）。经过艰难跋涉之后，我被可怕的沙山阻断了去路。但此时我已经获得了可靠的证据，证明了一个重要的地理事实：有一条古代山脉（因风蚀它如今已经完全消失），曾经把那些沙山和巴楚周围孤立的石山连在一起。之后，我沿着叶尔羌（Yarkand）河走，然后逆和田河的干河床而上，到了麻扎塔格山。在那里的一座废堡垒附近，我们获得了很多吐蕃文文书。此外，我们还发现了一座佛寺（第三章第三、四节）。

到了和田的旧营地后，我从和田古都和其他古代绿洲遗址上，获得了一些小文物（见第四章第一、二节）。那年冬天，我们的主要目标是罗布沙漠（Lop Deserts）。从和田营地到那里将近有 700 英里的路程，因此我们必须走得很快。尽管如此，我还是重新探访了达玛沟（Domoko）以远的古代居民点，以及尼雅河（Niya River）尾闾以远的居民点，它们如今已经成了沙漠。在尼雅（Niya）遗址，我又注意到一些具有明显考古学价值的现象，并发现了一些文物，这对我以前的考察是个补充。文物中包括有一组写在木头上的佉

到巴楚及和田去

在和田与米兰之间进行探险

卢文文书（第四章第三、四节）。1914 年初，我们到达了靠近罗布沙漠的最后一块有人居住的地方，之后考察了若羌（charkhlik）以南的两个小遗址。接着我们又一次在米兰（Miran）开展工作，发现了鄯善"东故城"佛寺中的早期壁画和其他遗物（见第五章）。在那里，拉尔·辛格与我会合了。我们已经分离了四个月。在这四个月里，除了其他测量工作，他沿着昆仑山主脉向东进行三角测量，大约跨越五个经度。

开始在罗布沙漠进行考察

当时若羌爆发了一场为时不长的"革命"，我必须避开严重威胁着我的那些阻挠活动。于是我开始在干旱的罗布沙漠地区，进行计划已久的考察。我发现了古代楼兰的两个遗址，它们是在公元后的最初几百年间被废弃的，最后成了沙漠的一部分，从中我们还发现了有价值的遗物。当我们往北走，穿越风蚀沙漠时，我们发现了一系列干河床。曾灌溉着汉代楼兰的那条"干河"，在流入古代罗布泊沙漠时，形成了一块三角洲地带。我们发现的干河床表明，那块三角洲朝南延伸了很远（见第六章）。①

古代楼兰的遗物

我们在楼兰的中国城堡及其周围重新展开工作，并发现了一些过往人员留下的遗物。那些过往人员是沿着到塔里木盆地的最早的中国古道来的。在公元前后 1 世纪的墓葬中，除其他遗物外，我们还发现了大量引人注目的纺织品，其中包括精美的中国花绸（是目前所知最早的中国花绸），显示出明显希腊化艺术影响的毛毯（见第七章第一至六节）。我还前往东北方向的沙漠进行了勘察，发现了一座中国古代小

---

① 在第二次探险和第三次探险中，我们穿过罗布沙漠时记录下了一些具有地理学和考古学意义的细节情况。

堡垒、一座偏远的烽燧，以及附近一块墓地，其中极为完好地保存着古代楼兰土著人的尸体（见第七章第八节）。

通过以上获得的线索，我们开始了一项极为艰难的工作，就是穿越结着盐壳的古代罗布泊（Lop-nor）和罗布泊周围同样荒凉的无水区，追寻那条中国古道。在同中亚进行最早的贸易和军事活动时，中国人走的就是这条道。由于很幸运的考古发现，以及中国史书中有限的线索，我追踪这条古道一直到了它的东端，即敦煌沙漠中的疏勒河（Su-lo-ho）古代尾闾（见第八章和第九章）。

我后来还到达了中国汉长城的最西段。第二次探险考察结束以来，这里对我有特别的吸引力。我追踪了几段以前没有考察过的汉长城，它们从敦煌绿洲西北的沙漠，延伸到敦煌以东，一直到安西。在汉长城的烽燧遗址中，又出土了一些早期中国木简（见第十章第 、二节）。在追寻汉长城的过程中，我再次踏访了敦煌绿洲东南的千佛洞。除了其他文物，我在千佛洞又获得了约570件保存完好的佛教经卷，这样就大大补充了我在1907年从藏经洞大宝库中获得的古代汉文手稿（见第十章第二节）。

从1914年4月中旬起，我花了一个月的时间，继续往东追踪和考察中国汉长城。我先是沿着疏勒河走，一直到了玉门县下游的疏勒河大拐弯处。然后我穿过沙漠，到了肃州河和甘州河汇合处的毛眉（Mao-mei，即毛目，今鼎新——译者）绿洲（见第十一、十二章）。为考察这段汉长城，我们走了250多英里。在废烽燧上发现的中国木简表明，这段汉长城最初是在公元前2世纪末左右修建的，目的是抵御匈奴的入侵。一直到东汉时期，都有士兵在这里戍守。

由于得到了肃州（Su-chou）道台的友好支持，我得以

穿越罗布泊沙漠的中国古道

汉长城的最西段

考察汉长城，一直到毛眉

沿着黑河考察

从毛眉出发，沿着黑河（Estin-gol）走，进入了蒙古最南部的一个地区，并在科兹洛夫上校（Kozlov）发现的黑城及其附近，考察了一些遗址（大多是党项时期和元朝时期的）。我获得了大量党项文、吐蕃文手稿和雕版印刷品，以及其他文物。此外，我还对黑河河谷和黑河三角洲，做了地理学上的有趣考察。这块河谷和三角洲自古以来就是北方游牧部落南侵的通道。我们的实地考察证实，马可·波罗（Marco Polo）对这一地区的描述是极为正确的（见第十三章）。

穿过北山山脉，到准噶尔

我们从黑城往南走，穿过没有测量过的沙漠山区，到了甘州（Kan-chou）城，然后出发到南山的那些高山中去。在南山中，7月中旬发生了一次严重事故，使我无法站起身来。但是，正像我预期的那样，拉尔·辛格凭他的精力，考察了甘州河的源头，从而完成了我们1907年在那一广大地区未竟的地形学测量（见第十四章）。8月末，我们再次到达毛目，从那里出发，艰难跋涉了一个月，穿过了几乎无人考察过的区域，其中包括极为荒凉的北山山脉和天山最东端（见第二十章）。之后，我们沿着天山北麓走，途中我熟悉了东准噶尔的一些地区。在中国的中亚"扩张"史上，这些地区扮演了重要角色。最后我们到达了北庭的古代遗址，并沿着一条古道穿过天山，到达了吐鲁番（Turfan）盆地。那条古道只有唐代文献提到过（见第十六章）。

冬天在吐鲁番遗址展开工作

吐鲁番地区的绿洲和绿洲附近有大量古代遗址，反映了这一地区的重要性。吐鲁番盆地的悠久历史就证明了这一点（见第二十七章）。以前先后有几个探险队发掘过这些遗址，成果丰硕，但是，我们仍有余地进行有效的考古工作，还可以对一个很有地理学价值的地区进行详细测量。我们在吐鲁番盆地待了一个冬天，详细考察了所有比较重要的遗址。除了其他文物，我们还从佛寺遗址获得了不少有价值的壁画（见第十八章）。我们考察了阿斯塔那（Astana）附近的一块大墓地，成果尤丰。墓穴中出土了大量唐代早期的遗物，包括花绸、小泥塑和其他具有艺术价值或工艺价值的物品（见第十九章）。

　　我曾经从吐鲁番出发，匆忙访问了天山以北的省府乌鲁木齐。那次访问中，我再次见到了我的老朋友、前清官员潘震潘大人。① 在我以前的历次探险中，他都给我以帮助。这次，他替我挡住了官方的阻挠。这位朋友 1926 年在任上故去，整个新疆都在哀悼他，纪念他的高尚人格、真正的学问和少见的正直。我希望在此对他表示真诚的敬意和感谢。

到乌鲁木齐去了一趟

　　这些月份里，拉尔·辛格在南边干旱的库鲁克山区进行了广泛的测量。从 1915 年 2 月开始，我也在库鲁克塔格（Kuruk-tāgh）西段的沙漠地区开展工作，并考察了"干河"附近的古代墓葬（"干河"曾流向楼兰）。我的这些工作对拉尔·辛格的测量是个补充。同时，阿弗拉兹·古尔在极为艰难的条件下，成功地进行了一段测量，丰富了我们对罗布沙漠地形的认知（见第二十章）。我在库鲁克山西麓与孔雀河（Konche-darya）之间的地区（孔雀河曾经是"干河"的补给水源）考察了一系列遗址。从中国内地来的古代商旅，正是经过这些遗址，到达塔里木盆地北边缘的那串绿洲的（见第二十一章）。之后我们沿着塔里木盆地北边的绿洲往西走，追踪了中国史书上说的"北道"，一直到了库车（Kucha）。

在库鲁克塔格考察

――――――――――

　　① 参见本书第十八章第五节，图 298。自从我 1900 年第一次探访和田后，潘大人就一直帮助我。参见《古代和田》第一卷 237 页以下、507 页等；《和田废墟》（*Ruins of Khotan*）21 页、200 页、214 页以下；《沙漠契丹》第一卷 16 页，第二卷 421 页以下；《西域考古图记》第一卷 10 页、311 页；第三卷 1185 页、1273 页。

我们考察了从前这片大绿洲边上的一系列古代遗址。这些古代遗址无论是在地理上还是在历史上都有重要意义，如今却都已是荒漠（见第二十二、二十三章）。拉尔·辛格在早春季节允许的情况下，沿着天山测量到了尽可能高的地方。我自己则沿着现在的车道，迅速行进到了喀什，一路上熟悉了以前没到过的区域（见第二十四章）。

穿过帕米尔和阿姆河上游谷地

在喀什停留期间，我忙于做出安排，保证我收集的 182 箱文物能安全运到克什米尔去。1915 年 7 月中旬，我从喀什出发了，准备穿越俄属帕米尔（Pamirs）和阿姆河上游的谷地。由于两个人的热心帮助，我的旅程十分顺利：他们分别是俄国驻喀什总领事梅斯切尔斯基公爵（Prince Mestchersky）和掌管着帕米尔地区的 I.D.加盖罗上校（Jagello）。我沿着大阿赖（Alai）谷地下来，走的是马里纳斯（Marinus）所说的中国古代丝绸之路。然后，我翻越了一座又一座高山，它们将阿姆河的几个主要源头分隔开来。接着，我到达了阿利丘尔帕米尔（Alichur Pamir）和大帕米尔（Great Pamir），中国的武装部队以及中国的朝圣者，都曾经经过这里（见第二十五章）。当我穿过瓦罕（Wakhan），并在几乎与世隔绝的加兰（Gharan）、洛山（Roshan）、舒格楠（Shughnan）、达尔瓦孜（Darwaz）山谷上上下下的时候，考察了一些年代古老的堡垒遗址。一路上我观察到，这些地方居民的人种、语言和生活方式都颇有古风（见第二十六章）。在附录 C 中，T.A.乔伊斯（Joyce）先生讨论了我在这里收集的人类测量学资料。在喀拉特金（Kara-tegin），我再次来到了通往巴克特拉（Bactra）的古代丝绸之路上。之后我穿过布哈拉（Bokhara）山区，到了撒马尔罕（Samarkand）。我从那里乘坐外里海大铁路的火车，来到了波斯。接着我在波斯—阿富汗（Afghanistan）边界走了三个星期（虽然走得很快，但收益还是很大的），1915 年 11 月末安全抵达锡斯坦（见第二十七章）。

那一个冬天我都在锡斯坦进行考察。锡斯坦虽然不大，但地理特征却很像塔里木盆地。[①] 一开始我就成功地考察了科赫依瓦贾（Koh-i-Khwaja）圣山上的一个大遗址，发现了萨珊时期的壁画和其他遗物（见第二十八章）。在现在的赫尔曼德河三角洲（Herlmand delta）位于波斯境内的部分，我们考察的遗址大部分都是伊斯兰时期的（见第二十九章）。但在南面的沙漠中（那片沙漠曾有一条支流灌溉着），我们发现了更为古老的遗址。[②] 在那里的风蚀地面上，我发现了史前居民点的遗址，遗址中发现了石器和大量彩陶。这些彩陶和外里海地区、两河流域、俾路支斯坦、中国西部等遥远地区发现的遗物，在类型上极为接近。如今这些史前居住区都已是沙漠。我在沙漠里还发现了一条堡垒线，并确定它们在伊斯兰时期之前就已经存在。奇怪的是，它使我想起了遥远的中国甘肃古代边境上的烽燧线（见第三十章）。之后我骑着骆驼沿锡斯坦和努什吉（Nushki）之间的车马道走了三个星期，来到了铁路的起点努什吉。就这样，1916 年 2 月末，我的旅程结束了。

四个月之前，在拉尔·辛格的押送下，我收集的文物已经安全抵达了克什米尔。当时和之后的几年时间里，获得英帝国勋章的弗莱德·H.安德鲁斯（Andrews）先生一直都负

在锡斯坦的考察

收集品存放在斯利那加

---

① 在印度测量局《印度和周边国家》（*India and Adjacent countries*）系列地图中的 30 号（1∶1 000 000）中，可以看出锡斯坦盆地的主要地区。

② 为了充分说明赫尔曼德三角洲南边沙漠中古代遗址的位置，我在台拉登复制了印度测量局的 30 号地图（"只为公用而出版"），并加了必要的补充。

责着斯利那加（Srinagar）的克什米尔技术学院（Technical Institute of Kashmir）。这一幸运的条件，使我能把收集品存放在这位艺术家朋友那里。他参与了我以前收集品的监管和研究工作，而且对东方艺术和工艺都很熟悉，这使他在整理、仔细研究和描述数以千计文物的繁重工作中，再次成了我的一个最有益的伙伴。出于上述原因，我要求政府把新收集到的文物暂存于斯利那加的安德鲁斯先生那里。这一要求最终得到了批准，令我非常高兴。

安德鲁斯先生对文物做的工作

1917—1922 年，斯利那加的安德鲁斯先生在处理繁重的行政和教学事务之余，把闲暇时间都用在准备本书的文物目录上了（这些目录主要出自他之手）。此外，他还将这些年的寒假，以及后来若干年的冬天（那些冬天他受命于印度政府）用于一项繁重的工作，就是把我从佛寺遗址带回来的很多壁画布置起来。这些壁画都是用蛋清调和颜料画在灰泥上的。由于它们将被存放在新德里（New Delhi）的一个专门为此开办的临时博物馆中，并将在那里展出，因此就必须进行极为精细的处理，保证它们能经受得住天气的影响和其他风险。① 这一工作如今已经完成。但要拍摄并解释这些中亚佛教绘画艺术的重要遗物，需要另外成书（如今这本书已在准备过程中）。因此，除了在斯利那加就能拍摄的某些小壁画，我第三次探险收集的壁画都没有收在本书的文物目录中。

收集品永久存放在新德里

按照政府的命令，除了某些有代表性的样品要交给大英博物馆，绝大多数收集品都将存放在新德里。② 因此，对中

---

① 有的壁画占地面积 16 英尺×10 英尺。安德鲁斯先生在处理和布置这些壁画时，用了很多极为巧妙的办法和特殊材料。参看他的文章，见《考古学年度报告》（*Annual Report of the Archaeological Survey*）98 页以下，1921—1922 年刊。

② 这并不适用于文献遗物。目前，按照第二次探险的做法，人们正在考虑把它们放在印度局图书馆（India Office Library）和大英博物馆。

亚、远东艺术和文明感兴趣的西方学者，除非在极为特殊的情况下，否则是无法看到原件的。考虑到这一点，文物目录中的所有条目都必须准确、翔实。[①]为此目的，F.M.G.罗立梅（Lorimer）小姐便来协助安德鲁斯先生完成此项工作。罗立梅小姐是整理我第二次探险所获物品的助手之一，在处理中亚文物时，她已积累了丰富的经验。1919—1922年，她在斯利那加给我的有效帮助，再一次证明是很有价值的。我还要加上一点：当专家准备文物目录时，我仔细核对了所有的文物目录。在必要的情况下，我还在研究本书牵涉到的遗址和物品时，对文物目录进行了修订。

1916年，我从本书所述的探险中归来之后，被授予一个特殊职位，以便专门完成两个任务。首先就是完成《西域考古图记》的撰写工作，它是关于我第二次探险的详细报告。其次，做好各项工作，来描述第三次探险，并记录其成果。当时政府教育部大臣爱德华·麦克马洪爵士自始至终的善意支持，以及约翰·马歇尔爵士的支持，大大促成了这项安排，使我从此之后能专心致力于这些工作。1916—1918年，我部分时间在英国任职，部分时间在克什米尔任职。这几年，《西域考古图记》的撰写工作占据了我的大部分时间。之后我就开始撰写本书。但在1920年，为了《西域考古图记》的出版，我在牛津花了约8个月的时间，本书的撰写工

撰写《西域考古图记》和本书

[①]　本书文物条目的安排，与《西域考古图记》中的方法基本一样。《西域考古图记》第一卷15页注16，解释了条目的安排方法。

条目安排始终遵循着"地点记号"的数字顺序。这些"地点记号"，是在发现、购得或开箱的时候，标在物品上的。因此，这个数字顺序根本无法代表系统分类。在发现地点标上的"地点记号"，由以下几部分组成：地点的首字母，遗址或房间等的序号，最后是阿拉伯数字（如N.III.X.15）。有时，在发现的现场，我只是在物品上标了发现的地点，后面的阿拉伯数字则是后加的（有的是在探险途中加的，有的是在最后开箱时加的）。这时，数字前面就有个"0"，比如L.M.II.iii.02。

"右"和"左"表示的是在照片中看到的左右，除非说的是人体自身的左右。

作不得不中断。我利用这次到英国的机会，暂时把我第三次探险所获的手稿，移交给了大英博物馆，并安排对这些手稿的研究和编目工作。1921 年，我大部分时间都用于出版《千佛洞》一书（它是《西域考古图记》的必要补充），并撰写前面说的《中国新疆和甘肃地图备忘录》。

在大英博物馆工作

1922—1923 年，我仍在撰写本书。这时文物目录编写工作已经完成，使我能在 1924 年，把一部分收集品暂时存放在大英博物馆（这些物品的图版将收入本书，所以必须选出来进行拍照）。在英国期间，我不得不从事选择样品的繁重工作，并保证图版的正确加工。幸运的是，在这方面我得到了安德鲁斯先生这位专家的帮助。同时他还指导并监督了成百件古代纺织品的正确处理和临摹。大英博物馆馆长弗里德里克·肯庸（Frederic Kenyon）爵士在博物馆理事会成员的同意下，为我们工作人员提供了方便的住所和其他设施，大大减轻了我们的繁重工作，对此我要深表感谢。

在大英博物馆得到的帮助

这些文物出自亚洲最干旱地区的沙漠和遗址中，都极不结实，容易损坏。如果它们将来能在与中亚完全不同的气候条件下保存下来，那大部分都要归功于大英博物馆对文物的专门处理。在大英博物馆的善意合作下，1925 年夏，大英博物馆的陶器展厅对这些文物进行了一次临时展出。在展出和其他任务上，安德鲁斯先生和我得到了 J.约书娅（J.Joshua）小姐的大力协助。就这样，我们在大英博物馆工作期间，享受了各种优待。为此我要特别致谢的有：博物馆相关各部的主任和副主任，L.D.巴奈特（Barnett）博士，劳伦斯·宾勇（Laurence Binyon）先生，O.M.多尔顿（Dalton）先生，L.吉列斯（Giles）博士，R.L.霍普森（Hobson）先生，以及负责大英博物馆图书馆的亚历山大·斯科特（Alexander Scott）博士。

我在英国一直待到 1925 年。在此期间，我完成了本书
第一到第二十四章的撰写工作，内容都是关于在中国境内的
探险，并开始把它们付印。回到印度后，我得到一次偶然的
机会，到斯瓦特（Swat）上游和附近的部落居住区，进行了
一次卓有成效的考古考察。那里曾是亚历山大著名的前线战
役的战场，迄今为止还没人考察过。[①] 这次行程，以及后来
与它相关的一些紧急工作，使我直到 1926 年末才完成本书
剩下六章内容的撰写工作。

本书完成

如果没有学界同人和其他人的帮助，本书就不可能全面
记录我这次探险的文物成果和其他方面的成果。在我发现的
文字遗物中，汉文文书和题识是比较有可能提供有益的考古
学和历史学线索的。就这些汉文文书来说，一位举世无双的
朋友的逝世，使我蒙受了巨大损失，本来我还指望他的帮
助。他就是爱德华·沙畹（Edouard Chavannes）先生。1916
年 5 月我路过巴黎的时候，我们时代这位最伟大的西方汉学
家，答应帮助我出版第三次探险带回的汉文资料。他的《汉
文文书》（Documents Chinois）一书，使我的《西域考古图
记》受益匪浅。本来我指望他能很快将这次的汉文资料出
版，成为《汉文文书》的姊妹篇，以供研究之用。但他却在
1918 年春去世，使我的希望落空了。

汉文文书方面
的工作

失去这一可能得到的帮助之后，我更要对亨利·马伯乐
（Henri Maspero）先生深表感激了。他是沙畹先生的学生，
并继任他成为法兰西学院院长。马伯乐先生 1921 年从远东
回来之后，承担起了研究和最终出版这些汉文资料的任务。

马伯乐先生的
帮助

①　参见《西域考古图记》第一卷 2 页以下。［另参见我的论文《亚历山大在印度西北边境的战
役》（Alexander's Campaigns on the Indian North-West Frontier），发表在《地理学杂志》（Geographical Jour-
nal）417~440 页、515~540 页，1927 年 11—12 月刊。］

他为我翻译了阿斯塔那墓地出土的四个墓表（见附录 A），并提供了有益的注释，为吐鲁番地区在唐代之前的历史提供了新线索。此外，马伯乐先生还初步翻译了我从吐鲁番和其他地方的汉长城遗址发现的汉文木简和纸文书。他把这些初步译文和注释都交给我处置。在本书第十、十一、十二、十八、十九章中，我尽量利用了从这些译文中获取的考古学信息。对此我要对马伯乐先生表示感谢，并希望这些有趣的资料不久就能由他单独出版。

蒋师爷的帮助　　我很能干的朋友蒋师爷（Hiang Ssu-yeh，蒋孝琬先生）对汉文文书的录写，大大方便了马伯乐先生的工作。蒋师爷是我第二次探险中的中国秘书。1915 年 6 月我在喀什停留期间，他录写了很多文书。对于这项工作，他同样尽心尽力。在我的前一次探险中，就是由于他的鼎力相助，使他成了我最好的学者型助手。① 但令我感到极为遗憾的是，考虑到他的健康状况，我在第三次探险中不得不放弃他的协助。但即便是在很遥远的地方，这位忠诚的中国助手仍然对我的工作深表关切，直到他 1922 年不幸去世。

吉列斯博士的　　我要对吉列斯博士表示极为诚挚的感谢。他是大英博物
帮助　　　　　馆东方印本和手稿部的副主任。他承担了一项繁重任务，即翻译并注释了阿斯塔那的墓表（这些墓表只有照片）以及古代纺织品上的题识，给我提供了极为有益的帮助（见附录 I）。在过去多年间，他一直致力于我 1907 年从敦煌千佛洞带回来的卷帙浩繁的汉文手稿的编目工作。我希望，他的这项工作，能扩展到我第三次探险带回的大量补充资料上。还应该

①　关于蒋师爷以前对我的帮助，参见《西域考古图记》第二卷 569 页、593 页以下、646 页、714 页等。1915 年我们最后分别时，我给他拍了一张照片，见本书图 355。

感谢吉列斯博士的是，无论何时，他总是愿意用他的汉学知识来帮助我。此外，我还要感谢获得帝国服役勋章的L.C.霍普金斯（Hopkins）先生，他释读了某些汉文印章，并校对了某些校样中的汉字和转写。

1920年，F.E.帕吉特（Pargiter）先生（他曾是印度文官，现已退休）开始准备一份手稿目录（主要是梵文手稿），这使我特别高兴。他曾跟已故的 A.F.R.霍恩雷博士（Hoernle）合作过。霍恩雷博士是中亚语言学研究的真正的先驱。如果他还活着，必定最有资格从事此项工作。帕吉特先生的勤奋认真，使他成了霍恩雷博士的最好继任者。尽管附录 E 中某些残件使该附录读起来不那么有趣，但它却体现了帕吉特先生对这一工作倾注的心血。奥斯陆大学（Oslo U-niversity）杰出的印度学家斯坦·科诺（Sten Konow）先生把和田语作为自己的重要研究对象，他帮助我研究和囗文手稿。他在附录 F 中的目录，也收入了一些梵文和库车文文书残件，这是因为我于 1920 年离开英国后，他无法对婆罗米（Brahmi）文的小文书进行准确分类。

关于从尼雅遗址和楼兰遗址获得的佉卢文文书（见第四、六、七章），令人欣慰的消息是，E.J.拉普森（Rapson）教授在 P.S.诺伯勒（Noble）先生的帮助下，对它们进行了释读。这样，不久以后，我在探险过程中发现的所有佉卢文文书就都出版了。拉普森教授以及艾米勒·色纳特（Emile Senart）先生、阿比·伯耶（Abbe Boyer）先生，对这些文书倾注了将近25年的学术劳动。① 这些文书，是现存最古老

婆罗米文手稿目录

在佉卢文、库车文和粟特文文书上得到的帮助

---

① 见《奥雷尔·斯坦因爵士在中国新疆发现的佉卢文文书》（*Kharosthi Inscriptions discovered by Sir Aurel Stein in Chinese Turkestan*），由 A.M.伯耶、E.J.拉普森、E.色纳特转写并校订。牛津克拉伦登出版社（Clarendon Press）出版。第一卷出版于 1920 年；第二卷出版于 1927 年（共 4 册）。

的印度文和印度语资料，内容分类上属于行政管理文件、法律文件和私人文书。佉卢文资料的全部出版，加上一个完整的索引，我相信文书的出版会推动这方面的研究，并必定会对公元后最初几百年间塔里木盆地的生活方式提供新的有趣线索。此外，我还得益于我的老朋友、伟大的法国印度学家西尔文·列维（Sylvain Levi）先生。他释读了库车文文书残件（见附录 G）。而他的学生 E.班威尼斯特（Benveniste）先生则对粟特文手稿提供了有益的注释（见附录 H），其中包括一封用早期粟特文写的长信，它是我在敦煌汉长城上发现的。在附录 P 中，W.兰茨（Lentz）博士讨论了一个有趣的摩尼教羊皮文书残件，它是用晚期粟特语写的。

研究突厥文、蒙古文、吐蕃文、党项文手稿

现在，让我回到非印欧语系的其他文献上来。首先，我要感谢已故的威尔海姆·汤姆森（Vilhelm Thomsen）教授。他是一位能释读突厥如尼（Runic）文字的伟大学者，详尽研究了一份用突厥如尼文写的摩尼教文书残件（见附录 Q）。杰出的考古学家和突厥学家 A.冯·勒柯克（Von Le Coq）教授为本书提供了一份回鹘文、蒙古文和粟特文手稿和雕版印刷品目录（见附录 K），使我深为感激。A. H. 弗兰克（Franke）教授曾研究过我以前探险带回来的吐蕃文资料，这次他翻译并注释了一篇我在德尔果德山口发现的吐蕃文题识（见附录 L）。F.W.托马斯（Thomas）教授从一开始就对我第二次探险带回的大量吐蕃文资料很关注，这次，对于我从第三次探险中带回来的吐蕃文资料的整理工作，他也给予了有益的帮助，附录 R 就是他对某些吐蕃文手稿作的注释。芝加哥田野博物馆（Field Museum）博学的馆长 B.劳佛（Laufer）博士于 1920 年同意负责我从黑城带回来的大量党项文（或称西夏文）手稿和雕版印刷品，以便编写一个目录，这使我深受鼓舞，因为这些文书迄今为止说明得还很不充分。遗憾的是，由于其他原因，他时间紧迫，因此在1925年放弃了他的想法，不过有一篇吐蕃文手稿，提供了西夏文音节符号的语音转写（见图版CXXXIV），这篇文书的转写就是劳佛博士完成的。这对西夏文的研究来说，将是有帮助的。

那些在艺术品和工艺品方面向我提供帮助的人中，我首先要感谢安德鲁斯先生。前面我说过，主要由他撰写的文物目录给了我很多指导，这在我的许多章节中都有反映。但我要特别指出的是，他对古代纺织品的透彻研究（见第十三、十九、二十八章），他对锡斯坦史前彩陶的详细分析（见第三十章），都使我受益匪浅。① 已故的英国驻喀什副总领事H.I.哈定（Harding）先生曾在和田获得一些文物，其中包括一些有趣的绘画和木雕，他把这些物品慷慨地捐赠出来，以参加新德里展出，附录M中这些文物的目录，也出自安德鲁斯先生之手。

劳伦斯·宾勇先生除了给予我很多善意的指导，还对出自阿斯塔那墓的一幅极为精美的中国画进行了专门描述（见第十九章）。② 霍普森先生对亚洲的陶瓷艺术知之甚多，他在附录D中总结了收集品中的各种陶瓷，这很有价值。大英博物馆副馆长李杰那德·A.史密斯（Reginald A. Smith）先

安德鲁斯先生在艺术品方面提供的帮助

在其他文物上的合作伙伴

---

① 关于这些彩绘陶器的第一次概述，见安德鲁斯撰写的文章《奥雷尔·斯坦因爵士在锡斯坦发现的新石器时代彩陶》（*Painted Neolithic Pottery in Sistan, discovered by Sir Aurel Stein*），发表在《伯灵顿杂志》（*Burlington Magazine*）1925年12月刊上。

1927年，我在俾路支斯坦北部进行考古探险时，发现了大量与锡斯坦彩陶类似的陶器，也是红铜时代的。安德鲁斯先生对锡斯坦彩陶的分析，对我研究俾路支斯坦的彩陶，也有很大帮助。

② 参见宾勇先生的文章《奥雷尔·斯坦因爵士发现的一幅唐朝画残件》，发表在《伯灵顿杂志》1925年6月刊上。

生除了为我发现的某些石器撰写说明文字（见第六、七、三十章），还比较了这些石器和亚洲广大地区发现的类似石器（见附录 N）。附录 B 中的钱币目录是以罗立梅小姐以前耐心编撰的笔记为基础完成的。大英博物馆副馆长 J.阿兰（Al-lan）先生核对了这些笔记，并做了必要补充。此外，J.阿兰先生还遴选了图版 CXIX、CXX 中的那些钱币。1920 年之后，在印度部批准的一项安排下，J.阿兰先生开始负责交给研究者以及归还的所有手稿的保管工作。

乔伊斯先生分
析了人类测量
学数据

在附录 C 中，大英博物馆副馆长乔伊斯先生，对我在帕米尔、阿姆河上游谷地和锡斯坦收集的约 430 个人体的人类测量学资料进行了细致的研究。人类学研究领域对此受益良多。这一次的测量活动主要是在封闭的山谷中进行的。因此，乔伊斯先生现在写的《帕米尔和阿姆河盆地的生理人类学》（*Note on the Physical Anthropology of the Pamirs and Oxus Basin*）就是他先前对帕米尔以南和以东人类学研究的一个十分有益的补充（那些人类学资料，是我在前两次探险过程中收集的）。

索罗斯教授研
究岩石和沙子
样品

我还要感谢皇家学会会员 W.J.索罗斯（Sollas）教授和他的助手 R.C.斯比勒（Spiller）、D.F.W.巴登－鲍威尔（Baden-Powell）先生。在附录 O 中，他们对岩石和沙子样品进行了详尽的分析。我之所以要把对他们的感谢放在最后，只是因为他们的研究完全属于物理学领域。那些样品是我穿越塔里木盆地以及盆地东边的沙漠山脉时收集到的。我前两次探险时，带回了类似的岩石、沙子样品，但范围可能没这么广。我已故的朋友、杰出的匈牙利地质学家 L.德·罗茨（de Loczy）教授对这些样品很感兴趣。[①] 在他的鼓励下，虽然我本人缺乏地质学方面的训练，但我在第三次探险中仍在继续收集样品。我曾访问了位于牛津大学博物馆的索罗斯教授的实验室，这才明白在对这些样品进行岩石学研究时，需要多少工夫。在判断某些具有考古学价值的植物时，我得到了大英博物馆植物部主任 A.B.兰德勒（Rendle）博士的帮助。

　　我还要对提供其他各种帮助并促成本书出版的机构和人们表示感激。首先，印度政府慷慨同意了我 1923 年的出版计划，我还得到了当时印度的考古学总监、已故的 B.斯普那（Spoomner）博士的支持。这样，我就得到了牛津大学出版社各种优惠的出版条件。印度政府对我的这本书，像对以前的书一样，始终表示关切，对此我很感谢。1924—1925 年我在英国期间，各项安排都得到了印度局高级局长阿图尔·C.查特杰（Atul C. Chatterjee）爵士和他的机构的支持。本书的文物图版，是由班伯里镇（Banbury）的亨利·斯通父子公司（Messrs. Henry Stone and Son）加工的。他们在《西域考古图记》和《千佛洞》的图版中，证明了自己的技艺。令人欣慰的是，在用三色程序（three-color process）制作古代花绸等纺织品的图版时，该公司保持了自己的高水准。

本书的付印

---

　　① 参见 L.德·罗茨撰写的《沙子和黄土样品》，见《古代和田》第一卷 588 页以下的附录 G。在德·罗茨教授的指导下，A.凡德尔（Vendl）博士详细研究并描述了我第二次探险带回来的沙子和黄土样品，见《皇家匈牙利地质测量局年度报告》（*Annual Reports of the R. Hungarian Geological Survey*）1913 年第 21 卷 1~33 页，图 1、2。

　　这篇文章是用匈牙利文写的。其德语译文见《奥雷尔·斯坦因博士从中亚收集的沙子和岩石样品的矿物学研究》（*Mineralogische Untersuchungen der von Dr. Aurel Stein in Zentral-Asien gesammelten Sand-und Bodenproben*），刊于《皇家匈牙利地质学会年度报告》（*Mitthailungen aus dem Jahrbuche der Kon. Ungar. Geologischen Reichsanstalt*）第 21 卷。

校对时得到的
帮助

由于我回到了印度，所以在第七章之后，我都只见过一校的稿子。即便对于一校的稿子，我的时间也极为有限，而且营地和旅途上的工作环境也很不如意。因此，我对 L.吉列斯博士更应该深表感谢。他阅读了所有校样，尤其保证了汉文名字和汉文术语的正确。J.约书娅小姐也给予我类似的帮助，校对了所有的参考文献部分（无论是参考文物目录、图版等，还是参考其他出版物）。考虑到前面说的各种困难，在政府的安排下，从第八章以后的文字校对工作，都交给了牛津的 E.诺曼·加丁纳（Norman Gardiner）博士。这位能干的学者还撰写了索引部分。对于他在这项烦琐工作中倾注的心血，我在此要表示诚挚的谢意。

如今本书已经完成。当我进行本书的撰写时，我的思绪总是飞回到那些遥远的沙漠和山区。我生命中最有成就的工作，都是在那里进行的。受时间所限，对这次探险我未能写一份个人回忆录。但熟悉我的《沙埋和田废墟记》（*Sandburied Ruins of Khotan*）以及《沙漠契丹》（*Desert Cathay*）的读者，在阅读本书第三次探险的经历时会明白一点：对我来说，野外探险尽管很辛苦，却不及描述探险成果时需要做的案头工作压力大。内陆亚洲地区仍然呼唤着我再次去探险。至于命运是否允许我去，只有待未来知道了。但是，令我已经很感激的是，在这个宁静的高山营地中，我完成了对第三次探险的描述，而 29 年前，也正是在这个营地，我正在计划着第一次中亚之行。

奥雷尔·斯坦因
1927 年 8 月 25 日
于克什米尔的莫亨德·玛尔格（Mohand Marg）营地

著作名称缩略表

全　称	简　称
《古代中国纹样丝绸，奥雷尔·斯坦因爵士于中亚遗址发掘所得，由安德鲁斯画图并描述》，据《柏灵顿杂志》1920 年 7—9 月重印，伦敦，夸里奇，1920 年。	安德鲁斯《中国纹样丝绸》
Ancient Chinese Figured Silks, excavated by Sir Aurel Stein at ruined sites of Central Asia. Drawn and described by F. H. Andrews. Reprinted from 'The Burlington Magazine', July-Sept., 1920. London, B. Quaritch, 1920.	ANDREWS, *Chin. Fig. Silks*
《西域记，佛教徒对西方世界的记载》，塞缪尔·比尔译自玄奘《大唐西域记》（629 年），两卷本，伦敦，特鲁布纳公司，1884 年。	比尔《西域记》
Si-yu-ki. Buddhist records of the Western world, translated from the Chinese of Hiuen Tsiang（A.D.629）. By Samuel Beal, in two volumes. London, Trübner & Co.,1884.	BEAL, *Si-yu-ki*
《兴都库什部族》，梅杰·J. 比达尔夫著，加尔各答，政府印刷局主管办公室，1880 年。	比达尔夫《兴都库什》
Tribes of the Hindoo Koosh, by Major J. Biddulph, B.S.C., Political Officer at Gilgit. Calcutta, Office of the Superintendent	BIDDULPH, *Hindoo Koosh*

of Government Printing, 1880.

《东亚中世纪研究——关于 13—17 世纪中亚、西亚地理及历史知识之断简残篇》，布雷特施奈德著，两卷本，伦敦，特鲁布纳公司，1888 年。

布雷特施奈德《中世纪研究》

Medieval Researches from Eastern Asiatic sources. Fragments towards the knowledge of the geography and history of Central and Western Asia from the 13th to the 17th century, &c. By E. Bretschneider. 2 vols. London, Trübner, 1888.

BRETSCHNEIDER, *Mediaeval Researches*

《党项的西夏王朝，其钱币和奇特的手稿》，布谢尔著，载《皇家亚洲学会中国分会学报》第 30 期，142~160 页，上海，1899 年。

布谢尔《西夏王朝》

The Hsi Hsia dynasty of Tangut, their money and peculiar script. By S. W. Bushell. Journal of the China Branch of the R. Asiatic Society, xxx, pp.142~160. Shanghai, 1899.

BUSHELL, *The Hsihsia dynasty of Tangut*

《伯宁先生所获十件中亚汉文题铭》，巴黎，1902 年，重印自《法兰西题铭及美文学院学者纪念文章》第一辑第十一卷第二部分。

沙畹《十题铭》

Dix inscriptions chinoises de l'Asie centrale d'après les estampages de M. Ch.-E. Bonin. Paris, 1902. Reprinted from 'Mémoires présentés par divers savants à l'Académie des Inscriptions et Belles-Lettres', Ire série, tome xi, IIe partie.

CHAVANNES, *Dix Inscriptions*

《奥雷尔·斯坦因自中国新疆大沙漠中所获汉文文书》，爱德华·沙畹转译并出版，牛津，克拉伦登出版社，1913 年。

沙畹《文书》

Les documents chinois découverts par Aurel Stein dans les sables du Turkestan oriental. Publiés et traduits par Édouard Chavannes. Oxford, Clarendon Press, 1913.

CHAVANNES, *Documents*

《〈后汉书〉所记西域诸国》，爱德华·沙畹著，《通报》，第二辑，第八卷，149~234 页，雷顿，布里尔，1907 年。

沙畹《后汉书》

Les pays d'Occident d'après le Heou Han Chou, par Édouard Chavannes, 'T'oung-pao', série II, vol. viii , pp.149~234. Leiden, Brill, 1907.

CHAVANNES, *Heou Han Chou*

《北中国考古纪行》，爱德华·沙畹著，《图版》第一、二部分，1909 年；第一卷，第一部分，1913 年；第二部分，1915 年，巴黎，勒鲁。

沙畹《考古纪行》

Édouard Chavannes. Mission archéologique dans la Chine septentrionale. Planches, parties I, II, 1909. Tome I, première partie, 1913; deuxième partie, 1915. Paris, Leroux.

CHAVANNES, *Mission archéologique*

《西突厥史料》，爱德华·沙畹搜集并笺注，圣彼得堡，科学印刷学院，1903 年。

沙畹《西突厥》

Documents sur les Tou-kiue (Turcs) occidentaux. Recueillis et commentés par Édouard Chavannes, Membre de l'Institut, Professeur au Collège de France, avec une carte. Saint-Pétersbourg, Académie Impériale des Sciences, 1903.

CHAVANNES, *Turcs occid.*

《西突厥附注》，爱德华·沙畹著，《通报》，第二辑，第五卷，1~110 页，雷顿，布里尔，1904 年。

沙畹《附注》

Notes additionnelles sur les Tou-kiue (Turcs) occidentaux.

CHAVANNES,

Par Édouard Chavannes. ' *T*'oung-pao, ' série II, vol. v, pp.1-110. Leiden, Brill, 1904.

《〈魏略〉所记西域诸国》，爱德华·沙畹著，《通报》第二辑，第六卷，521～571 页，雷顿，布里尔，1905 年。

Les pays d'Occident d'après le Wei lio, par Édourad Chavannes, 'T'oung-pao,' série II, vol. vi, pp.521～571. Leiden, Brill, 1905.

《汉三将》，爱德华·沙畹著，《通报》，第二辑，第七卷，210～269 页，雷顿，布里尔，1906 年。

Trois généraux chinois de la dynastie des Han orientaux, par Édouard Chavannes. 'T'oung-pao,' série II, vol. vii, pp. 210～269. Leiden, Brill, 1906.

《宋云乌仗那及犍陀罗行纪（518—522 年）》，爱德华·沙畹译，载《法兰西远东学院学报》1903 年 7—9 月号，河内，F.H.施奈德，1903 年。

Voyage de Song Yun dans l'Udyāna et le Gandhāra (518-522 P. C.). Traduit par M. E. Chavannes, Membre de l'Institut. Extrait du Bulletin de l'École FranÇaise d'Extrême-Oritent, juillet-septembre 1903. Hanoi, F. H. Schneider, 1903.

《西天取经之旅—悟空（751—790 年）行程考》，

Notes additionnelles

沙畹《西域诸国》

CHAVANNES, *Pays d'Occident*

沙畹《汉三将》

CHAVANNES, *Trois généraux chinois*

沙畹《宋云行纪》

CHAVANNES, *Voyage de Song Yun*

沙畹、列维《悟

西尔文·列维，爱德华·沙畹译并注。载《亚洲学刊摘要》1895 年 9—10 月号，巴黎，国家印刷厂，1895 年。

Voyages des pélerins Bouddhistes. L'itinéraire d' Ou-k'ong（751−790）. Traduit et annoté par MM. Sylvain Lévi et Éd. Chavannes. Extrait du Journal Asiatique（sept.-oct. 1895）. Paris, Imprimerie Nationale, 1895.

空行程考》

CHAVANNES-LÉVI, *L'itinéraire d'Ou-k'ong*

《斯文·赫定在楼兰所发掘的汉文写本及其他小发掘品》，冯·A.孔好古著，斯德哥尔摩，1920 年。

Die chinesischen Handschriften und sonstigen Kleinfunde Sven Hedins in Lou-Lan. Von A. Conrady. Stockholm, 1920.

孔好古《斯文·赫定的发现》

CONRADY, *Funde Sven Hedins*

《马可·波罗先生，对亨利·尤尔爵士版的注释和补遗，含最新研究成果和发现》，亨利·科尔迪耶著，伦敦，默里，1920 年。

Ser Marco Polo. Notes and Addenda to Sir Henry Yule's edition, containing the results of recent research and discovery. By Henri Cordier. London, Murray, 1920.

科尔迪耶《马可·波罗，注释和补遗》

CORDIER, *Marco Polo, Notes and Addenda.*

《帕米尔和阿姆河的源头》，赖特·霍恩，乔治·N.寇松，伦敦，皇家地理学会，1898 年。

The Pamirs and the source of the Oxus. By the Right Hon. George N. Curzon. London, R. Geographical Society, 1898.

寇松《帕米尔》

CURZON, *Pamirs*

《查谟和克什米尔地区的地理学报告》，弗雷德里克·德鲁著，伦敦，1875 年。

The Jummoo and Kashmir Territories. A geographical account. By Frederic Drew. London, 1875.

德鲁《查谟和克什米尔》

DREW, *Jummoo and Kashmir*

《丝绸工艺史》，冯·奥托·法尔克著，第 2 版，柏林，1921 年。

Kunstgeschichte der Seidenweberei. Von Otto von Falke. 2nd edition, Berlin. 1921.

法尔克《丝绸工艺》

FALKE, *Seidenweberei*

《1873 年出使叶尔羌报告，由孟加拉行政当局 T.D.福赛斯爵士领导》，内有叶尔羌阿弥尔领地之历史和地理资料，加尔各答，外交部出版社，1875 年。

Report of a Mission to Yarkand in 1873, under command of Sir T.D. Forsyth, Bengal Civil Service. With historical and geographical information regarding the possessions of the Ameer of Yarkand, Calcutta, Foreign Department Press, 1875.

福赛斯《使叶尔羌报告》

FORSYTH, *Yarkand Mission Report*

《犍陀罗希腊—佛教艺术——印度及远东佛教艺术中古典影响之起源研究》，A.富歇著，第一卷，巴黎，国家印刷厂，E.勒鲁编，1905 年。

L'art gréco-bouddhique du Gandhâra. Étude sur les origines de l'influence classique dans l'art bouddhique de l'Inde et de l'Extrême-Orient, par A. Foucher. Tome premier. Paris, 1905.

富歇《犍陀罗艺术》

FOUCHER, *L'art du Gandhâra*

《吐鲁番亦都护城的汉文庙柱文》，弗兰克著，载《普鲁士皇家科学院论丛》，柏林，1907 年。

弗兰克《庙柱文》

Eine chinesische Tempelinschrift aus Idikutšahri bei Turfan. Von O. Franke. Abhandlungen der Kön. Preussischen Akademie der Wissenschaften. Berlin，1907.

FRANKE，*Inschrift aus Idikutšahri*

《中国史书中对中亚突厥人及斯基泰人之记载》，弗兰克，载《1904 年普鲁士皇家科学院文集附录》，柏林，普鲁士皇家科学院出版社，1904 年。

弗兰克《突厥人》

Beiträge aus chinesischen Quellen zur Kenntniss der Türk-Völker und Skythen Central-Asiens. Von O. Franke. Aus dem Anhang zu den Abhandlungen der Kön. Preuss. Akademie der Wissenschaften von 1904. Berlin，Verlag der königl. Akademie der Wissenschaften，1904.

FRANKE，*Türkvölker*

《关于哈密和肃州之间荒漠戈壁的地理学概要》，K.伏特勒教授著，载《彼得曼报告》增刊，第 139 期，哥达，1902 年。

伏特勒《荒漠戈壁》

Geographische Skizze der Wüste Gobi zwischen Hami und Su-tschôu. Von Prof. K.Futterer. Petermanns Mittheilungen，Ergänzungsheft I39. Gotha，1902.

FUTTERER，*Wüste Gobi*

《帕米尔领区》，盖格尔博士著，载彭克博士编《地理学研究文集》，第二卷第一分册，威恩，1887 年。

盖格尔《帕米尔领区》

Die Pamir-Gebiete. Von Dr.W. Geiger. Geographische Abhandlungen，herausgegeben von Dr. A. Penck，Bd. II，Heft I. Wien，1887.

GEIGER，*Pamir-Gebiete*

《杜特雷伊·德·安 1890—1895 年亚洲探险队》，第一卷至第三卷，第二至三部分由 F. 戈厄纳著，巴黎，1897—1898 年。

Dutreuil de Rhins（J. L.）. Mission scientifique dans la haute Asie，1890－1895. Vols. I～III. Deuxième et troisième parties, par F. Grenard. Paris, 1897–1898.

戈厄纳《杜特雷伊·德·安探险队》

GRENARD, *Mission Dutreuil de Rhins.*

《伊什卡什米、泽巴克和亚兹古拉密，三种爱拉尼方言的报告》，格里尔森爵士著，伦敦，皇家亚洲学会，1920 年。

Ishkāshmī, Zebakī, and Yāzghhulāmī. An account of three Eranian dialects. By Sir G.A.Grierson. London, R. A-siatic Society, 1920.

格里尔森《伊什卡什米语》

GRIERSON, *Ishkāshmī*

《西北印度之毗舍毗语》，乔治·格里尔森爵士著，勒《亚洲社会专论》，第八卷，伦敦，皇家亚洲学会，1906 年。

The Piśāca Languages of North-Western India. By Sir George Grierson. London, R. Asiatic Society, 1906.

格里尔森《毗舍毗语》

GRIERSON, *Piśāca Languages*

《公元前的匈奴人》，德格罗特著，载《关于亚洲历史的中国文献》，H.I.，柏林，1921 年。

Die Hunnen der vorchristlichen Zeit. Von J. J. M. de Groot. Chinesische Urkunden zur Geschichte Asiens, H. I. Berlin, 1921.

德格罗特《匈奴人》

GROOT, *Hunnen*

《中国的宗教体系——其古代形式、发展、历史和目前的情况》，德格罗特著，莱顿，1892 年等。

The Religious System of China... its ancient forms, evolution, history and present aspect, &c. By J. J. M. de Groot. Leyden, 1892, &c.

格罗特《宗教体系》

GROOT, *Religious System*

《中国新疆之古代佛教寺庙》，阿尔伯特·格伦威德尔，柏林，莱默，1912 年。

Altbuddhistische Kultstätten in Chinesisch-Turkistan. Von Albert Grünwedel. Berlin, Reimer, 1912.

格伦威德尔《古代佛教寺庙》

GRÜNWEDEL, *Altbuddh. Kultstätten*

《古代库车，关于公元初至 8 世纪时期佛教洞窟壁画的考古学和宗教史的研究》，阿尔伯特·格伦威德尔著，柏林，1920 年。

Alt-Kutscha. Archäologische und religionsgeschichtliche Forschungen an Tempera-Gemälden aus Buddhistischen Höhlen der ersten acht Jahrhunderte n. Chr. Geburt. Von A. Grünwedel. Berlin, 1920.

格伦威德尔《古代库车》

GRÜNWEDEL, *Alt-Kutscha*

《1902—1903 年冬季在高昌城及周围地区考古工作报告》，格伦威德尔（巴伐利亚科学院哲学——语文学分部文集，第二十四卷，第一段）。慕尼黑，1906 年。

Bericht über archaeologische Arbeiten in Idikutschari und Umgebung im Winter 1902-1903. Von A. Grünwedel. Abhandlungen der philosoph. -philolog. Klasse der K. Ba-

格伦威德尔《高昌城》

GRÜNWEDEL, *Idikutschari*

yer. Akademie der Wissenschaften, *Band xxiv*, *Abt. I.
München*，1906.

《伊朗及附近地区的历史》，冯·古特施米德著，蒂宾根，1888 年。

Geschichte Irans und seiner Nachbarländer, von Alexander dem Grossen bis zum Untergang der Arsaciden. Von A. von Gutschmid. Tübingen，1888.

古特施米德《伊朗历史》

GUTSCHMID, *Geschichte Irans*

《1899—1902 年中亚考察之科学结果》，斯文·赫定著，六卷，斯德哥尔摩，1904—1907 年。

Scientific results of a journey in Central Asia, 1899–1902. By Sven Hedin. Six vols. Stockholm，1904–1907.

斯文·赫定《中亚》

HEDIN, *Central Asia*

《中亚与西藏，通往圣城拉萨之路》，斯文·赫定著，伦敦，1903 年。

Central Asia and Tibet towards the holy city of Lassa. By Sven Hedin. London，1903.

斯文·赫定《中亚与西藏》

HEDIN, *Central Asia and Tibet*

《1894—1897 年我的中亚之旅之地理科学成果》，斯文·赫定著（《彼得曼报告》增刊，第 131 期）。哥特，尤斯图斯·佩尔特斯，1900 年。

Die geographisch-wissenschaftlichen Ergebnisse meiner Reisen in Zentralasien, 1894–1897, von Dr. Sven Hedin. Ergänzungsheft No. Ⅰ3Ⅰ zu ' Petermanns Mitteilungen '. Gotha，Justus Perthes，1900.

斯文·赫定《中亚之旅》

HEDIN, *Reisen in Z. -A*

《穿越亚洲》，斯文·赫定著，伦敦，1898 年。
Through Asia. By Sven Hedin. London，1898.

斯文·赫定《穿越亚洲》
HEDIN，Through Asia

《中国与叙利亚之间的古丝绸之路》，载《亚洲地理学文集》，A.赫尔曼，莱比锡，1910 年。

　　Die alten Seidenstrassen zwischen China und Syrien. Beiträge zur alten Geographie Asiens. Von A. Herrmann. Leipzig，1910.

赫尔曼《丝绸之路》
HERRMANN，Seidenstrassen

《亚洲脉搏——中亚历史地理学考察》，埃尔斯沃思·亨廷顿著，波士顿，1907 年。

　　The Pulse of Asia. A journey in Central Asia illustrating the geographic basis of history. By Ellsworth Huntington. Boston，1907.

亨廷顿《亚洲脉搏》
HUNTINGTON，Pulse of Asia

《西域记》，朱利安自玄奘汉文本（648 年）译成法文，第一、二卷，巴黎，1857—1858 年。

　　Mémoires sur les contrées occidentales，traduits du sanscrit en chinois，en l' an 648，par Hiouen-Thsang，et du chinois en français par M. Stanislas Julien. Vols. I，II. Paris，1857−1858.

朱利安《记》
JULIEN，Mémoires

《玄奘生平及其印度之行（629—645 年）》，附有玄奘原著之内容及地理阐释，S.朱利安自汉文本译

朱利安《生平》

出，巴黎，1853 年。

Histoire de la vie de Hiouen-Thsang et de ses voyages dans l'Inde, depuis l'an 629 jusqu'en 645, par Hoei-li Yen-Thsong；suivie de documents et d'éclaircissements géographiques tirés de la relation originale de Hiouen-Thsang；traduite du chinois par Stanislas Julien. Paris，1853.

JULIEN, *Vie*

《吐鲁番及其古代文物》，克列门茨著，载《1898年圣彼得堡俄国科学院吐鲁番考察报告》，第一卷，圣彼得堡，1899 年。

克列门茨《吐鲁番报告》

Turfan und seine Alterthümer. Von D. Klementz. Nachrichten über die von der Kais. Akademie der Wissenschaften zu St. Petersburg im Jahre 1898 ausgerüstete Expedition nach Turfan. Heft I. St. Petersburg，1899.

KLEMENTZ, *Nachrichten über Turfan*

《中亚艺术文化史图录》，冯・勒柯克著，柏林，1925 年。

勒柯克《图录》

Bilderatlas zur Kunst und Kulturgeschichte Mittel-Asiens. Von A. von Le Coq. Berlin，1925.

LE COQ, *Bilderatlas*

《中亚佛教中的古希腊晚期艺术》，冯・勒柯克著，第一至第五卷，柏林，1923—1926 年。

勒柯克《佛教中的古希腊艺术》

Die Buddhistische Spätantike in Mittel-Asien. Von A. von Le Coq. I~V. Berlin，1923-1926.

LE COQ, *Buddhistische Spätantike*

《普鲁士王国的吐鲁番考察》，载《高昌—普鲁士　　　勒柯克《高昌》
王国第一次吐鲁番考察重大发现的图录》，冯·勒柯克
著，柏林，1913 年等。

　　Königlich Preussische Turfan-Expedition. Facsimile-　　LE COQ, *Chotscho*
Wiedergaben der wichtigeren Funde der ersten Königlich
Preussischen Expedition nach Turfan in Ost-Turkistan. Von
A. von Le Coq. Berlin, 1913, &c.

《佛国记，中国和尚法显西行印度及锡兰（399—　　　莱格《法显》
414 年）求取佛教真经记》，詹姆斯·莱格译注，据汉
文原著之朝鲜校订本，牛津，克拉伦登出版社，1886
年。

　　A record of Buddhist kingdoms, being an account by　　LEGGE, *Fâ-hien*
the Chinese monk Fâ-hien of his travels in India and Ceylon
（A. D. 399–414）in search of the Buddhist books of dis-
cipline. Translated and annotated, with a Corean recension
of the Chinese text, by James Legge, Oxford, Clarendon
Press, 1886.

《伊兰沙尔，据 PS. Moses Xorenac'i 所作之地理　　马夸特《伊兰考》
学考证》，上有 J.马夸特博士所作的历史评论注释以及
历史学和地形学方面的附录。哥廷根皇家科学学会哲
学—历史学分部论文集，新成果，第三册，2 号，柏
林，1901 年。

　　Ērānšahr nach der Geographie des PS. Moses Xorenac'　　MARQUART,
i. Mit historisch-kritischem Kommentar und historischen und　*Ērānšahr*

topographischen Excursen von Dr. J. Marquart. Abhandlungen der k. Gesellschaft der Wissenschaften zu Göttingen, Philologisch-historische Klasse, Neue Folge, Band iii, 2. Berlin，1901.

《俄属突厥斯坦考察》（俄文），色尔格·奥登堡著，圣彼得堡，1914 年。

Russkaya Turestanskaya Ekspeditiya（Russian）. By Serge d' Oldenburg. St. Peterburg，1914.

奥登堡《俄属突厥斯坦考察》
OLDENBURG, *Russian Turkestan Expedition.*

《穿越陌生的帕米尔，1898—1899 年丹麦人对帕米尔的第二次探险》，奥卢夫森著，伦敦，1904 年。

Through the Unknown Pamirs. The second Danish Pamir Expedition，1898–1899. By A.F.O.H.Olufsen. London，1904.

奥卢夫森《陌生的帕米尔》
OLUFSEN, *Unknown Pamirs*

《阿富汗斯坦及俾路支斯坦部分地区地理、人种、历史笔记》，拉沃蒂少校著，伦敦，1888 年。

Notes on Afghānistān and part of Baluchistān, geographical, ethnographical, and historical. By Major H. G. Raverty, London，1888.

拉沃蒂《阿富汗斯坦笔记》
RAVERTY, *Notes on Afghānistān*

《中国——个人旅行及相关研究成果》，费迪南德·冯·李希霍芬男爵著，第一卷，柏林，1877 年。

China. Ergebnisse eigener Reisen und darauf

李希霍芬《中国》

RICHTHOFEN,

gegründeter Studien. Von Ferdinand Freiherrn von Rich-thofen. Erster Band. Berlin，1877.   *China*

《自然地理学概况和一些旅行的报告》，W.里克默斯著，剑桥，1913 年。

The Duab of Turkestan. A physiographic sketch and account of some travels. By W. Rickmer Rickmers. Cambridge，1913.

里克默斯《突厥斯坦的河间区》
RICKMERS, *Duab of Turkestan*

《帕米尔地理学研究》，阿尔默德·许茨著，汉堡，殖民学院，Abhandlungen. Bd. 33，1916 年。

Landeskundliche Forschungen im Pamir. Von Arved Schultz. Hamburg, Kolonial-institut. Abhandlungen. Bd. 33, 1916.

许茨《帕米尔研究》
SCHULTZ, *Forschungen im Pamir*

《古代和田——奥雷尔·斯坦因先生受印度政府之命赴中国新疆考古发掘及所著之详尽报告》，第一、第二卷，牛津，克拉伦登出版社，1907 年。

Ancient Khotan. Detailed Report of archaeological explorations in Chinese Turkestan carried out and described under the orders of H. M. Indian Government by M. Aurel Stein. Vols. I, II. Oxford, Clarendon Press, 1907.

斯坦因《古代和田》

STEIN, *Ancient Khotan*

《印度边疆考古调查局 1911—1912 年度边疆考古调查报告》，奥雷尔·斯坦因爵士著，白沙瓦，政府出版社，1912 年。

Annual Report of the Archaeological Survey of India,

斯坦因《边疆考古调查》

STEIN, *Archaeolog-*

Frontier Circle, 1911–1912. By Sir Aurel Stein. Peshawar, Government Press, 1912.

ical Survey, Frontier Circle 1912.

《沙漠契丹废墟——中亚及中国极西地区探险记》，奥雷尔·斯坦因著，第一卷、第二卷，伦敦，麦克米伦公司，1912 年。

斯坦因《沙漠契丹》

Ruins of Desert Cathay. Personal Narrative of explorations in Central Asia and Westernmost China. By M. Aurel Stein. Vols. I, II. London, Macmillan, 1912.

STEIN, *Desert Cathay*

《1900—1901 年、1906—1908 年和 1913—1915 年斯坦因爵士考察期间所绘制的中国新疆、甘肃地图备忘录》，奥雷尔·斯坦因著，马松少校和格拉夫·亨特尔作附录，三角测量局，台拉登，1923 年。

斯坦因《地图备忘录》

Memoir on Maps of Chinese Turkistan and Kansu from the surveys made during Sir Aurel Stein's Explorations, 1900–1901, 1906–1908, 1913–1915. By Sir Aurel Stein. With Appendices by Major K. Mason and Dr. J. de Graaff Hunter. Trigonometrical Survey Office, Dehra Dun. 1923.

STEIN, *Memoir on Maps*

《羯利合那所著诸王流派，克什米尔王谱》，奥雷尔·斯坦因译并附有导言、评注及附录，第一、二卷，伦敦，康斯特布尔公司，1900 年。

斯坦因《拉加特》

Kalhana's Rājataranginī, a Chronicle of the kings of Kashmīr. Translated, with an introduction, commentary, and appendices, by M. A. Stein. Vols. I, II. London, Constable, 1900.

STEIN, *Rājat*

《沙埋和田废墟记——中国新疆考古和地理探险记》，奥雷尔·斯坦因著（第一版），伦敦，费希尔·安文，1903 年。

斯坦因《和田废墟》

Sand-buried ruins of Khotan. Personal Narrative of a journey of archaeological and geographical exploration in Chinese Turkestan. By M.Aurel Stein. (First edition.) London, Fisher Unwin, 1903.

STEIN, *Ruins of Khotan*

《西域考古图记，应英帝国印度政府的命令，由奥雷尔·斯坦因编写的关于中亚和中国最西部考察的详细报告》，奥雷尔·斯坦因著，第一至第五卷，牛津，克拉伦登出版社，1921 年。

斯坦因《西域考古图记》

Serindia. Detailed Report of explorations in Central Asia and Westernmost China carried out and described under the orders of H.M.Indian Government by Aurel Stein. Vols. I ~ V. Oxford, Clarendon Press, 1921.

STEIN, *Serindia*

《中国西部边疆千佛洞所出古代佛教绘画》，奥雷尔·斯坦因发现并著录，附有劳伦斯·宾勇之导言，伦敦，夸里奇，1921 年。

斯坦因《千佛洞》

Ancient Buddhist paintings from the Caves of the Thousand Buddhas on the westernmost border of China. Recovered and described by Aurel Stein with an Introductory Essay of Laurence Binyon. London, Quaritch, 1921.

STEIN, *Thousand Buddhas*

《有关锡斯坦国的历史、地形、遗址和人民的一

泰特《锡斯坦》

份研究报告》，泰特著，加尔各答，政府印刷管理局，
1910 年。

Seistan, a Memoir on the History, Topography, Ru-
ins, and People of the Country. By G. P. Tate. Calcutta,
Office of the Superintendent of Government Printing, 1910.

TATE, *Seistan*

《玄奘的印度之行》，托马斯·沃特斯著，其逝世
后由里斯·戴维斯和布歇尔编辑出版，两卷，地图两
幅，伦敦，皇家亚洲学会，1905 年。

On Yuan Chwang's travels in India, by Thomas Wat-
ters, Edited, after his death, by T. W. Rhys Davids and
S. W. Bushell. Two vols. London, R. Asiatic Society,
1905.

WATTERS, *Yuan Chwang*

沃特斯《玄奘》

《阿姆河源之行》，约翰·伍德上尉著，新版本由
其子编辑，收有亨利·尤尔上校所著《论阿姆河谷地
理》一文，伦敦，默里，1872 年。

A journey to the source of the River Oxus. By Captain
John Wood. New edition, edited by his son. With an essay
on the geography of the valley of the Oxus, by Colonel Hen-
ry Yule, London, Murray, 1872.

WOOD, *Source of the Oxus*

伍德《阿姆河源》

《西域记》，魏利译自《汉书》卷九十六第一、二
部分，载《大不列颠及爱尔兰人类学学会会刊》，1880
年，第十卷，20～73 页；1881 年，第十一卷，83～115
页。

Notes on the Western Regions. Translated from the

WYLIE, *Notes on*

魏利《西域记》

'*Tsëen Han shoo*,' *Book* 96, Parts I, 2. By A. Wylie. Journal of the Anthropological Institute of Great Britain and Ireland, 1880, vol.x.pp.20-73; 1881, vol.xi.pp.83-115.

the Western Regions

《威尼斯人马可·波罗先生东方诸国奇遇记》，尤尔上校编译并注。第三版由亨利·科尔迪耶（巴黎）据新发现校订，并收有一篇亨利·尤尔之女阿米·弗朗西斯·尤尔纪念其父之文章，第一、二卷，伦敦，默里，1903 年。

尤尔《马可·波罗》

The book of Ser Marco Polo the Venetian concerning the kingdoms and marvels of the East. Translated and edited, with notes, by Colonel Sir Henry Yule, R. E., C. B., K. C. S. I., corr. Inst. de France. Third edition, revised throughout in the light of recent discoveries by Henri Cordier; With a memoir of Henry Yule by his daughter Amy Frances Yule. Vols. I, II. London, Murray, 1903.

YULE, *Marco Polo*

《契丹之路——中国中世纪文献辑录》，亨利·尤尔上校编译，新版本由亨利·科尔迪耶据新发现校订，第一至第四卷，伦敦，哈克卢特公司，1915—1916 年。

尤尔、科尔迪耶《契丹》

Cathay and the Way thither; being a collection of mediaeval notices of China. Translated and edited by Colonel Sir Henry Yule. New edition, revised throughout in the light of recent discoveries by Henri Cordier. Vols. I-IV. London, Hakluyt Society, 1915-1916.

YULE-CORDIER, *Cathay*

目 录

附　录

插图目录

第一章　穿越齐拉斯、达丽尔和丹吉尔

第一节　从克什米尔到齐拉斯

1912 年夏在克什米尔时，我就已经制定好第三次中亚考察计划，期望寻找一条向北翻越崇山峻岭直达帕米尔中国新疆边境的路线，以争取时间考察之前从未探察过的兴都库什（Hindukush）地区的地理和文物古迹。我在前两次考察时，是从奇特拉尔（Chitrāl）和罕萨山谷穿过兴都库什主脉的，这使我感到筋疲力尽。同样，我对 1908 年返回时所走的通过拉达克（Ladākh）和翻越喀喇昆仑的迂回路线也毫无兴趣。但未曾料到，这次考察开始时的运气很好，我梦寐以求的一条新路终于被打通了。

我对从北面的齐拉斯至印度河重地达丽尔和丹吉尔山谷这一段的考古调查一直抱有很大兴趣。这是因为从阿姆河上游到印度河的一条道路经过达丽尔以及印度东北部，而根据中国佛教徒的记载，达丽尔或达丽罗（Ta-Li-Lo）曾有一些佛教圣地，并且还有记载提到那里曾有一座著名的佛教寺院。另外一个原因是当地的达尔德（Dard）人社会政治动荡，像整个印度河科希斯坦（Kōhistān）一样，分裂成了许多独立的小国，通向这些地方的道路被切断，所以这一地带实际上还未开放。此外，当地民众改信伊斯兰教的时间相对

选择穿越山区的路线

计划对达丽尔进行考察

较晚，宗教信仰仍十分狂热。虽然英国控制地区的东面和北面与它们相邻，但欧洲人从未涉足那里。

帕赫东·瓦利的崛起

近些年来，帕赫东·瓦利（Pakhtūn Wālī）成功登上了丹吉尔统治者的位置，他是胡希瓦克特家族的后裔、米尔·瓦利（Mīr Wālī，曾是亚辛的统治者）的儿子。1895 年，他作为奇特拉尔的难民第一次冒险进入丹吉尔，凭借坚强的性格和不讲道德原则的阴谋手段，到 1900 年就成功地将其影响范围扩大到达丽尔以及印度河以南的一些小"国"。他依靠雇佣兵在兴都库什建立自己的王国后，认识到巩固其统治的必要性，并考虑到为他的后代继承王位的问题而寻求外来的支持，于是逐步改变了对英国势力的敌视态度，进而影响到了他对狂热的科希斯坦部落问题的处理。1913 年早春，他采取了切实的措施来寻求与吉尔吉特（Gilgit）政治办事处间的友好关系。

面见帕赫东·瓦利

当我得知这个消息后，立即决定利用这个千载难逢的机会面见罗阇（Rāja，意为王——译者）帕赫东·瓦利，以寻找我所渴求的一条通向帕米尔的新路。我以前曾希望经过齐拉斯和亚辛的大道，是因为我尚未接触过这块遥远的土地的地理和历史。达丽尔和丹吉尔正好处于前两者之间，所以对此地区做一次考察不仅是可能的，而且不需要花费多少时间。要实现我计划已久的考察，就必须做精心的准备，进行外交上的协调，以面见罗阇帕赫东·瓦利，从而取得他的支持。住在克什米尔的斯图尔特·弗雷泽（Stuart Fraser，现在是爵士）对我的计划很感兴趣，并给予了大力的帮助。正是他的鼎力支持，我的计划得到了印度外交部的同意，并取得了当地首领对我访问其领地的许可，其所附条件首先是保证他的政治利益。虽然政府接受这些条件是权宜之计，但对保证我的安全无疑是有利的。

到 1913 年 5 月底，我才拿到关于考察的批准文书。由于许多实际准备工作占用了很多时间，加之通过吉尔吉特政治办事处以及陆军少校（现是陆军上校）马克弗森（Macpherson）等友好官员的联络，与罗阇帕赫东·瓦利进行商谈，因此直到 7 月的最后一天，我才离开设在斯利那加的克什米尔营地。在此之前的一个星期，我以前旅行时的老搭档、印度测量局的副总管助理拉伊·巴哈杜尔·拉尔·辛格，以及二等调查员穆罕默德·亚库卜·汗（Muhammad Yāqūb-khān）也来到这里集合。印度总测量员陆军上校锡德尼·布拉德爵士慷慨地允许我在考察中任意安排他们地理学方面的工作，并支付了他们的旅行费用，提供了所有必要的调查仪器。

调查员们的加入

在斯利那加与我们会合的还有另外两个印度助手，尽管这是他们第一次到中亚旅行，但他们在各自的工作领域内都表现得非常出色。指挥精锐的乔治王第一坑道工兵部队的蒂尔登·帕特森（Tylden-Patterson）陆军上校，为我挑选的陆军上校奈克·夏姆苏丁（以前曾是贾玛达尔），是一个最得力的敏捷男子，可胜任所有必需的技术工作。另一个助手是米安·阿弗拉兹·古尔·汗，他是圣洁的卡卡海尔氏族的一名帕坦人，是开伯尔步枪部队的一名印度兵。他是我自己挑选的，我们后来的考察表明这一选择是多么的正确。他原先是白沙瓦（Peshawar）边境上的一名校长，后在著名的边防部队服役期间，便一直以其良好的地貌感而引人注目。他出色地完成了鲁尔基（Roorkee）的军事调查课程的学习后，经西北边省行政总长和荣誉陆军团上校、已故的乔治·鲁斯·克伯尔爵士的同意，参加了 1912 年春我主持的白沙瓦

另一些印度助手

山谷斯里巴合劳尔（Sahri-bahlōl）遗址的发掘，他以临时绘图员和调查员的身份协助工作。他在这次发掘及之后在《西域考古图记》的插图工作中，表现出了卓越而又全面的能力。此外我还注意到他在探险方面的爱好和能力，感到他特别适合当一名助理调查员。丰富的经验使他在考古工作中发挥了很大的作用，特别是在最难堪的情形下。

从克什米尔出发 1913 年 7 月 31 日，我们离开斯利那加，坐船顺流而下，赶往克什米尔的杰赫拉姆［Jhelam，疑为杰卢姆河（Jhelum）——译者］或维亚特（Vyath）［梵文：维达斯达（Vitastā），海达斯佩斯（Hydaspes，希腊语——译者）］古道。次日到达本迪普尔（Bandipur）小港，它位于沃卢尔（Volur）湖上，在克什米尔梵文书中被称为"摩哈帕德玛萨拉斯"（Mahāpadmasaras）。我们的大多数辎重，在穆罕默德·亚库卜·汗和奈克·夏姆苏丁的照料下，由吉尔吉特运输局从此地发往罕萨，然后在那里等待我们①。我和拉伊·巴哈杜尔·拉尔·辛格以及米安·阿弗拉兹·古尔（下文分别简称拉尔·辛格、阿弗拉兹·古尔——译者），只带所需的少量行李，于 8 月 2 日出发，取道连接克什米尔和下一个目标齐拉斯的捷径。我们向西北方向行进，穿过了克什米尔最迷人的森林密布的洛拉勃（Lōlāb）支谷，沿途景致非常诱人。然后掉头向北，进入了吉申甘加（Kishangangā）河的灌溉区。沿着深切的峡谷（图1），我们下到了凯尔（Kēl）山谷（图13）。6 点钟时我们穿过此谷，然后继续向西朝印度河的分水岭巴拉伊（Barai）山口（海拔 14 250 英尺）前进，抵达齐拉斯的边

① 参见《古代和田》12 页以下我对这条现代道路的描述。该路修筑得很好，骡子和骆驼都能通行，吉尔吉特帝国驻军及办事处的其他工作站每年所需的供应大都通过此路运来。

境。之后是两天艰难的跋涉，有一个向导领着我们翻越冰雪覆盖的法萨特（Fasat）山口（海拔 15 200 英尺），向下穿过越来越贫瘠的溪谷（图 3），来到了紧靠印度河的要塞齐拉斯村。令人烦恼的是，从我们始入洛拉勃以上的山区，一直到印度河的分水岭，恶劣的天气就紧随着我们，道路更加难走，许多地方需要整修，才能使驮载行李的牲畜通过。

自英国占领齐拉斯以来，全面的调查做过不少，有关道道路的重要性路和克什米尔地区地名的各种书籍、辞典中①不乏有关它们的叙述，因此远至分水岭的道路状况无须在此细述。但是我千辛万苦获得的有关古迹的情况还是值得一说。我在《古代和田》中，已用较长的篇幅讨论了有关公元 7 世纪上半叶唐朝军队占领"大勃律和小勃律"（Great and Little P'o-Lü）（据本书英文版"补遗和勘误"应删"大勃律和"——译者），即现在吉尔吉特和亚辛的重要汉文记载②。我在书中讨论了公元 749 年吐火罗（T'u-ho-lo）或托哈里斯坦（Tokhāristān，即吐火罗斯坦——译者）统治者给朝廷的请愿书中涉及的重要事实，即公元 747 年，高仙芝（Kao Hsien-chih）远征后，部署在勃律的唐朝驻军完全依靠从克什米尔运进的食物来维持。我曾经说过，"吐火罗头领的信中提到的各种困难，就是近几年中［锡克（Sikh）和道格拉（Dōgrā）时代］克什米尔头领借以迫使英国当局在占领吉尔吉特时不得不满足他们要求的那些困难"③。

---

① 下面将提到对此路及更西的从吉申甘加和贡哈（Kunhār）到齐拉斯的路线的最新调查。参见印度测量局附图 43E、F、I、J 对这些路线的修订过的叙述，参见梅森（Mason）《西喜马拉雅的道路》（*Routes of Western Himālaya*）82~90 页。

② 参见《古代和田》第一卷 11 页以下。沙畹先生第一次收集了唐朝和其他汉文文献中有关的重要史料并进行了翻译和注解，参见他的《西突厥》166 页以下、214 页以下、296 页。

③ 参见《古代和田》第一卷 12 页。

公元 749 年，来自奇特拉尔的进攻

吐火罗或托哈里斯坦王子请愿书的直接起因，是其东南邻国竭帅（Chieh-shuai）国王被吐蕃人煽动，企图切断勃律的唐朝驻军的克什米尔给养通道。那时吐蕃正威胁着唐朝在西域东部的统治，而唐朝占领亚辛和吉尔吉特的目的也正是为了防止吐蕃与阿姆河的大食人联起手来①。至于一些书所称的竭师（Chieh-shih）或简称劫（Chieh）的"竭师"之名，我已在《古代和田》中认定为"奇特拉尔"，它可能是由这个地区的老名称喀什卡尔（Kāshkār）衍变而来②。

齐拉斯人对吉尔吉特道的威胁

在同一书中，我强调了一个地理事实，即齐拉斯是一个重要的地点。克什米尔至吉尔吉特和亚辛的交通线，只有在这个点上才有可能受到来自西面的奇特拉尔势力的干扰③。这些山区的大量近代史证据表明，直到 19 世纪中叶，锡克人和道格拉人的吉尔吉特道仍受到齐拉斯人的掠夺性进攻④，这只要看一下地图就可明白其中的道理。直到 1851 年，摩诃罗阇·古拉伯·辛格（Mahārāja Gulāb Singh）的军队成功地越过巴拉伊山口，入据齐拉斯并缩减了其首府的规模，这些攻击才停止。但齐拉斯人很快获得了独立，他们暴乱的性情，加上印度河下游另一些达尔德共和国的支持，遂又成了

---

① 从沙畹先生抄录下来的《册府元龟》中的文献资料及《西突厥》214 页，我们可知竭帅（竭师）依仗高山的庇护与吐蕃结盟。其首领"知勃律地狭人稠，无多田种。镇军在彼，粮食不充。于固失密（Ku-shin-mi）市易盐米，然得支济。商旅来往，皆着竭帅国过。其王遂受吐蕃贷求，于国内置吐蕃城堡，捉勃律要路。自高仙芝开勃律之后，更益兵三千人，勃律因之。竭帅王与吐蕃乘此虚危，将兵拟入"（出自《册府元龟》卷九九九，"天宝八载吐火罗叶护上表"——译者）。

② 参见《古代和田》第一卷 13 页以下；《西域考古图记》第一卷 29 页以下。

③ 参见《古代和田》第一卷 16 页以下。

④ 因为阿斯托尔谷的人口减少，故齐拉斯人的入侵，很大程度上是为了掠夺奴隶。他们的入侵范围还扩大到了吉申甘加，甚至远至斯卡杜（Skardo）和古代克什米尔的地方。相关重要记述，参见德鲁（Drew）《查谟和克什米尔》（Jummoo and Kashmir）398 页、404 页以下，比达尔夫（Biddulph）《兴都库什》15 页以下；维戈纳（Vigne）《克什米尔旅行记》（Travels in Kashimir）第二卷 301 页。

图 1　在凯尔上方看吉申甘加河

图 2　从胡达尔谷口对面的右岸渡过印度河

图 3　在齐拉斯的泰附近，下望尼亚特山谷

图 4　齐拉斯要塞上方的布托伽赫谷口

图5　胡达尔谷口的"黑堡"遗址

图6　从达尔村远眺胡达尔山谷

图 7　从尤努太伽柳山口向东南望

图 8　尤努太伽柳山口下的古力杜尔田地

图 9　高贝彻沙上方，达尔津山谷的森林

图 10　罗阇帕赫东·瓦利派来的护卫队员

图 11　从达丽尔的尼雅楚特上望山谷

图 12　达尔津高山以及面向达丽尔的山嘴

吉尔吉特道的威胁根源。1893 年，经过激烈的战斗，帝国（英国）军队占领齐拉斯，并在齐拉斯堡垒建立了永久性营地，吉尔吉特道的威胁才终于解除。

　　由于上述原因，我认为齐拉斯即是公元749 年汉文文献中提到的威胁点，我对齐拉斯的实地考察也完全证实了这一判断。我在《古代和田》中曾推测，从克什米尔到唐朝军队驻地的物资供应线，与穿过古莱兹（Gurēz）、布尔济尔（Burzil）山口和阿斯托尔（Astōr），因克什米尔和兴都库什山地的地图都表明，从克什米尔到本吉（Būnji）印度河的现代吉尔吉特道，比翻越巴拉伊山口到齐拉斯的路线要远得多①。然而，按官方道路里程记录计算，从沃卢尔湖岸的本迪普尔至本吉或齐拉斯的距离都是 158 英里。而据我的测算，后一路程仅约 116 英里。如果旅行者沿北面巴拉伊山口的小溪直接到布纳尔（Būnar）的印度河，而不是穿过法萨特山口到齐拉斯要塞，那么路程还将会缩短一些。

通过齐拉斯的克什米尔供应线

　　应该指出的是，在下述道路改造之前，穿过巴拉伊山口的整条路线，尽管有些地段较为难走，但驮物的牲畜仍能通过，沿途还见有大量的牧草。而通过阿斯托尔的道路沿线都缺少牧草，因此不能在本迪普尔—布尔济尔—本吉的路上进行驮载交通。后来，英国人占领此地，运用现代工程技术开通了吉尔吉特道，并安排了沿路的供应，不能进行驮载交通的情形才告结束②。通过巴拉伊山口的道路的另一个优越性

齐拉斯道路的优越性

---

　　① 　因为在 1893 年之前不可能去齐拉斯领土上进行调查，所以没有任何早期地图与印度地图集进行比较。容易找到的地图，例见印度测量局 1∶1 000 000 比例系列地图中的 43 页，或北部边疆系列中的 3 页。

　　② 　吉尔吉特道及其交通，参见《和田废墟》12 页以下。

是巴拉伊山口海拔 700 多英尺，冰雪覆盖的时间比布尔济尔长得多，而旅行者仍能翻越过去。此外，以前必走的、克什米尔和吉申甘加山谷分水岭上的马锡尔（Matsil）谷上方的山口很容易翻越，比起吉尔吉特道上的特拉格巴尔（Trāgbal）山口，面临的风雪和雪崩的危险也小得多。

后来对吉尔吉特道的改造

　　地貌学的各种事实证明，选择吉尔吉特道迂回路线，如果不是唯一的原因，应主要是 1842 年锡克人首次把他们的征服对象扩大到吉尔吉特时的政治和军事局势。这个史实已由德鲁先生以其一贯的准确性记录下来，故我不必在此赘述①。很显然，锡克人推进时之所以选择此路，是因为阿斯托尔的达尔德王长期以来一直臣服于他们，并向他们纳贡，而齐拉斯部族和邻近的印度河科希斯坦各山谷却独立性很强，是敌对势力，因此绕开他们是明智的选择。有关该地区早期的政治局势，我们缺乏直接的史料。但从我下面要讨论的有关达丽尔的各种线索和齐拉斯的传统来看，在前伊斯兰时期，印度河科希斯坦的所有欣卡力人（Shinkārī）或部分达尔德人只在一个罗阇（王）的统治之下②，因此齐拉斯和以西的科希斯坦山谷组成的地区在某些时期内较容易通过，交通是安全的（与近代不同）。我认为，上述结论是可靠的。

被南迦帕尔巴特峰分开的道路

　　如果我们根据地图来决定南克什米尔、印度以及北面的兴都库什部分（汉文文献称为勃律）之间的交通路线，我们不能忽视这样一个重要的地理事实，即阿斯托尔和齐拉斯之间最高的南迦帕尔巴特（Nangaparbat）峰，海拔 26 620 英

---

① 参见德鲁《查谟和克什米尔》403 页、437 页以下。
② 参见比达尔夫《兴都库什》16 页。

尺，是印度河上方冰雪覆盖着的巨大山体，它把通过这个交叉地区的捷径分成了两个富有特征而又不同的单元。其东面实际上仅有一条单独的交通线，现代的吉尔吉特道沿着它穿过13 650英尺的布尔济尔山口，在阿斯托尔主谷与卡姆里（Kamri）山口稍下的一条支路交会。再往东，来自吉申甘加、位处印度河谷更高处的几条路线，都通向巴尔蒂斯坦（Baltisitān）或斯卡杜。

在无法逾越的南迦帕尔巴特峰的西面，环境则明显不同。从巴拉伊山口起，其边缘是常年积雪的南迦帕尔巴特峰的最西延伸线，我们发现许多山口实际上都可以翻越，道路从相对有人居住的地方通向齐拉斯几条山谷的上部①，并较

南迦帕尔巴特峰以西易走的道路

---

① 我们的路线从东面开始，上溯凯尔谷，翻过巴拉伊山口并在北麓以远的素洛更（Surugan）分岔出三条支道。第一条如我在本书前文所述的那样，向北直下布纳尔谷，通向印度河。第二条向西北分岔，并翻越法萨特山口，进入尼亚特（Niat）谷的一条支谷。我自己曾走过这条路，尽管有些地方较难行走，但负载的牲畜可通行。第三条支道即现在提到的这条路，向西沿着易走的高地，与远至现在的巴布萨尔山口的每条道路相接。

接下来我们走的是凯尔—巴拉伊道，它始于作为古代吉申甘加女神萨拉达（Śāradā）圣地的沙尔迪（Shardī）［见我对《拉加特》（Rājat）的注释，第一卷37页，第二卷279页以下］，然后上通大河［克什米尔梵文传说中称室罗伐悉底河（Sarasvatī），参见《拉加特》第一卷37页，第二卷282页］，在那里与北面来的吉申甘加河汇合。

此路翻越卡玛克杜力（Kamakdōri）山口（海拔14 120英尺）所在的分水岭，然后经比亚赫（Biāh）峡谷下至尼亚特谷。前段时间，有人正式向克什米尔当局建议把它开辟成一条骡子道，以作为通往齐拉斯的交通路线，由此可见，此路是切实可行的。而在摩诃罗阇·古拉伯·辛格统治时期，齐拉斯人常常拦路劫掠，道格拉人为了保护这些山谷，被迫在沙尔迪修筑了一座堡垒，这一史实亦证明此路是可行的。

1891年，我发现这个要塞仍有一小队武装驻扎（参见《拉加特》第二卷284页），说明拦路抢劫的事仍有发生。

容易地经平坦的小帕米尔式槽形高地通向①南面的分水岭②。这些开阔的高山谷的最西端由卡甘（Kāghān）河源头进行灌溉。在北面道路通向齐拉斯各山口的延续部，其中巴布萨尔山口（海拔 13 680 英尺）自 1893 年以来一直被使用着，是很好的骡子路。这条路通过较开阔的贡哈（kunhār）河或卡甘河的河谷把齐拉斯和英国人管辖的肥沃的赫扎拉（Hazāra）区连接起来，甚至在齐拉斯被占领以后，还与吉尔吉特和更远的地方进行了大量的贸易和交通。

连接齐拉斯和赫扎拉的道路　赫扎拉，即古代的乌拉萨（Uraśā），在有历史记录的前伊斯兰时期内臣属于克什米尔统治者③，所以可以较肯定地说从此经过的道路，是连接齐拉斯和印度的最短捷和最容易

---

①　在卡玛克杜力道的西北，如果不是有三条，至少有两条可通行的支谷道路［翻越贾勒卡德伽利（Jalkhadgali），普尔比（Purbia）和萨拉依（Sarai）诸山口］与沙尔迪连接，其间在卡甘源头的高地开阔而又多草。尽管在沙尔迪有几条道路会合于此，但我不知道哪条道路可与克什米尔主谷直接相通，从而体现出巴拉伊道的重要性。因为在沙尔迪以南山脉的构造和下面吉申甘加河谷的狭窄，使得从克什米尔到此地要比到凯尔困难得多。所以克什米尔当局选择巴拉伊道作为通向齐拉斯和吉尔吉特的一条交通线是有充分理由的。在我们旅行之后，此路已得到必要的整修，成了一条正常的骡子路。

我们到达了卡玛克杜力山口西面的宽阔的高地。此地很像帕米尔的诸山脉，它沿印度河—吉申甘加河的分水岭伸展，远至贡哈（喀汗）河源头的拉卢萨尔（Lālusar）湖，长达 16 英里多。从这块多草的高地，通过易走的各山口，可抵达齐拉斯各河的源头，从北部边疆系列地图中可以看到，这些山口的名称为巴仑格（Balung）、达玛伽赫（Damagāh）、巴布萨尔（Bābusar）、塔塔巴依（Tatabai）、布托伽赫（Butogāh）。其中最低的山口是巴布萨尔山口（海拔 13 680 英尺），我们已经提到，有一条好走的骡子路通过此山口。此路经过卡甘和赫扎拉，然后下到塔克（Thak）峡谷，直到印度河岸的齐拉斯首府。此路的优势在于路上只过一个山口，且南坡较缓，沿途有丰富的牧草。

②　1904 年和 1905 年的夏天，我曾在贡哈或卡甘河的源头附近居留过，故对这个高地特殊的自然景观非常熟悉。我应特别说明的是，尽管远至贡哈河源头的巴拉伊山口以西的分水岭的高差估计都不下于海拔 15 000 英尺，许多顶峰线的海拔 15 000 英尺甚至更高，但沿线未见任何永久性的雪原。然而，在更南的地方，即在与海拔不超过 14 000 英尺的山峰相连接的贡哈和吉申甘加的范围内，可发现雪原甚至小冰河。正如我个人经验所示，我相信齐拉斯上方的分水岭所体现出来的这种特征，可从气候方面的原因来解释，即贡哈河谷和其侧翼的山脉的顶峰线超出了季风雨的范围，故形成不了雪原。

现在说说贡哈河谷的构造。此谷蜿蜒于卡甘大村的附近地区，两面有突出的高山，完全拦截了由南面的季风带来的潮湿气流。缺乏雨雪，因此前述的分水岭上未见永久的冰雪原，使我特别想起帕米尔高山区的干草原气候。

③　参见我在《拉加特》第五卷 217 页及第二卷 434 页的注释。

通行的路线，唐朝军队在驻扎吉尔吉特和亚辛的时期内肯定也使用过它，以保证从克什米尔来的物资供应。这个推断已被上面引述过的吐火罗统治者的信中谈到的盐所证实。克什米尔不产盐，因此，正如现在吉尔吉特办事处的驻军通过最近的路线，也即从喀汗河源头到齐拉斯的路线，来获取盐岭（Salt Range）的盐那样，吉尔吉特唐朝驻军所需的盐，也是从别处输入的。同样，赫扎拉的主要物产大米，也许是经此路输入的，而不仅仅是从克什米尔山谷。

我已经提到这样的事实，即克什米尔山谷路线以及从吉申甘加通向齐拉斯的道路，在使用之前，为方便牲畜驮载交通，确实需要修整。但这并不影响早期此路的大量使用，因为此路上的自然障碍可以很容易用人挑肩扛代替牲畜驮载的补救措施来克服。这方面我们有大量的历史资料来证明这样的方法在古代克什米尔非常普遍，即使在现代，兴都库什分水岭一带的许多山区也还沿用此方法①。

卡甘河谷路线的使用

仍要指出的是，就像今天通过印度河谷往上到本吉，然后到吉尔吉特河的道路把货运抵吉尔吉特中心一样，那时从南面向齐拉斯运输物资并不十分困难，原因是此路全程穿越海拔在 3 600~4 400 英尺的峡谷低地，可常年进行交通。但是为了避免在狭窄的山谷中承受盛夏酷暑，人们更愿意选择从凯纳伽赫（Kinar-gāh）山谷直通齐拉斯北的捷径，此路在翻过两个平缓的高山口后，即到达现代驻地以下几英里的吉

从齐拉斯可轻易到达吉尔吉特

---

① 有关强迫性的货物运输体系，已放在拜戈尔（Begar）专有名词下的现代克什米尔条中进行叙述，试比较我在《拉加特》第五卷 172~174 页和第八卷 2509~2513 页的注释。需要说明的是，最新命名的道路提到，公元 1144 年对吉申甘加谷—沙尔迪的一次远征中，为了军事目的，曾进行了强迫性的交通运输。阿尔比鲁尼写的另外一些参考材料，参见我在《拉加特》第二卷 361 页作的注 50。

尔吉特中心垦区①。

第二节　齐拉斯及其历史

　　除了刚讨论的有关通过齐拉斯的道路的汉文记载，我查
阅了一条有关此地的早期参考资料。它是在阿尔比鲁尼
（Albērūni）的《印度志》一书中发现的，是十分重要的记
述，其中对克什米尔的描述尤其重要，这一点我已在别处作
了详细的解释②。这位伟大的伊斯兰学者告诉我们，从巴拉
穆拉（Bārāmūla）山谷谷口可进入开阔的克什米尔山谷，
"你离开突厥部落帕塔珐里雅（Bhattavaryān）占据的钵卢勒
（Bolor）和夏米兰（Shamīlān）山区后，已跋涉了两天多，
其王称帕塔沙（Bhatta-Shāh），其城有吉尔吉特、阿斯维拉
（Aswira）和希尔塔斯（Shiltās），其语言为突厥语。他们常
入侵克什米尔，使克什米尔苦不堪言"③。上述部落的三个
主要地点，不能错认为现代的吉尔吉特、哈苏拉［Hasōra
（阿斯托尔）］和齐拉斯。我们也不必去追究阿尔比鲁尼为
什么把这些部落称为突厥人，因为大量的证据表明，从古典
时期起这个地区就由达尔德部落居住，因此他指的这些人就

---

　　①　从齐拉斯堡经本吉至吉尔吉特的路线，现可进行骆驼运输，估计有89英里，而上至凯纳伽赫
峡谷，并翻越基尼居特（Kinijut）和霍麻尔（Khomar）山区的路程估计仅为60英里。上通印度河的道
路，见北部边疆地图卷3NE页。另参见马松《西喜马拉雅的道路》86页以下。

　　②　参见《拉加特》第二卷360页以下。另参见《克什米尔古地理笔记》（*Memoir on the ancient
geography of Kas′mīr*）21页以下。

　　③　参见《阿尔比鲁尼笔下的印度》（*Albērūnī′s India*）第一卷207页，萨乔（Sachau）翻译。

是达尔德人①。阿尔比鲁尼虽然未到过克什米尔以及更远的地区，但事实证明他对这些遥远山区的记述非常确切，人们不由得感到惊奇。我在别处曾经推测，阿尔比鲁尼在加兹尼（Ghazna）和旁遮普（Punjāb）长期居留期间（公元 1017—1030 年），为了从事印度学研究，可能曾雇用过克什米尔的博学家②。

很显然，从克什米尔人那里得来的有关当地的知识是完全正确的，即对于从这个王国的东大门巴拉穆拉峡谷进入开阔的克什米尔山谷的旅行者来说，在他"离开钵卢勒和夏米兰山区"后，走两天即可到达首府。事实上，后一地名已不可能找到。但毫无疑问，阿尔比鲁尼所指的正是齐拉斯和可能是阿斯托尔以南的山区。在前一段话中，他说起古斯纳里（Kusnārī）河和迈赫维（Mahwī）河源自夏米兰山区，我也已说明这两条河即是贡哈河和吉中甘加河③。至于讨论较多的名称"钵卢勒"，可以肯定它主要是指靠吉尔吉特河灌溉的整个山区④。在实际应用中，此名称比较含糊，应用范围可能还包括以东的斯卡杜或巴尔蒂斯坦。但从景观来说，阿

钵卢勒和夏米兰山区

---

①　参见我在《拉加特》第一卷 312~316 页的注释，第二卷 431 页有关卡勒哈那（Kalhana）编年史的大量段落，其中，佉卢文提到的达拉德或达拉达（Darada），即是占据着克什米尔北面山区的部落名称。也可参见这一地区内同一人种的有关记载。

正如阿尔比鲁尼在别处所说"吐蕃的突厥人"那样，他在此用了"突厥"（Turk）的词语，意思同样含糊不清。我在《拉加特》第二卷 363 页注 64 指出，这无疑表明吐蕃人从东面与克什米尔相邻。

②　参见《拉加特》第二卷 359 页以下。

③　参见《拉加特》第二卷 361 页以下。

④　就钵卢勒而言，沙畹在《宋云行纪》（Voyage de Song Yun）28 页注 7，对《古代和田》第一卷 6 页注 5 作了补充。拉沃蒂（Raverty）《阿富汗斯坦笔记》（Notes on Afghānistān）295 页以下，就伊斯兰作者使用的术语，提供了一个有用的注释摘要。

我现在相信沙畹先生的观点，钵卢勒的早期名称，即宋云所说的钵露勒（Po-lu-le），朝圣者智猛（Chih-mêng）所说的波沦（Pu-lun）（公元 404 年，参见沙畹《宋云行纪》53 页注 5）。玄奘所说的钵露罗（Po-lu-lo）和《唐书》中的布露（P'o-lü），它们都指的是钵卢勒。后两个名称还沿用于巴尔蒂斯坦［大勃律（Great P'o-lü）］。

尔比鲁尼的描写完全真实，因为当旅行者走上通向斯利那加的克什米尔山谷时，吸引他目光的肯定是左边的山脉。如同现在一样，在阿尔比鲁尼的时代，其首府地区主要包括冰雪覆盖的哈拉穆克（Haramukh）山和其他一些高高的雪峰，精确地说，可确定在斯卡杜，而不是吉尔吉特南面的地方。

阿尔比鲁尼提到的帕塔珐里雅和帕塔沙　然后，下一个问题又提出来了，就是阿尔比鲁尼的记载中分别提到钵卢勒和夏米兰山区的部落名称"帕塔珐里雅"及其首领的名字"帕塔沙"。在前面讨论这些名称时，我曾建议"阿尔比鲁尼所说的帕塔（Bhatta）可能是布塔（Bhuṭṭa）或博塔（Bhauṭṭa，即现代的 Kś.Buṭ），在梵文编年史（克什米尔）中，从拉达克（Ladākh）到巴尔蒂斯坦，普遍用这些名称来称呼吐蕃血统的人"[1]。这一观点可从这一事实来证明，即从血统和语言来看，现名巴尔蒂斯坦或斯卡杜的巴尔蒂（Balti）居民是吐蕃人[2]。阿尔比鲁尼的消息提供者用"布塔"或"博塔"来称呼他们是完全属实的[3]。但应当指出的是，齐拉斯人口的重要部分应是希纳（Shina）

---

① 参见《拉加特》第二卷363页注64。至于布塔或博塔，参见我在《拉加特》第一卷312~316页的注释。

② 有关巴尔蒂人和他们作为伊斯兰化的吐蕃人的特点，参见德鲁《查谟和克什米尔》356页以下。

③ 尽管有些人与拉达克人不同，见闻较广，也知道巴尔蒂的名称［在克什米尔地区发音为巴力蒂（Balit）］并用它来称呼每年通过克什米尔去寻找工作的斯卡杜男人，但现在在整个克什米尔，仍普遍用博屯（Buṭᵃ）来称呼来自藏语地区的人，不管他们信奉的是什么宗教。

在斯里维腊（Srīvara）的编年史中找到的"大、小博塔兰德"（Little and Great Bhuttaland）的术语证明，用于称呼巴尔蒂斯坦人的术语"博特"非常古老，它们分别相当于现在克什米尔人表示巴尔蒂斯坦和拉达克的卢克博屯（Lukh Butun）和布德博屯（Buḍ Buṭun），参见《拉加特》第二卷435页。

博特和伯德（Bōd）之间有些混淆，后者通常被克什米尔人用来称呼喇嘛或西藏佛僧，它源于梵文博德卡（Bauddka），意为佛教徒。博特和伯德之间的混淆多发生在受雇于克什米尔、但普遍对其困难的语言无知的道格拉人和另外一些印度人之间。有一段话可反映这种混淆："Bhot 或意为佛教徒，更确切地说，意指西藏佛教徒。"参见德鲁《查谟和克什米尔》231页。术语Buṭᵃ清楚地表示西藏人的名字Botpa，而拉达克人则称他们自己为Bod-pa；参见坎宁安（Cunningham）《拉达克》290页。

原来的一支，即纯达尔德人移民，人称 Bots①。德鲁认为，齐拉斯人"被其他达尔德人称为布特（Bhute）"②。在达丽尔和丹吉尔，我发现人们普遍用 Buṭa 这一名称来称呼所有的齐拉斯人。那么，阿尔比鲁尼所说的帕塔珐里雅和他们的统治者帕塔沙，与齐拉斯旧的种族名称是否有着一定的联系？现有材料还无法使我们肯定地回答这个问题③。

虽然刚才分析的齐拉斯的参考资料还远不足以勾画出该地区的早期历史，但上述的向外侵略行为表明，该地区的人们直到近代还在寻求临近的居住地。他们生性勇敢，普遍受到尊敬，尽管他们拥有的土地面积和自然资源有限，但在达尔德人中拥有十分重要的地位。我深感遗憾的是，考虑到前往塔克拉玛干和罗布沙漠冬季考察地点的道路漫长而艰难，尽管当地又为我做了种种安排，但我在齐拉斯考察的时间最

齐拉斯的重要性

----

① 经允许，我从吉尔吉特办事处的一份已印刷、但未出版的有关官方报告（1909 年）中引用了这个说法。很明显，比达尔夫在《兴都库什》16 页记录了与此种族名称有关的传说，说的是"两个兄弟部落（Bôt 和 Matchuk）素有怨仇，最后以后者战败和全体成员被逐走而告终。Bôte 现是齐拉斯最兴盛的家族"。

我在前面的注解中已经说明，陆军上校比达尔夫在一个注中推测："这也许是名字 Bôte 的来源，卡希麦力（Cashmere）的官员歧视性地用它称呼所有的达尔德人。"我认为这种推测没有什么意义。

② 参见《查谟和克什米尔》459 页。

③ 马夸特（Marquart）教授（他友好地让我接触到尚未发表的证据）在 Weh-rot 109 页已非常巧妙地解释了帕塔珐里雅的部落名称。他推测它是新波斯复数形式，也许是用 -I 形式表示的一个形容词的间接词根，起源于当地名称 * 帕塔瓦尔［ * Bha(u)ṭṭawar］，其本身是梵文语音的衍生词。据现代"白沙瓦"之名来源于梵文布路沙布逻（Puruṣapura）类推，帕塔瓦尔从语音上来说源于 * 博塔普拉（ * Bhuṭṭapura），这种方法在语文学上是可以接受的，但在缺少连接物或直接证据的情况下是不能确立的。至于"帕塔沙"，马夸特教授正确地比较了一个达德首领 Vidyādhara 所拥有的"沙希"（Śāhi）称号，卡勒哈那提到此首领在达拉特普拉（Daratpura）可能正统治着吉申甘上游的古莱兹（Gurēz），参见《拉加特》第三卷 913 页。他在联系这个"沙"（Shāh）时也是有道理的：沙希和古代的 Pao 即 Shāhǒ 有关，贵霜（Kuṣana）诸王都使用这个"王"的称号，并由他们的继承者在喀布尔（Kabul）河和印度河上游沿用了多个世纪。参见我的论文《卡希斯至喀布尔的记事》（Zur Geschichte der Cāhis Von Kâbul）（Festgruss an R. V. Roth, 199 页）；《拉加特》第四卷 143 页注。不管怎样，马夸特教授在 Weh-rot 110 页认为，"钵卢勒"源自博塔普拉镇的推想名字。对此，我不能同意。由于种种原因，恕不在此详细讨论。

多只有 3 天。我只能在快速行进的同时，进行大量的咨询性谈话，以致未能对周围环境进行细致的观察。在上述情形下，我无力去填补齐拉斯研究方面的空白。值得感谢的是，德鲁先生和陆军上校比达尔夫为吉尔吉特做了大量先驱性的工作并出版了有关材料。不管怎样，我在下行到尼亚特和塔克的山谷的路上，还是凭印象对从南边注入印度河、自然地貌大致一样、组成齐拉斯的四五条主要山谷作了粗略的记录，并在靠印度河的齐拉斯的旧居地做了一定的观察①。

狭窄的齐拉斯诸山谷

组成齐拉斯的山谷狭窄而峻峭，因此山坡经常发生滑坡现象。这些山谷的直线长度，通常不超过 25 英里，高差变化很大，高处在海拔 14 000 英尺的一条分水岭上，低处降至海拔 3 500~3 300 英尺的印度河床。往东是冰雪覆盖的巨大山脉，主峰为接近印度河深切峡谷的南迦帕尔巴特峰，从其北坡下降的山谷较为陡峭，难以接近，更不能居住。这种构造的结果往往是山谷的上部虽可居住，但地方非常狭窄，夏季放牧的范围很有限。因此，齐拉斯人的牧群很小，像南方山谷中从事牧业的古杰尔人（Gujar）居住地那里常见的大量房屋，在这些山谷中几乎看不到。

从巴拉伊山口下至尼亚特

翻过巴拉伊山口后，我们在布纳尔（下通印度河岸）最东边的主谷山梁上，度过了难挨的雨雪之夜。然后，我们在 8 月 9 日早上，沿大部分是页岩和雪地的危险的小道，由西北方向攀上了近 15 000 英尺的法萨特（Fasat）山口。山口后面的法萨特河谷上部覆盖着大片常年不化的冰雪，有些可从延伸的石堆和小湖的冰围地看出是前冰川的残余。从此山

---

① 第一章第三至五节中对齐拉斯、达丽尔和丹吉尔地区地形学的叙述，对第四卷中《奥雷尔·斯坦因爵士穿越齐拉斯、达丽尔和丹吉尔所用的道路图》有参考价值。（据英文版"补遗和勘误"补注——译者）

口下走3英里多，我们即来到了第一块野草稀疏的草地。然后我们又继续走，在由支流浇灌并被石脊分开的有草的小高原上，路过了几所名叫法萨特的羊倌住的茅舍，此处海拔约11 000英尺。再往下不远，我们遇到了第一片枞树林和针叶林。它们正以持续增长的势头覆盖着现在很窄的山谷斜坡。在法萨特和比亚赫两小河交汇处向下2英里多的地方，我们进入了以前未曾听说过的茂密林区。往下不远，有一个名叫德冯（Devong）的地方，这无疑是新开垦的一块土地。两边陡峭的山谷岩坡上，覆盖着雪松等高大的树木，连绵不断，往下直到尼亚特小村。该村海拔7 000英尺，土地耕作良好，种植着小麦、燕麦和玉米。据当地头人所说以及我们目睹的大量果树来看，该地的开垦显然并非近来之事，但这个村庄和下面的几个村庄是在得到英国式安全保障后才开始出现的。毫无疑问，由于可以躲避印度河谷骇人的盛夏酷暑，因此村民们对新环境感到心满意足，由此我认识到，这是出现新耕地的一个很好的原因。

次日早晨，我们出发前往尼亚特谷地。我们沿着其下面一条长约1.5英里的小路，穿过了延伸的田地和古歇尔（Gusher）小村。这个村子据说有100户人家，也许是齐拉斯以上最大的独立居住地。其所以存在，是因为谷底土地开阔，而且从面向布纳尔的山口上流下来的尼亚特和沙托奇河（Shatoch Nullah）两条小河能提供充足的灌溉水源。而在两条小河的交汇处下方，山谷又一次收缩，在陡峭的松树山坡下只有小块的空间可供耕种。从交汇点可看到如画的名叫泰（Thē）的小村庄，以及从巴布萨尔山口和喀汗分水岭下降下来的、两边被树林等覆盖的塔克主谷（图3）。在前往河流交叉点的路上，我注意到北面的达洛因（Daloin），在深切

达洛因的旧梯田

的尼亚特河谷的上方有一处废弃多年的叠层式的旧梯田，已变成一个名叫纳库伊（Nakhui）的多石的圆形剧场。该梯田废弃的原因除了用以灌溉的泉水已枯竭的含糊解释，还没有其他的说法。不管怎样，根据它的位置判断，以前很可能有一条沿着尼亚特河左岸高处或穿过悬崖通过来的灌溉渠道。但是遗憾的是，现在齐拉斯被纠纷所累，以致很长时间没有开凿这样一个库勒（Kul），甚至其技术也已经失传了①。

前往布托伽赫峡口

　　从海拔 5 500 英尺的合流点附近的巴沙（Bāsha）村开始，景致完全不同。沿着筑得很好的卡甘骡路下行，我们在那里所看到的只有被干涸险峻的冲沟分开的裸露岩坡，它们的奇特使我回想起我在和田南面昆仑山脉或者乌什（Uch-Turfān）以南外围的天山山脉中所看到的严重侵蚀的山区峡谷。此景象的唯一例外是辛格尔（Singal）小绿洲，河两岸种植着果树和葡萄树，掩蔽着窄长条的富裕村庄。但为了躲避山谷的炎热、成群的苍蝇和蚊子以及整个下齐拉斯大多数季节里都有的一种可怕的瘟疫，我希望在别处另找一处舒适的庇护之所。距尼亚赫（Niah）与塔格两河交汇处约 7 英里，我们看到了印度河深切的河道，对它的荒芜感触尤为深刻。这里有一条陡峭的曲折小径，向上通往印度河上方 1 000 多英尺的奇特的准平原［它将塔克谷和布托伽赫谷（Buto-gāh valleys）分隔开来］。该平原由一座平缓的沙砾冰川组成，就像和田昆仑山北麓典型的萨依（Sai，即砾石戈壁——译者）那样完全裸露着，风沙的侵蚀作用特别明显。穿过这块 2 英里多的奇怪的小平原，展现在我面前的是深陷

---

　　① 参见《古代和田》第一卷 19 页，在吉尔吉特上方的卡尔伽赫（Kargāh）峡谷口有一个古代灌溉工程的遗存，可说明长期失传于达尔德人的古代石工技术。

　　库勒与梵文库勒亚（Kulyā）有关，用于称呼与克什米尔地区灌溉渠道相似的水利工程设施。

的布托伽赫谷口，西侧有一块类似的、面积似乎更大的准平原。当布托伽赫河从狭窄的峡谷流入一条三角形、宽边面向印度河的沟槽时（图4），出现了一片葱绿悦人的小绿洲，助理政务代理的别墅就坐落于一处有树荫掩隐的大院之中。

其时主政齐拉斯的印度陆军上尉（现为少校）杜克（Dauke）给予我最热情的欢迎。正是通过他的热心关照，所有和罗阁帕赫东·瓦利有关的事务均已安排妥当，其中包括第二天我前往达丽尔的事项在内。我在齐拉斯停留的时间，仅够办理前10天艰难旅行之后及前往未被探察的地方之前必须料理的事情，所以不可能有闲暇时间来进行人种学及类似的实地考察。像其他观察者一样，我根据齐拉斯人的外表，总的认为他们在体格上比吉尔吉特、阿斯托尔和古莱兹的达尔德人要差，但他们的言谈举止却表现出独立的精神和暴烈的脾气。齐拉斯人自古就有掠夺的习性，在以前外人很难进入他们的领地①。

在齐拉斯的短暂停留

杜克上尉陪同我参观了位于高原边缘的齐拉斯城堡，在上面可俯视西面1英里的通入印度河的布托伽赫峡谷谷口。那里现有两个连的帝国军队驻扎着，附近有1851年克什米尔征战时被破坏的直至最近还是齐拉斯主村的齐拉斯"博特"城堡。这次参观使我获得了消除困惑的一些线索。那天一早，当我首次走近齐拉斯时，我即注意到高原边缘和布托伽赫河上方的一条大沟渠，渠两边有成列的树木。此渠直下谷底，长达1英里多。在其西边出口处，我即被占据着渠道下方整个斜坡的广阔的废耕地所吸引。我在城堡上向下俯瞰高原边缘下至印度河的宽缓的斜坡时，面前又出现了同

参观齐拉斯城堡

① 参见比达尔夫《兴都库什》15页。

样引人注目的景观。宽阔平整的地面上，除小块被粗耕的土地外，均完全荒芜着，任由灌木和芦苇生长。这片被废弃的几百英亩的肥沃土地，与紧下方堡垒遗址果园里的景色（茂盛的悬铃木和果树林）形成强烈的反差，给人以深刻的印象。

以前废弃的耕地

　　幸运的是，我可以向杜克上尉请教一些有关当地的问题，他的回答和解释非常简单，但极具结论性。1893 年，经过前面提到的激烈战斗（指英国军队攻占齐拉斯——译者）之后，齐拉斯领地被置于"大不列颠式和平"的保护之下。在此以前，为保证内部安全和防止外部攻击，实际上所有齐拉斯人的永久性家园都聚集于中心村庄之内或附近，所以只要条件允许，能灌溉的土地上都进行了大规模的耕种。但自从英国占领此地以来，散落在外的小村庄的安全有了保障，因此越来越多的齐拉斯人被吸引到更高的边谷去生活，而在以前，那里的耕作一直是断断续续，或完全被忽视。齐拉斯人生活于裸露的高山山麓和狭窄的印度河谷内，每年的大部分时间都要忍受酷热和周期性的蚊虫、瘟疫的折磨，因此永久地离开旧地，迁移到适合耕种的高山山谷，是完全可以理解的。

扩大灌溉的可能性

　　尽管移民们仍保留着齐拉斯城堡周围的土地的所有权，但他们不需要、也不再进行耕种。甚至于 1912 年，在助理政务代理的指导下，土地重新分配，每个农户都分得一小块便于耕种的土地后，也仅有小块土地的耕作被恢复起来，且完全由贫穷的佃户承担。我参观时，该村的人口不多。这种情况也与布托伽赫河中引来的灌溉水量远不足以供应有关。但如果渠壁结实，能防渗漏，就完全可以扩大耕地面积，因为我曾亲眼看见渠床中大量的水白白漏掉，更何况这里有大量的土地可供开垦。城堡下方以废弃梯田为主的地区的西边，还伸展着一块宽阔的冰川准平原，古代曾被耕种过。从地图上看，它东西长近3英里，只要利用布托伽赫河的灌溉之水，无须动用机械力量，就能使耕作恢复起来。

　　详细记录上述这些事实是有用的，因为它们有助于弄清历史时期与中亚自然环境有关的突出的"干旱"问题。我们假定，以后的一千年中，由于气候或其他变化，布托伽赫河和另一些齐拉斯的河流源自高山的水量大幅度下降。而将来对兴都库什地区进行地理调查的调查员，很自然会把齐拉斯大片废弃的梯田（假定由于某种原因，它们从未再被利用，但其遗迹仍保留着），作为特定历史时期内发生干旱的证据，然后他会着手寻找这一时期的年代证据。假定他能找到下限至公元12世纪后半叶的钱币，他自然就会把这个大"遗址"的废弃原因直接归结为"干旱"，并会把钱币作为"干旱"时期的年代证据。然而，这一结论明显是错误的。正如我们所看到的现代的情况那样，这些梯田的废弃，与气候改变完全无关，而是"大不列颠式和平"扩展的结果，是人的因素所致。也许，公元3 000年时的地理调查员用各种考古证据着力证明的"干旱"，仅是今后500年发生的事。

> 靠不住的有关
> "干旱"的证
> 据

第三节　前往达丽尔

　　在齐拉斯，罗阇帕赫东·瓦利的四位使者已经在等候我们，他们给予了我们热烈的欢迎，并已为保证我们安全通过他们的领地做了所有的安排，而此前这个地区还从没有欧洲人来过。罗阇（王）这边一直有一个条件，即从吉尔吉特政治办事处控制地来陪我的人一个也不能进入他的领地。他派

> 罗阇帕赫东·
> 瓦利的使者

遭这些亲信来，也许意味着这种条件是不能通融的。很显然，这个首领和新归顺的臣民的关系紧张，所以不得不防止有人搞阴谋，防止有人跟踪。而我感到轻松和高兴的是，我在克什米尔出发前一段时间所提出的请求已被该首领所接受。我们从考察工作角度出发，为避过印度河谷夏季酷热，希望从汗巴里（Khanbarī）山谷和杜迪沙勒（Dudishāl）山谷的上部山区前往达丽尔，这一要求也被满足了。

下行至印度河岸

这条路线多少有点迂回。8 月 11 日的早晨，我们首先出发前往印度河北面的胡达尔谷（Hōdar valley）。齐拉斯以下的河岸可怕地裸露着，走在岩石隘路上感觉很热。因此我们决定从一条现在仍使用着的小路，把行李运往下游 10 多英里、面对胡达尔谷谷口的一个地点，而我则乘坐皮筏子顺流而下。随着河水的波动，筏子上下颠簸，以每小时 14 英里的速度向下漂流，真是又刺激又浪漫轻松。沿岸或是裸露的黑石，或是散布着巨砾的缓坡，巨量的冰川融水汇流于两三百码宽的河床内。筏子由六块小公羊皮拼合而成，四个索尼瓦尔（Sōniwāls）船员用几代祖传的技艺驾驭皮筏子，以防卷入凶险的漩涡之中。北面和东面的冰雪天气，使河水水位下落了 24 英尺多，但水量之大仍足以保证我们安全下行。而在别的季节里，河床上是连绵的无法通过的暗礁和湍急的水流。据说在萨津（Sazīn）以下的印度河上，不可能进行这种快速的行进。

基诺库特居址

在胡达尔谷出口的对面，河床变宽，有皮筏子可以摆渡，在此我们的行李被运到了对岸（图 2）。尽管行李数量不多，但也折腾了近四个小时。胡达尔谷现有 80 多户人家，形成了一个独立的小社会，但自从齐拉斯建立了一个军营以后，这里也受到了英国人的影响。在山谷的每一个出口，我

都发现各个历史时期发生变化的证据。胡达尔小河流经萨利
（Sari）的几块沙地，注入印度河，其入流处以东 1 英里处，
有一座高约 300 英尺的孤山梁（图 5）。看到上面有墙壁遗
迹，我爬上了它的顶部，发现它是一处废弃的居住遗址，虽
然简陋，但规模较大，石垒也较整齐。该遗址外有残墙包
裹，东南到西北长约 160 码，对角约有 100 码。东面和南面
未找到围墙，也不需要任何保护措施，因为那里的岩壁非常
陡峭。此遗址名叫基诺库特（Kīno-Kōt，意为黑堡）。堡中
出土了大量的陶片和其他遗物，表明其使用时间较长，但废
弃时间仍不明。房屋建筑得较粗糙，但很坚固。

在陡峭的南坡道上，我注意到一块大砾石上浅刻着古代 岩刻符号
印度的"圣人脚印"（Pādukās），这在佛教盛行地区是常见
的现象。它们是两对圣人脚印，其中一对尺寸为 14 英寸×10
英寸。其年代当在前伊斯兰时期，这可以由类似的佛教"法
轮"的石刻作证。在齐拉斯和胡达尔之间的印度河岸上方的
高处，石头上刻着"女人"形象，是否也是佛教石刻，我不
能确定，原因是我听说此事的时候正在快速顺流而下，不可
能登岸详察。

在基诺库特遗址，可以看到达莫达斯（Damōdas）低沙
高原的全景，它延伸到胡达尔谷口西边。人们知道该地曾有
房屋居所和大胡达尔村落的耕地，但在 1841 年，印度河的
洪水冲垮了这里所有的梯田和房屋，仅在宽广的地方上留下
碎砖和粗沙。

我们在巴罗古歇（Balugush）村停留了一个晚上。该村 攀登胡达尔山
海拔约 3 630 英尺，在果树的掩隐下，感觉非常凉快。次日 谷
早晨，我们从小道攀上两边都是光裸岩石的窄谷，驮行李的
牲畜无法通行，人们只得充当挑夫，直到抵达亚辛为止。当

然，所有行军都得步行。距巴罗古歇 1 英里远的达尔（Dār）村上方，我们在一块难以通行的突出岩石上发现有类似基诺库特的村庄遗存，但规模较小。值得注意的是，和附近现代房居不同的是，村庄遗存房屋的墙壁较为厚重，垒筑得非常仔细。距达尔村约 3 英里，正如拉尔·辛格所做的详细调查表明的那样，在穿越印度河的地方有一块狭窄的耕地，向上延伸至山谷。但是再往上，除了哈玛车察（Hamāchēch）一地有繁茂的果树林，景色宜人，不是裸露的蜿蜒谷底，就是被废弃的耕地。

巴戈拉附近被废弃的耕地

有人认为此地自废弃以后，灌溉用水肯定会大大减少，这样的结论很难说不对。因为当我们离开海拔约 6 000 英尺的主谷后约 12 英里，爬上西北方向的巴戈拉谷（Pakōra Nullah）时，发现巴戈拉谷的河床内，除有的地方有泉水冒出外，谷内已完全干枯。明显加剧的"干枯"环境，本身就说明干旱现象已出现在海拔 7 200 英尺的巴戈拉小村。据说，现在耕地的灌溉水源已不再充足，以致到不了下面的梯田里。此外，为了能使灌溉水到达现在的耕地，还得经常筑坝拦水以形成一个小水库。这个最近发生的"干旱"例子似乎值得特别注意，因为它与西面不远处的达丽尔和丹吉尔山谷（那里有充足的水量）形成明显的对比。我要补充的是，这里所说的"干旱"，不能归因于森林的采伐，因为我发现巴戈拉上下的山坡上覆盖着很好的常绿树林，其中包括许多冬青属大植物，即使冬季也可放牧山羊，所以树林似乎与这条山谷的宗教化保护有关。

攀登至尤努太山口

那天我们宿营于巴戈拉村上方的一块开阔的草地，海拔约 7 600 英尺。在那里，我们首次受到蚊子的叮咬，使我们在参观达丽尔和丹吉尔的过程中颇感苦恼。次日早晨，我们继续攀登宽阔的山谷，经过了吉力达尔（Chilidur），那里有肥沃的玉米地，并散落有几处房屋（图8）。在其上下方，我看到有旧梯田，据说那里的灌溉用水已不再充足。很显然，这些梯田已被废弃了很长时间，因为吉力达尔繁茂的枞树和松树林已完全覆盖了它们。我们继续沿小道向上，穿过一片喜马拉雅雪杉、雪松和枞树林，前往汗巴里山谷（海拔10 510英尺）的分水岭上的尤努太伽柳（Unutai-galī）山口，沿途我们没见到地面水。在此所看到的东南和西北的远景，以及以前在齐拉斯、吉尔吉特印度河分水岭各山峰做的三角测量，使我们准确地在平板仪上确定了我们所在的位置。

在尤努太（Unutai）山口，我们抵达了达丽尔的西界，于是汗巴里山谷的景色立即呈现在我们的面前，显示出该地区两个特征性的面貌。针叶林覆盖了汗巴里河上面的陡峭斜坡，它比从吉申甘加过来所见到的任何树林都更加茂密。同时，在山谷的顶部可看到开阔的各个高地，向上延伸到面向吉尔吉特河的分水岭。海拔7 000~11 000英尺的山谷中有大片的树林以及充足的夏季牧草，这是达丽尔的主要财源。再往下，降至汗巴里河的达特束伊谷（Dastsoi Nullah），其坡度极为陡峭，下落的巨石填满了下面的峡谷。再下面是难以通行的窄谷（Cañon，法文，指峡谷——译者），上面的小道对负荷的人来说最为难走。

汗巴里的森林和高地

幸运的是，这时上来的达丽尔人的分遣队减轻了队员们的负担。距峡谷与汗巴里主谷相交处约0.5英里，有个名叫多莫特（Domōt）的地方，在那里我遇到了被派来迎接和陪伴我们的罗阇帕赫东·瓦利的侄子莫亨塔乔·沙·阿拉姆（Mehtarjao Shāh Ālam）和瓦齐尔（Wazīr，大臣——译者）。他们带着一队从王家卫队中挑选出来的、装备精良而且可靠

莫亨尔乔·沙·阿拉姆的接待

的士兵（图10）。这队士兵在开始护卫我们时，显得小心谨慎，特别是我身旁总有两个以上的警卫随同，简直无法私自活动或休息。这似乎是为了防范罗阇难以控制的臣民及从印度河、科希斯坦和斯瓦特地区来的狂热分子的任何企图，那些人也许用攻击我们的方式来使罗阇难堪。

在达丽尔和丹吉尔的调查工作

这种严密的保护，使我感到很不自在，因为对于我开展地貌考察工作来说，自由是至关重要的。我提出从山区而不是沿印度河谷道路进入达丽尔的要求，为的就是要进行地貌考察。山区的道路特别难走，但对调查活动很有好处。幸运的是，我不久就发现我们可以完全自由地去做考察活动。我们在艰苦的攀登以后，建立了一系列的平板仪观测点，其中最好的点设在印度河—吉尔吉特河的分水岭上及把达丽尔和丹吉尔几条山谷分开的大山梁上。在我们涉足此地区的一段时间内，天气非常晴朗，使我们可以看到印度河的大拐弯和斯瓦特河上游的雪山山脉，所以我们用以前印度测量局曾经测量过的山峰的交叉点就能准确地确定我们的位置。拉尔·辛格的表现非常突出，尽管条件艰苦，行程持续紧张，但他仍一如既往地发挥着他原有的热情和精力。他已经51岁，对于印度人来说此年龄已经偏大，但这丝毫没有减弱他的热情和身体适应能力。正是他的艰苦努力，使我能在11天内抽出空来，按2英里：1英寸的比例来绘制欧洲人从未涉足过的近1 200平方公里的地区的地图，它们完全可以被印度测量局使用。

胡希瓦克特族的子孙

我认为有义务也乐于记录下一直给予我们保护的莫亨塔乔·沙·阿拉姆和帕赫东·瓦利的可信的士兵们，他们与我们建立了良好的关系。由于时间短暂，许多工作不得不压缩，这使他们的任务完成起来较为容易。根据罗阇的良好意愿及对我完全非政治性考察的明智的信任，他们给予了积极的配合和帮助。他的年轻的侄子莫亨塔乔·沙·阿拉姆（图25），脑子机灵，有着山里人特有的敏捷，不愧是胡希瓦克特族的子孙。尽管有着互相残杀的传统，但山区首领的（胡希瓦克特）族人凭着无道德原则的阴谋和暴力，靠着贵族品质，使散居在吉尔吉特河和奇特拉尔河的人们一直归附于他们，这种局面已维持了若干个世纪。我想我从礼节、积极性和柔韧性几方面就可认出莫亨塔乔·沙·阿拉姆的族人。他们的品质和勇气，使莫亨塔乔·沙·阿拉姆的伯父帕赫东·瓦利，在种族和语言上确立了对习惯于长期无政府状态的各个不同部落的统治。

　　单凭莫亨塔乔·沙·阿拉姆身上体现出来的鲜明的、纯种的伽尔察赫人（Ghalchah）或阿尔卑斯人种（Homo Alpinus）的特征，就足以与其他混杂的随从人员区别开来（图10）。虽然种族不同，但他们却相处甚洽。这些警惕性很高的随从人员都是来自附近吉尔吉特办事处、马斯图吉（Mastıy）、奇特拉尔或印度河和斯瓦特（Swāt）河上游的罪犯和凶手。他们是在不同时候加盟到帕赫东·瓦利的政治冒险中去的。他们的指挥官是一名叫受难者的萨希德（Shahīd）（图28），结实，金发，其模样与这帮快活的恶棍大不一样，属于丹吉尔的帕巴特（Pāpat）族。他从一开始就归顺帕赫东·瓦利，在形形色色的阴谋及暴力行动中，一直忠心耿耿。而在这些纷争中，他的富有能力的头领（帕赫东·瓦利），几年前还是来自丹吉尔的依靠施舍的难民，逐步成为骚乱的山谷的主人。

帕赫东·瓦利
的随从人员

图14 下望通向达丽尔、尼雅楚特的伊什考巴尔山谷

图13 在前往巴拉伊山口途中下望凯尔山谷

图16 达丽尔伽巴尔下方的雪松

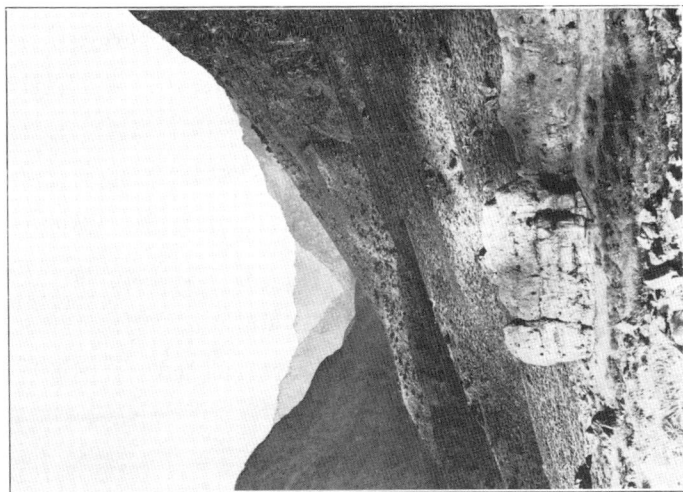

图15 达丽尔卜古蔡下方的劳赫劳古堡遗址

帕赫东·瓦利
的财运

　　凭着帕赫东·瓦利的统治地位，他可以把丹吉尔的优质
木材卖给白沙瓦地区来的卡卡海尔（Kāka-Khēl）商人，从
而获得丰厚的收入。这些收入使他得以维持小规模的雇佣武
装力量，这支武装在1909年时帮助他把统治范围扩大到达
丽尔和萨津的部落自治区。正是凭着这支雇佣武装，他建立
并形成了自己的新王国。长期以来，我对兴都库什各山谷和
更南的山区地带的历史较为熟悉①，但我更有兴趣的是，从
那些建立这个最新的兴都库什"国家"的人那里，获取
"国家"建立过程中的第一手资料。

　　我也要感谢敏捷机智的莫亨塔乔·沙·阿拉姆和他的随
从们，他们聪明、忠实并熟悉这块土地和人民。此外，他们
富有特点的警卫工作，使他们在心理上与当地利益保持一定
的距离，因此我可以以不同的话题与他们交谈。我要补充说
明的是，我们从帕赫东·瓦利的侍从们那里发现一个值得注
意的事实，即帕什图（Pashtō）语在印度兴都库什得到了稳
定的发展，所以与操希纳语的达丽尔相比，我们在此获得信
息要更为容易些。

汗巴里山谷的
资源

　　帕赫东·瓦利的领地海拔5 500英尺，我们首次扎营于
汗巴里河左岸，此地有一条从西北方向上通水源的边谷，入
口处名叫多莫特，其交汇处上方有一座简陋的桥，我们从桥
上过汗巴里河的时候，发现这里的水量可能比齐拉斯的任何
一条河流都要大。正如我们所调查的那样，此河源自吉尔吉

---

　　① 需要说明的是，帕赫东·瓦利在1895年之前的许多年中，得到了有实力的阿富汗首领、贾多
尔（Jandōl）的乌姆拉汗（Umrā khān）的保护。乌姆拉汗在库纳尔（Kūnar）谷和印度河间的大部分山
区部落中建立了他的统治，其成功同样归因于有效的、不讲道德的方法。不幸的是，他的扩张政策与印
度政府发生了冲突。随着1895年奇特拉尔战役的爆发，他的王国灭亡了。

　　我们有理由相信，罗阇帕赫东·瓦利在他的早先冒险生涯中，深受乌姆拉汗要在一个更大的舞台上
扮演角色的影响，但他也记得这个帕坦人首领的最后命运的教训，这也许是在他统治后期为什么急于和
英国国王的代表建立友好关系的原因。

特—印度河的分水岭（从东到西足有 28 英里），其落差将近
14 500 英尺。除多莫特谷外，我们未去汗巴里主谷。尽管后
来我们从更高地区的调查及收集到的信息中得知，沿汗巴里
河和在更上面的支谷，有大量开阔的土地可以耕种，而且灌
溉水源非常丰富。但与这些良好条件相对比的是，真正被利
用的土地非常有限。据我的观察和询问，主要原因是人口稀
少。事实上，达丽尔人在被帕赫东·瓦利征服之前，仅使用
汗巴里河水养育的宽阔的牧场即可自足。只有在更和平的环
境来到之后，才开始慢慢地出现从南面和西面迁来古杰尔人
移民。

　　这里应简要说明一下，我们在 8 月 14 日前往多莫特谷
的路上所看到的主要事实，这对我们的观察带来额外的好
处。距谷口约 1 英里，小道穿过肥沃的土地，从悬崖处可向
北俯看到一个村堡遗址。再往上，尽管谷底仍宽约 3 英里，
但那里伸展着一大片废弃的梯田，这些梯田靠着灌溉渠道一
边，现在正草木茂盛。它们显然已被废弃了很多年。前几
年，有些小而零散的田地被恢复耕种，种上了小麦和玉米。
在一个名叫高贝彻沙（Gaubē-Chesh）的山嘴脚下，山谷分
岔。当小道上到海拔约 7 000 英尺的支脉时，看到的都是茂
盛的喜马拉雅雪杉（图 9）。

　　尽管谷底越来越陡峭狭窄，但到处都有支撑梯田的一道
道垛墙。从地面生长的 1 英尺树围的大树来看，耕作活动已
经终止了数个世纪。茂密的树林覆盖了峡谷的两边，而且从
高山脊上眺望到的远景也表明，另外的一些边谷中也是如
此。从刚刚提到的陡脊，我们沿着西北方向的达尔津谷
（Dalgin Nullah）的顶部边缘行进，道路几乎水平状地延伸，

多莫特山谷的
耕种

达尔津山谷的
森林

经过一片美丽的树林。那里树木繁茂，遍布高山野花，使我不由得回想起熟悉的克什米尔玛尔格斯（Margs）。那天晚上，我们扎营在一片伸展的山间草地上，其边缘被枞树和松树包围，海拔近 10 900 英尺（图 12）。其东边和东南方的视野开阔，我们不仅可以建立齐拉斯上面的高三角测量点，而且可看到朝霞初升时被冰雪覆盖着的美丽至极的南迦帕尔巴特峰。这是一幅无比壮丽的景色，使我忘却了进印度河时的所有艰难的旅行以及一直跟随着我们的蚊虫的折磨。

达丽尔和丹吉尔的气候优越性我在达尔津营地发现的植物，与我夏季期间在莫亨德玛尔格非常熟悉的植物完全相同，这一事实给我提供了一个十分重要的地理学结论。因为不久我在达丽尔和丹吉尔所见到的情况充分证明了这一事实，而且那以后我没有任何机会来收集更多确切的材料，因此可以在此简单地说明一下。我在谈及多莫特谷时已经说过，汗巴里山谷及其支谷的曾经广阔耕地的废弃，不能归因于灌溉用水缺乏，即气候的日益干燥或"干旱"。从汗巴里到丹吉尔，在海拔 7 000 英尺和 11 000 英尺之间的高度，到处可见茂密的森林，这清楚地说明，这些山谷的降雨和降雪条件，与印度河更高处或大印度河湾和兴都库什山脉之间的其他地方完全不同。

大量的树林上述的后几个地区特别荒芜，与达丽尔和丹吉尔的山谷上部的茂密树林形成明显的对比。这种反差，犹如旅行者从拉达克、巴尔蒂斯坦或吉尔吉特的荒秃多石的山谷，一下子进入克什米尔的森林那样显著。达丽尔和丹吉尔主要的自然方面（指茂密的树林——译者），常使我想起克什米尔的高山和支谷地区。我虽缺乏自然地理学方面的专业知识，但我认为印度河以远的这些山谷，在植被和气候条件方面与克什米尔地区同样海拔高度的地方十分相似。

查看地图后，我特别倾向于把达丽尔和丹吉尔受到的大量潮湿水汽（无论是以冬季大雪还是以我无法断言的夏季降雨的方式），与南面印度河谷的特殊结构和邻近高山山脉的山岳形态学相联系起来。地图表明，达丽尔和丹吉尔山谷恰好位于印度河所在的山区之内，它们从丹吉尔河口以下的印度河的大拐弯处，向北和南伸展到尤苏夫扎伊（Yusufzai）和阿吐克（Attock）平原，从而使西北边疆的冬雨和季风雨得以进入。再往北和往东，潮湿云团被介于其间的绵延不绝的群山所阻断。我们知道，也许是相似的原因，在斯瓦特河源头高处的山谷里，由北向南，都无一例外地生长着茂密的树木，而位于西北和北面高山山脉以远的奇特拉尔和马斯图吉，尽管距离不远，但如同印度河以远的山谷那样，几乎没有树木生长。

大量潮湿空气
的原因

8月15日，我们越过高地，正式进入达丽尔，这一天的行程漫长而艰苦，但对于调查来说，非常有利。首先，攀登上一处陡峭的面向锯齿形的多石岭脊，遍布着巨砾的沟壑，其情景使人不由得回想起多罗米特（Dolomite，图12）。沿沟缘到东北，我们走了约3英里，爬上了一条海拔12 500英尺的狭窄山脊。此处可俯瞰达尔津和伊梯（Iti）峡谷，一览从吉尔吉特—汗巴里分水岭到炫目的南迦帕尔巴特峰的整个地区的全景，可看到雪峰线一直向印度河—科希斯坦方向延续。尽管巨大的冰雪覆盖的山脉远在60多英里以外，但在耀眼的晴朗天气里，它似乎近在咫尺。

面向达丽尔的
分水岭

接着，又向上攀登了2英里，通过巨大的碎石床和一座前冰川上部的冰原，进入了名叫福诺福诺（Phūno-Phūno）的关口，用气压计观测，这里的海拔13 650英尺。我们发现，面向库兰（Kuren）谷而不是面向达丽尔的分水岭地区，由一条水量很大的河流灌溉。该河流在汇入汗巴里河后不远，与印度河合流。库兰谷顶呈锯齿状，其自然面貌与汗巴里主谷非常相似。沿着上述山脊行走不到 1 英里，我们便来到了通向达丽尔河源头的伊什考巴尔（Ishkobar）山谷，其海拔 14 000 英尺多。

通向达丽尔的分水岭

在奇亚加尔（Chiyagal，据本书英文版"补遗和勘误"应作 Chayagal——译者）山口，可获得吉尔吉特河—印度河分水岭的宽广视景，清楚地看到达丽尔牧人在南坡上的连绵牧场。从碎岩坡上下山非常容易，我们很快就来到了一个宽阔平坦的盆地。从迹象来看，这里曾被一座大冰川占据过。然后我们来到了一片开阔多草的高地上的略倾斜的圆形凹地。从这一帕米尔式的地带下来后，我们到达了在乔乔劳杜（Jojolōto）丰美草地上的第一片枞树林，这里距山口有 4 英里多，各处山坡覆盖着桦树，就像克什米尔海拔 11 000~12 000 英尺高度上的景色一样。进入树林后，小道沿着鹅卵石填充的河床和几处被山崩磨得发亮的岩坡（图 14），变得非常陡峭，这使得我们根本无暇欣赏山坡上茂盛的植被。我们在树林中走了约 4 英里，枞树林便让位于雄伟的喜马拉雅雪松林，直至达丽尔主谷为止。我观察到，伊什考巴尔峡谷较为宽阔，过去的旧梯田已被蔓延的树林覆盖。在基奈卡莱（Kīnekale）上方距乔乔劳杜约 7 英里处，首先看到的是一座古丘萨（Chiusa，意为哨所、堡垒——译者）的残墙，在树林中若隐若现，并越过山谷，向上延伸到了陡峭的侧翼山梁。

尼雅楚特茂盛的森林

再往下行，谷口向外扩展，形成各支流冲积而成的平坦三角洲，上面依然长着树木，巨大的雪松高达 100 英尺。那里土地肥沃，并曾经开垦过，但现在除有几处畜牧者的木屋外，其余都被废弃了。当我们下到尼雅楚特（Nyachūt）主谷时，眼前出现了赏心悦目的绿地和西面巍峨的山脉，山脉面向主谷的这一面山坡非常陡峭（图11）。当到达海拔11 000英尺高度时，树林非常茂密美观，可与伊什考巴尔的树林相媲美。根据我在克什米尔的深刻体验，我认为这片肥沃的高山地区的景观，是达丽尔潜在资源的最好体现。

这些今人熟视无睹的资源，已给该山谷的现代生活环境留下了深刻的烙印。那天黄昏，我在主河的左岸，即达丽尔人每年夏天都要来此放牧或耕作的地方，看到了他们的一处小型公共墓地。墓地有树木环绕，上有精美的雕刻，其装饰主题源自希腊化的佛教艺术，并与遥远的尼雅遗址和其他遗址上看到的艺术图案有相似之处。我从克什米尔来的旅途中，在墓地和民居上从未看到过这些装饰图案。那晚我们扎营在海拔7 300英尺的伽巴尔（Gabar）小村，这里是达丽尔人最高的夏季居地。我有个特别的感觉，似乎我们已经到达了我们正在寻找的年代更早的曾辉煌过的遗址。

伽巴尔的夏季村庄

第四节　达丽尔的今昔

在记录下我在达丽尔主谷沿途所做的观察前，有必要回顾一下该地区早期的记载，这要完全归功于两位著名的中国僧人法显和玄奘的旅行记录。我在讨论关于古代乌仗那（Udyāna）[一作乌迪亚那（Uddiyāna），法显《佛国记》作乌苌（Wu-ch'ang），玄奘《大唐西域记》作乌仗那——译者]或斯瓦特的材料时，我已实地核对过他们在地貌方面的记述①。下面我简单地叙述一下。

法显通过陀历
国

法显在记述公元403年从竭叉（Chieh-ch'a）或喀什②到"乌苌"或斯瓦特的旅程时，告诉我们③，"从此西行向北天竺，在道一月，得度葱岭。葱岭冬夏有雪"。他还提到了旅行者为毒龙所困的种种危险，这在其他有关葱岭或帕米尔的汉文记载中也屡见不鲜。法显继续写道，当地人称此为雪山。当旅行者翻过此山脉后，便到了北印度的边界，到了一个名叫陀历（T'o-leih，又称T'o-li）的小王国，那里有许多和尚，都是小乘（Hīna-yāna）教徒。

其国昔有罗汉，以神足力将一巧匠上兜率天，观弥勒菩萨长短、色貌。还下，刻木作像。前后三上观，然后乃成。像长八丈，足趺八尺，斋日常有光明，诸国王竞兴供养，今故现在于此。

法显下至印度
河河谷的路线

法显的记述告诉我们，"顺岭西南行十五日"，穿过了印度河峡谷，就到达了乌苌国或斯瓦特。生动的描写说明这是一条令人困苦的道路，危险的"凿石通路"，要爬行陡峭的梯子，它的"悬絙"与我们所有的下通深隘路的困难小道的现代记载相近，以前从未有过任何欧洲人参观并通过它们。

---

① 参见《西域考古图记》第一卷59页以下。现名为斯瓦特领地的梵文名称是乌仗那。我继续使用"乌仗那"，仅仅是因为长期习用，称呼起来比较方便罢了。我充分相信西尔文·烈维教授提出的观点，见《亚洲学刊》105页以下，1915年1—2月，他的重要论文《雅克萨的地理名录》（*Le catalogue géographique des Yaksa*）。他认为，玄奘记述的梵文地名"乌仗那"，是一个依赖于科学、"流行的词源学"的idolum Libre，斯瓦特谷的古印度名实际上是俄迪亚那或乌迪亚那。但"学术化的"名字"乌仗那"可能来源于玄奘的时代以前。不管怎样，此名较为简洁实用。

② 以前的翻译者难以确定这个起点在什么地方。沙畹先生首次把它确定在喀什，见《宋云行纪》54页注3。

③ 参见莱格《法显》24页以下。

在丹吉尔，印度河道下切较深。法显的记述提到了通过斯瓦特中部及其首都的以连接达丽尔的这些最直接的道路，无疑和玄奘所说的从斯瓦特上溯印度河到达丽罗谷和弥勒寺的逆向旅程的记述相符，这些我们将在以后再述。按照当地人"父辈传下的传统"，以及法显有关达丽罗的有趣的记述，佛教的东传始于弥勒神像的设立，而不是佛陀涅槃后 300 年才开始。

第一次正确地把法显的"陀历"定义为"达丽尔"的是坎宁安总督①，其后玄奘关于同一地区的记述被翻译后，便证实他的推断是完全正确的②。《大唐西域记》告诉我们③：

法显关于达丽罗的记述

　　瞢揭厘城东北逾山越谷，逆上信度河。途路危险，山谷杳冥，或履缇索，或牵铁锁。栈道虚临，飞梁危构，橡杙蹑蹬，行千余里，至达丽罗川，即乌仗那国旧都也。多出黄金及郁金香。达丽罗川中大伽蓝侧，有刻木慈氏菩萨像（即弥勒菩萨——译者），金色晃昱，灵鉴潜通，高百余尺，末田底迦。阿罗汉之所造也。罗汉以神通力，携引匠人升睹史多

---

①　参见《孟加拉亚洲学会杂志》第十七卷第二部分 19 页；《拉达克》246 页以下。我发表这些材料时，还没有看到比尔《西域记》（即《大唐西域记》——译者）第一卷 134 页注 37。

②　把"达丽尔"之名认作玄奘所记的达丽罗，其功绩也属于 A. 坎宁安总督，见他的《印度古地理学》（*Ancient Geography of India*）82 页。

③　参见沃特斯《玄奘》第一卷 239 页。古代斯瓦特首府瞢揭厘（Mêng-Chieh-Li）［沃特斯把它还原为盲揭釐（Mangkil）］的地点在曼格劳尔（Manglaor），参见陆军上校第纳（Deane）的《乌仗那和犍陀罗注解》（*Note on Udyāna and Gandhāra*），《皇家亚洲学会会刊》（*J.R.A.S.*）656 页，1896 年；《西域考古图记》第一卷 13 页。

天，亲观妙相。三返之后，功乃毕焉。自有此像，法流东派①。

达丽罗是达丽尔的译音，或者说是该地早期的汉文音译，这不需要任何特别的证明，因为两位高僧关于当地崇拜弥勒菩萨神的叙述十分接近，而且提到的是同样的地方，所以是毋庸置疑的。而且其有关地貌、出产、距离、连接乌仗那或斯瓦特的道路特征的叙述，均可结论性地确定为现在的达丽尔的所在②。

关于达丽尔的
汉文材料《唐书》中简要提及的达丽罗，位于薹揭厘城的东北，即"乌苌旧地"③（《新唐书·西域传》："薹揭厘城东北有达丽罗川，即乌苌旧地。"——译者），这些材料可能源自《西域记》，并没有增加什么新鲜的材料，所以我们可立即转到上述引用过的中国高僧有关古代达丽尔的资料上去。他们对神奇的弥勒木雕像非常关注并记述了有趣而又一致的细节，这将留在下面再讨论。另一点值得注意的是，法显讲到这个王国虽小，但还有很多和尚，我认为，这是达丽尔一带土地肥沃的一个明显标志。这样的证据还有，达丽尔和丹吉尔在现在还吸引着来自南方、西方邻近地区的大量赛义德人

---

① 《生平》（*Life*）说明了同样的理由，似乎暗示着玄奘只听说过达丽罗和通向它的道路，参见沃特斯《玄奘》第一章 239 页。但《记》（*Memoirs*）中详细而生动的描述，表明玄奘曾做过实地访问。

② 我们的调查材料证明，两位中国旅行者对这条困难道路的较详细的描述是可靠的，参见《西域考古图记》第一卷 6 页（附注 8）、7 页以下。宋云对从达丽尔沿印度河而下至斯瓦特的这条小道有所了解，他提到过可选择通过钵卢勒的道路，但他的团队聪明地避开了这条路。他还描写了这条道路难以克服的困难。参见沙畹《宋云行纪》28 页以下；《西域考古图记》第一卷 12 页。在汉代，汉文史籍中可能提到过的险恶的山区小道，即是定义不太清楚的荪宾（Chi-pin）道。如果走这条路，旅行者就得爬梯级，登木桩，爬悬索，过悬崖，这至少部分地反映了对这条印度河道路的回忆。参见魏利《人类学学院院刊》（*J. Anthrop. Inst.*）第十卷 37 页；沙畹《通报》（*Toung-pao*）217 页注 4，1907 年。

③ 参见沙畹《西突厥》128 页、311 页。

（Saiyids，指圣裔——译者）和伴随的塔里班伊姆人（Tālib-ilms，阿拉伯语词，本义为学生，此处为门徒——译者），他们发现此地非常适合生活。由于他们的出现，两条山谷声名鹊起，令人向往。尽管同印度河谷的其他地方一样，该地的黄金出产量很低，但人们仍在达丽尔河和邻接印度河的河道中淘金。我未曾听说过现在的达丽尔还种植藏红花，但事实上，这里气候非常接近克什米尔山谷的天气，而且它现在仍以藏红花的种植地而闻名，这足以说明法显的说法是有根据的。最后值得指出的是，他认为达丽罗"即乌仗那国旧都也"（见《大唐西域记·乌仗那国》，此处可能误以为法显所说——译者），说明达丽尔及其邻近地区，只要政治环境有利，还有可能成为重要之地。

达丽尔提供的大量现实和潜在的资源，在我考察主谷的几天中给我留下了深刻的印象。在我们到达尼雅楚特的第二天早晨，展现在我眼前的是面向北面的宽阔林谷的壮丽景色。谷底是几乎平整的肥沃的草地，两侧翼是茂盛的树林，覆盖了主谷和边谷的每条斜坡（图11）。后面可见的高峰可俯视道达尔格利（Dōdar-Galī）和苏杰格利（Suj-Galī）山口。这些山口在夏季和初秋可通向亚辛河和吉泽尔（Ghizar）河的合流处的古比斯（Gūpis），然后通向吉尔吉特山谷。

仰视这些山口，我联想到法显和中国其他一些旅行家，他们可能沿着从帕米尔和巴鲁吉尔（Barōghil）来的这条道路行走，在走过荒芜的岩山和裸露的带冰的高原后，突然看到这条高山植被茂密的山谷，心情是多么愉快！对他们来

尼雅楚特上方的山谷

45

图 17　达丽尔达罗特上方的耕地

图 18　在曼基亚尔上方下望达丽尔主谷

图 19　达丽尔的西沃古堡，上望西谷伽赫山谷

图 20　达丽尔朱米古堡的围墙

图 21　从拉杰古堡遗址上望达丽尔

图 22　在拉杰古堡山顶向西北望

说，这似乎进入了迷人的印度沃土的大门。在骑马回到海拔
7 500 英尺、伊什科巴尔小河流入尼雅楚特的地方时，我注
意到两边小耕地上，都有着旧梯田和旧灌溉渠道的遗迹，现
上面都种着大麦和玉米。其灌溉水源非常丰富，即使在早晨
高山雪床还没有融化的时候，上述地点的主流量就达 180 多
立方英尺/秒。

　　我们从伽巴尔的营地，轻松地穿过茂密的树林，下到了
基奈尔伽赫山谷（Kiner-Gāh-Nullah）谷口的近处，把最后
一批喜马拉雅雪杉抛在了后面（图 15）。那里的谷底宽阔，
达 15 英里，还可以看到现已废弃的大量旧梯田。但与这熟
悉的景象相比，打动我的是主流和水道边缘坚固的堤防上种
植的成排的树木。此景和丰富的以小麦为主的庄稼盖住了吉
利奇谷（Gilich Nullah，图 17）谷口下的所有耕地，毫无疑
问，尽管在几个世纪的暴政或无政府状态下，达丽尔失去了
许多，但农业仍然保留了下来。

从伽巴尔下行

　　就达丽尔山谷而言，谷地很开阔，除许多已开垦的土地
外，大部分仍是因缺少人力而未能耕种的土地。沿着这些土
地一直向下，我们还可看到横挡印度河的高山山脉。在为数
众多的边谷入口处，有广阔的冲积扇，现大部分长着树木，
随时可以开垦成耕地。经过一天短暂的旅行，我们来到了一
块冲积扇旁的高地。在此向南可俯视由几组紧凑的村子组成
的名叫曼基亚尔（Mankiāl）的富庶之地（图 18）。在达罗
特（Dalōt）村果园及田地附近，我让调查员和我的随从们
在这充足的日光中休息几个小时，这可说是他们离开克什米
尔以来的第一次享受。

达罗特以下的
耕地

　　应我的要求，罗阇帕赫东·瓦利令人把一张"古迹"的
名单提供给我，并派来了来自曼基亚尔的知识丰富的白胡子

筑垒的居址

老人，以充当合适的向导。次日早晨我便让他们开始搜寻，被报上来的遗址数量相对较多，都冠有"库特"（Kōt，意为古城堡——译者）。但允许我参观达丽尔的时间非常有限，因而对这些遗址的调查被迫加快，这些快速的调查已足以使我认识到这些遗址体现出来的共同的典型特征，并使我相信其中大部分遗址是伊斯兰时期之前筑垒的居住地。与我在考察遗址后所作的详细叙述不同，这里简略地说一下它们的特点，或许会更有用。

残墙和梯田　　就位置而言，所有遗址都占据着石脊，这自然利于坚固的防守。像在达罗特东南附近的拉玛尔古堡（Ramal Kōt）遗址所在的山脊那样，这些山脊或突出于山谷的冲积坡，或形成降至山谷冲积坡的各山梁末尾的陡峭支梁。这些山脊不论大小，都有美观的梯田，上面压着居址的腐物垃圾。在大的遗址上，都建筑有厚重的围墙，使用的建筑材料都是粗糙的石头，但垒砌得非常仔细，技术远比现在达丽尔的建筑技术高超得多。特别是外围墙，规模巨大。外围墙仍在原地，高约8英尺，台阶式的墙则更高，居址墙厚3~4英尺。围墙的厚度更大，在拉杰古堡（Rajī-kōt）遗址发现的巨大墙基残址上，宽度达16英尺。

达丽尔的古堡遗址位置和建筑特征，使我联想到在斯瓦特谷地下部和白沙瓦地区北疆山区调查时所熟悉的广大的佛教时期的居住遗址[①]。确实，我在别的地方都没有发现像犍陀罗（Gandhāra）和乌仗那遗址那样的特别的泥瓦工技术，

[①]　参见《随布内尔野战军考古旅行记》（*Archaeological tour with the Buner Field Force*）5 页以下；《西北边疆考古调查报告》（*Archaeological Survey Report，N. W. Frontier*）4 页以下，1912 年。

即在粗石间缝隙里填充小片石①。但这些达丽尔遗址遭受到
更大的破坏，是由于这里的气候比西北边境要潮湿得多，而
其他方面则非常相似。

我要提到的一个有趣的相似观点是，正如在斯瓦特山
谷，在布内尔（Bunēr）和犍陀罗范围内的其他地方，小的
带围墙的居地占据的特殊位置，表明选择地点不仅仅只考虑
到防御的因素，而且还兼顾到节省每一块耕地。精心耕作的
梯田，在邻近的山坡上随处可见。由于达丽尔人口减少，这
些遗居址被填满以后，土地被荒弃，并逐渐被丛林覆盖。自
从被荒弃或由此引起的"干旱"迹象，我没有看到任何证
据。例如，在布朱古堡（Bojō-Kōt）和塔罗纳尔古堡
（Tarōnal-Kōt）遗址，一方面我们仍可看到保存得很好的小
的灌溉渠道，仍流淌着大量的水，通过丛林覆盖的梯田，流
向山谷下方的田地。另一方面，我注意到现在的村庄，不管
是开放型的，还是有围墙壁围护的，如曼基亚尔和萨玛吉亚
尔（Samagiāl）的中心集镇，受人口压力所迫，都占据着可
用于耕种的好地。

现在我简要地按顺序叙述一下我能参观的曼基亚尔周围
的一些遗址情况。在达罗特东南约 0.5 英里处，有一个俯视
曼基亚尔土地开阔谷地的石嘴，上有拉玛尔古堡，周绕围
墙，略呈椭圆形，长径约 100 码。断垣残壁间及居址内有大
量的陶片，表明居住时间较长。下方 100 码的小石顶上还有
另一条围墙，但较小，名叫朱米古堡（Zhōmi-Kōt，图 20），
部分围墙用的是由石板砍制而成的粗糙大石块，石块长达

（右侧旁注）废弃的耕作梯田

（右侧旁注）拉玛尔古堡和塔罗纳尔古堡遗址

---

① 参见富歇《犍陀罗艺术》（*L'art du Gandhâra*）第一卷 101 页以下，以及另外引用的一些参考材料。

4 英尺。再沿着一条位于达罗特高原陡坡边缘，并从西谷伽赫（Shigo-gāh）峡谷引来的小水道向西南而行，我来到了名叫塔罗纳尔古堡的一个阶梯状居址遗址，它占据了吉力达尔峰侧的悬崖，无须考虑防卫因素，因此没有发现围墙。

布朱堡遗址　　前述的水道沿着陡峭的山坡延伸，我们沿着水道，抵达了 0.5 英里开外的布朱堡遗址。它由一系列带围墙的居住遗存组成，占据着沿陡峭岩嘴的窄顶的带护墙的台地。这些台地，宽 20~30 码，位于水道以上，持续高度达 150 英尺。居址的瓦砾堆覆盖了陡峭的坡地，照片（图 19）展示了从这一点向上开放到西谷伽赫山谷的美景，在谷口的一座小山上，有一组类似的遗存，名叫西沃古堡（Shivo-kōt）。

墓葬遗存　　在布朱堡西南 150 码的地方，以及在其底部下 100 英尺的层面上，我看到了被破坏得更为严重的梯田，其顶部和坡度上散布着烧过的人骨，夹杂带有粗糙装饰的陶片。我们还发现了珠子、玻璃碎片和金属装饰品，表明在前伊斯兰时期该地区是一处火葬墓地。在本节末尾，将附上一份采集遗物的叙述性目录单。从这些小物品发现的情况看，它们是从焚尸的木柴灰烬中和骨殖碎片一起被捡出来的。另外一些遗物，如银饰牌和小的护身符盒（Dar.02，图版XI），也许在焚烧之前从尸体上拿走，随后和骨殖碎片一起存放于单独的小容器内。这些小容器通常是陶瓷或类似的陶器，这可从出土的大量陶片以及硕尔楚克（Shōrchuk）和斯里巴哈劳尔（Shari-bahlōl）这样遥远的佛教圣地类似的发现中类推出来①。

缺乏年代证据　　在遗址中没有发现任何钱币，也未发现任何确切的纪年

① 参见《西域考古图记》第三卷1191 页；《边疆考古调查》13 页以下，1912 年。

标志物。小金属器上的装饰图案，无疑受到了印度艺术的影响，其类型犹如现在提及的达丽尔的木雕图案，尽管它们带有早期的特点，但历经几个世纪仍保持不变，其年代可能接近我无法肯定的伊斯兰教传到达丽尔的时间。从伊斯兰教传入吉尔吉特及邻近地区的年代推测①，我想它不会比公元15—16世纪早多少。随从的白胡子老汉告诉我们，这个地点一直被卡菲尔人（Kāfirs）尊为神圣之地，数年前发现的一块刻画大石板已移到察图尔肯德（Chaturkand）村的清真寺中，被崇拜为"博特"。但是他们不记得是在墓地本身发现的，还是在一处大型建筑的瓦砾堆里找到的。该建筑的台地上的一处方形围墙现在还可以找到类似的物件。

前伊斯兰时期的传统至今在达丽尔仍可见到，这同我路过的察图尔肯德村的一处"遗址"的民间故事有关。在布朱堡东南约1英里及西格巴尔（Shigebal）小村不远，我看到了一块荒地，上面覆盖着名叫玛塔劳特（Matalōt）的不规则形状的石堆，有人认为这是一个古代村庄的遗址。因为它惹怒了蛇神，所以遭到了下雹样的从天而降的石头的惩罚。据说在那个惩罚之夜，只有按蛇神之意供献食物的一个老妇人和她的女儿才逃过了劫难。很显然，我们所说的正是印度佛教中很有名的关于复仇那格（Nāga，龙或大蟒蛇——译者）的一个故事。其复仇方式使我立即想起了由卡勒哈那记录下来的关于纳拉普拉（Narapura）城毁灭的古老传说。在克什米尔传说中，其地点被定在维杰伯洛尔［Vijbrōr（Vijayeś

玛塔劳特荒地
的传说

① 参见比达尔夫《兴都库什》134页以下。值得一提的是，据比达尔夫《兴都库什》113页以下所记录的消息，至少在一些更遥远的山谷，达尔德人似乎一直使用着焚烧死者的方法，"直至最近的一个时期"。另参见德鲁《查谟和克什米尔》429页，《和田废墟》24页。

vara）〕附近，并把毁灭的原因归罪于那格索斯雅瓦斯（Nā
ga Suś yavas）①。关于罗摩衍塔维〔Ramanyātavi
（Rambyār）〕②的废石堆的来源，我认为与玛塔劳特卵石埋
藏地带的达丽尔民间传说非常接近。

察图尔肯德和
拉希玛尔村庄

　　向东行走 0.5 英里，我来到了察图尔肯德和以北 1 英里
的拉希玛尔（Rashmāl），它们都是曼基亚尔村落中的大村
子③。在一圈粗糙的围墙内，我发现了一片有碎石墙和用人
字形木顶的大型房屋群（图 35）。察图尔肯德据说有 200 多
户人家，尽管许多居民在夏季外出从事他们的耕作或放牧，
但样子很像一个小镇。我在清真寺所看到的从布朱堡运来的
大石板已被建成了靠近祷告地的宾客室的灶台，因此不能进
行全面的考察。其暴露的外表，长近 5 英尺，素面。但在灶
台上方的木质天花板上，我注意到连续递减的方块安排，与
我在第二次探险考察中在奇特拉尔和马斯图吉所见到的老民
居的装饰方法基本一样，也与我们在犍陀罗和克什米尔寺庙
里所见的天花板上保存下来的石雕原型一样④。

装饰性的木雕

　　支撑天花板的柱子较粗糙，但上面有活力的浮雕装饰，
这些装饰我后来在其他地方的清真寺的木雕装饰房屋墓葬中
发现了大量的例子。围墙门外的坐台（图 23）是察图尔肯
德白发老人喜爱的集合地，杜多古堡（Dodō-Kōt）精美的圣
堂（图 28）以及图 24 中萨玛吉亚尔外墓地优美的围栏装
饰，也许可以代表当地的手工技术水平。最流行的图案，包

---

①　参见我在《拉加特》第一卷 201~202 页的注释。
②　参见我在《拉加特》第一卷 263~265 页的注释。
③　兴都库什地区的其他地方也有用"察图尔肯德"或"察图尔肯"的名称，如罕萨河上方阿希
库曼（Ashkūman）山谷里的一个村庄及纳格尔（Nagar）山谷里的另一个村庄均称此名。
④　参见《西域考古图记》第一卷 48 页（图 15、16），第三卷图版 I；富歇《犍陀罗艺术》第一卷
143 页以下。我在亚辛（见原文 44 页以下）和洛山的房子里看到了天花板上的类似的雕刻做法。

括在一个长方或圆框内四叶铁线莲样的花叶，半开的莲花卷叶和成对的藤蔓叶，我认为它们都是从犍陀罗的希腊—佛教艺术中常见的浮雕装饰图案中直接吸取过来的。其图案和风格使我回想起在尼雅和楼兰的沙漠遗址中发掘出来的各种建筑或家用物件上的装饰木雕①。没有时间对这些达丽尔雕刻以及相似的古物学做仔细的研究，我感到深深的遗憾。

从察图尔肯德我下到了山谷中部的一片开阔地，那里有拉杰古堡遗址。该遗址所据的岩峰，是高山岬的几乎独立的支脉，形成了一个引人注目的路标，其北翼有巴察伊（Bachai）山谷。在图18中，此岩峰似乎在曼基亚尔的上面。沿着道路往下约走1英里，紧靠一条支谷谷口的陡峭的悬崖，我向西看到了废弃的梯田和伯杜古堡（Bodō-kōt）以及迪瓦利古堡（Diwāri-kōt）的墙壁，但我们只是路过，未能探访它们。我们穿过了长1英里肥沃的土地，这些土地被断断续续地耕种，表现出人口不足或劳力缺乏。之后，我们到达了格里古堡（Galī-kōt）。在格里古堡发现的中等范围的遗址，属于普通类型，占据了拉杰古堡山的最北峰。在东南方向的卵石散布的山脊上，我们向下朝这个地方走去，经过的地方到处是大块石头筑垒的梯田，目前已被灌木丛完全覆盖。当初，一定有灌溉渠道把巴察伊河水引到此地，但现已无迹可寻。在一个名叫拉诺特（Ranōt）的地方，我爬上了一块狭窄的完全水平的条块土地。这块土地坐落于两条低矮的多石的山脊间，使我感到奇怪。按照当地的传统，古时候拉杰古堡曾是"拉斯"（Rās）或达丽尔国王们的居住地，

下行到拉杰古堡

————————

① 例如，图23与《西域考古图记》第四卷图版XVIII、XIX的尼雅遗址雕刻细部相似；图24、28与《西域考古图记》第四卷图版XXXI的楼兰雕刻图案相似。

因此这个地方应是一块马球场。使人感到奇怪的还有，打马球这种在阿斯托尔到奇特拉尔的所有达尔德人的山谷中非常普遍的贵族游戏，现在竟在达丽尔完全消失了。我们在齐拉斯和沿印度河往下的科希斯坦山区也未听说过有这种游戏。

拉诺特的达尔班德

在拉诺特上面一点，我们被一条陡峭的北—西北—南—东南走向的山脊吸引住了，它的支岔与巴察伊山谷上面的拉杰古堡相连接。山脊的几面山坡上覆盖着厚厚的老冬青栎，同时沿着其裸露和狭窄的山顶，延伸着我的向导称之为达尔班德（Darband）或丘萨的一道厚墙。很显然，此墙原先是用来封闭拉杰古堡之西的山谷，以保护拉杰古堡的侧翼。但跟随我的曼基亚尔的基希特罗斯（Jyeshtēros）或头人自告奋勇地提供了信息，此墙也是为了保护埋于地下的陶管线路的，这条管线曾把巴察伊河的水引到现已废弃的拉杰古堡。但我们在山脊上未发现水管的任何迹象，我也因没有时间未去探察个究竟。考虑到在现在的达丽尔从未听说过使用水管或地下水道的事情，因此这种说法还是非常有趣的，不管它是根据传统习俗还是根据一些实际发现而得出。由于前述拉杰古堡顶部的堡垒是在山顶上建筑起来的，所以除采取刚才说的那种措施外，没有别的供水办法。

卡季古堡山上的遗址

图21、22中展示的山顶，海拔5 680英尺，高出东麓的河床约500英尺，上有很好的植被。当爬上它以后，我首先观察到北面稍低的山肩上，有一个像小城堡那样有围墙的废墟，被毁坏得比较严重，东西长约30码，对角略短一些。从外表来看，它用粗糙的巨石筑成，而外堡废址上堆积的大量瓦砾和泥土，使我毫无疑问地确定了它的古老性。当我们从山脊往下走的时候，我看到了一座用围墙围得很好的近年修筑的堡垒，它从北至南长约170码，平均宽度仅有30~40

码。有人告诉我这座堡垒是现代曼基亚尔人所筑，目的是防范来自南面的入侵。这种担心是因为 1892 年齐拉斯被英国人控制而引起的。尽管建筑得非常粗糙，但现在围墙仍保存得很好，证明了上述的说法。这座现代堡垒似乎还未完工。不管怎样，如图 22 所示，它所用的小石头，使它的轮廓很容易与下面山坡上找到的一座古代大型堡垒区别开来，同时也有别于这一地区的被损毁的居住遗址。

　　古堡的墙壁尽管用大石头筑成，但由于修筑在陡峭的低山坡上，因此多数已经毁坏，其地面的遗存高度都不超过 5 英尺。根据遗迹，可确定南面长 250 码，东南角向北宽约 170 码。堡内用同样材料砌成的占据缓坡的几道墙壁的毁坏情况不是很严重。在我对拉杰古堡的快速调查中，我得到的一个总的印象与当地的说法完全一致。根据这种说法，此堡是古代达丽尔统治者的住地，这仅从拉杰古堡的名称就可证实。该地由于位置优越而被选中，原因是它在山顶上的空间相对较大，而且完全控制了山谷的狭窄的咽喉部位，即它位于两块主要垦殖区，也就是北面的曼基亚尔和南面的萨玛吉亚尔之间。

拉杰古堡居高临下的位置

　　这个中心位置具有把这条山谷的两大社团分开，并有利于加强控制的优越性，于是罗阇帕赫东·瓦利在拉杰古堡的南麓挑选了小块开阔的平地，作为城堡的所在地，并把它作为他在最新并入的领地中的住所。同时，该城堡也可防范可能出现的反对势力。这个地方很久以前就无人居住，甚至巴察伊西谷口的肥沃土地也是在最近才被重新开垦出来。在还未完工的古玛莱古堡（Gumāre-kōt）宽敞的庭院中，罗阇帕赫东·瓦利正式接见了我。该堡围墙高耸，四角筑有角楼，建筑方法似乎是从长期控制奇特拉尔和马斯图吉的统治者的

现代统治者的堡垒

古堡抄袭而来，尽管那些统治者来自王族几个世纪来与之浴血奋战的敌对支族。

无论从个人方面还是从历史学角度来说，面见帕赫东·瓦利，对我来说都是一次十分有益的经历。他的父亲米尔·瓦利是亚辛的统治者、哈伊瓦尔德（Hayward）的谋杀者，最后沦为亡命者。他在从事过一段督导员的时间后，成功地建立起一个新的王国。该王国是印度最新看到的用老的冒险方法建立起来的王国，也许是现代最后一个王国。罗阇帕赫东·瓦利（图 27）虽不能说是一个健壮的男子，但从面部表情和外观来看，他精明而又精力充沛，这种特性使他获得了成功。尽管他看起来比 46 岁的实际年龄显得更年轻一些，但在动荡时期的冲突和谋略中未犯过什么过错。总的来说他表现得很节制，其中兼杂着怀疑和狡猾。不管怎样，在他不戒备的时候，我想我瞥见了他原本的和蔼，当说起他幼小的儿子时，他的言行举止变得温和起来，不由得使人感到同情。他急于把他用阴谋诡计和暴力获得的一切传给他的儿子。为此，他可以命令或者用他政策的有效手段，来获取被他雇用的、那些在他周围的人的真正依附和忠诚。据我亲自观察或道听途说的情况来看，这些事情是非常明显的，他显然竭力使用带有赛义德人和丹吉尔毛拉（Mullah）们使用的宗教色彩的言语，因为这些神职人员在达丽尔和丹吉尔两地有着很大的影响。但是，毫无疑问，尽管他企图在最后显示出狂热的感情，但在我看来，毛拉既不能单独，也不能共同地在帕赫东·瓦利的内阁议会中发挥多大的作用。

在罗阇身边的奇怪的群臣，尽管经历了长时期的磨炼，但仍明显地保留了许多达丽尔人的特征。在我看来，其中的老人和头领（图 26）是最独特有趣的人物。他们以特有的方式体现出达丽尔人种类型的主要特点。尽管我进行的是非人体测量专业的观察，而且也没时间来收集这方面的资料，但我认为，总的来说，这些人和占据着邻近山区的也操希纳语的达丽尔部族无疑属于同族人。当然，也可以看出一些体质特征上的精巧化的变化，如男人的容貌有了很大的改善，体格也变得不那么粗壮了。但血统关系的减弱，以及帕赫东·瓦利来到之前达丽尔的长期无政府状态，似乎是达丽尔人在体质和精神方面缺乏力量的最好说明。令我印象深刻的是，在他们身上出现了城镇市民的特性，他们需要一个强有力的统治者。

那天晚上以及次日早晨，胡希瓦克特首领帕赫东·瓦利来到我在吉米伽赫（Gime-gāh）河不远的营地，做了较长时间的回访，在此我要多说一些从他那里得来我感兴趣的消息，一些细节情况我就不赘述了。由于在吉尔吉特和奇特拉尔办事处控制的地区，英国的影响越来越大，因此很明显，帕赫东·瓦利急于想模仿这些地区，实现物质上的进步。他希望改造其境内连接各山谷的羊肠小道，以利于用牲畜载货运输，另外还要建设一些相似的商业和交流设施，这使他更倾向于舍弃以前闭关自守的独立性。尽管他很希望能获得现代军火武器，但他更希望从英国政府部门获得工程设备和其他的一些帮助。随着达丽尔和东西邻近山谷为增加农业产出而实行的开放，特别是重要的自然资源的开发，罗阁帕赫东·瓦利似乎将更加活跃。若干年后我才得知，自我访问以后，他花了很大力气去筑路，以方便交通，他还努力地吸引新的定居者去达丽尔和汗巴里的荒地去开垦。

罗阁帕赫东·瓦利的目的

帕赫东·瓦利及其王国的灭亡

对于我在其领地里的安全通过，他既没有给予过多的关照，也没有制造什么麻烦。我在达丽尔的考察中感受到给予我的友好和温暖的欢迎，因此我对它的统治者抱有一种真实的同情心，这是十分自然的。这种感受激励我在此简要地记录下罗阇帕赫东·瓦利和他的王国的悲惨结局。在我访问后的数年中，他的政策有了明智的改变，即从进一步扩张和征服转向保持他的领地的和平与稳定，其改革措施是改善交通通信、贸易设施等，还密切了和吉尔吉特办事处的关系。但不管怎样，就丹吉尔人而言，由于记住了许多流血的行为，或许他们原本就喜欢骚乱性的独立，所以憎恨情绪依旧保留着。叛乱阴谋终于得逞，1917 年冬，罗阇帕赫东·瓦利在丹吉尔被残酷地用斧头谋杀了，当时他正在视察罗尔格（Lurg）的一处清真寺的建筑工地。他死后，首领制也随之结束了。丹吉尔的部落人以及以前的伽巴尔海尔（Gabar-khēl）人立即抢劫和烧毁了在乔格罗特（Joglōt）的罗阇帕赫东·瓦利的城堡（图 25）。然后古玛莱古堡也被达丽尔人大肆攻击和掠夺，据说围墙也被他们夷平了。罗阇的妻子们、孩子及近亲，包括莫亨塔乔·沙·阿拉姆，被迫逃往西边的独立地。他们中的大部分人现住在甘迪亚（Kandia），沦为靠施舍而勉强生存的难民。此事是该地区同类历史事件中的一个，我为认识了这个故事中的主角而感到高兴。

在达丽尔采集的遗物和在布朱古堡墓地发现的遗物

Dar.02 银饰盒。方形，底沿上有两个环，上系精致的线链，链子呈半圆形悬挂着。各面有凸纹。珠边内有一个四叶形的玫瑰花结和卷叶。线链似乎是拉制的，已毁损和断裂成四段。整体面积 1 平方英寸。图版 XI。

Dar.03　**铜饰盒**。与 Dar.02 类似，但环耳及链子已残失。腐蚀严重。1 平方英寸。图版 XI。

Dar.04　**银臂钏残件**。用宽薄的银片制成，带有三道凸棱，末端有雕刻的简单的横向条纹。严重氧化。长 2 英寸，宽 $1\frac{1}{8}$ 英寸。图版 XI。

Dar.05　**陶纺轮**。纺锤形，上下两端截去，一端长于另一端，中钻一个大孔，泥质灰陶。直径 1 英寸，高 $\frac{3}{4}$ 英寸。

Dar.06　**铅饰残件**。上端直角弯曲成钩，向下渐宽成平坦的带状物，前面是同扭曲线做成的心形美洲蒲葵形，其一耳上挂有非常短的薄的线绳，上有四颗小玻璃珠，两绿两白。往下，在条带的面上有镶嵌着珠宝（已残失）的心形格。条带向下，收成一环。环上遗有线绳的残段。严重氧化，长 $2\frac{1}{4}$ 英寸，宽 $\frac{3}{16}$ 英寸。图版 XI。

Dar.07　**铁链残段**。8 字形连接，一枝呈直角状地向另一枝弯曲，有些部分已腐蚀在一起。$\frac{15}{32}$ 英寸 × $\frac{5}{16}$ 英寸。参见图版 XI。

Dar.08　**8 枚贝壳**。有串孔。另有一颗石珠。

Dar.09　**12 颗玻璃和混合料珠**。其中两颗珠子由几颗烧结在一起的珠子组成，颜色主要是蓝色和绿色，大珠子烧结，直径 $\frac{5}{8}$ 英寸。

Dar.010　**各种各样的金属环和碎片**。包括一枚带有大珠宝座的指环。保存不好，右边的指环直径 $\frac{11}{16}$ 英寸，宝石座直径 $\frac{5}{8}$ 英寸。图版 XI。

Dar.011　**3 颗石珠**。菱形玛瑙珠、粉白色的菱形鹅卵石珠和浅蓝色的桶形鹅卵石珠各一。大的石珠长 $\frac{7}{8}$ 英寸。

Dar.012 **青铜和铅质碎片。** 大的残环长 $2\frac{1}{4}$ 英寸。

Dar.013 **玻璃珠子碎片。** 鹅卵石，水晶和牙齿。大的碎片长 $\frac{11}{16}$ 英寸。

罗阇帕赫东·瓦利赠送的礼物

Dar.01 **箭杆（已残断）和铁制箭头。** 箭头剖面呈三角形，各边略内凹；有倒钩。一端用肠线捆绑，另一端有漆和羽毛的痕迹。保存很好，总长 2 英尺 $6\frac{1}{2}$ 英寸，箭头长 $2\frac{1}{2}$ 英寸。

在基诺库特遗址和拉玛尔古堡遗址发现的陶器标本

Kīno~Kōt.01 **陶器残片。** 手制（?），无装饰，泥胎较好，但淘洗较差。$2\frac{1}{2}$ 英寸 $\times 1\frac{3}{4}$ 英寸 $\times \frac{3}{16}$ 英寸。

Ramal~kōt.01 **陶器残片。** 手制；粗泥红陶。无装饰，大陶片长 2 英寸。

图 23　达丽尔，察图尔肯德的白胡子老人和雕花坐台

图 24　在达丽尔的萨玛吉亚尔，雕花的坟墓木围栏

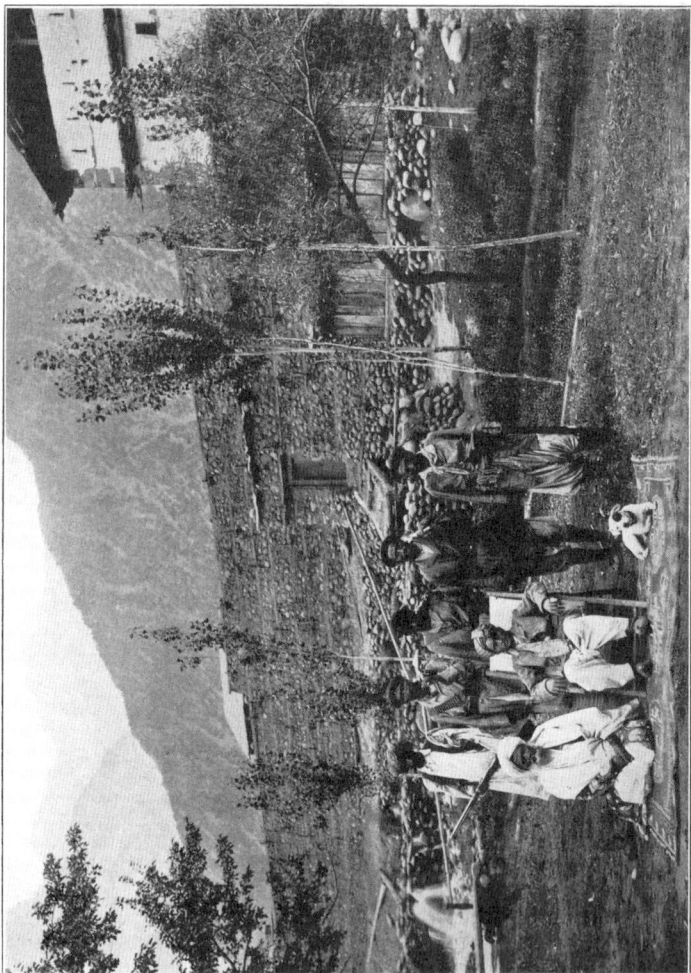

图25 丹吉尔的乔格罗特, 罗阇陨赫东·瓦利的城堡 (莫亨塔乔·沙·阿拉姆坐在前排)

图27 罗阇帕赫东·瓦利和他的两个儿子

图26 在古玛莱古堡的达丽尔头人们

图28 在达丽尔的杜多吉堡，清真寺建筑上的木雕（在拱廊里站着的是来自帕派特的萨希德）

第五节　穿越下达丽尔和丹吉尔

8月18日，我从古玛莱古堡向下前往达丽尔主谷。在过河前往该地最多的田地之前，我参观了名叫吉米伽赫的谷口。在名叫麻扎库特（Mazār-kōt）的村庄遗址的断墙上方，有一个地方按照萨玛吉亚尔地区的传统，在前伊斯兰时期，是举行宗教仪式的地方，人们称之为吉米迪沃（Gime-deo）。那里的地面上直立着一块4英尺高的粗糙石板，据说一直是被崇拜的对象。其北面不远处是泥石的混合堆积，很明显是滑坡造成的。人们告诉我们，滑坡毁掉了保存了几代的两个大的"博特"陶像。

麻扎古堡遗址

从那里我们向南走，经过遗有废弃梯田的大片土地。据说50多年前，一座高原的顶部还一直被灌溉着。我在那里发现了常见的那种围墙遗址，名叫杜克古堡（Dukē-kōt）。在此可清楚地俯视南面肥沃的萨玛吉亚尔村的土地，但河左岸上方的连绵梯田已不再被灌溉。人们已记不清楚沟渠把水送到那里是什么时候。但该地的废弃绝不是由于缺水，因为当我们从古玛莱古堡下方的桥上过河时，曾测到河水的流量为1 000多立方英尺/秒。

废弃的梯田

当我们沿着灌溉大部分萨玛吉亚尔土地的沟渠（流量为20立方英尺/秒）行走时，我注意到了非常坚固的沟渠堤壁。沿沟渠生长着一排挺拔的树木，其规模可说是沟渠排树的古典例子，其景象不由得把人的思绪带回到欧洲。萨玛吉亚尔包括两个人口众多、紧凑的村庄，即比罗古堡（Birō-Kōt）和杜多古堡，彼此相距1英里。后一个村庄的附近有一座大堡垒，其建筑年代与拉杰古堡的新堡同时。萨玛

萨玛吉亚尔村庄

吉亚尔紧密的房屋（图36）以及几处崇拜的地方（图28），表现出一个小镇的面貌。其人口约540户，我认为这一数据没有夸大多少①。在杜多古堡村下傍河的一处荫凉的果树园中，有一块精美的墓地，其木雕上表现出的大胆的古代装饰图案令我震惊，因为我从希腊—佛教浮雕品中已经非常熟悉这些图案，包括莨苕叶、莲花、塔和我认为从佛教衍变出来的装饰图案。

卜古察及其庙宇　　在伯杜古堡下面，山谷变窄，没有看到耕种的迹象。只有在2英里以下的卜古察（Poguch），才见到肥沃的梯田。住家散落于茂盛的果树林和葡萄园中，其情景说明土地肥沃，气候宜人，与周围荒裸的低山坡形成鲜明的对比。但我最感兴趣的是在达丽尔最有名的卜古察的庙宇。再向下行走于河左岸绿树成荫的果园间，我首先参观的是名叫穆余拜克（Moyubaike）的墓地，那里有一座大的老果园，是沙哈海尔·巴巴（Shāha-khēl Bāba）六兄弟的坟墓。沙哈海尔·巴巴是卜古察人的崇拜对象。我只知道这几个兄弟是虔诚的男子，为沙哈海尔·巴巴而殉难。

沙哈海尔·巴巴的墓地　　此圣人的礼拜堂位于河床对岸的一条石质谷口，高出谷口约200英尺。除几座用以祈祷和给信徒们提供食宿的建筑场所外，我们发现整个齐亚拉特（Ziārat）上面都有用雕刻木头做的墓棚，这应是这位圣人的坟墓（图30）。我在遗址上听到的传说是，沙哈海尔·巴巴作为来自斯瓦特的一位圣人，欲改变异教徒（heathen）原来的宗教信仰，给他们指

① 莫亨塔乔·沙告诉我另一些达丽尔的户数：包括拉希玛尔和察图尔肯德在内的曼基亚尔，510户；卜古察，140户；伽亚尔（Gayal），500户。那时占据杜迪沙勒和汗巴里山谷土地的常住户数据说少于100户。

明通往伊斯兰教极乐天堂的路。他是一个契斯提（Chishti，指契斯提教团的圣者——译者），非常喜欢音乐。在他出于宗教目的四处活动的过程中，被卜古察的异教徒砍下了头颅，并带到了印度河谷下游几百柯斯（Kōs，长度单位，1柯斯约合1 000米——译者）的地方。但神奇的是，头颅从空中飞回，重新接到了这位殉教者的尸体上。由于他的神灵得到了证明，达丽尔人彻底信服了，所以一直对他的殉难地进行崇拜，并以他作为最有效的保护神。其麻扎（或圣墓）在达丽尔及邻近的山谷中最为有名。我们得知，由于这位圣人的神奇力量，全印度河流域、斯瓦特、科希斯坦和兴都库什山区的朝圣者都来礼拜，路远者途中需走20天。

根据这些地区仍在延续的地方崇拜[1]，我们有理由认为卜古察最有可能是弥勒菩萨（Maitreya）木雕像的所在地。上面所引的法显和玄奘的记述中，曾提到现在称为达丽尔的地区，菩萨像是一个特殊的崇拜对象。他们描述的木雕像的材料和尺寸均与我们所知的此山谷的重要木材相一致。正如法显记述中所暗示的那样，如果它被全身贴金，那么就可以较容易地找出完全失踪的原因。是否可用哲学的证据来证明假设的结论，因为我缺乏特别的资格，所以我在下面仅作一

神奇的弥勒像的地点

---

[1] 参见《中亚伊斯兰教地区佛教记》（*Note on Buddhist local worship in Muhammadan Central Asia*），《皇家亚洲学会会刊》839页以下，1910年；另参见《西域考古图记》第一卷41页、71页和第三卷1546页（索引）。

些尝试性的解释①。

劳赫劳古堡遗址

　　沙哈海尔·巴巴墓地的景色表明，这条山谷的低山坡上日益光秃，使人联想到印度河峡谷附近和变化的气候条件。因此当我在卜古察下面沿着河左岸一座高 400 多英尺的狭窄陡峭高原前进时，我发现那里几乎没有植被，其最高处的堡垒泥筑而成，对此我也毫不感到奇怪。使用这样的建筑材料，清楚地表明，该地缺少达丽尔高处的大量水汽。劳赫劳古堡（Lohilo-kot，意为红堡），名称来源于泥土的红颜色。其墙壁大部分已严重颓塌，但在许多处仍高 10 英尺多（图 15），围成了一个北—西北—南—西南，长 174 英尺，对角长 115英尺的长方形。角上有棱堡遗存，约 12 英尺见方，表明大门在东面的中间附近。墙体筑于粗糙但坚实的石头基础上，厚度接近 3 英尺。其古老程度可用插入墙内以加固墙体的木片来证明，插入的木片已完全朽碎，仅留下了窝孔。毫无疑问，这座小堡是用来扼守此山谷的入口，由此可以完全控制

---

　　① 至于卜古察，我提请大家注意这样一个事实，即名字的第二部分含有摩哈加图古察（Mahajātu-guch）名字中一样的词"古察"（guch）。我在马斯图吉的察仑（Charrun）听说，摩哈加图古察用来称呼佛教遗存的地点。正是在那里，有人给我解释，这个名字的意思是"神圣的角落"；参见《西域考古图记》第一卷 41 页。

　　因为马斯图吉的科瓦尔（Khōwar）语和达丽尔的希纳语是密切相联的达尔德语，所以"古察"一词的来源和意思应相同。就第一部分 po-来说，推测它或许是佛（Buddha）的语音的衍生词。原来在词首和词中的非送气的浊辅音（b>p, g>k, d>t），逐渐变硬，成为哑音字母，这在达尔德语中可得到很好的证明。参见格里尔森（Grierson）《毗舍毗语》（The Pisᾱca languages）96 页、110 页、116 页。

　　[史那语的 Puch、Push，伽尔维语（Gārwī）的 Pūch、希格尼语（Shighnī）的 Puch、son 这样的形式，都起源于雅利安语的 putra，但值得考虑的问题是 -guch 可能不是希纳语 gōsh、gōzh（与梵文 gotra 有关）的形式，其意为"房屋"；参见格里尔森观点，出处同上，107 页。]

　　对于低处的齐亚拉特（墓地）的名字为穆余拜克，我仍感到不踏实。但既然达尔德语中常有原来的 tr 词尾脱落现象（参见格里尔森观点，出处同上，107 页），故在穆余（Moyu）中辨认出直接的语音衍生字麦特利亚（Maitreya，弥勒菩萨?）是可能的。现存的当地传说把那个遗址说成是圣人兄弟的死亡地，这一情况也许可说明 -baike 与表示"兄弟"（brother）的达尔德语词（梵文 bhrātar，Avestic 的 brātar）之间的亲缘关系。达尔德语"兄弟"一词的表现形式在喀拉沙（Kalāshā）为 bāya，在克什米利语中为 bāy"，在沃隆（veron）为 wayeh。但必须说明的是，该词在希纳语中以 jrā、zhā 出现。见格里尔森观点，出处同上，107 页。

住河的左岸。

我们沿着陡峭的山路向下到了河边，并沿河走了 1.5 英里，来到了伽亚尔。这是一个人口稠密的村庄，占据河的右岸，来自伽亚尔伽赫（Gayāl-gāh）谷的一条大支流在此汇合。此地海拔约 4 600 英尺，离印度河约 5 英里，傍晚的炎热令人难受。在一个小山嘴顶上，厚重的围墙及高大的清真寺的精美木雕使伽亚尔呈现出城镇的面貌。伽亚尔附近的梯田以盛产葡萄而著名，冠绝达丽尔，并主要用于酿造葡萄酒。在这里和达丽尔的其他村庄里，酒要保存多年。正如后来的情况表明，尽管毛拉禁止饮酒①，但事实上酒的消耗差不多是无限制的。因为伽亚尔伽赫山谷过于狭长，不适于过多的农耕生产，因此伽亚尔人的富裕主要归功于村庄上方大量的牧场。

伽亚尔的村庄

我的进一步的日程安排，使我未能对支谷进行仔细的调查。为避开狭窄的印度河峡谷中的夏季酷热，我们不得不在夜间行走，这使我们没有机会来对宽阔的山间牧场做调查工作。我准备采纳这样的建议，即走另外一条穿越沙尔达伊（Shardai）山口的行得通的道路，进入丹吉尔。为此我们在半夜到达伽亚尔后不久即又出发，因为向西通向山梁把达丽尔与丹吉尔分开的小道非常崎岖，在白天攀登其毫无掩蔽的下面一段路程，会使我们的脚夫感到非常难受。在山谷里走了 1 英里后，通过一座桥，我们越过了伽亚尔伽赫深谷，然后走上陡峭石坡上的弯弯曲曲的小路，直到海拔 7 000 多英

攀登沙尔达伊
山口

---

① 整个达丽尔流行的习俗，有力地证明了达丽尔人喜爱葡萄酒并很在乎保证其质量。即使是葡萄的主人，也不能随便采摘葡萄，否则要受到严厉的惩罚。直至每个部族的"长老"确定一个特别的日子，以敲鼓来宣布采摘葡萄的开始。冒犯这个规定，哪怕程度很轻，也要受到严厉的处罚。这种习俗与南欧许多古老的葡萄产区的做法，有着非常相似之处。

尺绝对裸露的地方。在离谷底约 1 英里的地方，小道经过了保护通向达丽尔的道路的劳赫劳古堡。古堡围墙呈长方形，用泥筑而成，外面尺寸为 183 英尺×262 英尺。古堡的保护状况和建筑特征表明，其年代与另一座劳赫劳古堡同时，但东北墙和西南墙有 12 英尺见方的棱堡，各墙脚均用粗大石块垒筑。

沙尔达伊山口
看到的景色

　　走过一块长着冬青槲的地带后，小道极为陡峭。至海拔约 8 000 英尺的地方，小道便进入了散乱的雪松林。我们至少艰苦地爬行了五个多小时，才来到了狭窄的山脊顶部，越过了这个海拔 10 050 英尺的山口，宽阔的远景便展现在我的眼前。从一座孤立的岩峰绝顶到这山口南边，可看到面向达丽尔、丹吉尔、印度河谷及后面山脉的广阔景色。我们正对的是一条冰川覆顶的大山脉，其高峰海拔近 20 000 英尺，西边与丹吉尔界邻。在西南面，我清楚地看到了 20 多英里远处的一条深壑，由此，印度河在高出河流 13 000~14 000 英尺的陡峭雪峰间急剧转向南流。我们向这著名的峡谷前进，据说较为宽阔的河床渐收缩成一条极端狭窄的峡谷。此峡谷旁边有一个属于北面的肯迪亚和南面的锡欧（Seo）部落的独立地区，这是欧洲人第一次看见它，我不知道我何时再能到这里来考察这些印度河峡谷。正是从这里，中国古代的朝圣者向南走上了"途路危险，山谷杳冥，或履绲索，或牵铁锁。栈道虚临，飞梁危构，橡杋蹑蹬"[①] 的艰难道路。

下到丹吉尔

　　从此关口下到丹吉尔河的路途着实折磨人，因为在覆盖着浓密的雪松林的山坡上走了约 1 英里后，小道或沿着陡峭的崖壁直下，或在巨大的岩屑场上通过。我们进行了九个小

---

①　参见沃特斯《玄奘》第一卷 239 页。

时的连续攀登后，在谢胡（Shēkho）村上方见到了最初的水
源。在下面山谷的另一面，可看到迪亚米尔（Diamir）和罗
尔格两个大村庄，其梯田散布在宽阔的冲积扇上，靠冰雪融
水来灌溉。而丹吉尔河则从一条多石的隘路里流向塞克洪
村。在隘路后面，谷底变成一个宽广肥沃的盆地，上面散落
着里姆（Rim）和加格罗特（Jaglōt）两个小村庄。罗阇帕
赫东·瓦利的堡垒就筑在加格罗特村的河右岸上（图25），
那里正有一个非常愉快的招待会在等待着我。当帕赫东·瓦
利还是一名来自奇特拉尔的难民时，他就居住于此。之后这
座堡垒进行了较大规模的扩建。这座堡垒还亲历了一场令人
难忘的围攻。占据丹吉尔上部的有势力的伽巴尔海尔宗族成
员，徒然地尝试着要除去他们有野心的被放逐的外来者（指
罗阇帕赫东·瓦利——译者），最后他们遭到了失败，这标
志着罗阇帕赫东·瓦利成势的第一阶段。

　　由于实际原因，我通过丹吉尔永久领地的时间，限定为
两天。但时间还是足够的，一方面使我了解了丹吉尔和达丽
尔在土地肥力和自然资源方面的相似性，另一方面也弄清了
有关其人口的特点和生活方式的不同。从加格罗特连续延伸
到杜巴特（Dobats）上方最后村落的可耕地，事实上绝不少
于达丽尔主谷内的有效耕地。它们分别坐落在海拔6 000英
尺和7 500英尺的地方，两地间的气候条件，几乎与古玛莱
古堡和尼雅楚特间的气候条件相同。而丹吉尔的有效灌溉用
水明显要丰富一些，原因是从西面和北面山区流出并汇入丹
吉尔河的溪流，不仅在高度上高于达丽尔周围的那些溪流，
而且还来源于持久的大量积雪和冰川。我在加格罗特桥下，
曾对流过的丹吉尔河做流量测定，发现其流量巨大，超过
2 100立方英尺/秒。

丹吉尔的自然
条件

丹吉尔的伐木　　　　　采伐海拔 11 000~75 000 英尺的山坡上的森林，必须有
较大规模的河流。因为河水流量大就可以把伐下的木材扎成
大木排，漂流到印度河。木材的买卖生意大大增加了丹吉尔
的经济收入。我在参观时，发现大堆的木头壅塞在加格罗特
河的峡谷里。但第二年春天和初夏，融雪化成的大水便会清
走这些堆积，并把它们安全地送到遥远的平原。毫无疑问，
像现在一样，古代犍陀罗和印度河下游的地区一定从丹吉尔
和达丽尔运走了大量的木材，木材生意成了罗阇帕赫东·瓦
利重要的收入来源，而这项贸易则被卡卡海尔商人及来自白
沙瓦地区的著名的办事处所垄断。其尊贵的宗族有能力独自
进行这项商业活动，他们还在斯瓦特河源头的对别人来说太
危险的地带进行木材交易①。

丹吉尔人口的　　　　　尽管在语言和种族遗传方面，丹吉尔人（图 39）可能
特点　　　　　和他们的东邻没有什么差别，但我们还是注意到了其在人口
特性方面的显著差别。最明显的也许是在整个丹吉尔，人们
以村落群和孤立的土地而散居着。达丽尔人现在每年都有很
长一段时间聚集在城镇似的大村庄里，而在丹吉尔没有发现
一个这样的村庄。我也没有听说过这里有自古以来达丽尔人
寻求庇护的筑防村寨或堡垒。我在丹吉尔所看到的房屋和沟
渠，都比达丽尔所看到的建筑粗糙得多。另一方面，我也注
意到丹吉尔人所拥有的更为突出的刚勇气概，可能是出于反
对新政权的一种本能的反应，而达丽尔人则比暴躁的丹吉尔
人要温顺得多。尽管帕赫东·瓦利在丹吉尔建立的势力持续
了很长时间，但丹吉尔人内心的敌意还是非常明显的，这可

---

① 一个熟悉西北边疆地区、具有判断力的学生对这个卓越的卡卡海尔部落的来源和历史进行了较
好的调查。这个部落声称从伟大的赛义德圣人那里传承下来，故从喀布尔河上游至印度河的所有帕坦人
部落都非常尊崇他。赛义德圣人逝世后，据说埋葬于卡卡萨希布（Kāka Sāhib）的墓地里。

以从我们警惕的陪同为保护我们，日益小心，以防备敌人任何企图的行动中看出。因此我们在 8 月 20 日向山谷上方行进时，他们竭力在我们的两翼进行保护。在某种程度上说，丹吉尔人之所以以刚猛闻名，是和狂热的宗教精神联系在一起的。当然，我无法评判他们的狂热程度，但可以肯定的是，在达丽尔普遍流行的蔑视伊斯兰禁酒令的行为，在此完全没有。此外，我也未能逃脱宗教学生的挑衅，当时我们注意到，在帕劳立（Prōrī）的古清真寺中，学生们簇拥着一位著名的毛拉（图 29），首先威胁着要同我们的陪同打架。

当我们来到由伽巴尔海尔人拥有的卡米（Kāmī）上方的山谷时，我注意到两地间的肥沃田地，它们曾经被开垦过，但现在完全被灌木丛和冬青栎丛林所覆盖。我们通过了达罗伽赫（Darō-gāh）边谷，从此向上，有一条小道通往上伽巴尔海尔人和达丽尔的主谷。然后，我们来到了帕劳立和帕巴特的村庄。再往前走约 3 英里，我们到达了杜巴特，那里有从西边下来的卡契尔伽赫（Kachilō-gāh）大支谷。通过它，我们可以到达尚未考察过的卡尔迪亚（Kandia）山区前部的伽必利亚尔（Gabriāl）山谷。在卡契尔伽赫和萨特尔（Satil）的主河汇合处附近，我发现在一块多石的高地顶部，有一个名叫比尔瑙古堡（Bimao-Kot）的小遗址（图 33），古堡原来可能是用来戍卫北面来的道路。古堡遗存看起来不太古老。再往上走 1 英里多一点，即在海拔 7 500 英尺的地方，我们通过了西面另一条大山谷麦察尔噶伽赫（Maichar-gāh）的出口，其溪流似有主谷的河流那么大。再继续沿着溪流向北，前面即是萨特尔的地方。

那里有一片茂盛的松树和枞树林，向下延伸到山谷的底部。谷底宽阔，被缓缓隆起的多树的高地所占据（图 34）。

上丹吉尔山谷

萨特尔的木材砍伐

近些年来，这里的森林被大量砍伐，开垦出了较大规模的耕地。经过一片大森林以后，我们在那天行程结束时到达了米安·沙·佐达（Miān Shāh-zāda）的营地。米安·沙·佐达是来自齐亚拉特的一名卡卡海尔人，是我的调查员阿弗拉兹·古尔的伯父。多年来，他一直负责着由卡卡海尔人承包商对这片大森林的砍伐活动。他们雇用了数百名来自斯瓦特和印度河独立区的帕坦人和科希斯坦人。正是由于他适时的求情，打消了罗阁帕赫东·瓦利对我通过这片领地的顾忌。米安·沙·佐达还力图使这些狂热的伐木工人不出乱子。这个半神圣的代理人的影响力对我们在这一地区的安全保障起了很大作用。在这里，帕赫东的权威明显不起什么作用。

穿越肖巴特山口

　　所有的安排均进展顺利。8 月 21 日，我们首先穿越了连绵不断的森林，来到了萨提尔伽赫（Satil-gāh）河与东北帕衣（Pai）谷的一条小支流的汇合处。我们向上穿过海拔在 10 000 英尺以上的完全未被砍伐过的壮观的森林。然后，我们在陡峭的岩坡和岩屑上向北爬登，来到了肖巴特（Sheobat）山口（图 31）。此山口的海拔略高于 15 000 英尺，处于印度河与吉尔吉特河间的分水岭上。遗憾的是，我在此即将要离开我们刚揭开神秘面纱的土地。当我们遇到从古比斯来的等在山口那边以负责我们安全的武装支队时，我不得不与我们艰苦尽责的护卫队员们道别（图 10）。我所能做的是给帕赫东·瓦利的部下发放最优厚的报酬，希望借此消除因吉尔吉特警卫队员出于安全考虑而审视他们时所显出的不信任而引起的不快。

图29　丹吉尔帕劳立的古清真寺

图30 在达丽尔的卜吉蔡，沙哈海尔·巴巴墓上的木雕

图31　在肖巴特眺望西南方的丹吉尔—肯迪亚分水岭

图32　古比斯，在破碎岩石上爬过伽珐伯杜山口

图 33　丹吉尔，比尔瑙古堡遗址

图 34　丹吉尔，萨特尔山谷的森林

图 35　达丽尔，曼基亚尔察图尔肯德村的街道

图 36　达丽尔，杜多古堡村的大门

第二章　从亚辛到喀什

第一节　亚辛的历史和地理

通过肖巴特山口，进入古比斯和亚辛山区，由此向北可直通印度河和阿姆河间的分水岭。1877 年设立吉尔吉特办事处以后，尽管有关吉尔吉特河源头这片山地的一些最有价值的书籍和调查资料一般人还难以接触到，但有关地理和亲缘关系方面的详细资料却越来越丰富，没必要对我考察的这部分土地再作一般的介绍。在此只记述我对文物或历史方面的考察，并简要记录我已走过的一段路程和下几站的情况，此后我打算走与以前一样的路线。

有关小勃律的汉文记载

我所穿越的从丹吉尔到兴都库什主要分水岭，这地区有着特别的历史重要性，因为从德尔果德山口往下通往开阔的较肥沃的亚辛山谷的路线，是阿姆河和印度河间的最短捷的交通线。但有关该地区的早期史料仅见于中国唐代的汉文资料，而且在前两部中亚考察报告中我已充分讨论过[1]，因此只要提一下主要结论即可。据沙畹首先译注的《唐书》（应

---

[1]　参见《古代和田》第一卷 6 页以下；《西域考古图记》第一卷 52 页以下。

为《新唐书》——译者）有关小勃律的记载①，可以肯定其
领地也包括亚辛和吉尔吉特河谷。公元 8 世纪早期，当吐蕃
（Tibetans）试图从大勃律或巴尔蒂斯坦方向，穿过小勃律到
达阿姆河流域，从而与唐朝势力在中亚的对手大食［Arabs
（Ta-Shih）］联合时，该地区对唐朝来说具有政治和战略上
的重要性。② 这条最短捷的路线如能保持畅通，唐朝和受大
食人威胁的克什米尔与其他印度王国的联系就会维持下来，
因而保护小勃律是唐朝一项非常重要的政策③。

据文献记载，早在公元 722 年，唐朝军队就帮助小勃律
王从吐蕃手中夺回了九"城"（《新唐书》卷二二一下——
译者）。公元 737 年，唐朝人从遥远的方向介入，以帮助小
勃律摆脱吐蕃的控制。一个著名的例子是，公元 747 年，唐
朝大将军高仙芝率部队翻越帕米尔，在阿姆河岸打败了吐蕃
人，并穿越德尔果德山口进入了小勃律。有关他们所经历的
艰难险阻的文献记载较详细，我前面曾讨论过在《唐书·高
仙芝传》（《旧唐书》卷一〇四"高仙芝传"——译者）中
有关地貌的详细记载④，这次考察使我们感到这些记载十分
精确。例如，对大胆的军事行动所穿越的冰雪覆盖的坦驹岭
（Mount T'an-Chü）的描写，就与现在德尔果德山口的情况

公元 747 年高
仙芝越过德尔
果德山口的远
征

---

① 参见沙畹《西突厥》149~154 页。至于他的《勘误表补遗》（Errate Supplémentaires，石版印刷）
129 页注 2。我要指出的是，沙畹后来在他的《西突厥附注》（Notes additionnelles sur les Tou-Kiue
Occidentaux），载于《通报》43 页，1904 年。在注 1 中，完全赞同《古代和田》得出的结论，在上述引
文中，小勃律包括亚辛及吉尔吉特。有关其领土范围的另外一些参考资料，存于专门词典《册府元龟》
中，参见沙畹《通报》105 页，1904 年，索引"波路"（Pou-lu）词条。

② 公元 722 年前某时，吐蕃人对小勃律王声称："我非谋尔国，假道攻四镇尔。"（即现在的中国
新疆）（《新唐书》卷二二一下——译者），参见沙畹《西突厥》150 页。

③ 参见公元 731 年给予小勃律王的封号，引自沙畹《西突厥附注》，《通报》52 页，1904 年。

④ 参见《古代和田》第一卷 9 页以下，《西域考古图记》第一卷 55 页以下；另参见我的论文《中
国人通过帕米尔和兴都库什的一次远征》（A Chinese expedition across the Pamirs and Hindukush），载《地
理学报》112 页以下，1922 年 2 月。

非常符合。所记的距离也证明那时小勃律国王居住的阿弩越（A-nu-yüeh）城一定是现代的亚辛。同样可以肯定的是，横跨娑夷河（So-i）的藤桥与现在古比斯横跨吉尔吉特河的桥很相称。当时，高仙芝下令拆毁那座藤桥，挡住了吐蕃增援部队的及时到达，从而确保了唐朝对勃律国王的控制。通过此桥，沿着通向吉尔吉特主谷的方向，可到达亚辛①。

留在小勃律的唐朝驻军

有关高仙芝远征的汉文记载，使我们认识到兴都库什山谷虽然非常遥远，但非常重要的是，它把亚洲的历史连接了起来。唐朝对小勃律的成功占领所产生的深刻而又重要的影响，可见《唐书》的结论性评价："于是拂菻［Fu-lin（Syria）］、大食诸胡七十二国皆震恐，咸归附。"（《新唐书·西域传》——译者）但唐朝对该地区的控制注定不能维持多久，原因是我前面提到过的高仙芝在小勃律留驻的唐朝军队存在着给养供应的困难。这方面的重要证据是公元749年吐火罗统治者就时局发给唐朝皇帝的书信，对此我已在别处详细地分析过了②。

后来唐朝势力的介入

从汉文文献中可知，公元750年，高仙芝又一次率军远征，解除了来自吐蕃对勃律国和西面山区的威胁。但公元751年高仙芝被大食打败后，唐朝在中亚的势力便一落千丈，被孤立在遥远的兴都库什山区中的前哨部队也未能坚持多年，便只得撤出。我们还知道，公元753年，高仙芝将军

---

① 在此我要指出的是，《唐书》中有关小勃律都城孽多（Yeh-to）位于娑夷河岸的记载，不会影响到把娑夷河认定为吉尔吉特河的主要支流的观点。吉尔吉特河来自吉泽尔，亚辛河在古比斯汇入它。参见沙畹《西突厥》150页，我认为其位置即今吉尔吉特古堡和军营所在地，这一位置自然而然地成为吉尔吉特主谷的首府所在。但自然优势及其位置的重要，并没有阻止来自亚辛的、现为吉尔吉特统治者的首领们把亚辛选为他们的日常居住地，其原因单从气候方面即可解释，所以关于孽多的记载与中国文献有关高仙芝远征时，在阿弩越即亚辛出现小勃律王的记述并不矛盾。

② 参见《古代和田》第一卷11页以下，文献记载参见沙畹《西突厥》214页以下。

的后任对大勃律或巴尔蒂斯坦进行了一次远征。显而易见，如果没有吉尔吉特山谷的基地承担供给任务，这次远征是无法进行的①。而据文献记载，直到公元 755 年时小勃律还派使团出使唐朝进贡②。

从公元 8 世纪唐朝对兴都库什地区失去兴趣起，有关亚辛及临近地区的历史记载便湮没了将近一千年。只有后来陆军上校比达尔夫和其他人收集的有关当地历史的口传材料，才给我们勾画出一部分清晰的历史轮廓。即 17 世纪末或 18 世纪早期，家族统治出现，首先开始于巴达克山（Badakhshān），后传给了奇特拉尔统治者和原先在马斯图吉的胡希瓦克特统治者③。胡希瓦克特的支族似乎也很快确立了他们在亚辛的权力。由于其许多成员具有超凡的作战能力和擅长计谋，整个吉尔吉特山谷似乎度过了艰难时期，在政治斗争中取得了暂时的优势，但以叛逆、谋杀、关系网和与奇特拉尔敌营相勾结等形式出现的斗争，一直延续到 19 世纪末④，这里我们没必要讨论这些历史的纠葛。不管怎样，值得一提的是，正如我在别处曾经说过的那样，我们拥有把马斯图吉和亚辛的胡希瓦克特统治者与 1749 年中国人介入相联系的最早的确切记载⑤。唐朝人或卡尔梅克（Kalmak）人侵入的传统影响在亚辛仍保留着，但已经很模糊，无法确定其年代。

近代地方史

————————————

① 参见沙畹《西突厥附注》，《通报》88 页注，1904 年。

② 参见沙畹《西突厥附注》，《通报》85 页以下、93 页。

③ 有关这个统治家庭及其支系，参见比达尔夫《兴都库什》150 页以下。至于马斯图吉和奇特拉尔之间的关系，参见《西域考古图记》第一卷 41 页以下。

④ 比达尔夫《兴都库什》151 页以下有简明的叙述。德鲁《查谟和克什米尔》的"吉尔吉特历史"一章中所述的与锡克占领吉尔吉特后的时期有关的详情可对此作有用的补充，尤其见 436 页以下、444 页以下、450 页以下。

⑤ 参见《西域考古图记》第一卷 33 页，有关克拉普罗斯（Klaproth）的评论。《亚洲杂志》（*Magasin Asiatigue*）第一卷 96 页。

　　尽管马斯图吉上下的耶尔洪（Yārhun）山谷寺实际上是胡希瓦克特族一支的原居地，但重要的是他们总偏好于把亚辛作为居住地①，这完全是因为亚辛在地理位置和自然环境方面具有的优势。亚辛的主要山谷土地宽约 40 英里，相对开阔，仅此就足以说明其重要性。这里没有陡峭的岩壁和嶙峋的山石，没有狭窄的隘路，而兴都库什山主脉南面的另一条大山谷中，谷地狭窄，耕地很少，交通困难。此外，因有源自冰川融水的亚辛河及其溪流，灌溉也并非难事。如果说现在还有大片的土地未被开垦，其原因不应是缺水，而是缺少人口。同样，侧翼海拔在 2 000 英尺以上的高山山脉，不但保证了充沛的水源，而且还保护亚辛免受来自南面以外的攻击。那里，正如关于高仙芝远征的材料所表明的那样，吉尔吉特河在每年的大部分时间里，不能涉水而过，特别是亚辛河河口的两岸极为陡峭，侧翼防守极其容易、稳固，因此它们是非常有效的防护屏障。

　　亚辛现有人口估计为 500 户，4 700 人，在过去也曾经供养过比现在更多的人口，可说明这里的土地灌溉的规模较大，土壤较肥沃。德尔果德村到下面的亚辛主谷出口，面对着海拔 7 000 英尺和 9 000 多英尺的古比斯，仅此即可说明这里有着大量肥沃的冲积土壤。而且，山谷呈南北方向，所有的土地都可获得充足的阳光，寒季较短，气候对农业十分有利。但现在亚辛人口缺乏，其原因正如陆军上校比达尔夫所指出的那样，是因为长期的压迫和管理不当②，从近两个

---

①　参见比达尔夫《兴都库什》59 页，胡希瓦克特族在亚辛的统治，开始于这一支系建立者的儿子弗拉莫尔孜（Feramorz），参见《兴都库什》151 页。

②　参见比达尔夫《兴都库什》56 页。

世纪来胡希瓦克特的统治史来看，这一点是非常清楚的①。

正如陆军上校比达尔夫所说，"自从本世纪初以来亚辛统治者之间的战争，一直是该国人口减少的最主要因素"②。我们还应注意到另外一个原因，即地理因素。我认为，亚辛统治者的好战行为很大程度上应从地理环境方面来解释。从地图就可看出，亚辛山谷的特殊位置使它能完全控制较高的地带，成为侵犯奇特拉尔和吉尔吉特河两条主谷的理想基地。另一方面，如上所述，亚辛无论在北面还是在南面，都很容易防守。而且，它位处偏僻之地，可以躲避地方部落和小王国的侵扰。只有当亚辛经德尔果德和巴鲁吉尔两山口连接印度河和阿姆河的直路，成为遥远但强盛的邻邦的重要目标时，亚辛才不再得益于偏僻位置的保护。吐蕃和唐朝都曾轮番地试图控制亚辛，同样在今天，两个亚洲大国间的政治局势仍以奇特而又相似的方式影响着偏远的亚辛③。亚辛的伯洛夏斯基（Burushaskī）语在人种学和语言学上的重要事实也反映了亚辛的遥远和偏僻。大多数亚辛人讲的是伯洛夏斯基语，当地称乌里希基（Wurishkī）语，语言方式完全不同于兴都库什地区的达尔德语，两者无任何已知的关系。这个语言名来源于称呼他们自己的乌里希（Wurish）之名，又用于乌尔希古姆（Wurshigūm）或瓦尔希古姆（Warshigum）

亚辛的自然屏障

---

①　这一苛政的作用，就人口数量而言，1806 年、1863 年道格拉人的两次入侵，带来的无疑是长时间的蹂躏和大规模的杀戮，随后是亚辛首领们对吉尔吉特的经常性的攻击和阴谋。参见德鲁《查谟和克什米尔》444 页、446 页；莱特纳《达尔德斯坦》（Dardistān）66 页，记载了本地目击者所讲述的悲惨情况。

②　参见比达尔夫《兴都库什》33 页。

③　众所周知，从阿姆河上游和帕米尔经巴鲁吉尔山口通向印度河谷和喀布尔河谷的道路，具有重要的战略意义。1885 年以后，由于俄国的威胁，印度政府逐渐对亚辛和奇特拉尔进行了有效的控制。道格拉人尽管在连接吉尔吉特方面有一些麻烦，但对他们自己实际上的独立一直非常满意。

的名称，由此可知只有当地人才知道亚辛这个名称①。除亚辛外，只有罕萨和纳格尔现仍讲伯洛夏斯基语。从位置上看，它们的领地与亚辛相当，甚至因难以交通而受到了更好的保护。但大量的早期语言证据表明，这种奇怪的语言的应用范围要更向南扩展。其影响几乎在所有的达尔德语言中都可发现，甚至远离这些山谷的地方仍有伯洛夏斯基语（乌里希基）存在②。

伯洛夏斯基民族语言的衰退

传统观点认为，伯洛夏斯基语的使用范围现仅局限于兴都库什山主脉以南的最偏远的山谷，整个山区仅小部分人讲此语言，这表明由于讲达尔德语的雅利安人的入侵，原先讲伯洛夏斯基语的民族正逐步退却和收缩③。支持该论点的有这样一个事实，即人们认为布里希（Burish）或乌里希和雅西昆（Yashkun）是同一种姓。而古比斯下方的普布亚尔（Puniāl）的全部人口都是雅西昆，也是往下至吉尔吉特山谷和阿斯托尔以及达丽尔山谷的一支强有力的势力④。从现在的体质特征方面来说，布里希或乌里希人，无论是耶尔洪还是那些山谷中的其他种姓，和讲达尔德语的一般人没有什么差别（图42）。但鉴于缺乏足够而又系统的人类学材料，

---

① 参见比达尔夫《兴都库什》38页。1789—1790年，莫卧儿·贝格在此做了调查，他记录其名为瓦尔希古姆。见拉沃蒂《阿富汗斯坦笔记》（*Notes on Afghānistān*）189页有关亚辛的叙述，基于莫卧儿·贝格的报告，非常精确。瓦尔希古姆的名词在印度地图调查局的地图上也可见到。
② 参见格里尔森《语言学调查》（*Linguistic Survey*）第八卷第二章6页、186页。
③ 参见格里尔森《语言学调查》第八卷第二章6页。
④ 参见比达尔夫《兴都库什》38页。德鲁《查谟和克什米尔》427页，提供了对这一种姓人种特征方面的一些审慎的观察资料。

该地区的语言和种族的划分目前还很难确定①。

我以前做的亚辛地理特征的观察，主要针对主谷乌尔希 科山区古姆。但从整个近代史的政治上来说，吉尔吉特河最上游的科［Kho 或科赫（Kuh）］和吉泽尔的小块山地都属于亚辛，而且从它们的地理位置来考虑，早期肯定也是这样。这里需提一下有关它们的简要参考资料。被陆军上校比达尔夫称为"科"而被最近的作者拼为"科赫"的这个地带②，是一条非常狭窄的山谷，吉尔吉特河从中流过，并在古比斯与亚辛河汇合。1900 年测量时，此山谷总长 30 英里，人口 1 200多人，这足以说明它的狭小。在南面它连接着属于此谷的一些小边谷，其中只有巴特勒斯伽赫（Batres-gāh）谷里有几个小村庄。在巴特勒斯伽赫谷口上方数英里，一座堡垒戍卫着的一条狭窄的隘路，把科与吉泽尔分隔出来。向东长约 9英里的更为困难的峡谷，是面向普布亚尔和吉尔吉特的边界③。此峡谷易守难攻，是亚辛和吉尔吉特间的天然屏障，这就可以理解为什么科归入亚辛领地。

吉泽尔由欣杜尔（Shandur）湖紧西边的一条缓坡的鞍 吉泽尔地带

---

① 可以看出，现有的布里希或乌里希人掺杂兴都库什以北讲伊朗语的加尔查（Galcha）部落的人种因素。现今罕萨河谷的最北部分名叫古赫亚尔（Guhyāl），由来自阿姆河上游的瓦罕人居住着（参见《和田废墟记》45 页以下），同时，在亚辛还出现了小的巴达克斯（Badakhshī）人的居民点。在奇特拉尔河的源头也可观察到类似的情况。上喀什卡尔（Kashkar-bala）最西的谷地现被伊德伽赫人（Yidghah）占据着，他们讲的蒙加尼（Munjani）方言，属加尔查语的一种。此外，我在 1906 年发现，瓦罕移民正在进入耶尔洪（马斯图吉）山谷的最上部，见本书第二章第三节。因此我们可以看出，现今的兴都库什并不是语言或人种的分界线。从人种体质特征上看，亚辛、罕萨、奇特拉尔和马斯图吉等地的人与加尔查人的阿尔卑斯人种非常相似，故我们可推测过去的情况亦大致一样。参见乔伊斯《关于中国新疆和帕米尔的体质人类学的说明》（*Notes on the physical Anthropology of Chinese Turkestan and the Pamirs*），载《皇家人类学院杂志》（*J. R. Anthrop. Inst.*）第 402 期 462 页；《西域考古图记》第三卷 1357 页。

② 参见比达尔夫《兴都库什》57 页。

③ 有关这一隘道的图示，参见比达尔夫《兴都库什》55 页。

状地带（海拔 12 250 英尺）形成，向上延伸至马斯图吉和奇特拉尔间的分水岭。此山谷的上部分，即从吉泽尔往上，地面十分开阔，人口两倍于科。但这个地区的重要性，仅在于道路容易行走，一方面连接着拉斯普尔（Lāspur）和马斯图吉，另一方面还连接了亚辛和吉尔吉特。此路的设施可解释为什么马斯图吉和亚辛，尽管分别位于海拔 21 000 英尺以上的一条大山脉的两边，但仍长时期地处于一个统治者的统治之下。也可帮助我们理解为什么在公元 751 年由悟空陪伴的从帕米尔经巴鲁吉尔的唐朝使团，要绕道经过马斯图吉、拉斯普尔和吉泽尔。正如我在别处所指出的那样，其原因可能是为了从亚辛一边最终到达乌仗那国①。

第二节　穿过亚辛到德尔果德山口

巴特勒斯伽赫谷上部

离我的路线有一段距离的吉泽尔，现单独由胡希瓦克特血统的一个"总督"管理。从肖巴特山口到亚辛的路上，我只有在科可以看一些东西。8 月 23 日从吉泽尔下来后，我们参观了这个地方，这里的痕迹清楚地表明以前曾是一条冰川。我们穿过陡峭的岩坡，爬上了名叫库特拉奥费拉奥（Kuterao-ferao）的高山草场。第二天，我们到达了往下 2 公里的巴特勒斯伽赫谷的马玉拉伊（Mayurai）。这是一块很平坦的地方，约 0.5 英里见方，海拔 10 000 英尺，以前曾耕作过。巴特勒斯伽赫谷看起来相对开阔，一条可用于负载牲畜的小道从山谷往东南方向攀上苏杰格利山口。从此山口可抵达达丽尔的尼雅楚特，法显和他的同行的唐朝僧侣们可能正

① 参见《西域考古图记》第一卷 17 页以下。

是沿着这条路，前往达丽尔和印度河。我自己到亚辛的行程
是，两天沿巴特勒斯伽赫谷向下至谷口，一天从吉尔吉特河
到古比斯，这段路最好走。但为了节省一天时间，我选择了
一条捷径，据说它从伽珐伯杜（Gafar-bōdo）向上通向一个
山口，由此山口向北可直通古比斯谷地的最前部。

吉尔吉特河以南的山区还未被仔细地探察过，因此搬运
工人不可能通过那里的关口，这是毫不奇怪的。我在这一地
区遇到的最糟糕的情况是，在到达海拔近 16 000 英尺的窄小
谷口前，为了爬过像巨大的砾石堆这样的古冰川残留，我们
足足花了八个小时（图 32）。此地普遍缺乏冰川泥或其他软
泥，表明印度河分水岭这边的干燥气候未能发挥剥蚀作用。
在山口陡峭的北坡上，仍发现了冰原床，这是近期内发现的
小冰川的最后遗迹。夜幕降临时，我们只好在海拔 15 000
英尺多的古冰碛中扎营。

第二天的行程是穿过一条陡峭而又狭窄的山谷，下行到
古比斯，重要的是在它的上部可观察到古代末端冰碛的间隔
层，据此可说明不同地质时期冰川的推进情况。几块可用来
放牧的倾斜的草地隔开了岩石滑坡，最低的滑坡在我们营地
下方约 9 英里的地方还可遇到。在和从南向东下降的仍有活
跃冰川的巴什卡伽赫（Bāshkar-gāh）支脉交会处的下方，山
谷收缩成一条极窄的岩壁对峙的峡谷。这些底部有清晰的冰
川擦痕的悬崖，高出峡谷小河达 3 000 英尺，人们称之为乌
帕约特（Upaiyōt），在希纳语中意为比飞鸟还高，说明一些
地方传说与喀布尔北兴都库什山主脉的帕鲁帕尼苏斯
（Paropanisus）古名（反义Upairi-çaêna）来源的记载相似。
古比斯附近的主谷上方，有一道非常险峻的山梁，名叫伊西
盖尔巴（Ishkērbal），在古代是一个常用的自然庇护场所。

伽珐伯杜上方
的山口

下至古比斯

8 月 24 日，我们是在古比斯村度过的，这是我们离开克
什米尔以后的第一个休息日。我们充分利用了这一天，做了
许多方面的工作，其中观看了皇家军队用于控制古比斯堡城
堡的小堡垒，它有效地戍卫了河对岸开阔的亚辛谷谷口以及
通向马斯图吉和奇特拉尔的道路。该地至今仍具有明显的战
略意义，这对我们理解它在古代史上的重要性很有帮助。如
前所述，可以肯定，娑夷河（即吉尔吉特河）上桥梁的拆
除，在高仙芝成功地阻挡吐蕃军队的行动中发挥了决定性的
作用。该桥的位置在今古比斯村附近。但鉴于此地河床较
宽①，而且每年大部分时间内水量较大，以及该地区所拥有
的材料，似乎在没有现代工程技术的古代，除藤桥外，不太
可能建筑其他类型的桥梁。

正如在克什米尔和兴都库什山脉之间的桥那样，老式藤
桥是用拧在一起的细枝条建成的。在 1895 年前古比斯的确
有这种桥，也许是汉文文献《唐书·高仙芝传》中提到过的
藤桥（Pont De Rotin）的那种桥②。确实，对于汉文文献中
提到的吐蕃骑兵部队中的马匹或者更确切的矮种马来说，藤
桥是不实用的。但像现代一样，这些牲畜可以在别的什么地
方游过河，同样也不能排除在亚辛河和吉泽尔河交汇处的某
地点有更实用的桥的可能性（图 37）。要前往亚辛，只有通
过后者才能过去。在古比斯城堡上面 4 英里的地方，有一座
摇摇摆摆的杨木桥，横跨于吉尔吉特河的支流吉泽尔河上，

---

① 现在的悬桥跨度近 180 英尺，架于河岸的一个狭窄部位，左岸只有把大量岩石爆破掉才可通
行。

② 参见《古代和田》第一卷 10 页注 8。为方便起见，此引沙畹《西突厥》翻译的有关此桥的一
段记述，高仙芝"急令元庆斫藤桥，去勃律犹六十里，及暮，才斫了，吐蕃兵马大至，已无及矣"。沙
畹又引《唐书》："藤桥阔一箭道。"

尽管它有被夏季洪水冲走的可能性，但仍维持到了最近几年①。

8月25日，我轻松地走了13英里多，从古比斯来到了这条山谷主要部分的亚辛。尽管山谷两边的岩壁高耸陡峭，但给人留下更深刻印象的是开阔的谷底。津达尔（Gindal）村下方有许多废弃的耕地，它们是亚辛历史变迁的见证。我发现从巴达克山来的移民现正在重新利用其中的一些废耕地。他们的仪态和引进的服装之类的许多东西一起，表现出了阿姆河附近地区的特征，体现出了其文明对兴都库什分水岭以远地区所施加的影响。　　　　　　　　　　　　前往亚辛村

作为建于肥沃土地之上的该地区最大的村庄，亚辛拥有丰产的田地、果园，它们在纳斯巴尔（Nasbar）谷口下沿河右岸伸展长约4英里（图41）。我们在亚辛停留了一天，拜访了亚辛的前任统治者罗阇夏希德·乌尔·阿贾姆（Rāja Shahīd-ul Ajam）。他住在陈旧的城堡里，城堡在世代纷争的流血中曾庇护过他的胡希瓦克特祖先。在摇摇欲坠的厅堂里的大量木雕，准确无误地表明波斯建筑装饰占据了主导地位，很明显，这些木雕的图案样式来自遥远的巴达克山。同样重要的是，由来已久的封建忠心，把亚辛人民和两个世纪以来直到　　参观亚辛城堡

---

①　值得指出的是，在9月某时夏季洪水消退以后，直至下一个春季，从古比斯这一边渡水过两河，即可到达亚辛。此两河的交汇处上方是一处平坦的舌状沙滩，把两河分隔开来。正是考虑到这一情况，正如《西域考古图记》第一卷54页注3中所解释的那样，我认为高仙芝返回时可能走的是从小勃律取道穿越吉尔吉特和罕萨之道，即使前述的亚辛以下跨越吉尔吉特河的桥已被毁掉。《高仙芝传》（参见沙畹《西突厥》153页注）清楚地告诉我们，在平定整个小勃律即吉尔吉特及其独立地带以及亚辛以后，这位唐朝将军在农历八月中（即在9月中和10月中之间的一段时间里）开始撤退。直到农历九月时他才重返到留于瓦罕最上方附近的军队，在那个月底才控制了帕米尔地区。我讲述的（见本书第二章第三节）由于从吉尔吉特向罕萨峡谷上行到达查帕尔散山谷，然后越过伊尔沙德（Irshad）山口到达喷赤河，行程困难，故中国农历八月是最适合的季节。但如果古比斯附近的桥梁被毁，此路对他来说是无用的，使得他在几个星期后不能下到吉尔吉特，但这恰好可防止吐蕃人从后面攻击上来。

最近几年还不正当地统治着他们的种族联结在一起。

亚辛的古遗址　　从纳斯巴尔戈尔（Nasbar-gol）出口不远的疗养院，我继续前进在弃而复耕的土地上，去调查西南 0.25 英里远的一个地方。据说那里有一些古遗址已被牧羊人挖开。我们在石头遍布的山麓发现了一些带墙的台基（18 英尺×30 英尺），在台基上有用粗石和鹅卵石筑成的一座圆形废丘，有可能是塌毁的塔的最后遗物。此丘已被盗挖，几乎已夷为平地。但我们在其北边的垃圾中，仔细寻找，发现了八枚小泥印①，其中保存最好的泥印上有浮雕，图案为五座带伞盖（Chhattras）的塔，其周围有佛教缘起法颂或三谛之谒文（Ye dharmaprabhavāh），用吐蕃纳伽立（Nāgarī，天城体——译者）晚期字体写成。这些泥印是被盗供物的一部分，与印度和中亚大量佛教寺院遗址发现的泥印相似。

楚玛尔汗古堡　　紧靠亚辛和纳斯巴尔山谷入口北面的右岸，伸展着一座
遗址　　　　几乎水平的名叫达斯克赫德托斯（Daskht-i-Taus）的高原，面积约 3 英里长、1 英里宽。据当地说法，它曾被开垦过，有一条引自纳斯巴尔戈尔河的水渠于此通过。这一高原的西南缘，靠纳斯巴尔戈尔河床的陡峭的砾岩悬崖，有一个名叫楚玛尔汗（Chumarkhan）的古堡遗址，残墙还矗立着。正如平面图（附图 1）所示，它是一座不规则四边形的堡垒，正面长 170 英尺，筑于河上方的悬崖顶部，在它的中央还有一座内径 18 英尺×20 英尺的要塞堡垒式的建筑（图 40）。其墙高均不超过 5 英尺、墙厚 3 英尺，用含盐的石块筑成，但石

---

① Yasin. 01 为八枚型式相同的泥印章，浅浮雕图案为佛塔，下有四层底座和成排的串珠饰。上有五个或五个以上的伞盖。背景上覆盖着几排纳伽立（天城体）字体。刻痕不甚清楚，有几处已残。一般直径为 $1\frac{3}{4}$ 英寸，厚 $\frac{5}{8}$ 英寸。图版 XI。

块中间插有大的卵石片。它保护着纳斯巴尔戈尔山谷通向达斯克赫德托斯高原的通道，此通道无疑要通过古堡北面下一条狭窄的鞍状坡。这些墙壁的破坏程度表明它们非常古老，流行的说法是此堡与达斯克赫德托斯的开垦时间同时。

　　8 月 27 日，我们重新开始了向主谷的旅程。我沿着这片现已完全裸露的旷野骑行，看到几个地方都有引自纳斯巴尔戈尔河侧的一条古沟渠的痕迹，其路线完全不同于更北面的保存得更好的引自吐伊（Tui）河的一条小沟渠。19 世纪初，亚辛和吉尔吉特的一个胡希瓦克特统治者苏来曼沙（Sulaiman shāh）①，曾经努力通过后一条沟渠，把水又一次引到了达斯克赫德托斯。据说这次开垦活动随着强盛但施行暴政的王子统治的结束而告终。达斯克赫德托斯的使用时间更早，这一点被坐落在亚辛北端上方 2 英里左岸古贾尔提（Ghujalti）村对面的一个大型围墙遗址所证明（图 38）。据说它与一场同中国人或卡尔梅克人的战争有关，这种说法与我以前讨论的 18 世纪中叶有关库西阿马德（Khush-āmad）统治的汉文记载相一致②。围墙用下面河床里的大冲石筑成，厚度达 5 英尺，形状呈不规则的五边形，其保存最好的三面分别长 264 英尺、273 英尺和 153 英尺，现高均不超过 5 英尺。大的居住区遗存位近院内中央，破坏更严重。除古堡内的黑色硬陶片外，我没有找到有人长期居住的痕迹。但毫无疑问，如果这条沟渠得以修复，或者甚至苏来曼沙沟渠完工，亚辛谷地内的可耕地数量及依赖于它的人口就会大大增加（附图 1）。

达斯克赫德托斯的遗址

---

①　参见比达尔夫《兴都库什》137 页、153 页以下。
②　参见《西域考古图记》第一卷 33 页、38 页。

图 37　古比斯上方，亚辛河和吉泽尔河的交汇处

图 38　达斯克赫德托斯，巴赫里汗的围墙遗存，远处为亚辛山谷的谷首

图 39　加格罗特的一组丹吉尔人

图 40　亚辛的楚玛尔汗古堡遗址

图41 在楚玛尔汗下望亚辛山谷

图42　亚辛胡达尔的一组库什瓦克特瓦人和布里希人（前排坐着库什瓦克特的胡达尔拉贾和他的两个亲属，后排站立的是布里希农民）

前往洪杜尔　　　我们沿着苏来曼沙沟渠继续向山谷进发，走了近 4 英里，越过了从吐伊山谷流下的一条大河的河口。这是一条重要的夏季路线，沿着这一条路线，可通过耶尔洪山谷，翻越高高的吐伊山口，到达马斯图吉这一边。在交汇点以后，由此地点向上的主谷，名叫瓦尔希古姆，给一系列美丽如画的村庄提供了足够的空间，使其拥有肥沃的土地和果园。这些村庄几乎不间断地向上延伸到了洪杜尔（Hondur），总称萨勒伽姆（Salgām），现是亚辛人口最密集的地带。在经过以哈伊瓦尔德的谋杀者、帕赫东·瓦利父亲米尔·瓦利的名字命名的大堡垒时，我在巴尔库勒迪（Barkulti）参观了当地"哈基姆"（Hākim，伊斯兰教国家的地方长官、法官、大学者、医生等——译者）精美而又被人遗忘的房屋（图 45）。其大厅里丰富而精美的木雕及其风格，使我联想到我在马斯图吉一边的米拉格拉姆（Mīragrām）看到的哈基姆奥拜杜拉赫（Hākim Obaidullah）的房子里的木雕[1]。遗憾的是，那天天太晚了，在房内已不能拍摄。该房子据说建于五代人以前。在我们停留过夜的洪杜尔拍摄的一张照片（图 42），也许可表明，尽管伯洛夏斯基语与达尔德语和伊朗语有着明显的差别，但从他们的外貌看，我所遇到的布里希人却几乎都具有纯粹的阿尔卑斯人种的体质特征。

德尔果德村　　　因为山谷北面狭窄，洪杜尔的耕地时断时续。尽管两边均竖着奇异的岩壁，但谷底直到德尔果德村近 12 英里的路非常好走。在这里，海拔 900 多英尺的谷口向外扩展成一块巨大的半圆形台地，宽阔而又平坦，上为草地和丛林，其两

---

[1]　参见《西域考古图记》第一卷 49 页以下。

翼是巨大的覆冰山梁。冰川融水形成的小溪注满了这些山嘴之间的边谷，直到近德尔果德时才形成了亚辛河。在其交汇点附近延伸的平地上，有着大量的牧草和燃料，给来自北方的入侵者提供了一个天然的休息场所，例如高仙芝就成功地由此通过德尔果德山口。给我留下深刻印象的是，作为阿姆河山谷最上游附近的一个象征，德尔果德的一个头领竟是一名来自瓦罕的移民，他的阿依旺（Aiwān，开放式客厅——译者）里的大量木雕装饰具有典型的波斯风格①。

　　往北走 3 英里多，穿过一块古代冰川盆底的卵石散布的平地，我们来到了狭窄的峡谷入口处。从此，邻近德尔果德山口的冰川小河切开横向的山梁奔流而下。这条道路通过的山脊，名叫达尔班德，其名来源于一座堡垒的旧堤防。正是在海拔10 000 英尺山脊的顶部，可首先看到南面海拔15 380 英尺的冰雪覆盖的注地——德尔果德山口（图44）。在山口的东面和西面，冰川规模比山口下面的冰川要大得多，从山口一直向下达到 2 000 英尺上方的高度。河流附近蒸发的大量水汽使得这些冰雪覆盖的山坡拥有良好的植被。因此，当我发现除牧草和大量桦树外，德尔果德人开垦的梯田延伸到了海拔11 000 英尺的高度时，我丝毫不感到惊奇。我们继续行进，经过了伽库西（Gakushi），爬上了宽阔而又陡峭的山梁，这里有路通向山口。我们直到海拔约12 300 英尺的一小块平坦的名叫哈木巴（Khamba）的地方，才扎营休息。惊

接近德尔果德
山口山麓

① 下面描述的是从同一座德尔果德房屋里获得的一块木雕。Darkot.01是一块木雕"牌"（Takhti）。一端有把手。正面的图案上下做三次重复，组成了四"组"长尖叶子，都对着中心的四瓣花。四组图案之间用缠枝花连接。背景和图案用方形带尖的工具，用 V 字形雕法雕刻。背面是用黑墨勾画的相似的花纹图案。黑色，直纹木，保存较好，$13\frac{1}{2}$ 英寸×$3\frac{3}{4}$ 英寸×$\frac{3}{8}$ 英寸。图版LXVIII。

人的高山植物景观向南延伸，与我七年前攀登此山口北边时所看到的大片冰雪岩石荒地形成强烈的反差，使我印象极深。

重访德尔果德
山口

参观高仙芝创下丰功伟绩的地方的长久愿望，使我不管季节较早还是天气恶劣，或是异常的冬季降雪等困难，都驱使我去参观德尔果德山口①。当然，对我来说，翻越此山口本身就是一次特别的经历。借助夏末季节的有利条件以及充足的交通运输安排，我们于 8 月 29 日翻越了德尔果德山口。德尔果德冰川表现出的巨大自然障碍给我留下了深刻的印象。我甚至认为，公元 747 年唐朝将军率领的一支相对较大的军队，穿越广阔的帕米尔进行远征，从某种程度来说，理应和哈尼拔（Hannibal）或拿破仑（Napoleon）这些伟大领袖的赫赫军功列在一起。我在别处已详细地讨论了这一功绩②，并说明德尔果德山口的地貌特征与《唐书·高仙芝传》中的有关记载非常一致，因而我在此仅记录我对这个山口的一些最新观察，以此也可以对我以前的描述作一补充。

德尔果德山口
下的岩刻

在我们哈木巴营地上方，有一条沿裸露陡峭的岩坡而上的小道，没有冰雪，很适合驮载的牲畜行走。约 1 英里后，在海拔 13 100 英尺的地方，小道经过我在亚辛首次听说的刻画巨砾（图 46）。它卧于小道上方几码远的地方，为黑麻粒花岗岩，其表面已几乎呈黑色，顶部平坦，倾斜约 45°，面积为 5 英尺×4 英尺。岩石中间阴刻 0.2 英寸深，图案明显是塔的轮廓，右边是五行吐蕃文，多数行由两个字组成，年代与塔相同。所有阴刻线条呈棕色。同时，在石头中间及塔的

① 参见《沙漠契丹》第一卷 56 页以下。
② 参见《西域考古图记》第一卷 56 页以下。

左边，有一些浅刻的阿拉伯文，其淡淡的颜色使它们可以很容易地被辨认出来，其刻画颜色的不同以及它们刻于石面中央并穿过塔面，表明它们的刻画年代无疑要晚得多。除此之外，在塔顶和吐蕃文刻画之间还有一匹马和骑坐者的轮廓线，其线条的颜色与前者相似。塔座紧下面有表面剥落的现象，但仍保留着一朵花或水果样的图案，也属于早期。粗刻的带角动物，明显是山羊，它们的位置在石头左边即阿拉伯文刻文之间，暴露在风蚀下的时间似乎比后者要长。

塔的图案（附图1）非常奇怪，除了顶上倒置的球，顶上另有伞盖，特点明显。两级底座及上面高起的部分，使人联想到《西域考古图记》的图6和附图2表现的马斯图吉的察仑巨砾上刻画的三层底座的塔形①。但塔身和倒置的球之间的十字形结构，与察仑和帕克托里迪尼（Pakhtōrīdīnī）的岩刻塔形有一点相似，后两者在塔的圆顶下相应的位置上有十字形结构。同样奇怪的是一个倒置的球替代了塔的半圆形顶，虽然早期佛教传统倾向于承认这种圆形顶象征性地表示佛陀的钵（Pātra）或托钵碗②。伞盖的底座，可与同一地点的帕克托里迪尼岩刻所刻画的同样粗糙的图形进行合适的比较。顶部的伞形物刻画得很糟，仅仅是为了有那么一点意思。

我曾把岩刻的照片，以及仔细临摹的吐蕃文刻文一起交给弗兰克博士。他热情地帮助我，1921年9月15日给我写了一封信，信中还附有一份注释，现已收在附录L中。根据注释，这些刻文提到了一个名叫利尔尼多尔（Lirnidor）的

塔的图案

吐蕃文题刻

① 参见《西域考古图记》第一卷37页以下。
② 参见富歇《犍陀罗艺术》第一卷64页；比尔《西域记》第一卷47页以下。

人，以及名为 rMe-ʼr 的他的家族，他们可能是当地人，是一座塔的施主。弗兰克博士认为，个人名字放在所有格中的事实可认为是早期刻写的标志，这一点与字体的写法原始相一致，用他的话说，"表明了八九世纪时吐蕃文字的符号特征"。从两者的相对位置来看，塔如果不早于吐蕃文题刻，则应与之同时。弗兰克博士在前面提到的拉达克岩画中塔的奇怪的十字形状的断代标志，有着特殊的考古学意义。

吐蕃入侵吉尔吉特

由今上溯，当地传说中并没有说起吐蕃人在亚辛建立过他们的统治或佛教信仰。但弗兰克博士的注释中说明，有一篇吐蕃文提到过公元 8 世纪时吐蕃统治者曾征服并统治过吉尔吉特地区，这一点十分重要。根据这一附带性的证据，人们便会把德尔果德的佛教岩刻与吐蕃人在阿姆河最上游的推进联系起来。据《新唐书》记载，公元 8 世纪中叶末期，高仙芝的远征成功地阻止了吐蕃人在阿姆河最上游地区的推进。

阿拉伯文题迹

不同的风蚀现象表明，阿拉伯文刻文比吐蕃文刻文要晚得多，它们由什叶派（Shiah）祈祷语组成，横贯塔的十字形部分的是"啊，真主！啊，阿里！佑助我吧！"（Yā Allah yā Alī madat），其下的句子是"啊，穆罕默德；啊，穆罕默德；啊，阿里！"（Yā Muhammad yā Muharmmad yā Alī），塔的左边为竖写的句子，我们念作"科瓦尔国王，胡希瓦克特沙"（Khaāwar Shāh Shāh Khushwaqt），左上角是"啊，阿里！请帮助马尔丹国王"（yā Alī madat pādshāh Mardān）。最后，在塔底的是瘦长的刻文"穆拉德·贝格所说"（ba kalam Murād Bēg）。刻文中提到的人名（应指莫拉德伯克——译者）现无法确定身份，但是胡希瓦克特的名字似乎不仅仅指公元 8 世纪初以来统治亚辛和马斯图吉的该家族的奠基者，而且至少还指他的后裔中的两个①。

我们沿着该地点正上方的小道，来到了山口下多罅隙的冰川的东边，爬过海拔近 1 400 英尺的石堆以后，就越过了冰川。为避开裂缝，我们的路线弯弯曲曲。再往前，路线沿着雪盖的石堆，经过陡峭的悬崖和雪崩的斜坡，直到海拔14 600 英尺时才到了易走的雪床上，其两翼为冰川的顶部。最后，在四个小时的连续爬行后，我们到达了山口的顶部，这里的雪原宽阔、平缓（图 43）。我们用水银气压计做了测量，显示海拔为 15 250 英尺，这与边境地图标明的海拔（15 380 英尺）非常接近。

与我 1906 年 5 月 17 日攀登时一样，我在"旅行笔记"中曾对这个大雪原作过详细的描述②，因此这里没有必要再重复说明这个非凡的山口的地貌详情。我在这里要充分提到的是，尽管云雪很快遮挡了我向南看的视线，但与这边形成对比的那一边的陡峭的冰川，给我留下了深刻的印象。这些冰川受制于陡峭的山嘴之间，主要是茫茫的雪峰和永不化冻的流向耶尔洪峡谷的冰川缓坡（图 48）。在此，我们很容易地再一次体会到当高仙芝的"中国勇士们"爬上这一高度，发现他们面前的坡度是多么陡峭时，会有一种魂飞魄散的感觉。正是高仙芝的大智大勇，那次远征获得了成功。

爬上德尔果德山口的冰川

高仙芝穿越德尔果德山

① 参见比达尔夫《兴都库什》153 页家谱表。
② 参见《沙漠契丹》第一卷 57 页以下。

图 43 德尔果德山口北坡上的蕨类植被

图 44 从达尔班德山脊下望德尔果德山口

图 45　在亚辛的巴尔库勒迪，哈基姆大人住处的外院

图 46　攀登德尔果德山口途中，刻有佛塔和吐蕃文的巨砾

图47 格拉姆巴尔山口，望南方和西南方（左边是喷育末萨尔湖的格拉姆巴尔冰川的东支，中间是流入耶尔洪河的格拉姆巴尔主冰川，右边是俯瞰耶尔洪河源头的山脉）

图48　流至果德尔果德山口西北的冰川及其西延部分（在海拔13 500英尺的北坡冰碛上向上望）

第三节　从耶尔洪河源头到塔克敦巴什帕米尔

德尔果德山口
下的冰川道

在德尔果德山口顶部，我遇到了现已故去的57（野战）步枪队上尉斯特林，当时他任奇特拉尔侦察兵指挥及奇特拉尔助理政务代理。这个年轻的官员，是个老练的登山者，他带来的吃苦耐劳的马斯图吉脚夫最受人欢迎。但是他给我们提供的信息很少，只是告诉我们从德尔果德到耶尔洪谷的两条冰川道的东北段，在过去的三年中，已被形成于冰川麓的、难以移动的冰后隙堵塞。在《西域考古图记》中，我在讨论高仙芝翻越德尔果德山口时，曾特别提到重要的山貌，即在山口顶部的大雪原上向北流下两条单独的冰川，它们充塞了两条呈直角状分岔的山谷①。我也说明了认为高仙芝走的是东北方的冰川的理由，该冰川从卡契尔（Kachil）山谷流下，终于耶尔洪河最上游的肖瓦尔舒尔（Showar-Shur）牧场上方。

至肖瓦尔舒尔
和夏威塔赫山
口的道路

这条道路，比较方便地连接着下夏威塔赫（Shawitakh）山口，并可穿越巴鲁吉尔鞍状山东边的阿姆河分水岭。据可靠消息，这条道路是上述冰川变化前两条道路中比较易走的一条，因此来往于亚辛和瓦罕间的商人常选走此道。这条道路也可用于驮载交通，这一点可以由1895年帕米尔边疆委员会（Pāmīr Boundary Commission）沿着这条道路往返的事例证明，尽管他们所驱赶的600匹马损失了一些。后来，根据在肖瓦尔舒尔从瓦罕畜收业者那里得知的消息，我得出的结论是，最近冰川沿岩壁推进至卡契尔峡谷的狭窄的谷口附近，完全堵塞了从德尔果德来的东北道路。因而我不得不从

---

① 参见《西域考古图记》第一卷56页。

西北冰川往下走，而这条路对我来说，早在 1906 年考察中就已熟识。尽管因季节较晚该路已无雪崩的危险，但裂隙和巨大的石堆（图 48）不适合驮载的牲畜通过。因此在经过维丁古堡（Vedīn-kōt）上方的老营地后，我们力图在天黑时赶到巴鲁吉尔鞍形山下的契克玛尔罗伯特（Chikmar-robāt）牧场。

在到达耶尔洪河源头后，这条通向中国边境的道路便容易走了，它通过巴鲁吉尔，到达阿姆河河边的萨尔哈德（Sarhad），然后从喷赤河上游通过阿富汗帕米尔。1906 年时我曾走过这条路线。但走这条道路需得到阿富汗的埃米尔（Amīr）陛下的特许，同时也与我希望考察新地方的愿望有所冲突，唯一的选择是走一条平行道路，即从罕萨最西边穿过耶尔洪和格拉姆巴尔（Karambār）两河的源头，然后翻越格拉姆巴尔东面高高的分水岭。

选择穿越罕萨的道路

这是一条非常艰难的道路，因此我在此更应该向斯特林上尉所做的交通方面的安排表示衷心的感谢。他本人作为一位热心的登山者，进行了四天艰苦的攀登、行军，享受了苦中之乐。后来，他在法兰西和美索不达尼亚工作了三年，为国家献出了自己的生命，再也不能从事他所渴求的探险了。在此我要满怀哀思地表达我对这位著名的前线军团的官员给予我的各种友好的帮助的感激。

斯特林上尉的帮助

我们在耶尔洪和格拉姆巴尔两河源头冰川进行了两天的长途跋涉，这里由于地理等方面的原因，从来没有发生过重要的历史事件。格拉姆巴尔鞍形山两边的主要山谷海拔 12 000～14 000 英尺的高度，排除了耕作的可能。紧靠大量

沿着格拉姆巴尔源头的道路

的大冰川（从地图上看）①，其中从东南的肖瓦尔舒尔下来
的最大，直线延伸的距离达 22 英里多，这块高地上的气候
条件肯定比帕米尔同样高度上的气候条件恶劣得多。更进一
步的是，尽管萨尔哈德这边和瓦罕最上部的道路较易走，但
包含这些源头的地区是一条死胡同。从罕萨起，一条很高的
冰雪覆盖的山脉便把道路分隔开来，交通只有通过海拔
17 500 多英尺的其林吉山口，人只有在夏季的几个月内才能
步行翻越。我曾经走过，对此极端困难的路线有着深刻的
印象。

格拉姆巴尔山
谷的困难

在春季和夏季，从格拉姆巴尔或阿什库曼山谷往南，均
无路可行。那时，其林吉冰川下面极端狭窄的峡谷完全被河
水充满。两边的岩壁极为峻峭，只有没有负重的攀岩能手才
能通过。甚至在冬季，由山谷下通伽库契（Gākuch）的吉尔
吉特河的小道也是极为困难的。在可以通行的季节里，越过
北面的山口到达瓦罕的道路也被冰雪阻塞。只有在早春和秋
季的几个星期中才有可能沿着通向格拉姆巴尔山谷的道路前
往北方，并翻越霍拉伯赫尔特（khora-bohrt）山口（海拔约
15 000 英尺）到达阿富汗帕米尔。只有在那时道路才容易走。

耶尔洪和格拉
姆巴尔两河流
域的瓦罕人牧
场

我在格拉姆巴尔鞍形山两边的高山谷工作的目的，除了
做重要的人种学观察，还为了观察这里的地貌特征。这里有
许多伸展的夏季牧场，西边从巴罗吉尔草原（Barōghilyailak）
直到鞍形山附近，东边至隋耶基的下面，总距离达 30 多英
里。我发现这些牧场均由瓦罕人占据，他们每年从喷赤河旁
的阿富汗领土随牧群来到这里。这些瓦罕人在这里的几处规
模较大的夏季村庄或亚依拉克（Yailaks，草原——译者）里

---

① 参见寇松《帕米尔》中的地图。

要住上四五个月，他们也耕种萨尔哈德的土地。这些古代村落，清楚地反映了北面阿姆河—印度河分水岭形成的自然界线，而印度和阿富汗之间政治边界也是同一条分界线。从人种学的角度考虑，耶尔洪和格拉姆巴尔两河源头间的各山谷的居民应是瓦罕人的一部分。我要附带说明的是，我们所遇见的瓦罕人自觉的态度充分反映了这种事实。此外，我们这里还有在欧洲高山地区和其他地区进行的考察所获得的一些例证，因此相对于邻近高山山脉的顶脊线而言，难行的河流峡谷更可能是重要的人种学和军事的分界线①。

8月30日，经过长途跋涉，我们从巴鲁吉尔鞍形山脚来到了格拉姆巴尔山口附近的慕尔伽契。此山口通往的地方具有明显的帕米尔特征，路也非常好走（图50）。从契克玛尔罗伯特到我们走上肖瓦尔舒尔—夏维塔赫（Shawitakh）道路，可见到大量的前冰川活动痕迹（石堆和冰围地）。重要的是，在两地间有一座瓦罕人建的旧望楼，被用来监视黠戛斯（Kirghiz）（《魏略》称坚昆，《新唐书》称黠戛斯，《元史》称吉利吉斯、乞力吉思等，即我国的柯尔克孜族和中亚的吉尔吉斯人——译者）的入侵。黠戛斯人过去常常越过霍

爬上格拉姆巴尔山口

---

① 参见我的有关从政治和语言方面把泽巴克伊什卡希木（Zēbak-Ishkāshm）地带和阿姆河上游喷赤河河谷的其他地带区分开来的评论，载于乔治·格里尔森《伊什卡什米（Ishkāshmī）、泽巴克（Zēbakī）和亚兹古拉密（Yāzghulāmī），三种爱拉尼方言的报告》的导言，4页。在罕萨领地的北部可观察到多少类似的情况，此地正确的称谓是小贾勒（Guhjāl），即小瓦罕。它与瓦罕相分开，是因为古勒密特（Ghulmit）下方的河谷极为难走（参见《和田废墟》44页以下），其人口几乎都是从北面高耸的分水岭山脉以远的地方来的瓦罕移民。这里顺便说一下，最近瓦罕移民已越过主要的兴都库什分水岭，甚至已经扩展到了格拉姆巴尔谷地。主要由瓦罕前统治者阿里·马尔丹沙（Ali Mardān Shāh）的追随者和难民组成的小瓦人居民点，现从伯赫特（Bohrt）至依密特（Imit）、从格拉姆巴尔河艰险的峡谷至上面提到的地方都可以见到。作为伊朗语因素向兴都库什以南地区逐渐渗透的标志，现代人种学的变化是非常重要的。在多拉赫（Dōrāh）山区南边奇特拉尔的鲁特库（Lutkhō）地带也可观察到相同的情况，在那里，从穆加（Munjan）来的老移民讲的是一种加尔查方言的伊德伽赫语，参见《西域考古图记》第一卷26页以下。

拉伯赫尔特和格拉姆巴尔山口，从小帕米尔一侧侵扰这些牧地。

格拉姆巴尔山口分岔的冰川

次日早上，登上格拉姆巴尔山口（图49）后，我仔细地考察了山口南面冰川分岔的有趣现象。冰川几乎横跨此山口，一部分流向喀布尔河的支流耶尔洪河，另一部分排入了格拉姆巴尔河源头的朱萨尔（Zhoesar）湖，然后注入印度河。全景图片（图47）显示了南面及山口两侧的地貌。后者被古代冰川石堆间的一条几乎不能看出的分水岭所隔开。我们的气压计表明这里的海拔近14 420英尺（地图标高为14 060英尺）。冰川的东支冰面减低很多，明显处于衰退过程之中，但流出的小溪仍哺育着格拉姆巴尔河源头的湖泊（图56）。有意义的是，此湖位于印度政治边境之内，瓦罕人从突厥的"阿克库勒"即"白湖"的名称中熟知此湖。我们可以清楚地看出此湖比地图所标的湖面大得多，其原因是其东端的一条大冰川曾把石堆从南面径直推过山谷。

隋耶基下的冰川

距此山口约8英里，有隋耶基的最后几块牧草地，其下为收缩的山谷。后面，小道经过南面一条大冰川的前部，紧靠岩坡堆积着冰块，堵塞的河水被迫取道其下方的一个大山洞（图53）。据说河床那边冰川的推进发生在两年之前。再往下走约2英里，河床同样宽阔，但被南面下来的一条更大的冰川完全阻塞住，因此不得不横越1.5英里的距离。右岸的斜坡上散布着卵石，行路非常困难，需要特别小心，以至于我们到达名叫苏克塔罗伯特（Sokhta-robāt）的丛林覆盖的小地方时，天已经黑了很久，于是我们在一个平常的地方宿营，对面有道路通向霍拉伯赫尔特山口[①]。

---

① 其名称，瓦罕人发音为霍拉乌尔希特（Khora-vursht）。

如果翻越此山口而进入北面的在布扎伊拱拜孜（Bōzai-gumbaz）以下注入喷赤河的鲁帕苏克（Lupsuk）河谷，我们就可以翻越伊尔沙德（Irshad）山口抵达罕萨领地，也就可以免登一段非常难走的山区道路，还可节省一天的行程时间。伊尔沙德山口的重要性如同通往查帕尔散山谷上部的其林吉山口。这两个山口，海拔分别为 15 000 英尺和16 000 英尺，冰川清纯，在夏季和早秋负载牲畜可以通过，当然人步行通过的时间就更长了①。然而，没有埃米尔的允许，印度政府的公务员是不能走这条穿过阿富汗领土最东端的高山道路的。同过去一样，9 月 1 日往下前往格拉姆巴尔河时，我发现在其林吉大冰川前部注入河谷的地方，有一队吃苦耐劳的瓦罕脚夫正等待着我们，我因此感到十分高兴（图 52）。要是他们不能按照吉尔吉特办事处安排的那样，及时从下面瓦罕难民的小村里赶到，我们向前行进便不可能了。沿着冰川北缘（图 51）攀登约 4 英里后，我们登上了覆盖着杜松树和另一些矮树的老冰川的石堆群。当天晚上我们在海拔约 12 500 英尺的地方扎营。

9 月 2 日，攀登其林吉山口，山路非常难走。整个 8 月都是下雪天气，使得冰川东北的雪坡非常陡峭，爬行极为艰难。在攀登最后 2 000 多英尺狭窄的峡谷时，我们随时面临着山崩的危险（图 57）。而且，在漫长的年代里，无人翻越过此山口，这更增加了发生意外灾祸的可能性。陪同我们的瓦罕人中，只有一个老人曾翻越过此山口。我们艰难地爬行

霍拉伯赫尔特和伊尔沙德两山口

攀登其林吉山口

---

① 值得说明的是，据莫卧儿·贝格的报告，约在 1789—1790 年，上通格拉姆巴尔谷地、越过霍拉伯赫尔特山口并通往帕米尔的道路就已存在，参见拉沃蒂《阿富汗斯坦笔记》189 页以下。作为一个非常善于观察的旅行者，他记述道："这个达拉赫［Darah（Ana-Sar）］山口的气候极为恶劣，旅行者的身体难以适应。从那里，你可以前往莎车和喀什。"

了八个小时，大部分时间是在深厚的积雪中行走。全队共40人终于安全地抵达山口，气压测试显示海拔为 17 520 英尺。山口展示出注入查帕尔散河谷上部的大冰川，冰雪覆盖的山脉组成了北向喷赤河源头和塔格敦巴什帕米尔（Tāgh-dumbāsh Pāmīr）的分水岭，其景致宏伟广阔。但是冰冷的风强劲地吹着这暴露的山岭，迫使我们放弃进行短暂休息的念头，便匆匆与一直坚持要同我们一起跋涉到这里的斯特林上尉道别。

其林吉山口下来的冰川

幸运的是在东面攀登较容易。因为冰川上方巨大的冰原斜坡较为缓和，所以在软雪上行走 3 英里后，我们顺利地抵达了冰川，发现大多数缝隙充分地填充着新雪。再往下，我们沿着北侧的石堆线行走。五个小时后，我们发现了一处在其庇护下的干地，可以安全地扎营。这里海拔 15 000 多英尺。那天晚上，寒风刺骨，我甚为担心因驮运物品而落在后面的一些瓦罕脚夫。尽管我在第二次探险考察之末由于冻疮失去了脚趾，血液循环被破坏，但我发现双脚仍能在高海拔地区的冰雪中行走 13 个小时，并对此感到非常满意。

查帕尔散山谷上部

早晨，我们又在陡峭的山坡上攀登了 4 英里，终于翻过了冰川的前部（图61）。当进入下面的山谷，我在伯阿塔（Buattar）牧场上见到来自罕萨的新运输工具正等待我们时，感到十分高兴。在几个星期之前，罕萨的瓦齐尔（Wazir）胡马雍·贝格（Hūmāyūn Bēg）（我们在 1900 年时就非常熟识）就把这些都安排好了，从而确保了我们以后的快速行进。从伯阿塔开始的 2 英里比较容易攀登，随即我们来到从南边高山下来的往东注入主谷的冰河。在这里，有道路经过西北狭窄的边谷，通往前述的伊尔沙德山口。我们沿着库兹

图 49　在格拉姆巴尔山口的慕尔伽契营地

图 50　在格拉姆巴尔山口下望西南方，可见在德尔果德和查提波伊冰川上方的山峰

图51 在营地望东方和东南方，其林吉冰川上部的全景

图53　越过隋耶基下方格拉姆巴尔河的冰川

图52　望格拉姆巴尔河彼岸，可见其林吉冰河的末端部分

图55 在阿拉尚德，向下走往喀拉塔什河谷的骆驼

图54 巴库恰克，喀拉塔什河上的桥梁和栈道

图56 在格拉姆巴尔冰河东支哺育的湖端向东望

图57 攀登其林吉山口的道路

图 58　查帕尔散的巴巴贡迪墓地

图 59　查帕尔散山谷，筑有堡垒的利希特村

图 60 查帕尔散山谷的谷首，库兹冰河的始端

图 61 伯阿塔上方，其林吉山口东面冰河的始端

图62　在山口下望东南方的明铁盖冰河上部

图63　在明铁盖山口南望

图64　查帕尔散，伊什库克冰川的末端

图65　攀登明铁盖山口

(Khūz) 冰川边缘走了 4 英里多，来到了现正加宽的谷底冰川的前部（图 60），海拔 12 000 英尺。再往远处，可见到在雅尔兹雅尔兹（Yarz-yarz）的冲积扇上有一些废弃的田地和棚屋，这是我所看到的第一批古居址，体现出查帕尔散山谷很多地点具有的典型特征。我们在巴巴贡迪（Bāba-ghundī）休息，海拔 11 600 英尺，没有长久的居所，但有一些燕麦地〔此地在罕萨的米尔（Mīr）的父亲在世时，就被复耕过〕。据说后面 4 英里多的地方，有一处在罕萨地区最为有名的圣墓（图 58）。

查帕尔散山谷
废弃的耕地

　　9 月 4 日，前往斯潘德林吉（Spandrinj）的行程虽然漫长但很轻松。我看到了查帕尔散山谷的大部分，并认识了它的奇异特点。其北面和南面的山脉很高，海拔 22 000 多英尺，都未被很好地考察过。山谷底部比罕萨其他部分更开阔平坦。尽管两者之间的路程为 25 英里，但斯潘德林吉仅比巴巴贡迪低约 1 600 英尺，足以说明其坡度的平缓。尽管南面的冰川曾把大石堆推进山谷，但查帕尔散山谷仍保留有比罕萨其他所有地方加起来都要大的一块平坦且易于灌溉的土地，因此在此提及我们经过的在巴巴贡迪和斯潘德林吉之间被废弃的广阔耕种区，具有特别的地理学意义。现有的天气条件以及缺乏灌溉用水，看来都不足以解释它被废弃的原因。确实，在伊什库克（Ishkuk）大冰川出口下方有一块耕地，依当地的说法，它被因洪水水道变化而带下的冰川碎岩所破坏。但这一因素在其他地方并不存在，也不能据以说明一条山谷被废弃的原因，因为在瓦罕的相应地方曾发现被使用过的土地。这条山谷也许曾供养过若干个人口较多的村庄。瓦罕定居者在此重新居住是最近的事，虽然这一趋势仍在继续但很缓慢。目前此山谷的居民也许不超过 30 户（图 76）。

这种环境的变化，与我对上耶尔洪山谷古代耕地的观察相符合，它可能是休伊斯特（Shuyist），也即唐代编年史提到的俱位（Chu-wei）都城阿赊飔师多（A-shê-yü-shih-to）（见《新唐书》："俱位，或曰商弥，治阿赊飔师多城，在大雪山、勃律河北……国人常助小勃律为中国候。"在巴基斯坦北部——译者）[1]。该地可能拥有古文物，因为我在别处曾提到，高仙芝从小勃律返回喷赤河上游的路线有可能通过罕萨[2]。如果此假设属实，就可以在总的地貌的基础上得出这样的结论，即唐朝的指挥者曾取道查帕尔散山谷，并翻越了伊尔沙德山口，理由是它是罕萨和瓦罕之间最短捷的路线。除了比通过基利克（Kilik）和瓦赫吉尔（Wakhjīr）两山口的道路缩短 18 英里，这条道路只需翻越一条单独的分水岭，它在喷赤河源以及塔格敦巴什（Tāgh-dumbāsh）河之间的一段路程并不比瓦赫吉尔山口高。支持上述分析的还有另外一些辅助材料，即查帕尔散山谷较为开阔，资源也较丰富。

高仙芝取道查帕尔散山谷返回

有趣的是，以前的居住遗迹也反映在有些特定地点的当地传说之中。在经过巴巴贡迪村下面的几块废弃的耕地后，我看到在伊什库克冰川造成的一个巨大的石堆的西边，有一块冰围地，那里曾有一个小湖，传说这是九头怪物的居住地。其特征与别人给我描述的那格（Nāgā，龙或大蟒蛇——译者）相近，据说它每天要吃一个人和七只羊，因此居住在山谷里的居民都逃走了。怪物的吞食人、羊的破坏行为归因于巴巴贡迪村崇拜的伟大的山谷圣人伊玛目·穆罕

查帕尔散的当地传说

---

① 参见《西域考古图记》第一卷 50 页以下。
② 参见《西域考古图记》第一卷 54 页注 3；《地理学刊》128 页以下，1922 年 2 月。

默德·巴基尔（Imām Muhammed Bāqir）。伊什库克冰川河口的整个冲积扇，曾被开垦过，但只有在其东缘我才见到人们重新居住的迹象，也就是前几年在佐塔克洪（Zudākhun）古遗地上居住的三户人家。另一处以前曾开垦过的广阔地区，名叫卡姆皮尔迪沃尔（Kampīr-i-dior），位于下方 3 英里处，距锡本吉（Sipenj）几所房屋上方不远。据当地传说，除一位老妇人［瓦罕的卡姆皮尔（Kampīr）］外，村民中无人愿把食物供给圣人巴巴贡迪，因此圣人愤怒地把整个村庄压在石头和碎岩下，仅有这位老妇人得以幸存下来①。

下查帕尔散的小村

锡本吉拥有大量的可耕地，但只有七户人家居住在那里。其下约 1 英里，有一块名叫洛希蒂格（Roshtigār）的大石头，上面的自然斑纹极似帕杜卡（圣人的脚印——译者），它们现被尊为巴巴贡迪的足迹。很显然，这是前伊斯兰时期地方崇拜延续的一个例子。往下 3 英里多，是名叫利希特（Rēshit）的堡垒村（图 59），它有 10 余座房屋，是查帕尔散最重要的地方。它的城堡围绕的奇异形状使人想起不太遥远的年代。那时，罕萨最北的山谷仍暴露在来自北方的柯尔克孜人的武力威胁之下。从这一地点，道路下通 8 英里远的斯潘德林吉，其间，我注意到了大量的被废弃的耕地遗迹，其中包括一条沿着河右岸的肥沃的冲积扇的老水渠。

翻越柯尔敏山口到穆尔库希

9 月 5 日，我们从丛林为界的、被用作一块牧场的斯潘德林吉遗址出发，翻越海拔 13 600 英尺的柯尔敏（Kermin）山口，进入了德尔迪（Derdi）山谷。从此往下，我们在密斯伽尔（Misgar）村以上 5 英里的名叫托普哈那（Tōp-khāna）的古堡，走上了通向罕萨主谷的著名道路，在此我发现该地

---

① 参见本书第一章第四节提到的有关那伽·素斯拉维斯和罗摩衍塔维的克什米尔传说。

正是 1900 年我首次前往帕米尔—中国边境时参观过的地方①。那天夜幕降临后很久，我们才抵达穆尔库希（Murkushi）的老营地，帕米尔的道路在此分岔。在此我见到了第一扫雷和布雷工兵部队的勘测员穆罕默德·亚库卜和奈克·夏姆苏丁。他们和我们沉重的行李一起，取道经过吉尔吉特和罕萨的路线，安全地抵达了这里。

1900 年，我翻越过的基里克山口，尽管除积雪的几个月外都非常好走，但为了考察一些新的地方，我还是选择了通过明铁盖山口（Ming-taka pass）的道路②。此路沿着大规模的冰川石堆向上延伸（图 62），人们可看到南面锯齿形山峰的奇丽景观（图 63）。由于此路也非常著名，所以这里没必要细述我们的攀登活动。9 月 7 日中午，我们重新联合的队伍来到了山口顶部（图 65），然后走向中国新疆的边界。我们的气压计显示，明铁盖山口海拔为 15 650 英尺。在后面开敞的具有真正的帕米尔特点的高山谷中，我发现自己又回到了前两次探险考察中就已熟悉的地方。与这次把我们带到中国最西的角落的小道相比较，我感到那时选择的道路是多么的好走！自从我离开克什米尔山谷，整整五个星期已经过去了。在这段艰苦的旅行中，我们只停留了两天时间，翻越了海拔在 10 000 和 17 500 英尺之间的 15 个山口，总行程约520 英里，其中五分之四的路程需步行。

翻越明铁盖山口

---

① 参见《和田废墟》53 页以下。

② 明铁盖（Ming-taka 常被错误地拼写为 Mintaka）指从山口东北面和塔格杜木巴什（Tagh-dumbash）河谷交汇处的明铁盖吉勒伽（Ming-take-jilga）山谷，其意为"千头山羊的山谷"。

第四节　在塔什库尔干山谷

沿塔格敦巴什河下行

9 月 8—11 日，经过四天的急行军，我从塔格敦巴什河下到了萨里库勒（Sarīkol，今塔什库尔干县全境之旧称——译者）"首府"塔什库尔干，路经我很熟悉的地方①。在《古代和田》和《西域考古图记》中，我已经充分讨论了有关萨里库勒历史的一些早期记载以及在当时考察中所能找到的一些古代遗址②。而有关主谷的地理特征以及现在的人口的描述，可在我的"旅行笔记"的有关章节中找到。因而我把第三次通过萨里库勒的记录内容限定于以前未曾提及的一些古代遗址和几次有地理意义的补充调查。

塔格敦巴什河岸的复耕

根据我旅行途中的观察顺序，我首先要说的是，沿着西—东方向的塔格敦巴什河上游或塔什库尔干（Tāsh-kurghān）河，我在帕依克喀热勒（Payik-karaul）下方约 3 英里名叫托克萨克力克（Tökesakrik）的地方，见到了以前广阔冰川的一个痕迹。这是一个大的终端石堆，填满了南面雪峰下的边谷谷口。从地理学上来说，这个旧石堆的外形无疑年代很近。其下方 2 英里，海拔 12 000 英尺的地方，我发现了进一步的证据，即我以前曾调查过的扩展到山谷高处的耕地③。在吉尔吉斯人近年又短暂地进行耕种的、被草覆盖的小块恰迪尔塔什（Chādir-tāsh）老梯田上，以及河对岸（左岸）克孜尔塔木（Kizil-tam）附近，有一段老沟渠，长 0.75 英里。在左岸稍下一点的阔顺库尔（Koshun-kör），我发现了自

---

① 参见《古代和田》第一卷 22~40 页；《西域考古图记》第一卷 72~76 页。
② 参见《和田废墟》57 页以下；《沙漠契丹》第一卷 89 页以下。
③ 参见《西域考古图记》第一卷 73 页。

1906 年参观以后确又恢复的耕作的直接证据。这种情况也发生在皮斯岭（Pisling）上方 3 英里多的名叫喀拉吉勒伽（Kara-jilga）的峡谷谷口，这是萨里库勒耕种的最南缘。所以有理由假设，如果像 1891 年以来盛行的来自罕萨的袭击停止，居住环境保持稳定，人口就会增长，使上至塔格敦巴什帕米尔的所有可耕地逐步得到复耕。

当我从皮斯岭营地（海拔 11 530 英尺）前往对面右岸的达夫达尔（Dafdār）村时，山谷下部发生的巨大变化给我留下了深刻的印象。我的直接目标是从那里找寻名叫法尔雅德阿里基（Faryād-ariki）的一条古代沟渠，即当地非常著名的神奇传说的主题"法尔雅德（Faryād）的沟渠"。我在1900 年时就已听说过这条沟渠①，但 1900 年和 1906 年时我都没有足够的时间去查验它。我的注意力首先被达夫达尔的大变化吸引住。1900 年时，我在此仅看到从事牧牛的8~10 户人家的简陋房屋，但现在我发现像在萨尔哈德看到的那样，已有 40 多户人家，散居在一片精心耕作的土地上，大多数屋舍的周围种上了苗壮成长的白杨和柳树。耕地总面积现已扩大，南北长 4 英里多，东西宽 1 英里。由于地多人少，缺乏劳力，所以耕地每年间隔轮作，大麦、燕麦或豌豆是主要作物。此外，据说除了灌溉耕地，水还大量富余。在沟渠灌溉范围内的所有荒地上的草都被烧光了，房顶上贮备了大量过冬的草饲料。

我的萨里库勒老熟人拉希德伯克，又一次被派来陪同我前往塔什库尔干。他解释说，我欲寻找的那条古代沟渠被部

达夫达尔耕作的变化

部分修复的法尔雅德水渠

---

① 参见《古代和田》第一卷 38 页。在萨里库勒，法尔雅德是法哈德（Farhād）的地方发音，在波斯传说中很常见。

分地再使用，使达夫达尔得到了惊人的发展。很明显，1900年我离开后不久，塔什库尔干的军队按办（Amban）在法尔雅德阿里基老渠的渠首进行了一次开垦活动，据说精力充沛的他，和50名中国士兵及数量相当的塔什库尔干垦荒者一起，住在工地，辛劳了三个月，因此开垦工作得以在一个季度内完成。我被告知，修整后的沟渠是从扎坎吉勒伽河（Zankan-jilga）的出口引水过来的。扎坎吉勒伽河从东南方高达18 000英尺的雪峰上流下，灌溉着此山谷。河流不仅有大量的阿克苏（Ak-su）或冰雪融水补充，而且还有喀拉苏（Kara-su）泉水的永久补给①。我考察了修整后的沟渠。沟渠位于浅河滩上方20英尺处，因不小心被切断，已经干涸，但它以前曾灌溉过当时达夫达尔还很少的耕地，流量达2.75立方英尺/秒。不管怎样，沟渠两边的实际淹没带的宽度，清楚地表明原来沟渠的流量似乎比这大得多，但以后被淤积起来，仅部分地段被清理。此结论为后来其余的古代沟渠的视察所证实。

达夫达尔垦殖区的扩大　　我们沿沟渠走了3英里多。沟渠沿一块低矮的砾石台地的底部蜿蜒，灌溉着面向河床的缓坡地。水满溢渠的现象表明实际水量比耕地所需的量要大。此地被来自从喷赤河最上游的以小队形式翻过瓦赫吉尔（Wakhjīr）山口的瓦罕移民所独占。由于塔格敦巴什附近的特产和夏季牧草可为饲养畜群提供大量便利条件，所以听说他们都成了巴依（Bai，意为富人、地主——译者）。在达夫达尔耕作北界以远的地方，同样是容易灌溉的冲积地带，此地和平安宁，只要有充足的供水，进一步扩展耕地是完全可能的。

①　阿克苏（意为白水）和喀拉苏（意为黑水）的词语，参见《古代和田》第一卷94页。

离垦殖区边缘不远，有一条老渠的支渠。据陪同我的拉希德伯克和另一些萨里库勒人说，这条较低的支渠，经过兰格（Rang）和塔格什（Taghash）的牧草地，向下通至塔格拉克拱拜孜（Tāghlak-gumbaz）。另一条支渠，据说延续到塔什库尔干对面的托格兰协亥尔（Toghlān-shahr）的下面。在拉希德伯克的引导下，我前去寻踪，果不其然，该渠道还通至连接的边谷谷口处的冲积扇上方。从一开始，此渠就可容易地找到，因为它的连续的台阶通常有 10 英尺宽，通过冲积扇的缓坡，渠水依然清澈。此渠已经进行了很好的修整。它沿着浅山涧的边缘蜿蜒而行，把东边边谷中的水引下来。那里，没有缓坡，需建筑支撑水渠的墙。这些垛墙是用大石头精心筑成的，许多地方仍有 6~8 英尺的高度。

可见的老水渠线

在达夫达尔耕地北界以下 2 英里，我们见到了一小段保存特好的古渠，在那里它绕着一处小的掩蔽的峡谷而行，从而弯曲成一个窄环形。在这里，渠道的原范围仍可看得清清楚楚。堤岸顶宽 17 英尺，渠中心的深度约 2 英尺 4 英寸。假设渠道被弃置后未被淤积，又假定其流速接近达夫达尔实际观察的每秒钟 1 英尺这一数字，那么，该渠的正常流量大致为 20 多立方英尺/秒。我注意到，除有一处横贯渠床的 10 英尺裂口外，围绕小峡谷的长约 100 码的蜿蜒的渠道保存得十分完整。通过希尔别力（Shilbili）的缓坡"达什特"（Dasht，波斯语，意为平原、荒地——译者），可清楚地找到 2.5 英里多长的渠道。拉希德伯克经验丰富，熟练地给我指出了与干渠垂直的，把田地划成许多条块的小支渠。

渠道的原范围

渠道保存得如此完好，使人不由得怀疑"法尔雅德阿里基"灌溉渠是否为古代所建。但是萨里库勒曾流传过有关它始建的神秘传说。同时，我们也会想到这个山区极端干旱的

萨里库勒自古就有的干旱

气候能使该渠得以较好地保存下来。此外，还有一个证据是，1906 年时我曾考察过附近名叫克孜库尔干（Kiz-kurghān）的一处古代要塞遗址①，它位于皮斯岭以上 8 英里河流大拐弯处，年代十分古老，约在玄奘的时代。玄奘曾详细地记载过与它有关、当时统治萨里库勒的王朝的家世。当描述这些遗存时，我曾经指出，"这么古老且如此暴露的遗存能历经各个历史时期而较好地保存下来的原因"，只能用历史时期异常干燥的气候来解释②。说明干旱气候的另一个间接证据是宋云关于汉槃陀（Han-p'an-t'o）或萨里库勒的重要记述，其中特别提到这里的播种依赖于灌溉水渠，详述了当他们听到中原依靠下雨来进行播种的事情时所表现出的怀疑③（《宋云行纪》：汉槃陀国"人民决水以种，闻中国田待雨而种，笑曰：'天何由可共期也！'"——译者）。

找到通往塔什库尔干的法尔雅德阿里基

　　为了参观 1906 年我沿河左岸行进时第一次听说的老库尔干（Kurghān），我们从兰格小绿洲牧场，来到了塔格什大山谷的宽阔的冲积扇上，老库尔干即位于此山谷的谷口④。我们发现，该"遗址"仅有一些年代不明的碎石建成的棚屋。但这绕行之路使我看到了穿过北面萨里库勒主谷和塔格尔玛（Tagharma）的广阔景象，还有慕士塔格阿塔（Muztāgh-ata，突厥语"阿塔"意为父亲，整个词语意为冰山之父——译者）巨大的雪峰圆顶和冰川崖坡。9 月 11 日，从那天晚上宿营的朱伽勒拱拜孜（Jurgāl-gumbaz）起，我们向下前往塔什库尔干。途中，仍可清楚地看到"法尔雅德阿

---

① 参见《西域考古图记》第一卷 73 页以下。
② 参见上书第一卷 75 页。此墙用土坯垒成，立于极为陡峭的山坡上方，依然保持着高度。间杂杜松灌木和干泥浆，而且在墙体破损后，撒落于下面山坡上的杜松板都保存得很好。
③ 参见沙畹《宋云行纪》第 23 页。
④ 参见《西域考古图记》第一卷 76 页。那里提到的地方名字 Ghan，更正确的拼写为 Rang。

里基"连绵不断的渠道。拉希德伯克也给我指出，在左岸，该渠起自朱伽勒拱拜孜对面的河流，曾灌溉了下至阿克塔木（Ak-tam）右边的所有冲积高原。那个地点或皮特（Pit）和瓦奈兹拉夫"吉勒伽"（Vanaizraf "Jilgas"）出口附近的现又被开垦的小块土地，都是由边溪进行灌溉的。

再往下走，从朱伽勒拱拜孜骑行约 11 英里，我们到达了宽阔裸露的平原，按照当地的传说，这是一个大型古代村落的遗址，其名称非常有意义，称为巴扎达什特（Bāzār-dasht）。我沿着其上方的法尔雅德阿里基明确的冲积台地的底边行进，但在穿越巴扎达什特时，我注意到一条大支渠还有几条支渠的明显迹象。我观察到这块平原覆盖着一层 3~4 英寸厚的小石头，下面是松软的沃土，明显是河流的黄土，这使我联想到 1907 年就注意到的罗布泊不远处的米兰遗址周围的土地特点[①]。我在 1900 年时听说，这种地表的情况是风蚀所致，此说很快被我对现仍存于巴扎达什特的建筑遗存的考察所证实[②]。

巴扎达什特遗址

在阿克塔木对面的地点上，我找到了一处规模巨大的泥筑厚重围墙。围墙已经断裂成墙段，表明了长期不断的风蚀作用。这处围墙的长度通过其西北面可以量出为 190 码，在非常厚重的西南残段处长度约 60 码。现存围墙均高出地面 3~4 英尺，多处已经破损不堪，几乎塌毁。风蚀的破坏程度清楚地表明了遗址的古老的年代，但我们未找到具有确切断代意义的物品。鉴于这块裸露的平原上的强风，我应当提到在塔什库尔干听说的一些消息，风一般从北面和东北刮来，

风蚀之墙

---

① 参见《西域考古图记》第一卷 537 页。
② 参见《古代和田》第一卷 39 页。

春天和冬天的风时间长，风力强。这些风对裸露的土地的侵蚀速度非常快。我们可以用这样的例子来说明，1903年俄国人在塔什库尔干筑了一座防御性的小哨所，我注意到现在大门外的地面已降低了不少。

托格兰协亥尔附近的老水渠

在巴扎达什特北端下不远处，河床宽了不少，现在的水渠正是从这里，穿过灌木丛覆盖着的河岸平地，把水输送到面向塔什库尔干的上方村落。在它上方的法尔雅德阿里基渠，位高且干，沿山坡坡麓而行，直至顶上有莫拉依·伊桑斯（Maulāī Ihsāns）墓地的一条陡峭的小山脊，才明显地下降（图71）。从那里往前，此渠由崖麓的垛墙所支撑，但至山脊末端处，被岩石所切断。这段沟渠，现已被整修，并被用来把水引至塔什库尔干最南边的耕地，以使新沟渠保持有效性。不管怎样，老沟渠在那里并没有终止，而是继续延伸到名叫江格尔（Jangal）的一块宽阔的冲积扇以远的地方。据说此渠延伸得很远，通到了塔什库尔干河向东急转弯并进入兴地（Shindī）峡谷。在沿江格尔冲积扇上方陡峭崖面而行的沟渠上，我做了测量，渠宽5英尺，用大石头筑成的支撑墙仍保存得很好，高8~9英尺。在扇形地面上，渠岸间的宽度扩至14英尺，中间深3英尺。

法尔雅德阿里基的古物

从观察的实际范围来看，萨里库勒的传说是对的，它说古代法尔雅德阿里基渠不仅把水引往这块扇形地，而且还引往在阿夫拉西阿卜山（Mount Afrāsiāb）西北大山梁下数英里的河的右岸的可耕地上。由此，这条古渠的长度估计不下50英里，投入这项建设工程和维护的人力、物力远大于现代萨里库勒的人力、物力。如果我们比较玄奘描述的和他同时代的劫盘院（Chieh-p'an-t'o）的情况①，就不难得出萨里库勒的最繁盛期出现得很早的结论。

　　为了追踪这条古渠至其终点，我得以有机会很快地考察我在第一次访问塔什库尔干时漏脱的一些遗存。从那里约走 0.25 英里，法尔雅德阿里基渠通到了托格兰协亥尔下面冲积扇的南端。如上所述，在俯视宽阔河床的高原边缘，有一处伊斯兰圣人的圣墓，它和附近的拱顶墓地一起，被称为江格尔拱拜孜（Jangal-gumbaz）。再往北沿老渠走 0.25 英里，我看到了扇形地的缓坡上方矗立着一座大圆丘，圆丘两边有一条水渠（附图 2）。圆丘完全是土丘，由人工堆积而成，从它的形状来看，除是一处完全毁坏的塔外，很难说是什么别的遗存。它的底径约为 70 英尺，高为 30 英尺。圆丘的保存状况和外表使人想起喀什的库尔干梯木（Kurghān-tim）②。看来它从未被打开过。在圆丘以北 70 码外，即水渠附近有一处遗存，我认为是一座小塔的底座，用砖坯砌成，上部已完全毁坏。其坚实的砖瓦堆底部面积为 15 英尺×10 英尺，高出现地面 8 英尺。

　　在上述最后提到名称的建筑北—北西约 160 码处，即高原边缘附近，有一个大型的长方形围墙遗址。由于天色已晚，我未能仔细地考察它。但我在塔什库尔干忙碌期间，调查员阿弗拉兹·古尔给我画了平面图并照了相（附图 2，图 70）。该遗址面积为 193 英尺×83 英尺，三个角落留有直径为 10 英尺的圆形角楼。北墙和南墙为长边，靠近中间开有（数扇）大门。东墙外的附近看来有一道外围墙，其东北角

江格尔拱拜孜附近的丘堆遗址

带围墙的遗址

───────────────

　　①　参见朱利安《西域记》（Mémoire）第二卷 209 页以下；沃特斯《玄奘》第二卷 285 页以下；《古代和田》第一卷 33 页以下。

　　②　参见《古代和田》第一卷 74 页以下，图版 14。

有一座约 18 英尺见方的塔楼。整体说来，墙的厚度从 2 英尺到 3 英尺不等，部分用大型砖、部分用碎石垒砌而成。内墙的年代相对来说要晚一些，似乎曾被牧民用作栖身之处，断墙残垣，破败不堪，中有庭院和房屋，对此，调查员未能弄清确切的布局和特点。他的平面图和我的匆匆视察，都未能使我形成有关其建筑用途和年代的明确的结论。但考虑托格兰协亥尔以下的这块地方已被废弃了很长的时期，我倾向于认为围墙是古代的，但也许被修整过，或在伊斯兰时期被临时占用过。我在结论中补充说明的是，高原边缘下 300 多码的地方，另有一处遗存，但围墙内的面积较小，外径为 53 英尺×26 英尺，从其使用的砖块来看，其建筑年代应相似。

塔什库尔干的古物

9 月 12 日，我在塔什库尔干只停留了一天，无非是为交通做各种各样的安排，因为在以后的旅程中，我的团队将分成几组前行。我重新参观了萨里库勒的首府，也了解它现在的情况，但这并没有改变我对该遗址年代及以前记录的遗址特点①的看法。不管怎样，我要简要地提到的是，1900 年已考察过，而且无疑是玄奘踏访并记录过的萨里库勒的都城遗址下的东北面几百码的地方，我现在注意到了以大型拱拜孜遗址为标志的一座清真寺以及邻近的一块古墓地。据说清真寺中保存着著名圣人沙奥里亚（Shāh Auliya）的遗物，其圣墓吸引了来自萨里库勒各地的朝圣者。那么我们能不能把这个朝圣地与当地崇拜的延续和"台阁高广，佛像威严"（《大唐西域记·朅盘陀国》——译者）联系起来呢？正如玄奘所记，朅盘陀早期的一个国王，为了尊崇老师拘摩罗（Kumāra），在以前的皇家居址上，建了上述寺院和佛像

① 参见《古代和田》第一卷 35 页以下。

（《大唐西域记·朅盘陀国》"以其故宫为尊者童受论师建僧伽蓝"，"童受"为意译，名拘摩罗逻多，梵文Kumaraiata或Kumararaoa——译者）①。

第五节　沿喀拉塔什河前往喀什

9月13日，我从塔什库尔干出发前往喀什。从萨里库勒到喀什的最直接的路线非常艰难，还未被调查过，所以我很想通过这条路线对喀拉塔什河谷进行考察。为此我们需走连接萨里库勒、喀什、莎车并穿过慕士塔格阿塔余脉的主要商路。当我沿此道经德尔沙特（Dershat）山谷前往其其克里克（Chichiklik）高原时，我又一次地感到我正走在玄奘走过的小道上。

在1906年的考察中，我相信玄奘走的路线经过其其克里克②。但找考察的季节较早，所以不得不走上通狭窄的兴地山谷的道路③，此道似乎不是公元642年秋大和尚（玄奘）所走的从朅盘陀经乌铩（Wu-Sha）［英吉沙（Yangi-hissār）、莎车］前往喀什的那条道路④。但可以肯定的是，在当时的季节里，上通德尔沙特山谷并穿越科克姆依奈克山口（Kök-moinak）的道路更便捷，很容易走。9月13—14日，当我在向上走的时候，我确信在库布拉克达什特（Kō-bulak-dasht）上面穿过德尔沙特吉勒伽（Dershat Jilga）

---

① 参见朱利安《西域记》第二卷213页；《古代和田》第一卷37页。［我在讨论玄奘关于朅盘陀王宫的记述时，所引的最后一段话有一个错，"三百多步长的围墙"非指这一地方，而是指克孜库尔干（Kiz-kueghān）要塞遗址］。

② 参见《西域考古图记》第一卷76页以下。

③ 参见《沙漠契丹》第一卷97页以下。

④ 至于玄奘通过的时间，参见《西域考古图记》第一卷79页。

到喀什的小道，骆驼甚至大象都可以走（图66）。这一点非常重要，因为我们从《生平》中得知，玄奘一路上由大象陪伴，直至其其克里克以远的坦吉塔尔（Tangitar）峡谷（《大慈恩寺三藏法师传》记载：从揭盘陀国"复东北行五日，逢群贼，商侣惊怖登山，象被逐溺水而死。贼过后，与商人渐进东下，冒寒履险，行八百余里，出葱岭至乌铩国"——译者）①。而兴地山谷上部充塞着大量的大卵石，在玄奘的时代，也和现在一样，大象不能通行。

其其克里克迈丹高原　　在《西域考古图记》中，我已经充分讨论了兴地山谷前部裸露的毫无人烟的其其克里克迈丹［Chichiklik-maidān，迈丹（maidān）意为平原、平地——译者］高原地貌。我也说明了在海拔近15 000英尺的高度上有一处馆舍，其故事玄奘已经详细地记述了（《大唐西域记·揭盘陀国》："构立馆舍""以赈往来"——译者）②。当我们前往科克姆依奈克山口并翻越其后面高敞的平原时，恰如玄奘所述："冬夏积雪，风寒飘劲。畴垄舄卤，稼穑不滋，既无林树，唯有细草。时虽暑热，而多风雪，人徒才入，云雾已兴。商侣往来，苦斯艰险。"③（《大唐西域记·揭盘陀国》——译者）我们遇到了刺骨的寒风和暴雪。我在以前的调查中，就认为上述遗址应是玄奘记述过的古代馆舍。现更令人满意的是，这次我发现了证明此说的更明确有力的考古学证据。

---

①　参见朱利安《生平》275页；另参见同书262页，这些大象曾驮载朝圣者沉重的行李，其中包括他大量的佛教用品和手稿。这些随行的大象间接地证明了玄奘的时代瓦罕和萨里库勒的经济状况一定不同于现今，因为我怀疑现在这些山谷的资源不足以供养大象，以确保它们通过帕米尔。然而，我们知道玄奘以及他的大象曾在萨勒库勒首都居留了20天，使那里增色不少。

②　参见《西域考古图记》第一卷77页以下；《沙漠契丹》第一卷98页以下。

③　参见朱利安《记》第二卷215页；比尔《西域记》第二卷303页。

我们的调查表明，其其克里克迈丹从北至南长 3 英里，其近中心有一座矮丘，其顶部有粗石筑成的拱拜孜遗存，毁坏较严重。它被伊斯兰教徒尊为圣地（图 67），其周围可很清楚地找到用同样材料筑成的但要坚实得多的墙基。墙内面积为 102 英尺见方，呈正东方向（附图 I）。围墙内到处散布着低矮的丘堆，大部分已严重毁坏。据我了解，该地为遭厄运的徒步旅行者的一块墓地。因为此高原荒芜孤寂，又暴露于风雪之下，常有过往的旅行者猝死于此，所以至今仍有死者埋入。贝尼迪克·吉欧斯（Benedict Goës）告诉我们："从萨锡尔（Sarcil，即萨里库勒）到锡色利特（Ciecialith，即其其克里克）山麓，走了两天多。那里积雪深厚，攀登时，人多冻死。我们的兄弟公开逃走了，因为他们在雪中已经度过了六天。"[①] 在中国新疆，以"齐亚拉特"冠名的遗址，一律都是墓地。所以围墙遗址中发现的墓葬，为该地点长期以来被尊为圣地提供了直接的证据。

拱拜孜遗址周围的墓葬

我在上次考察时，就认为"这是玄奘提到的最后一批古代建筑遗存"，理由有二。首先，我曾在别处说过，在伊斯兰教流行的中亚地区仍残留有佛教崇拜地[②]。其次，遗址的中心为丘墩，并例外地作为旅行者的庇护地。这些都充分地证明我对这处带围墙的遗址的认识是合理的。因为时间允许，并得到了有关方面的协助，我对该遗址做了仔细调查，结果充分地证实了我的认识。我看到这片大围墙区的西南面曾是一片长方形的居住区，从外面量，面积为 58 英尺×55 英尺（附图 I），外围墙和居址主墙的厚度均为 2.5 英尺。这些

馆舍遗址

---

① 参见尤尔、科尔迪耶《契丹》（Cathay）第四卷 214 页以下。
② 参见《中亚伊斯兰教地区的佛教记》，《皇家亚洲学会会刊》839 页以下，1910 年。

墙壁虽已塌落至近地面，但即使不发掘也可以清楚地从地面上找出来。从遗址现象来看，有两排房屋，每排各五间，房间大小均为 9.5 英尺见方，隔墙厚 1.5 英尺。两排房屋中间为面积近 53 英尺×26$\frac{1}{2}$英尺的庭院。这些房间无疑是客房，而庭院则是保存旅客物品的场所，同时，大围墙外的空地，可能是拴牲畜的地方。也许，因为其其克里克迈丹的恶风似乎从东北方刮来，因此这座古代萨拉依（Sarai，旅舍、馆舍——译者）的设计者有意让外围墙的北面和东面空着，以使牲畜在这些墙壁的遮挡下免遭刺骨寒风的袭击。

古老的建筑遗址

现可发现坟丘散见于居住区在内的整个地区。此现象说明，该建筑遗址已被废弃了很长一段时期。也许玄奘参观该地时，这座古代馆舍就已经变成废墟了。如现已翻译过的《大唐西域记》，就详细地记载了他听说的关于此建筑的神奇传说。但留给我们的疑问是，像他这样虔诚的旅行者，是否也得过它的庇护？我在此要补充的是，围墙外面以及附近发现的大量陶片，证明该地曾是商旅驼队经常的停留地。1906年，在其西北 200 多码的地方，我们发现了中国按办建造的两座棚屋，可说是该地适合建筑馆舍的现代例证。这两座棚屋，尽管建于 1903 年以后，但现已完全变为废墟，说明了这里气候条件的恶劣。而与此相反的是，坚固的古代馆舍，即使被废弃了许多个世纪，仍留下了清晰的遗存。

从坦吉塔尔峡谷下行

从其其克里克向东，我又得走向下通塔尔巴什（Tar-bāshi）并穿越极端狭窄的坦吉塔尔峡谷的道路（图 68）。由于玄奘和一千年以后的贝尼迪克·吉欧斯在此都有过冒险的经历①，因此在以前的记述中，我详细地讨论了这条隘路上发现的古物以及我自己感兴趣的东西。现在我仅需补充的是，在我下往塔尔巴什的路上，我清楚地注意到大石堆和连续的高原样的阶地，它们都是古代冰河作用的痕迹，似乎标志着不同地质年代冰川的终极地，冰川曾多次充塞过此山谷。毫无疑问，其其克里克迈丹的特殊构造地貌，也归因于以前曾完全覆盖兴地山谷前部的大冰川。

9 月 15 日，我们到达了托依勒布隆（Toile-bulung）。在这里，坦吉塔尔峡谷的溪流汇入了从北面布拉姆萨尔（Buramsāl）峡谷下来的一条溪流，而道路从小块耕地和柯尔克孜人的牧场之间穿过。由于我急于要把我们的三角测量沿昆仑山尽可能地向东延伸，拉尔·辛格很快地向东急行军离去，目的是为了经莎车、和田，赶赴到喀帕（Kapa）和且末（Charchan）上面的昆仑山主脉体。我计划在 1 月 15 日回到米兰，及时地开始我在罗布泊北面的沙漠考察，这是我在冬季的主要任务。为了及时地完成预期的艰难调查，我必须事先进行周密的安排和详细的指示。尽管我可以幸运地绝对依赖于我的老搭档献身的热忱和力量，但在我们赶赴这里的旅途中做出这些计划，仍耗费了许多心机和时间。此外，我派阿弗拉兹·古尔和奈克·夏姆苏丁照料我的沉重的行李，把它们运往喀什。他们走的是 1906 年我走过的经过依格孜亚尔（Ighiz-yār）的平常的商旅道路②。

在托依勒布隆分别

---

① 参见《西域考古图记》第一卷 78 页以下。
② 参见《沙漠契丹》第一卷 100 页以下。

我自己则和第二个调查员穆罕默德·亚库卜一起，按期向北出发，前往同一目标，但我们走的是一条新路。此路翻过墨尔基（Merki，或称布拉姆萨尔）山口，向下到喀拉塔什山谷或从冰雪覆盖的慕士塔格阿塔的东山坡流下的拜什干（Bēsh-kan）河。这条山谷给英吉沙大绿洲提供了大部分的灌溉用水。道路特别艰难，这条重要的山谷从未被考察过。喀拉塔什河道深切，其狭窄的峡谷在春冬时节，因冰雪融水形成的大洪水而无法通过。而到了早秋时节，虽然洪水消退，但墨尔基山口则容易被大雪所阻塞。1906 年春，我曾派调查员拉伊·辛格下到这条山谷。尽管他勇敢地做了尝试，但此峡谷还是被完全阻塞了。在到达其木干（Chimghan）后，他不得不转向东北，寻找翻越吉加克（Ghijak）山口的通往英吉沙的道路。而现在主要由于时机较好，有利的条件保证了更好的结果。吉尔吉斯人的消息表明，与我们离开亚辛后所经历的不平常的季节相一致的是，一场罕见的连续性早雪，使气温变低，从而比平常年份提早地减少了冰川融水。所以我有希望通过这条河谷，同时尽管墨尔基山口已经积雪，但驮载的牦牛仍可通过。

雨雪一路陪伴着我们上到了布拉姆萨尔山谷，因而在山口下面的最后一处吉尔吉斯人营地的阿克奥依（Ak-ois，白色毡房——译者）提供的庇护，对于我们来说犹如雪中送炭。盛行于上个月以及将延续更长的时间的坏天气，尽管对我的行程有利，但对托依勒布隆以上 4 英里的峡谷里的燕麦成熟大为不利。再往上走，有许多长草的大石堆，表明以前有冰川延伸而下到了 12 000 英尺的地方。9 月 16 日早晨，天空正好放晴，使我们可以爬上海拔近 15 000 英尺的墨尔基山口（图 69）。即使此山口最后约 2 000 英尺的斜坡上覆盖着厚雪，但负重的牦牛也可通过。从北坡下去非常陡峭难走，坡上大部分有巨大的卵石堆，半藏于雪中。至近墨尔基恰特（Merki-Chat）时，我们才从雪中走出，并在那里发现一处小的柯尔克孜人的营地，正好占据着庇护的位置，海拔12 180 英尺多，旁有从墨尔基吉勒伽（Merki-jilga）来的溪流（图 77）。

我们在那里停留了一个夜晚，并更换了牦牛。然后，我们继续向山谷下走约 17 英里，总的方向保持为北—东北，但路线有许多弯曲。为了绕过陡峭的山麓，需要经常地穿越河床，无疑，在这个季节里会遇到许多麻烦。但现时山谷中几条小溪流汇合成的水量，尚未大到流满整条河床的地步。谷底宽阔，在经过从西面来的喀拉塔什河流入山谷的地方，即墨尔基恰特下 14 英里多的地方后，道路暂时变得好走一些（图 72）。其流量看来比从墨尔基来的水量要小，而且因为汇合处山谷从南到北的方向延续，所以可断定墨尔基小溪应是河流的真正水源。但喀拉塔什山谷有道路可通喀拉塔什山口，据我们 1900 年的调查，此山口可通慕士塔格阿塔北面的喀拉库勒（Kara-kul）小盆地以及帕米尔以远的地方。而且，这条道路因是穿越慕士塔格阿塔山脉的唯一通道，显得非常重要，因此整条山谷及出口处的河流保留喀拉塔什的名称，看来是有道理的。

第一块柯尔克孜人的耕地发现于海拔 10 000 英尺多的喀拉塔什河汇合处附近。在迫使河流转弯并转向西流的一块奇怪的覆盖着冰雪的大山石以下，谷中间歇的播种地和牧草地的数量渐多。在发源于吉加克山口的小溪与喀拉塔什河交汇处下方 3 英里，山谷变阔，可耕地不间断地延伸下去。那天进行的其余的长途跋涉，是和骆驼一起，从喀拉塔什河汇合

下行至喀拉塔什河合流处

吉加克小河下方的隘路

处（图 74）不远的吉尔吉斯人营地，沿蜿蜒的河床穿过隘道的延伸部分。在此季节的早期，这种从此岸到彼岸穿越不是没有风险的。像以前一样，我们终于在黑暗中平安地走完了最后几英里，下到了其木干艾格孜（Chimghan-aghzi），然后在那里扎了营。

其木干山谷　　　　我们曾到达它的谷口的其木干山谷，它从西南方向下来，极目仰望，十分宽阔，长约 5 英里（图 73）。谷中河流与喀拉塔什河交汇，当我们从交汇处上方过河时，发现谷中河流比喀拉塔什河要大得多。从其水量和颜色来看，表明它形成于规模较大的冰川。尽管不可能花时间来对其木干山谷进行调查，但我 1900 年考察时所绘制的地图表明，这些未考察过的冰川位于慕士塔格阿塔北面冰雪覆盖的大山脉的东翼。1900 年三角测量校正的结果表明，此山谷由位于孔古尔德贝（Kongur-debe）和戈克塞尔（Kök-sēl）两冰川以上的两座山峰组成，它们在高度上甚至超过了慕士塔格阿塔①。在其木干山谷内，沿其平坦宽敞的谷底极目远望，到处都是耕地。我们在河流交汇处下方的左岸上，还经过了一处绵延 1.5 英里长的果园。据说在巴什其木干（Bāsh-chimghan）支谷的冰川下方，有许多草地，住着 50 多户奥依里克人（Oiliks）或数量与此差不多的柯尔克孜人家，对此我毫不怀疑。

难行的喀拉塔
什河谷　　　　从喀拉塔什与其木干艾格孜的河流交汇处，山谷继续向北延伸。9 月 18 日晨，我们沿着山谷走出才不到 2 英里，便进入一连串狭窄弯曲的隘道。它们好像是罕萨河道在新疆的

---

①　1900 年我在第一次考察时对 4/42N 峰进行了三角测量，其海拔 25 146 英尺，参见《地图备忘录》（*Memoir On Maps*）6 页、64 页、109 页；至于 15/42N 峰，海拔 25 350 英尺，参见《地图备忘录》121 页。

翻版，只是缺乏冰川而已。我们在此进行了两天艰难的跋涉，证明此谷长有 20 英里。在许多地方，穿行有很多风险，这不仅是指行李装备的损失。假如河水涨高几英尺，人们就彻底无法通过。而当河水流量减少，要在峻峭的岸壁或砾石河岸间行走，没有柯尔克孜骆驼的帮助，也无法行进。幸运的是，我们在其木干时得到了骆驼。只有这些吃苦耐劳并习惯于这种艰难道路的当地骆驼，才能应对这些狭窄、充塞卵石的小道，而其他牲畜则完全不行。在许多有栈道的地方，只能沿着悬崖绝壁的崖脚行走。

　　图 54 是我们在其木干艾格孜以下约 6 英里的巴库恰克（Bakuchak）遇到的第一条栈道，它用粗树干和灌木搭成，仅容人步行通过，充分体现了罕萨或锡格楠人（Shighnān）具有攀岩的技能。与之相反，柯尔克孜人继承了游牧民族的天性，不太会使用他们的双脚，因而难有这些技能。此外，与旅行者所熟知的塔里木盆地大沙漠附近不同的是，这个地方的尘雾出现在狭窄的峡谷上方。我们多次过河，几匹乘马在涉水时遇到了很大的困难。其后，我们来到了下面 3 英里外的一个地方，突出的岩石把通道完全阻断了。在阿拉尚德（Ara-sünde），我们被迫卸下骆驼负载的货物，才能通过栈道。这些拦路的岩石和光滑的鹅卵石，使得崖脚的小道更为难走（图 55）。后来，我们来到了右岸长 1~2 英里的陡峭的梯田，行进起来就安全多了。但它们把我们引到了一段很难通行的峭壁，即使是勇敢的骆驼，要穿越过河到达其左岸也是非常危险的。于是我们又折回来，在急流的前面通过了喀拉吐木休克吉勒伽（Kara-tumshuk-jilga）的出口。这里，河宽 50 码，深 3 英尺多，可以涉水而过。越过陡峭的碎岩，爬上岩坡后，我们在傍晚时分终于到达了一小块长有野生白

栈道和突出岩石上的小道

杨树林的平坦地方，即在此停留扎营。

9月19日，开头的行进非常艰难，骆驼只有不断地涉水才能前行。我们痛苦而缓慢地在栈道和礁石上行进了约1英里，才到达右岸。驮物的马匹也不能行走在栈道和礁石上，因此不得不让它们游着过河，同时由骆驼拉住拴在它们身上的绳子。而我们则只有涉水而过。从皮特里克吉勒伽（Pitlik-jilga）出口的对面到卡因艾格孜（Kaying-aghzi）的路程较短，直线距离不超过0.75英里，但因为这里的栈道和罕萨的栈道一样糟糕，我们不得不绕行了两个多小时。在攀登陡峭的多盐岩的悬崖后，我们被迫爬上河上方800英尺高的陡峭页岩斜坡，然后又下到同样陡峭的地方。卡因吉勒伽（Kaying-jilga）的河口水量很大。再远一点，河床稍宽，与左岸1.5英里长的艰难行程相比，较易行走。其后，通过特克克其克（Terk-kīchik）山谷，可到达大牧场和面向英吉沙的一个山口。在此峡谷下方，有相连的陡峭的山梁，其正面非常陡峭，几乎垂直，高度接近3 000英尺，除走河床外别无小路可走。当然，在春季和夏季洪水期间，河床是无法通过的。即使在后来的季节里，对马匹来说，横渡6次也是非常困难的。因而当通过名叫通吉尼塔尔（Tüginetar）河的最后一道峡口，从这些令人绝望的隘路进入喀拉贝勒吉勒伽（Kara-bēl-jilga）汇入处附近迅速加宽的山谷时，我们真正得到了解放。

这里的山谷完全是另外一种面貌，影响了旅行者的前进速度。从喀拉吐木休克（Kara-tumshuk）营地出发后，我们已经跋涉了几个小时，才走了7.5英里，行李也差点损坏和丢失。我们的夜营地在麦子种植区，还需走11英里才能到达。不过，我们可以骑用汗特利克（Khān-terek）带来的马匹，因此完全可以在两个小时内到达。小道通过的河岸上是宽阔的高地或冲积扇，部分土地已由柯尔克孜人进行了开垦。尽管有皱褶的陡坡和陡峭的山嘴，风化严重的边谷还是向两翼伸展。山坡主要由砂石组成，带有红、灰的层理，与我们 1900 年在到吉兹达拉（Gez-darra）以及穿越通托库孜达坂（Tokuz-dawān）的路上所看到的过度侵蚀相同[1]。我感觉到，外层低山丘陵的骨架，似乎被这个贫瘠不毛的地区发生的侵蚀力量剥了出来。当我通过宽阔的冲积扇时，看到从亚普羌吉勒伽（Yapchan-jilga）流来的一条小溪，正灌溉着库尔干肥沃的耕地。我也注意到这里明显是砂石风化后形成的深红色的沃土和散布的巨砾，我也看到，成堆隆起的砾岩，像斗篷那样覆盖于红色的砂石山脊上。这种地层厚数百英尺，在山谷两边的面貌完全不同。

只种麦子的沙地是此山谷最近开垦出的耕地。我根据以前在塔里木盆地另一些河流出口处的考察经验，对 9 月 20 日抵达耕作平原边缘前 20 英里的荒凉有了心理准备。宽阔的山谷一侧，侵蚀严重的砂石山脊裸露着，连绵了约 4 英里。最后一条小河谷名叫吐休库契（Tüshküch），宽约 40 码，我估计其流量达 1 400 立方英尺／秒。据说在夏天洪水期间，河水深达 6 英尺，如此，其流量至少要比平时大三四倍。此后，为砾岩的平顶高原，上不见山峰。其底部被河水冲刷，成为几乎垂直的悬崖。最后，谷地呈现出宽阔的石质达什特的面貌。翻过此地约 6 英里后，我们来到了向东北蜿蜒而去的河流前。我们又一次从阿依木杜木（Aimodum）低山脊的对面看到了此河。

喀拉塔什河河口

---

① 参见《和田废墟》112 页以下。

帕克兰·霍加
木圣墓

这里有被废弃的琼喀热勒（Chong-karaul）烽火台，标志着英吉沙的两条主渠——吐维斯（Töwis）和沙尼亚孜（Shāh-niāz）的渠首所在。再往前约 2 英里，即山脊的北面，河流从砾岩高原之麓近处流过。从琼托喀依（Chong-tokai）开始一直是此高原的左边边缘，此高原末端附近的一个丘墩上是著名的穆斯林圣人帕克兰·霍加木的墓地。英吉沙人经常来此朝圣，因为他保护了喀拉塔什河的灌溉用水的供应。与喀拉塔什河上方的库赫马里（Kohmārī）相似的是，其墓地在那里发挥了作用，所以人们长期以来认为，它已继承了该遗址作为佛教和田牛角山（Gośriṅga）（《大唐西域记》中又名鲮伽山——译者）的功能①。我毫不奇怪地发现，灌溉英吉沙土地并把水引往镇上的最大的拉瓦尔乌斯唐（Lawar-üstang）渠，即是从帕克兰·霍加木墓对面的喀拉塔什河流岔开的②。其墓有两处拱拜孜和一座大的围墙院落。从其附近的古遗址上我未了解到什么。但无疑，人们很早起就对这个真正的苏巴什（Su-bashi）遗址进行了崇拜。

英吉沙的农耕　　最后一次涉过拐弯向北的河流后，我很快到达了阿勒吞鲁克（Āltunluk）。阿勒吞鲁克是一个欣欣向荣的小村庄，位于平原边缘，我对它非常熟悉。从英吉沙衙门出来迎接我的克其克伯克（KichikBēg）是我的一个老熟人，他来自和田。他告诉我，由于中国革命以后的纷争和政治上的不稳定，该地区的经济状况不佳。确实，我从我前几次的观察中了解到，尽管年年水源充足、丰产丰收，但自 1908 年以来，这里很少或没有开垦出新的田地。幸运的是，在我 9 月 21 日

---

① 参见《古代和田》第一卷 189 页以下。

② 英吉沙人对此河更为熟悉，称之为拜什干（Besh-kan）河。很遗憾，我那时未能对这一名称的意思或来源进行探讨。

骑行 40 英里去喀什的途中，未见到影响我愉快印象的倒退迹象。接下来的路程，几乎直线向北，我以前未曾考察过，同时也给暂时落在后面的调查员提供了绘制一些有用地图的机会。经过阿勒吞鲁克和阿图什巴格（Ārtush-bāgh）这两个村庄以后，我们穿过了间缀着耕地的一块块草原，直到 10 英里以远的阔那萨克（Konasak）地区的肥沃土地为止。这些草原还延伸到了库山河（Kūsan-daryā）的南边，喀拉塔什河末端河床在此得名。

　　在该地区大市场中心阿克图巴扎（Akhtur-bāzār）附近，我考察了一处城堡遗址。对此，我的注意力第一次被吸引到福赛斯（Forsyth）使团在 1873—1874 年的报告中的一条参考消息[1]。当地人称呼的阿克巴什汗（Ak-bāsh Khān）镇，是一座略呈四角形的城堡，其围墙略呈四边形，年代较晚。传说此城堡是吉尔吉斯血统的头领阿克巴什（Ak-bāsh）所建。大概在老黑大爷（Khitai，中亚诸突厥语中俱称汉人为 Khitai，当地汉人通常译作黑大爷，又作契丹——译者）统治，即 18 世纪中叶中国收复之前，他在这里建立了一个定居点。不太笔直的东墙、南墙和西墙分别长 129、144 和 164 码。北墙靠近库山河的右岸，呈波浪起伏形。四墙近中间各有大门，但北门是正门。城墙的下部是平均高 20 英尺的泥墙，上面是用土坯（13 英寸×13 英寸×2 英寸）砌成的墙，其中保存得最好的存高有 10 英尺。在其东北角，墙顶宽 10 英尺，上有胸墙的残段，厚约 3.5 英尺，存高近 7 英尺。人们为了取土做肥料，城堡的西南角被挖开了一个口子。断口表明，堡垒泥墙纵长 31 英尺，高出地面约 6 英尺。围墙圈

阿克图围墙遗址

---

[1]　参见福赛斯《使叶尔羌报告》（*Yarkand Mission Report*）38 页。

内未找到任何建筑遗存，也未听说在此发现过具有年代特点的钱币或小件器物，因而这座城堡的真正建筑年代现只能存疑。

到达喀什　　　　从阿克图巴扎，我向前穿越了帕拉契（Pārach）肥沃的垦殖区。一条沟渠穿越此区，把水输送到位于喀什—疏勒道上的亚普羌（Yapchan）地带。它是喀拉塔什河的最北的灌溉渠。通过小道向北，进入大片宽阔肥沃但又未被开垦的土地。这里有亚曼亚尔（Yamān-yār）或吉兹（Gez）河的支流，从此地段穿过，向东流去。从春季和夏季这些支流的大流量来看，这里应有许多开垦的机会。最后，我到达了从喀什河系灌溉的宽阔而又不间断的垦殖区，在经过帕克塔克拉（Pakhtakla）附近的坦勒维楚克（Telwichuk）河床时，我发现我又回到了1900年第一次在喀什停留时留下深刻印象的地方。夜幕降临前，我顺利到达了英国总领事馆，又一次受到了老朋友乔治·马继业爵士最亲切的欢迎。

图 66   在德尔沙特谷口望慕士塔格阿塔山

图 67   其其克里克迈丹的围墙遗存

图 68　在塔尔巴什下望坦吉塔尔峡谷

图 69　在墨尔基（布拉姆萨尔）山口南望

图 70　在塔什库尔干河上方，江格尔拱拜孜附近的遗存

图 71　托格兰协亥尔，莫拉依·伊桑斯墓地所在的山脊

图 72　在孔察卡尔—乌尔托迪，上望墨尔基山谷

图 73　从其木干艾格孜上望其木干

图 74　在喀拉塔什河汇合处更换交通工具

图 75　铁热克克其克下方的喀拉塔什河谷

图 76　罕萨查帕尔散的瓦罕居民

图 77　布拉姆萨尔山口下的墨尔基恰特，柯尔克孜人的营地

第三章　从喀什到和田河

第一节　沿着天山外缘行进

在异常艰难的地区马不停蹄地进行了近两个月的考察，我的队伍已经疲惫不堪，急需在喀什停留休整。在喀什停留的另一原因，是为即将在中国境内开展的考察活动做各种准备，尤其是要进行一些准外交的协调工作。为了体现尊严，在其尼巴格（Chīnī-bāgh）的英帝国总领事馆，进行了扩建，给我们提供了极大的方便，使我们全队人员得以在做准备工作的同时，兼而进行休整。尽管如此，在喀什停留的短短两个星期内，要完成包括考察队的组织以及其他一些安排在内的繁重的任务，显然有很大的困难。所幸的是我在诸多方面得到了乔治·马继业爵士的帮助，并得益于他深厚的影响力。

为了能及时地进行秋季和冬季的考察活动，我们从克什米尔出发以来，一路上进行了急行军。凭以往经验，我深知，如果要在沙漠地区成功地进行考察活动并完成预期的任务，准备合适的交通运输工具是至关重要的。所以，我在几个月前就做了安排，从遥远的克里雅租借 12 只健壮的骆驼，专为沙漠考察精心饲养。哈桑阿洪（Hassan Ākhūn）亲自挑

在喀什停留

准备沙漠考察

159

选这些骆驼，并做好了参加第三次沙漠考察的准备工作①。另一些忠诚可靠的讲突厥语的老队员也已答应再一次作为马工加入我的旅行队伍。

雇佣的汉文秘书

我同时也需要一名称职的汉文秘书。在第二次考察活动中，我的汉文秘书蒋师爷为我提供了很大的帮助。作为回报，他在 1908 年被总领事馆任命为汉文门士。我非常高兴在喀什又见到了这位忠实的朋友②。我相信，如果不是年事已高以及患有严重的耳疾，他定会离开清闲的工作，加入我的队伍，为我的又一次漫长而艰苦的考察作出贡献。蒋师爷推荐给我的秘书人选是李师爷，他是一个干瘦、虚弱的年轻人，也来自湖南。但正如我一开始就担心的那样，事实证明他是一个糟糕的人选，但当时在喀什别无选择。他本性迟钝，沉默寡言，沉溺于胡乱取药，治疗他那虚实不明的疾病。李师爷在学问和工作方面都不如热情的抱有极大兴趣的蒋师爷。在旅行时，我们尽可能地不让古怪的李师爷出面，以减轻他的疲劳。我们常常让他和沉重的行李一起，走人们所说的大路。不管怎样，20 多个月以后，我们把他安全地送回喀什，同时让他撰写我的汉文书信，证明蒋诚实可信，他帮助我与中国官员打交道时从未要过滑头。

动荡的地方局势

我要特别感谢乔治·马继业，是他的政治敏锐性和预先的警告，使我对当地官僚作风的变化有了充分的思想准备。1911 年的革命影响了这遥远的中国西北省份，但形势并没有得到改善。当地的和平已被破坏，1912 年发生了一系列的事件，例如包括喀什和阿克苏道台在内的清朝官员的被杀，发

---

① 有关哈桑阿洪的情况，参见《和田废墟》124 页、343 页、382 页以下；《沙漠契丹》第一卷 112 页和第二卷 502 页的索引词条。

② 参见《沙漠契丹》第一卷 115 页以下；《西域考古图记》第三卷 1518 页索引词条。

生了假冒革命的权力追求者所煽动的中国边防部队以及社会底层人员的小规模动乱，等等。这些动乱虽归因于政府的虚弱无力，但某种程度上与当地群众特有的无动于衷、听之任之也有一定的关系，结果这些动乱很快蔓延到各地，各省上下顿感惶惶不安。但喀什没有酿成完全的无政府状态，这很大程度上是因为乔治·马继业爵士利用他在当地官员和群众中的威望，巧妙地进行了调停。

在我回到喀什之前，局势已经得到了进一步的控制。由于中央政府政体加强，地方官员现在对事实上是赌博者和冒险者的士兵以及所谓的"革命者"的敲诈勒索，作出了较为强硬的反应①。但是不难看出，当地的"革命"运动在许多方面已经影响了官员们。他们未能从"西方学术"和虚假的共和国政体中学到什么有益的东西，却丢弃了清朝地方官员关心学术和勤奋工作的好品质。这些新主人，极力体现他们对新国家的"权力恢复政策"的拥护，忠诚地依赖于曾使当地变得贫困的腐败官僚管理体制，所以当然不会忽视来自北京的有关阻止外国机构团体进行调查和考古活动的最新命令。总而言之，乔治·马继业爵士的告诫是非常有理的，他劝告我不要指望中国官方能像前几次那样对我的考察给予大力支持。

官方态度的改变

10月9日，准备工作结束，我们即从总领事馆出发前往塔里木盆地最东缘干涸的古罗布泊地区，以开展冬季的考察工作。在抵达这个目的地之前，我首先得穿越长达600多英里的塔克拉玛干大沙漠。我们必须在冬季寒冷时节抵达那

从喀什出发

---

① 在中国新疆，普遍唤作喀玛尔巴孜（Kamarbaz），后来也称为喀拉赛派克（Kara-sepech，黑帽），此名来源于（日本制造的）欧洲头饰，权贵们用这种头饰来炫耀他们西方国家的发达。

里，以携带足够的冰块来保证长时期考察活动的用水需要，这个考虑从开始起就是我计划的核心。

预定的天山山麓路线

出于各种原因，我急于重访和田。但塔克拉玛干南缘道路沿线的大多数地方我早在前几次就考察过，所以我最希望在有限的时间内走一条喀什到和田的新路。鉴此，我决定先向东到巴楚（Maral-bashi），然后沿新近通行的道路，穿过沙漠到达和田河。到巴楚以后，我计划沿着天山外围的低山丘陵行进。我选择此道有两个原因：一是从哈森斯坦因（Hassenstein）博士绘制的塔里木盆地地图来看，从阿图什（Ārtush）北面的小山纵贯至柯坪（Kelpin）绿洲南面的这一丘陵（指柯坪山——译者），实际上还未被调查过①；二是1908年我在巴楚和喀什时，就听说那里有文物古迹②，所以我极想去那里进行调查。当地人似乎记得，早时候曾有一条老路，沿着丘陵外缘和喀什噶尔河向南而去。此道在汉文中称公路，但更确切地说是大车道。

前往阿斯廷阿图什

我在事先就让商队把现时还用不上的行李运送到和田。同时为防止途中缺水，我尽量精简我的队伍，并让调查员穆罕默德·亚库卜沿大道先走，在巴楚等我。我则由阿弗拉兹·古尔和奈克·夏姆苏丁陪伴，向东北进发。第一天我们进行了短途行进，穿过了我在1900年观察过的肥沃土地，来到了巴什克里木（Bēsh-karīm）县的塞迪尔（Sedir）。又经过著名的布麻利雅玛（Bū-Mairyam）寺，目见那年曾调查过的艾斯克（Eski）后面的毛里梯木（Maurī-tim）塔址③，

---

① 参见斯文·赫定《中亚之旅》中的《塔里木盆地地图（*Karte des tarim-Beckens*）》，彼得曼（Petermann）报告补遗（Mittei Lungen.，Erganzungsheft）》131页。

② 参见《西域考古图记》第三卷1307~1310页。

③ 参见《古代和田》第一卷79页以下。

然后走上了前往阿斯廷阿图什（Āstin-Ārtush）大绿洲的道路。夜幕降临时，我们经过著名的苏丹·博格拉汗（Sultān Boghra Khān）圣墓，福赛斯使团（Forsyth Mission）曾对之进行过调查并做了报道①。那天晚上，我们宿营在阿图什垦殖区东端不远的瓦克瓦克（Wakwak）的一个大农场中。

10月11日，经过长途跋涉，我们到达了阿图什河末端的喀勒塔亚依拉克（Kalta-Yailak）绿洲，它是一条窄长的村落地带。我们的道路所经之处，几乎都是丘陵外缘平坦的沙漠地，蜿蜒的河流在此拐弯，向东流去。以前的河床和沼泽地靠近无明显缓斜坡的丘陵外缘，并被南面来的洪水所注满。后来，我们前往巴楚的路上所经过的地方也都无明显的缓斜坡，与塔里木盆地另一边昆仑山脉山麓随处可见的宽阔的沙砾缓斜坡（Piedmont Gravel，即山麓，地质学语，指山或山脉的山脚下，由溪流沉积的碎屑形成的地貌——译者）形成鲜明的对比。当然，这种明显的差别，是因为盆地南缘和北缘两大山脉两的地质构造不同所致。1908年和1915年，拉尔·辛格对柯坪和喀什之间天山外围的低山丘陵进行了调查，其工作对弄清这里的地貌有很大的帮助。

为调查我以前听说的低山丘陵之麓的一些古代遗址，我未走阿图什河对岸穿过克其克兰干（Kīchik-langar）、通往喀勒塔亚依拉克的小道②。在通过覆盖着稀疏矮树的盐碱化非常严重的一块荒原后，我们越过了河，并穿过后面的一条干河床，来到了名叫巴昌艾格孜（Bāchang-aghzi）的一小块新

沿阿图什河尾

杜勒都尔乌库尔遗址

① 参见《使叶尔羌报告》17页，图41、42。
② 离开克其克兰干以后，我们走了7英里，又一次穿过宽约30英尺、水深近2英尺的河床，在此我进行了测量，表明水流量至少80立方英尺/秒。在夏季洪水季节，河水一般深达7英尺多。这些迹象说明古代的耕种面积可能比现在喀勒塔亚依拉克还要广阔得多。

开垦的耕地，该地的灌溉用水来自北面 1 英里裸露山丘中流出的一条小溪。小溪出口西侧的陡峭砾岩山嘴的末端，有几处无疑属于佛教时期的遗存，名叫杜勒都尔马库尔（Duldul-ökür）[1]。它位于峡谷出口紧上方高约 100 英尺的陡峭的小山脊上，残留着 14 英尺见方、7 英尺多高的佛塔塔基。塔基用土坯（15 英寸×12 英寸×3 英寸）垒砌而成。由于各面的悬崖非常陡峭，至山脊的道路极为困难。遗址的瓦砾堆已被水冲刷下去，但在塔基西面紧下方仍可捡拾到坚硬的彩色灰泥残片。从邻近北面山脊的一条小峡谷的瓦砾堆中还发现了一个重要的精雕木光轮，高 8 英寸，显然是佛像的背光[2]。从工艺看似属于唐代。

古居址 　　爬上陡峭的峡谷以后，我注意到了类似麻扎塔格古堡斜坡上[3]的薄薄的古代垃圾层。在峡谷上方约 50 英尺的高处，有一道厚 4 英尺的土坯墙，立于峡谷两边，很明显此墙用于封闭峡谷的出入口。我费劲地爬上了一条狭窄的山脊，上面堆积有大量的垃圾，表明这里曾是古代居住地。由于时间和劳力有限，不能进行系统的清理，因此我只能根据表层遗物，如芦苇、燃料、绳、残麻鞋，还有山脊上的一个矮墩和埋入土坯堆里的一个木梁线脚残件来判断，该遗址可能是一处被废弃的塔基。我还要进一步说明的是，谷口西边是几乎垂直的悬崖，崖下有两垛奇怪的半圆形土坯墙，已几乎塌落

---

[1]　名词见下文。
[2]　**Duldul-okur.01　木雕佛像背光残件**。原为椭圆形，尖顶。仅剩右边部分和一部分顶。背边沿作光芒状，用简朴的 V 字形雕法雕出，光芒与边沿成直角。顶部边沿亦如此。沿内饰有花瓣，由中心向外作放射状，用长的 V 字刻法雕出，但其上端被素沿晕圈阻断，晕圈内亦有类似的放射状花瓣。制作精美。保存较好。高 $7\frac{3}{4}$ 英寸，最大宽度 2 英寸，厚 $\frac{5}{16}$ 英寸，图版 IX。
[3]　参见《西域考古图记》第三卷 1287 页。

至地面，围住了 36 英尺×26 英尺的空间，其功用不明。也许，可用该遗址"杜勒都尔马库尔"的名称来对它的形状进行一些解释，此名源自波斯语"杜勒都尔阿库尔"（Duldul-ākhur），意即"杜勒都尔（Duldul）的马槽"，而杜勒都尔则是民间传说中有名的拉斯塔姆（Rustam）的马名[①]。不管怎样，这处遗址无疑是古代的一座小型佛寺。据说有溪流的那条峡谷偶尔被用作连接喀什和乌什的道路支线，峡名为木托尔艾格孜（Mutul-aghzi）。

卡尔梅克协亥里遗址 沿着山麓边缘向东 4.5 英里，我们走过盐碱硬壳覆盖的裸露沙砾冲积层，来到了卡尔梅克协亥里（Kalmak-shahri）遗址。它是一处泥筑大城堡遗址，原来形状为四边形，尺寸已不明。两边及北面的遗存尚可见到，但其余部分已被来自木托尔艾格孜峡谷的洪水冲走。现在的小溪水量很小，但如果山里降雨，它很快便会泛滥成灾，淹没周围的土地。当我们骑行在灌木覆盖的平原，前往喀勒塔亚依拉克垦殖区北部边缘时，目睹了曾被洪水淹没的残迹。但不论我在何处看见，它说明了一个被人忽视的现象，即这里并非缺水，我们前往库都克（Kuduk）村时所穿越的主渠，在这么晚的季节里，水量仍达到 40 多立方英尺/秒。

梯木墩 第二天早晨，我从库都克前往名叫梯木（Tim）的丘墩遗址，它矗立于村庄西北 2.5 英里处的被灌木覆盖的盐碱化平原上，呈不规则形，面积为 67 英尺×84 英尺，顶部纵长26 英尺，高约 16 英尺。丘墩用松散的泥土筑成，中间夹杂层层的灌木枝条，使我回想起 1901 年考察过的策勒

---

① 在遥远的其他地方亦能听到从波斯史诗传说中衍出的同样的名字，例如库车（Kuchā）库木吐拉（Kum-tura）寺院遗址及锡斯坦（Sīstān）霍兹达尔（Hauzdār）南面古城堡的名称。

（Chīra）附近的托盖墩（Tüge-dong）①，它可能是一块古墓地。由于从木托尔艾格孜峡谷不时地冲来洪水，土壤盐碱化较严重，因此发现古物的希望不大。随后我们向东北方向前进，穿越了谷口裸露的冲积扇。沿着这条裸露的山谷，有一条平常的道路，经过苏洪卡劳勒（Sughun-Karaul）烽火台，通向乌什。这个达史特的东边，有孤立的新月形沙丘，表明土地正日益干旱。我们接着来到了阿图什灌渠末端的阿克迈丹（Ak-maidān）农场，并继续向东，沿渠北又走了 17 英里。这条渠道从喀什河把水引来，灌溉着这些松散的耕地。我们走完这块垦殖区时已是夜晚，只得在拜什塔木（Bēsh-Tam）的最边远的一个农场宿营。

从拜什塔木出发向东

　　从拜什塔木，我们开始寻找通向巴楚的沙漠古道。我在前面的旅行中已经证明确有此道，当地的说法并非虚指，同时还弄清了此道沿着山脉外缘的丘陵外缘而行。在秋高气爽的日子里，甚至还可以看见此路像城墙那样，向东延伸。鉴于我们前面要走的 100 多英里的地段还没有被调查过，找水困难，为了节省时间，我们找了一个名叫巴拉特（Barat）的能干的向导。他是大道上奥尔德克里克（Ördeklik）村的村民，多年来习惯于在北面裸露的山中找矿，现暂时被塔希阿洪（Tāshe Ākhūn）雇用着，在拜什塔木以北的脱库孜艾格孜（Tonguz-aghzi）勘探一处小型铜矿。塔希阿洪是阿斯廷阿图什的一个富有创业精神的地主，也是我们在瓦克瓦克的主人。这个向导被雇用前，曾沿我们要走的这条路去过巴楚。他聪明且具有非常突出的方位感。

---

① 参见《古代和田》第一卷 465 页以下。

出拜什塔木垦殖区约 1 英里，土地仍较肥沃。去年夏天洪水充沛，所以在这里出现了新的耕地。但是在 10 月 13 日，我们沿丘陵外缘走的几乎都是完全裸露的黏土原，上面只有圆锥形的枯红柳沙包或者盐碱硬壳。在喀拉塔什，巴拉特让我们参观了一个大的矿渣堆，堆放着熔炼后的铜矿渣。丘堆纵长 50 多码、高 8~10 英尺，表明堆放时间较长。但人们已记不得这里何时做过冶炼工作。在丘堆南侧的一个厚厚的垃圾堆里，出土了部分上釉的陶片、织物和类似的一些物件，我认为它们是古代遗物①。我们欲寻找一些像钱币那样的可断代的遗物，结果是劳而无功。那天，我们始终没有看到活着的植被。最后，我们到达了大沼泽地北缘博伽其库勒湖（Bogach-köl）的湖边，其周围长着茂盛的芦苇，提供了大量的牧草。有人告诉我们，过去四年中，喀什河的洪水经常注入此地。

从拜什塔木到博伽其库勒

次日，我们继续向前行进，道路北面是陡峭而又连续隆起的低山丘陵外缘，南面则是植被带。沿途常见红柳沙包，偶见早期生长于流水旁但现已枯死的几排胡杨或野生白杨。约 8 英里后，我们经过了突出于山脉的一个小山岬，其末端附近有一条向东南蜿蜒而去的古河床，两边排列着枯死的胡杨。河床里矗立着活的红柳包，高约 6 英尺，表明在多个世纪里河中无水流动。巴拉特知道再往南另有一条古河道，许多年前还从喀什河中引来洪水，但它现已干涸。他把我们领

喀什河的古河床

---

① Kara-tash.01　4 块陶片。有釉，两块为蓝釉，深棕色和红棕色釉、小红陶片各一块。最大厚度 $\frac{11}{16}$ 英寸。

Kara-tash.02　毡片。黄色，最大宽度 $2\frac{3}{4}$ 英寸。

Kara-tash.03　棉布残片。米色。平纹组织，已褪色腐烂。最大宽度 3 英寸。

到该河床后面的潟湖，湖水非常清淡。我们在那里扎了营，把我们的水罐注满，并让牲畜饮足了最后一次水。我还要提到的是，在喀什河最上游有时被淹没的部分地方，已开垦成耕地，如一两年前，来自遥远的奥尔德克里克的农民，在离最后一个潟湖约 2 英里的地方开垦出两小块空地。在塔里木河下游和库车河尾端附近，我也观察到几个类似的例子①。

沿裸露的丘陵外缘前进

10 月 15 日，我们长途跋涉，观察了几处重要的地方。首先是在红柳包中走了约 2 英里，然后穿越了一连串裸露的黏土冲积扇，其北面为山脉外缘的低山丘陵，风化非常严重，南面为宽阔的盐碱地，生长着红柳。远近的山体完全裸露，似乎有点向北倾斜。丘陵后面，是厚重的几乎垂直的红砂山壁，壁上已被侵蚀出深深的裂缝和疤痕。山壁的高度经测斜器测定，在 8 000 英尺以上。山脉峡谷谷口外有宽阔的冲积扇，可证实偶遇暴雨，山谷里便会涌流出大量的洪水。距低山丘陵 1~2 英里，所有的冲积扇似乎都是平坦的硬泥平原，上有盐碱硬壳。说明以前这里曾是一片浅湖，后来湖水逐渐萎缩退却，只留下道道湖岸线，任由极端干旱的气候进行侵蚀。在穿越这片地带后，我感触深刻的是，该地区没有缓斜坡，即通常所说的山麓沙砾戈壁，它可能是喀什河河床长期以来水平冲积、沉淀作用所致。

干涸的证据

距我们营地 8 英里处，在一连串冲积扇的边缘，我多次见到从北至南排列的倒伏在地的古代死胡杨，足证此地过去非常湿润。在以前的沙漠旅行中我曾注意到野生白杨总是成排地沿着水道生长，或者与地下水流相平行，在这些裸露的冲积扇的西缘和东缘发现的古代胡杨，只能是两种情况中的

---

① 参见《西域考古图记》第三卷 1231~1233 页；本书第二十三章第三节。

一种。它们生长于降雨时期，那时水流漫过这些冲积扇，保证了树木的成活及长时期的生长。从树干直径来看，它们的树龄较大。与前述情况相反的是，另一些观察可说明这片低山丘陵的"干旱"历史。巴拉特指出了两个在过去开掘但现已枯竭的铜矿坑位，最近试图重新开挖但未能成功，因为靠西坑的峡谷已经无水，而在另一坑附近的天然卡克（Kak，即水池——译者）也未能找到。后来，我们沿古河床看到了大量熔铜废渣。

在穿越一块更靠东的冲积扇时，我们遇到了一排废弃的圆锥形堆石界标，向东北方向排列。沿着这个方向，有一条古道沿着低山丘陵外缘通往吐木休克以及更远的地方，是一条最短的捷径。为了到达人们所说的黑大爷协亥尔（Khitai-shahri）古遗址，我们首先向东走 15 英里，然后转向东南方，不久即来到了一条曲折的干涸河道，河旁有宽阔的死胡杨林带，胡杨大多仍直立着。这条河道无疑是喀什河的一条支流，数世纪以前它就可能后撤了。从这条古河道的死树林向北，巴拉特把我们带到了黑大爷协亥尔遗址。

此遗址有一段长约 300 码的残墙，其中一部分呈东北—西南方向。墙的两端呈直角状，残留很短，位于密集的红柳包和死胡杨间。其附近覆盖着厚厚的残堆，高不超过 4.5 英尺，但现厚仅 2 英尺，显然是由于围墙的废弃而造成的。距残墙北角东—南东方向 120 码，有一座盐碱小丘，高出地表约 8 英尺，底径约 46 英尺，顶部已被削去，未见土坯，也未看出明显的层次。在墙的内外，可捡拾到古代的矿渣和烧制得很好的残陶片，陶片上的篦纹及扭拧的带纹明显是古代的。

次日早晨，我们又转到了东北向。穿过老河道，向前走了 1 英里多，遇见了大量活红柳和矮树。在干河床后面不

古道

黑大爷协亥尔
遗址

喀什河系的盐
沼泽

远，我注意到一条低矮的堤岸，可能是一条古渠。很奇怪，在我们前往低山丘陵时，包括大量芦苇在内的植被显然增多，我们意识到这里可能是穿过芦苇区蜿蜒向南的一片沼泽地带，喀什河系的洪水仍不时地流到这里。在夏季，穿过该地区的法依孜阿巴德（Faizābād）和巴楚间的现代道路，常因洪水泛滥而受到阻断，我们的驼队对此曾有过体验。他们在盐泽南边因道路冲断，绕了一段冤枉路，才回到巴拉特所走的那条小道，使我们等得有些焦虑和厌烦。巴拉特记得几年前他曾在沼泽地北部的芦苇塘里发现过一个小水塘，为此我们花费了很长时间才找到它，但里面的积水太咸，以致在太阳暴晒下走了两天，异常饥渴的马匹，尝了一下后就再也不喝了。

维勒维勒山嘴
以后的行程

10 月 17 日，我们继续前进，缺水问题得到了缓解，使我们认识到"古道"沿丘陵外缘而行的好处。那天晚上，我们的四只骆驼因被西南方的芦苇所诱而走失，直到一个星期后，在巴楚人的帮助下，才把它们找到。那天载重量虽然增加不少，而且出发时间较晚，但我们仍轻松地走了 24 英里，因为我们走的是穿越沿丘陵南麓的平坦开阔的冲积扇上的道路（图 78）。前面提到的长条形沼泽，距营地约 7 英里，位于巴拉特称为维勒维勒（Vilvil）的一个突出山嘴下。再往前走，山丘低矮了许多，但仍非常陡峭。在其南麓，已不见芦苇，而代之以向东、向南延展的无数红柳沙包。离开维勒维勒后不久，我便见到了巴楚后面朦胧、遥远的麻扎塔格山。

几排死杨树

那天行程快结束时，我们遇到数排枯死的胡杨树，沿狭窄裸露的冲积扇伸展出数英里，它们都已倒伏，但多数呈双排排列。这一特别的景象，打破了一天来的单调。这些树似乎已倒伏多年，并已经开始腐烂。很明显，这些树木是沿着侧翼的灌溉水渠生长的。这些水渠现仍可找见，但渠中已无水。可以肯定，这些水渠引的是山里流下的水。

我们现在到达的这个地点，不仅可俯视东面的巴楚麻扎塔格诸山峰，而且还可看到天山最外缘和叶尔羌河之间像岛屿样从平地突起的小山脉。这些山丘具有特别重要的地理学意义。1908 年春我在从柯坪到巴楚的途中，曾经过其中的一些山丘①。我那时曾沿巴楚的小山脉做了长时间的调查，但未发现古代遗存。据说拉勒塔格（Lāl-tāgh）山麓有古遗址②，由于它们可能和我努力寻找的"古道"有关，所以我首先的任务是要继续向东，找到那个遗址。巴拉特在 12 年前曾到过那里，他准备把我们直接带到那里，但这需要两天时间，而且途中无水，也不能肯定拉勒塔格的天然水池是否有水。考虑到马匹在三天的行程中未正常地喝过一次水，所以，促使我转向东北，前往巴楚。幸运的是，沿天山外缘进行的调查足以肯定，山脉呈东—北方向，高度逐渐增加，连绵不断地通到了我在 1908 年调查过的柯坪南面的裸露山链。

因为要指挥我们的队伍，我未能参观 xvi 号营地东北 6 英里多平原最西部的孤山脊。巴拉特和巴楚人都知道它的名字是希克尔瓦依（Shikarwai）。据说，因为在前一段叛乱时期，柯尔克孜人经常袭击通往巴楚的山口和大道③，所以巴楚驻军指挥官常派巡逻队到那里，对其后面的山口进行巡视。希克尔瓦依山脊呈西北—东南走向，把另一座孤山与天山隔离开来，它同样受到了严重的侵蚀。

巴楚的麻扎塔格

希克尔瓦依山脊

---

① 参见《西域考古图记》第三卷 1309 页。
② 参见《西域考古图记》第三卷 1312 页。
③ 参见《沙漠契丹》第二卷 426 页。

图 78　在前往维勒维勒途中，望天山外围的低山丘陵

图 79　乔克塔格山北麓的叶尔羌河岸

图80　巴楚东北，拉勒塔格遗址上的遗存

到达巴楚　　　　10 月 18 日，我们越过平坦的冲积平原，在广布的低矮的红柳包间往东南方走了约 1 英里，遇见了用胡杨树干搭起来的两间已废弃的小屋。它们使我联想到 1906 年在比勒尔孔汉（Bilēl-konghan）见到的类似的小屋，只不过后者保存得较好①。因为附近没有牧草，所以这两座棚屋很难说是古道上的庇护所，还是牧羊人的栖息处。再往前走约 8 英里，便见到了小块台地，上有枯死的芦苇，其周围还在不断地被风蚀、减低。但当到达巴楚垦区北边时，便出现了活的芦苇和灌木丛。从此前行约 4 英里，便来到了加恩托拉（Jaren-tolā）小村。之后，我们骑行穿越了 8 英里有灌木覆盖着的荒地，便来到了阿由布·米拉卜（Ayūb Mīrāb）院子里的老营地，它位于破旧的巴楚巴扎东面。

第二节　巴楚以远的古遗址和道路

穿行沙漠的准
备　　　　　　我们在巴楚进行了短暂的停留，因为我们打算穿越塔克拉玛干沙漠，走捷径前往和田河岸上的麻扎塔格，所以必须在这里做精心准备工作。根据以前的考察经验，我充分估计到在穿越绝对无水的广阔沙漠时会有重重的困难和莫测的风险。我们刚走过的短途沙漠旅行，尽管较容易行走，但对我们的装备和交通工具来说，也是一次很好的检验。我决定尽量减少我们的辎重，除必不可少的行李外，其余物件都经叶尔羌的商道另外运送过去。同时，我还精减了随行人员。我从印度带来的 6 个镀锌的铁箱和 40 个奇特的羊皮囊已灌满了水，由健壮的骆驼来运输，我希望以此来克服缺水的困难。

---

①　参见《西域考古图记》第一卷 272 页以下。

秋天已经临近，比我们从喀什出来时要冷得多，这种天气对于我们的骆驼进行长途快速行进和克服另一些困难十分有利。我们还推迟了几天时间，以找回走失的骆驼，把它们编入沙漠旅行队伍。

骆驼们得到了一次很好的休息，得到了巴楚附近地区提供的大量牧草。同时，装水的设备也由奈克·夏姆苏丁进行了彻底的检查和试验。我也得以有两天半的空闲时间去参观拉勒塔格山脉及它的古代遗址。10月21日，我租用了马匹和雇用了少量劳力，开始向东北方向移动，穿过了诺尔（Nōr）村。该村位于喀什河左岸，名称源自特殊的引水木槽。正如巴楚地区其他地方一样，穿过深切的喀什河的叶尔羌河提供了灌溉用水。我在以前已经提到过阻碍巴楚周围进行大规模耕种的种种困难：其一是因为灌溉系统落后，渠首离河流出口较远，河流　改道便只能废弃；其二是因为人们缺乏农业的才能，时至近期，所有的多浪（Dolān）人仍过着半游牧的生活，而且在许多地方仍继续如此①。我在进入距此4英里的一片宽阔地带时发现了这些缺陷。近些年来，这里的农田已被废弃，长满了繁盛的芦苇和灌木。据说前些年这里曾供水不足，但我们认为缺水问题不是很严重，因为草地和果园中的小树仍生机勃勃。

向拉勒塔格山进发

一条名叫柯坪尧里（Kelpin-Yoli）的小路，是柯坪人穿过沙漠前往巴楚的常行之道。沿此小道，我们进入了一片沙化的原野。自从17年前灌溉首次延伸到现已废弃的边远的耕地，大量的胡杨树便在此生长起来。再往前走约9英里，只见到稀

风蚀荒原

① 参见《西域考古图记》第三卷1311页。巴楚灌溉主要依赖于堰坝，因此每年都对它进行修整，参见斯文·赫定《中亚之旅》225页以下的生动描述。

疏的红柳，其中许多已经枯死。当我们离开柯坪小道，前往东北方向拜勒塔格（Bēl-tāgh）山丘中的一条山峡时，连红柳也不见了。我们在裸露的泥坡上走了约5英里，便开始见到规则的风蚀台地或我在罗布盆地已非常熟悉的雅丹地貌（Yārdangs）。它们一般高4~6英尺，方向在北—南和东北—西南之间变化。像1908年我在柯坪南面遇到的雅丹地貌那样，这个方向清楚地表明，这里常见的风向与遥远的罗布沙漠的风向较一致。

被风蚀切透的山链　接着，我们来到了上述的山峡①。山峡宽0.5英里，峡底高出平原约150英尺，显然是因风力切割山体而形成。由此，我认识到风力在塔里木盆地地貌形成中的作用是多么巨大！在山峡南边和山脉西南的背风面，流沙堆成了一座座巨大沙丘，至少高出地表500英尺。山峡后面的山峰，高出沙丘约100英尺，处处像雉堞那样陡峭，被风侵蚀得遍体鳞伤，犹如我几年前在现代安西（An-hsi）东墙、安西和桥子（Ch'iao-tzǔ）遗址上所看到的侵蚀现象②。山峡里及附近未见沙子积存，原因是风在扫过平缓的沙砾斜坡时，带走了所有已分化的岩石细粒。但往南，不管是从东北吹积来的还是由侵蚀作用产生的沙子，都在背风面落积下来，堆积成固定的沙丘。据我们观察，此山脉略弯曲，呈西—东走向，也许这就是此地沙丘特别高大的原因。总而言之，我们没有找到巴楚东面和东北的岛状山丘是由风蚀而成的确凿证据③。我将进一步地利用这里提供的证据，指出巴楚东面和东北的这条古代山脉，

---

① 突厥语称山峡或山口为拜勒（Bel），拜勒塔格山脉的名称很可能源于它。更南面的缺口，即拜勒塔格山和阿恰勒塔格山（Achal-tāgh）之间的豁口，因宽度太大，不能称拜勒。

② 参见《西域考古图记》第三卷1095页以下、1102页以下。

③ 到达这条山峡时，比原定时间晚了一个小时，故为了赶赴拉勒塔格拍摄，未在此照相，真是特别遗憾。

可能在巴楚附近穿过塔克拉玛干沙漠，延伸到和田的麻扎塔格。

令我感到惊讶的是，在距山峡 2 英里多的地方，有一大片包括芦苇和红柳灌木在内的活着的植物，更奇怪的是还出现了一片宽阔的死胡杨林。在巴拉特的引导下，我们摸黑穿越这片林带，前往拉勒塔格的一个地点，因为他记得那里有一处老矿井，附近还有两个石水池。我们行走了约 28 英里，准确地到达了那个地点，但是发现天然水池中已不再有水。所以，我也没有执行从"老路"上的 xvi 号营地直接前往拉勒塔格的原计划。据说，名叫拉勒肯（Lāl-kan）的现已废弃的矿井曾出产过宝石，拉勒塔格低山丘链便由此得名。

次日早晨，我们沿着山村走向东南方山脉，像巴楚附近岛样的山丘一样，此山脉主要由带长石的沙石组成，层理几乎呈水平状。起初，仅在我们的右边有枯死的红柳包。在绕过距营地 4.5 英里的一个陡峭的小山岬后，便见到了几排枯死的大胡杨树。无疑，在它们之间约 1 英里，有一条沿着拉勒塔格山麓的古河道，是来自南方的古代喀什河的一条支流。它现已消失于吐木休克孤山南边及东南的沼泽地中。此胡杨林带沿着拉勒塔格山麓，一直延伸到它的近末端。其中，我注意到一棵大的老树上部仍呈绿色。从拉勒肯走了 7.5 英里后，我们到达了我们要找的遗址，它位于东南方风景如画的小深谷中。

据 1908 年阿由布·米拉卜交来的出于遗址的泥塑残件判断①，这处遗址应是佛教寺院遗址。正如附图 3 和图 80 所示，其中心殿堂（iii）已完全毁坏，平面呈长方形，面积近 76 英

前往拉勒肯

拉勒塔格山麓的古河道

拉勒塔格的寺院遗址

---

① 参见《西域考古图记》第三卷 1312 页。

尺×50 英尺。台基完整，高约 12 英尺。斜坡上有 48 英尺×26 英尺的小型建筑台基（ii）。台基的东北斜坡，邻接一座完整的土坯塔（i），塔基面积为 36 英尺×20 英尺。其灰泥雕塑残件，大多较小但都被焙烧过。从上承 iii 殿的台基顶部及其西南边出土的泥塑残件的外表来看，它们明显是佛教寺院的塑像和装饰，其年代约为唐代①。我特别注意到其中一件保存很好的巨像头部的残件，也许是硕尔楚克、焉耆（Kara-shahr）附近明屋（Ming-oi，意为千间房——译者）遗址所见的一种浮雕横饰带的残件②。根据暴露的泥瓦及当地"寻宝人"挖掘的大量洞穴情况来看，中心殿堂毁于火灾。中心柱东面的一座小建筑及其北面和南面的两座小殿，也都毁于火灾，仅剩轮廓可寻。在 iii 殿址以南约 30 码的一块低台地上，有 53 英尺×23 英尺的长方形建筑（V），仅存残墙和瓦砾，从东北角发现的废弃物来看，很可能是僧房所在。

喀什河水曾流经的遗址　　考虑到清理该遗址，不但要安排劳力，而且还要运输足够的用水，势将耗去较多的时间，因此我们只进行了快速有效的足以体现基本要点的调查。调查表明，该遗址的年代与东南 11 英里的吐木休克山上的佛教寺院遗址③差不多同时，其毁于火灾的时间，也同样是伊斯兰时期初期。很明显，既然在此有拉勒塔格遗址，其附近就必定有水。因为支流三角洲的小道和低湿地现仍伸展到吐木休克后面，其水只能取自喀什河的一条支流，这一结论已被在当地的各种观察所证实。我们已经提到过在前往拉勒塔格遗址途中所经过的来自西南

---

① 带走的标本及这次发现的另一些小器物，见本节末的器物表。

② 参见《西域考古记》第三卷 1191 页以下。

③ 参见《西域考古图记》第三卷 1309 页，位于却勒塔格南端及吐木休克塔格北端的吐木休克寺庙正面对着它。伯希和教授在 1906 年曾对上述遗址进行了系统的发掘，可参见他的有关详述。此外，冯·勒柯克于 1913—1914 年对后一遗址进行了类似的发掘，也可参见他的报道。

方的古代河流，虽然我未能找到其河床，但我们从遗址前往阿恰勒塔格和拜勒塔格之间的山峡路上所见到过的死胡杨林带，就足以证明该河曾延伸到南面。同样，我们在路上所穿越的古代沟渠，唯有从南面，也即从吐木休克西面的地区引水，理由是从喀什河来的洪水及灌溉沟渠现仍流经该地区[①]。

现在，检视 1908 年和 1913 年我们所记录的地貌调查材料，我们立即可以看到位于通往喀什的一条早期道路上的拉勒塔格遗址，具有特别重要的意义。1908 年 5 月，我从柯坪前往吐木休克，在琼梯木（Chong-tim）古堡遗址周围找到了一大片古代耕地。它南距吐木休克 16 英里，现已完全废弃，变成了沙漠。根据我的观察，我认为这一地区的历史下限晚至唐代。有证据表明，有一条古代道路，自其兰附近直接通到这里，而现在的阿克苏—喀什大道则不在山麓[②]。从地图上看，拉勒塔格遗址正位于这一短捷的古道上，于是吐木休克遗址北的拉勒塔格山和却勒塔格（Chöl-tāgh）山之间的峡谷自然就成了最便利的通道，由此我们也就明白了为什么要在拉勒塔格山麓建筑佛寺。如同著名的乌库尔麻扎（Ōkur-mazār）清真寺标志着阿恰勒塔格或乌库尔麻扎塔格（Ōkur-Mazār-tāgh）山链南山嘴下通过的吐木休克和巴楚之间的大道一样，处在显眼位置上的这座佛寺，也表明侧旁有一条很常用的道路[③]。

我们认为，从阿克苏到拉勒塔格遗址的古道，可能还向西南延伸，穿越由拜勒塔格及其南延的阿恰勒（Achal）塔格或乌库尔麻扎塔格的山链。从地图上看，此道只有两条通道可

通过拉勒塔格
的古道

拉勒塔格西南
的古道

---

① 对此地的简要描述，参见《西域考古图记》第三卷 1301 页。
② 参见《西域考古图记》第三卷 1307 页。
③ 参见《西域考古图记》图 344。

行：一是上述的拜勒塔格山峡；二是穿过拜勒塔格南端与阿恰勒塔格北支之间的峡谷。阿恰勒塔格北支为低矮的阿拉奇（Arach）石山嘴，我在 1908 年 5 月第一次快速搜寻的途中曾参观过这里的峡谷，查清了在 1877 年大清帝国重新恢复对塔里木盆地的治理以前，从吐木休克到巴楚的大道从此峡谷穿过，我找到了当时保护峡谷的古烽火台遗址和另外一些防御工事，它们都说明在古代这是一条重要的道路。而现在经过乌库尔麻扎的道路在古时并未开通，原因是途中为大沼泽所阻挡，现在大沼泽已干枯，变成了恰尔巴格（Chār-bāgh）的土地①。

古渠遗迹　　我没有考察峡谷东边的沙漠，以前是因为没有时间，而现在则因为要从阿恰勒的"通道"回到巴楚。对此我毫不遗憾。从拉勒塔格遗址走 2 英里，我们经过了无数行胡杨树，行间有干涸的浅沟，浅沟的走向表明南面来的水曾到达这里，即从喀什河来的水仍可到达吐木休克西面的地区。然后，在穿过有着稀疏红柳包的地带后，我们来到了一块裸露的风蚀黏土地，从这里再走 1 英里多，便来到了覆盖着古代陶片和另一些塔提（Tati，有人类活动遗迹的场所——译者）遗存的小块土地。土地中央有一条古渠的堤岸，顶宽 12 英尺，由于周围土地被风蚀，因此高出现地表有 5 英尺多。

阿恰勒遗址附近的塔提　　低矮的沙包已占据了峡谷附近的许多土地，天色将黑，所以不可能查明塔提和 1908 年在峡谷东边找到的一处古居址的具体情况。在途中捡拾到的包括琉璃珠子和一枚铜戒指在内的小遗物，没有任何断代意义。但是陶器残片，无论是素

---

① 参见《西域考古图记》第三卷 1310 页以下。

面还是上釉的，都具有非常明显的古代色彩①。很显然，这片古耕地沿着东南—西北的渠向排列，使旅行者可以沿着渠道向前穿过东南方裸露的干草原和低沙丘。考虑到包括需要给我们的牲畜弄一些水等实际问题，所以我决定沿着 1908 年我首次考察阿恰勒时所走的小道向巴楚方向回返。我们靠星星辨别方向，穿过了阿恰勒塔格北端附近的沼泽地，那里现已完全干枯，生长着繁盛的芦苇和红柳丛林。深夜时，抵达了有水的地方，即地图上标示的孤立的塔里布·哈吉（Tālib Hājī）小农场。次日早晨，我们沿着繁忙的赶集大道抵达了巴楚（图85）。

在刚才描述的旅行途中，我曾计划对喀什河道末端以北的古道进行调查。但是，非我控制的环境使我不可能腾出时间②，因此我希望在 1915 年返回喀什的途中通过寻找其兰和琼梯木之间的沙漠古道来完成这个任务。不管怎样，我现可以从以前的调查结果中归纳出一些结论。首先应说明的是，现在从阿克苏到喀什的大道，其中有一段从其兰到巴楚，绕得非常远。从远至其兰（其兰是路边的小村庄，它从柯坪溪流的出口处才能得到少量的水）的阿克苏垦区的局限性来看，现代大道靠近天山外缘低山丘陵的砾石缓斜坡，笔直地通向巴楚。但在其兰以后，大道转向南行。究其原因，是考虑到到达吐木休克附近之前，没有任何耕地，因此道路拐弯无疑是为了经过有水有草的地方。其间，亚依德（Yaide）、雅克库都克（Yaka-Kuduk）和恰迪尔库勒是几个连续的停留地点，这几个地点既可以从喀什河尾端的地下水供给的水井得到水，

从阿克苏到巴
楚的现代道路

---

① 参见本节末器物表中的标本。

② 参见本书第二十四章第二节。

也可以从夏季季节性洪水河床里得到水①。

曾有水的古道

在洪水季节，今日通过雅克库都克和阿克塔木之间的近河丛林地带的大道易于被阻断。洪水阻断以及绕道路的麻烦，现都可以避免，因为现在可以从其兰直接穿过沙漠，到达琼梯木和拉勒塔格。只是沿线缺水，所以至今未被用作商旅之路。但从这两个地点的古代居住遗存可知，在唐代，缺水问题并不存在。这里还要提供一个证据，即 1908 年我从柯坪河口走向西——南时，还看见了素克苏克协亥尔（Soksuk-shahri）高塔遗址。此外，我的"寻宝"向导还提供了琼梯木和素克苏克协亥尔之间有两处古代丘堆的可靠消息②。琼梯木两边覆盖了许多沙丘，并已蔓延到停耕后的这块地方。但上面的沟渠至今犹可寻见③，尽管地下水层很深，但沙丘之间仍可见到大量活着的红柳包和灌木。

喀什河尾端水量的减少

尽管有了琼梯木和拉勒塔格村的居民点，该地区未继续被废弃，但可以肯定，巴楚后面的喀什河的尾端现有的水量，即使用来灌溉一个村庄，也还是不够的。我们有充分的证据说明，在一千年前，那条河流曾干涸过。但不管其干涸

---

① 亚依德水井里的带盐味的水，明显源自戈拉阿金（Ghora-akin）古河道。此河向南延伸 3 英里。正是根据同名的由地形学迹象证明的干涸河道的地方消息，1908 年我在吐木休克北面的沙漠里找到了古代遗址，参见《西域考古图记》第三卷 1309 页。

雅克库都克和恰迪尔库勒并不荒芜，它们位于繁茂的胡杨林地带中。这里是喀什河的尾端的喀拉库勒吉勒伽（Kara-kol-jilga）洪泛区，其季节性有水的河道，似乎也叫喀拉库勒。

据说我们经过的阿克苏地区最南的戈拉乔勒（Ghora-Chol）村，在夏季洪水期间可从喀什河中引到水。整个喀什河三角洲，从现三角洲的头端巴楚附近，到戈拉乔勒遗址西南端，大部分仍未做过水文调查测量。这块三角洲很容易受到大的季节性变化的影响。对接近或邻近叶尔羌河的现在或过去的洪水道的调查工作，仍然是非常复杂艰巨的。

② 参见《西域考古图记》第三卷 1308 页。

③ 我对南湖（Nan-Hu）北面村落遗址的观察调查说明，邻近沙漠的流沙已扩展到曾经灌溉过的田地，速度非常之快。它们是在 1804 年以后才被废弃的，而且许多村庄是因东干人叛乱才废弃的。参见《西域考古图记》第二卷 625 页以下。

的特点或原因如何①，阿克苏—巴楚道的剩余路程还是从上述古遗址的西边通过的。

　　根据找到的古代遗址，我完全可以推测，如同 40 多年前穿过吐木休克的现代化道路那样，从拉勒塔格来的古代道路曾延伸到阿恰勒峡谷及附近。但地貌以及我在叙述我从喀什出发的旅程时所讨论的那些考古学迹象可以说明，这条道路有一个分岔点。一方面，虽然巴楚是现代城镇，但古道仍可能向西南延伸到现在的巴楚附近。另一方面，地图显示，阿克苏和莎车之间最容易、最直接的岔道一定经常经过我们正在讨论的绿洲②。现在的巴楚，在古代时可能没有任何大型居民点，因为详细记载"西域"的《汉书》和新旧《唐书》中均未提到在这一地方有过一个特别的领地③。

通过巴楚的古道

　　不管怎样，从巴楚附近沿着喀什河两岸的通向喀什的道路，曾是一条方便的交通捷径，这是清楚的。但同样可肯定的是，像现代大车道一样，此道一定会被每年的夏季洪水所阻断④。这些泛滥洪水似乎比现在更麻烦，因为大量事实表明，在我们所涉及的历史时期内，塔里木盆地的河流水量要比现在大得多。

喀什河的洪水

　　我相信，沿山脉外缘低山丘陵外缘的古道，就像我在喀勒塔亚依拉克以后所走的道路那样，一定具有特别的便利之处，至少是在每年的部分时间内。从阿恰勒峡谷边缘向西穿

此道的优势

　　① 历史上塔里木盆地河流所携带的水量减少而引起的一个类似的"干旱"原因，见我有关"亚洲腹地"的论文，载《地理学刊》487 页以下，1925 年第 65 期。
　　② 参见《西域考古图记》第三卷 1310 页注 2。
　　③ 我们同意沙畹先生的意见，即把握瑟德（Wo-She-Te）在叙述高仙芝远征帕米尔和亚辛的原因时提到巴楚地带，作为高仙芝在阿克苏和喀什途中的停留地（参见沙畹《西突厥》152 页注），但确切地点不明。（要了解经过麻扎塔格的唐人旅行日记，可参见本书第二十四章第三节。）
　　④ 参见斯文·赫定《中亚之旅》219 页。

图 81　望叶尔羌河对岸的麻扎塔格

图 82　在却勒库勒河岸望库木塔格北端的沙丘

图 83　塔克拉玛干 xxvii～xxxviii 号营地之间的高沙梁

图 84　喀拉库勒河边林带里的红柳和红柳枯树

图 85　去巴楚赶集

图 86　卡西木·艾则孜帕万和托乎提阿洪

越一片开阔的大草原，可以容易地走上这条道路，从而可避免洪水的危险。抵达我们 xvi 号营地附近丘陵外缘的旅行者，可以很容易地继续往前走，直到他抵达喀什垦区最东北的延伸处为止。即使在现在，大车沿此道可以轻易地到达喀什镇。此道的实际里程（以拉尔·辛格调查时所走的从喀勒塔亚依拉克至喀什的捷径为例）仅比沿河的南道多出几英里。

因为缺水，我们没有走需时三天的行程长约 55 英里的北道。但这种缺水情况在古代是不存在的，因为我们已经看到，在此地点被占据的时期内，喀什河水一定远流至黑大爷协亥尔遗址所在的山麓及往东更远的地方的迹象。即使在那些被我们忽视的古代居址，我们仍能找到表明在历史时期山丘本身已接收到更多的潮湿的证据。不时的排水，足以填满小山谷入口附近的人工水库和石水槽，使得沿着小冲积扇的成排的胡杨得以茂盛。由此，我认为，尽管当地人不太记得沿着巴楚以上的沙漠山脉的"古道"，但我们根据上面讨论的事实基础，可以确定从阿克苏通过琼梯木、拉勒塔格和阿恰勒的古代大道。

沿巴楚西面沙梁的"古道"

在拉勒塔格遗址采集、发掘出土的遗物名录

L.Tāgh.01 木尖饰。与 M.Tāgh.c.06 类似，但有简化的线脚，裂开，已腐烂，部分已残，高 $5\frac{1}{4}$ 英寸，直径 $2\frac{5}{8}$ 英寸。

L.Tāgh.02 陶片。红色，细泥胎，绿釉，上绘两道粗黑的环纹。$2\frac{1}{8}$ 英寸×$1\frac{1}{2}$ 英寸×$\frac{13}{16}$ 英寸。

L.Tāgh.03 陶片。长方形，细泥胎，外面有暗米色的陶衣。2 英寸×$1\frac{1}{4}$英寸×$\frac{5}{16}$英寸。

L.Tāgh.04 青铜项圈。圆锥形，粗端嵌有珠子。铸造，已锈蚀。大径$1\frac{7}{8}$英寸，小径 $1\frac{1}{8}$英寸，高$\frac{1}{2}$英寸。

L.Tāgh.05 绿松石色的铅质玻璃残片。小，圆环形，一边已残破。直径$\frac{3}{8}$英寸，最大厚度$\frac{1}{16}$英寸。

L.Tāgh.06 青铜指环。戒面处加厚，但无嵌镶珠宝的座孔。薄的地方已裂开。直径$\frac{7}{8}$英寸。

L.Tāgh.07 铅质玻璃（?）珠。环形，黑色不透明，剖面呈环圈形。直径$\frac{5}{16}$英寸，厚$\frac{1}{8}$英寸。

L.Tāgh.08 *泥塑残件*。象脸面具，模制而成。明显的额骨、眉毛及似人样的鼓眼。右耳上沿被保留下来，象鼻已残失，象牙已从圆孔座中掉失。坚硬，也许意外地被火烧过。$7\frac{1}{4}$英寸×5 英寸×$2\frac{1}{2}$英寸。图版 IV。

L.Tāgh.09 *泥塑残件*。发结与 L.Tāgh.017 和《西域考古图记》第四卷图版 CXXXIV 中的 Mi.xi.003 类似。已烧硬，保存很好。$3\frac{1}{8}$英寸×$2\frac{5}{8}$英寸。

L.Tāgh.010 *泥塑残件*。高顶结的左边，似前者，但要大一些。烧过，保存很好。$3\frac{7}{8}$英寸×2 英寸。

L.Tāgh.011 *泥塑残件*。描绘龙食人的图案，人正奋力使龙退却。龙头，嘴大张，鼓眼的右侧像，非常活泼，模制得很好。身子扭曲，由双重素带组成，带间有珍珠。人为男性（?），头已残失，动作优美，比例合适。残件两边已破残，一边有榫孔。略烧过，残边较脆。保存很好。$4\frac{3}{4}$ 英寸 × $4\frac{1}{2}$ 英寸。图版 IV。

L.Tāgh.012　**泥塑残件**。帐幔的流苏和五股细绳，参见《西域考古图记》第四卷图版 CXXVII 中的 MI.I.i.004.g。烧过。五股绳为莲花茎，由双重珠带系在一起。珠带两边有绳子作边。底下放射状地伸出四朵莲花蓓蕾或萼片。保存很好。类似的残件参见 L.Tāgh.014、019。$2\frac{7}{8}$ 英寸 × 2 英寸。

L.Tāgh.013　**泥塑残件**。两边长出小嫩叶的茎秆，烧过，保存很好。$2\frac{1}{2}$ 英寸 × $1\frac{3}{4}$ 英寸。

L.Tāgh.014　**泥塑残件**。与 L.Tāgh.012 的流苏类似。木柄已残失，涂的颜色仍保留着。烧过，保存很好。$2\frac{1}{8}$ 英寸 × $1\frac{3}{4}$ 英寸。

L.Tāgh.015　**泥塑残件**。右手伸开，掌中有六瓣形浮雕莲花，参见《西域考古图记》第四卷图版 CXXXVII 中的 Mi.xviii005。模制得很好，几乎为圆雕。小指已断残。手腕空芯。烧过，红色黏土胎。长 3 英寸。图版 IV。

L.Tāgh.016　**泥塑残件**。高顶结的中心环，与 L.Tāgh.010 类似。已烧过，$1\frac{3}{4}$ 英寸 × $2\frac{3}{4}$ 英寸。

L.Tāgh.017　**泥塑残件**。与 L.Tāgh.09 的顶结类似，已烧过，较脆。3 英寸 × 3 英寸。

L.Tāgh.018　**泥塑残件**。贴饰。八瓣莲花或玫瑰花结。高浮雕的花瓣和花蕊。花瓣间有萼片。烧过。很坚硬。直径 $2\frac{7}{8}$ 英寸。

L.Tāgh.019　**泥塑残件**。与 L.Tāgh.012 的流苏类似。有涂色的痕迹。保存很好。$3\frac{1}{2}$ 英寸 × $2\frac{1}{4}$ 英寸。

L.Tāgh.020　泥塑残件。由细带束边的珠子的支撑拱，包含站在左边的孔雀（?）。可能是尖顶饰或头饰。已烧过，底角残。$3\frac{3}{4}$ 英寸×3 英寸。图版 IV（图版中未找见，疑误——译者）。

L.Tāgh.021　泥塑残件。真人面大小，残存左眼、面颊、耳下部及背后的头发。模制得很好，涂以米黄色泥釉。烧过，表面磨损。6 英寸×$3\frac{3}{8}$ 英寸。

第三节　塔克拉玛干沙漠里的一条山脉

从巴楚进入沙漠

10 月 25 日，我从巴楚出发，以进行我长期筹划的在东南沙漠里的考察工作。其目的如同上述简要说明那样，是要尽可能地直接穿越塔克拉玛干沙漠，到达和田河岸上的麻扎塔格。取这条捷径是为了节省时间，以及被穿越这片人所不知的沙漠地带的冒险所吸引，还有一个原因是对特殊地貌进行考察。1908 年的考察表明，和田麻扎塔格山在地理结构上，与隔绝在巴楚东面的一座岛状山脉的残余有着密切的关系。在前几节中，我们曾多次提到过这一观点。我们已经探明，麻扎塔格从和田河伸入塔克拉玛干沙漠 20 多英里，走向与巴楚岛状山链的走向一样，呈东南—西北走向，它们的山貌也很一致。

连接和田的麻扎塔格

作为古老山脉的一部分，斜插于塔克拉玛干沙漠的和田麻扎塔格与巴楚和柯坪之间最外围的天山形成近直角的夹

角①。上述在拜勒塔格和拉勒塔格做的观察，证明了值得注
意的一种现象，即正是经年累月的流沙侵蚀、堆积，才使巴
楚以东的山脉成了沙海中座座孤立的岛屿。巴楚东南方沙漠
中巨量流沙的积聚，足以解释我们推断的斜穿塔克拉玛干的
古代山脉被打断的原因②。但要提供明确的证据，尚需进行
实地调查。

在高沙丘分布的干涸沙漠中深入 130 多英里，必定会遇穿越沙漠的风
到巨大的困难，我对此未存任何侥幸的心理。斯文·赫定博险
士的历险已足以证明此种风险之大，1895 年 4 月底，他从同
样的地方出发，向东欲穿越沙漠，结果其队伍遭到毁灭性的
打击，他本人也差点死于干渴和无力③。为了避免可能出现
的灾难，我着意选择了较寒冷的季节，可使人畜少受折磨，
同时也准备了足够的用水，并尽可能地减轻牲畜的负担。

为了后一个目的，我尽力从巴楚租用了 6 只骆驼，以在为穿越沙漠做
穿越沙漠的开始阶段充实我们自己的 12 只骆驼组成的精良准备
的"后勤供应驼队"，我也没有忽视加强我们人员的素质的
好处。我相信，参加过我的所有新疆考察的可靠的驼工哈桑
阿洪，完全能够照看好将要投入工作的牲畜。但除了他，其
他人都没有艰难的沙漠旅行经验。所以当和田河边的伊斯兰
玛巴德村（Islāmābād）的猎手卡西木阿洪（Kāsim Ākhūn），
应我以前发出的召唤，带着我的克里雅骆驼到达喀什时，我
感到特别的高兴。1900 年我对丹丹乌里克（Dandān-oilik）
进行考察时，我就高度评价和信任他所具有的勇气、方位感

---

① 参见斯文·赫定《中亚之旅》24 页，普尔热瓦尔斯基（Prejevalsky）已经推断了它们之间的连
接关系，他第一次访问和田麻扎塔格是在 1877 年（该山脉被命名为麻扎塔格，前引书 387 页注 3 对此
提出的怀疑是无理的）。

② 参见本书第三章第三节下面的解释。

③ 参见斯文·赫定《中亚之旅》241 页以下；《穿越亚洲》（Through Asia）第一卷 531 页以下。

及真正的沙漠生存能力。在塔克拉玛干沙漠中进行的打猎和其他孤独的漫游生涯，造就了这位瘦弱有力、坚韧不拔的男子（图86）①。

前往叶尔羌河　　从巴楚至大沙漠边缘的三天行程，不需要作详细的叙述。第一天行程是穿越被芦苇和灌木覆盖的平原，此平原把巴楚垦殖区与叶尔羌河左岸分隔开来。在喀拉肯（Kara-ken）附近，我们经过了一片洼地，从这片洼地，洪水可到达麻扎塔格西北广阔的沼泽地，灌溉恰尔巴格的土地。离河旁我们的营地不到1英里的地方，我们穿过了一条名叫库达依亚（Kodai-daryā）的沟渠，在洪水季节里，此渠把水输往吐木休克西南的恰罕库勒（Chaghān-köl）沼泽，它转而成为东边村庄灌溉渠的一个天然水库。

涉水过叶尔羌河　　10月26日早晨，我们涉水过河，那里仅河床的水面就阔55码，最深处为4英尺，流速仅1.7英尺/秒。但据向导艾则孜讲（图86），当洪水暴发时，河床宽近1英里（图81），要不了一个月，水就会溢过南面高16英尺的陡峭泥岸，由此我们可想象夏季洪峰时下流的巨大水量。我们在大部分是芦苇地和繁茂丛林的草场里整整走了一天，欣赏了与麻扎塔格孤立山链的褐红色形成鲜明对比的金秋景色。巴楚麻扎塔格山高出河床近1 000英尺，西南坡和北坡上堆压着巨大的沙丘（图82），与拜勒塔格山的情景非常相似。

---

① 有关卡西木阿洪和他的父亲阿合买提·买尔根（狩猎者，大约在1907年）的情况，见《和田废墟》272页、275页。他们陪同斯文·赫定博士从克里雅河尾闾长途跋涉到沙雅（Shahyar），参见《穿越亚洲》第二卷788页以下、847页。

卡西木阿洪具有非凡的辨别方向能力，我要提到的一个例子是，在我们从叶尔羌河以南的沙漠山丘出发时，没有看过地图并且从未去过和田以西地区的他，就向我指出了到达和田麻扎塔格的一条近路的准确方位，自从离开家后，他经莎车和喀什进行了迂回旅行，总里程远超500英里。

从地图上看，库木塔格山是巴楚麻扎塔格山的直接延伸。斯文·赫定博士和我自己采集的标本表明，这里常见的含长石的石灰砂石和薄岩地层，与麻扎塔格完全一样，而薄岩地层是库木塔格的主要构造，这一事实证明了上面的说法①。叶尔羌河从这两条相隔仅有 5 英里的山链之间通过，其显著特点是，它在莎车上方单独穿过平坦的冲积平原和吹积沙原，然后直接下流，直至罗布泊沼泽地的尾端。我在下面将涉及这里的河道和作为古代对角状山脉残余的最高的岛样山丘两者之间的起源关系。

我们扎营在库木塔格北面的胡杨小树林附近，周围是低沙丘和芦苇地。营地东面有一条陡峭的山脉，巴楚的多浪人称它为乔克塔格（Chok-tāgh），其走向近西北—东南，从叶尔羌河伸展出 12 英里多。两条山链之间的洼地，宽约 4 英里，大部分是宽阔的湖面，由每年泛滥的河水积成，名叫却勒库勒（Chöl-köl，意为沙漠之湖）。湖的南端最高，像斯文·赫定博士一样，我们把它作为沙漠之旅的起点。为了抵达那里，我们走的是湖岸与库木塔格之间的长条形平地。过了此地后，我们不无麻烦地沿着库木塔格东北端的支脉边缘，穿过了一连串仍留有去年夏季洪水的洼地。在此，重要的现象是，地表是一薄层完全风化的、暗红色含盐的小石片，下面为细沙。这种现象正好说明，持续的风蚀正毫不留情地侵削着古山脉的残丘。

离开河岸后，我们走的仍是一条大车道。沿着湖边芦苇地边缘，我们来到了库木塔格伸出的一条低矮但陡峭的山

库木塔格与麻扎塔格间的峡道

库木塔格和乔克塔格之间的湖泊

湖西岸的挖盐坑

---

① 参见斯文·赫定《中亚之旅》220 页以下、241 页。

脊，其红岩和坚硬的硅砂石的碎岩中混杂着大量的岩盐①。邻近的库木塔格山嘴看来也是同样情况。山边到处可见挖盐坑。该地名叫吐孜勒克（Tuzluk，盐地——译者），有两处芦苇棚。我们继续前行，穿过了湖边干涸的洪泛地，看到变窄的湖南端，有一串潟湖，掩隐于芦苇之中。

给水箱和皮囊灌水

向导艾则孜告诉我们，一年前他在打猎时，曾在那里找到可以饮水的地方，于是我们在潟湖南面不远的红柳包中间扎下了营地，结果发现水的盐味太重，可能是去年夏季洪水未能注满这些潟湖的缘故。于是我们又不得不和骆驼一起往回移动，直到在 6 英里远的湖岸找到淡水为止。为备旅行之需，我们在那里把水箱和皮囊都灌满了水。因为湖水很浅，为了取到清水，人们只得老远地来回涉水。把从鲁尔基第一矿场带来的 6 个镀锌铁箱及 42 个羊皮囊都灌满水，并将它们在骆驼身上装好绑稳，这些工作整整花费了我们一天时间。

遇到的第一批沙丘

10 月 29 日，我们把一些沉重的小容器进行分装、捆扎，耽搁了一些时间，随后我们就向东南进发，穿过了以前曾是湖端但现已干涸的长 3 英里的盐碱地。然后，我们遇到了第一批沙丘，它们不规则地排列于平地上，表面覆盖着大量半死的芦苇和灌木丛，此地长约 3 英里，很明显以前曾是近河地带。再往前走，沙丘更集中，并升高到 30 英尺或更高的高度。在它们之间，出现了稀少的活红柳，甚至在一片小洼地里，我们还发现一小片小胡杨长于沙地之上。它们的出现，表明附近可能有地下水。于是我们将营地安扎于此，并向下狠挖了 4 英尺，达到了地下水层。次日早晨，我们继续行进，发现沙丘急剧升高，沙丘更集中了，每条沙丘都有规

---

① 从此处或更远的地区获得的标本，见附录 O。

则的南—南西的凹面。我们很快就遇到高达 200~300 英尺的连绵不断的巨大沙梁，走向一律近东北东—西南西向。其沙脊线正好与我们所要去的方向形成一个大夹角，因此我们须不断地爬坡、下坡，这对人和骆驼来说真是一种折磨。

不久我就明白，这些沙梁的统一走向表现了一种自然规律，即塔克拉玛干的流沙成线状堆积，与附近的大河平行①，这种规律还体现在我以前考察过的楼兰西面、克里雅河流域以及其他地方的沙漠中。但也应注意到这一规律在不同地方体现出来的差异。我以前穿越的高沙丘地区，沙丘的顶脊长度不一，相对分开，所以沙梁上多出现低矮的鞍部或肩部，对于负载的骆驼来说，翻越这些沙梁就相对容易一些。而在这里，沙梁连绵不断，使我们不能直接翻梁，而只能绕着走，也只有到了沙梁之间宽阔而平坦的谷底，才可以使骆驼缓和一下。

现在所走的地带实在难行。不走沙梁是不可能的，因为哪里都没有明显的鞍部或缺口。我们曾试图沿着沙脊顶部行进，以多走路的方式使负载骆驼避免受到经常上下坡的折磨，但这是徒劳的，原因是这些沙梁的顶部毫无例外地是由巨大的沙丘组成，其阴面非常陡峭，因此骆驼不可能绕行或横越。在洼地或谷地中行进，也并不轻松，因为沙梁较高，因此谷底和沙丘几乎混在一起。开始，在 xxvi 号营地和一小片活着的红柳丛（图 87）附近，谷底还有几小块风蚀平地可以穿行，分别有 4 英里和 5.5 英里。但过后，即使在沙谷里也难以找到平坦的地方，负重的骆驼行进速度极为缓慢。

沙达坂的方向

穿行沙梁的困难

---

① 参见《西域考古图记》第一卷 241 页注 2、451 页以下；第三卷 1239 页。另参见斯文·赫定《中亚》第一卷 363 页。

在到达 xxvii 号营地前 2 英里的地方，我们沿途做了仔细的水平测量，表明在这里爬行 350 多英尺比平地上走 1 英里还要费劲，而下坡对负重骆驼来说更为艰难。我们还按平均时间做了类似的测量，结果表明，我们所走的实际路程比地图标示的直线距离要增加 30%～40%，因此每天结束前，骆驼总显出筋疲力尽的样子，是不足为怪的。

石器的发现　　但最终有一个重要的发现等待着我们。当我们下坡走入一条比我们刚翻过的达坂低 250 英尺的沙谷时（走向为东北东—西—南西），我注意到从一座沙丘的一面露出一块风蚀黏土台地的边缘。这块雅丹状的台地的陡峭面，有一条风蚀出来的窄沟，深 50 英尺，沟底有几棵活着的小植物。正是在这个地方，夜间归来的卡西木阿洪，向下挖了 5 英尺，便成功地挖出了极其稀罕的水。更远处出现的同样硬度的窄条灰黏土，诱使我沿此谷底向东走了约 1 英里（图 88）。不久，我们在此裸露的土地上，捡到了小块石头，有些仅是自然块石，有些则是使用过的石器，和我 1906 年前往楼兰遗址（Lou-lan Site）途中在罗布沙漠见到的大量小石器相类似①。这些标本，将放在下面的目录中进行描述。我认出俾格米（Pygmy）类型的石片和几件石核，其余为人工敲砸出来的不规则的石块②。

旧石器时代的
居址　　这些散见于沙丘间的小块风蚀地表的旧石器时代遗存，清楚地证明，这块现无生命的沙漠曾经是旧石器时代人们的居住地，此地离最近的叶尔羌河床有近 30 英里。考虑到该地逐渐向昆仑山的缓斜坡升高，我认为史前时期的叶尔羌河

① 参见 R.A.史密斯的论文，载《人类》81 页以下，1911 年第 11 期；《西域考古图记》第一章 357 页；本书第六章第一、五节。
② 据 R.A.史密斯先生鉴定，材料为燧石、碧玉和硅岩。

不可能流到这么南的地方①。根据我将在下面讨论的古代山脉残余和现代河道之间的关系，叶尔羌河曾流至库木塔格和乔克塔格南麓附近的可能性不能一起排除②。在最近的地理冰川期间，塔里木盆地可能会得到潮湿空气，这就是为什么在这个地方会有早期石器时代的遗存。与此有关的是，在叶尔羌河南面的沙漠，也就是在却勒库勒南端和以前描述过的黄土地上的 xxv 号营地之间捡拾到另一件石器，是一枚制作精细的石箭头（图版 XXII）③，它无疑属于新石器时代，年代更晚。

10 月 31 日，我们向东南方继续前进，所经沙丘更加险恶。六座难以应付的沙达坂，足高出旁边的沙谷 300 英尺（图 83），我们需连续翻过它们。沙谷里除有几小块黏土地外（图 89），正被沙丘挤迫得越来越小。只有一个地方非常特别，使艰险而单调的沙海有了一点变化。从 xxvii 号营地起，我们在第三座沙达坂两边的沙谷里，看到地面大多呈黑红色，它们和巴楚东部沙漠里所见到的一样，是石灰质砂石被风化后造成的。④ 如前所述，库木塔格东北麓沙质缓斜坡的表面，尽管剥蚀程度没有这么严重，也出现过同样的情况⑤。

风蚀岩石剥落下来的石片

---

① 由于别处所说的原因，强调无液气压计和沸点气压计的海拔读数差别相对较小的重要性将是错误的。还值得提到的是，我们的高度记录显示，叶尔羌河附近和乔克塔格周围（xxiv、xxv、xxx 号营地）的高度比较一致，似乎表明在我们三天沙漠旅行中，地面有了明显的上升。经测定，xxvi、xxvii 和 xxviii 号营地的高度分别为 3 610、3 710、3 890 英尺。这些营地中，仅最后一个位于沙梁上，下面为黏土层。

② 附于《中亚之旅》的哈森斯坦因博士的地图表明了几个小盆地位置的关系，其中一些小盆地位于今叶尔羌河南 17 英里处，对此应给予注意。1895 年 4 月，斯文·赫定博士从麦盖提（Merket）至乔克塔格的行军途中，曾遇到过泛滥的洪水，上述盆地里的水即源自那次洪水。不管怎样，必须指出的是，把那张地图与我们的地图进行比较，就可发现它对麻扎塔格和乔克塔格之间的距离明显估计过高，即多估了约 10 英里。实际上，这些小盆地或水坑与这条河流之间的距离很近。

③ 参见下文遗物名录表中的 C.XXV.02。

④ 对这些岩石片的专业描述，见附录 O。

⑤ 参见本书第三章第三节。

我认为这个地方是一条山脉的残余，是没有什么疑义的。这条山脉全部被掩埋在流沙之中，有些地方露出了风蚀的顶部，它还延伸到和田麻扎塔格或更远的地方。从地图上看，在这里的沙丘斜坡下的岛状岩石，正处在与库木塔格至和田麻扎塔格的方向上，而且位于和田麻扎塔格、乔克塔格中脊以及巴楚麻扎塔格最高处的连线以西，距连线仅 2.5 英里①。

前往 c.xxvii 号
营地的艰辛

那天我们在巨大沙丘上不断地上上下下，把骆驼折磨得筋疲力尽。租用的两只骆驼已完全耗损，其余的骆驼也有很大的麻烦。但到了最后一个营地时，它们的负担减轻了许多，我们让所有的骆驼喝了个够，并吃掉了我们携带至今的三包草料（干苜蓿草）的一半。很显然，我们不能再依赖它们的帮助。我感到更焦虑的是行进速度非常缓慢，10 个小时才步行了 11 英里多，若按直线距离计仅 7 英里多一点。那天傍晚，我们停留在一座高沙丘的宽顶上向前看，感觉到这里与麻扎塔格所在的和田河之间的直线距离不下于 100 英里。假定我们的骆驼以后能保持今天的行军速度（这一点哈桑阿洪和我都感到怀疑），那么我们需要耗费两星期的时间才能到达那个有水有草的地方。根据斯文·赫定博士向北走的经验和卡西木阿洪报告的和田麻扎塔格周围沙漠的情况，可以肯定在到达那条小山脉前不可能有好走的地方。其中最糟糕的是，不管我们多么小心地确定方向，仍不能肯定是否会找到推测中的那座向西北方向延伸的低山丘陵。以前的经

---

① 地图中没有表示高精确度的各自的地理位置。但和田麻扎塔格的纬度是靠天文观察来确定的。巴楚麻扎塔格的纬度，尽管准确性不高，但是用横越喀什、阿克苏和莎车的道路的一致性来确定的。当然，后来也对巴楚麻扎塔格的经度以及以前作的近于精确的喀什和莎车的经度做了检验。和田麻扎塔格的经度同样不至于太"出错"，因为它是在和田的经度上测出的，它是 1900 年我们用较精确的三角测量法测定的。我在此要补充的是，我们横越沙漠时，用平板仪进行了测量检验，又从乔克塔格引方位射线进行测定，远至xxviii号营地的大多数方位已经确定。

验告诉我，只有靠罗盘沿着高沙丘中间的一条确切道路走才
有找到它的可能①。

随后我焦急地考虑了一个夜晚。我意识到，如果坚持要
翻越难以征服的沙达坂和沙丘，势必会使牲畜和装备遭受严
重的损失，耽搁我们对重要的新地貌的考察，这是得不偿失
的，看来我将不得不放弃这一计划。直到次日早晨，我才痛
下了决心。我爬上了营地旁边最高的沙丘，戴着我的眼镜向
东方的地平线仔细地扫视，目及之处只有难以对付的茫茫沙
丘，其景色犹如突然翻腾起来的滚滚巨涛（图 90）。向远处
伸展的沙丘紧密相连，其间很少有风蚀或易走的沙地。太阳
升起后，远处折射的沙梁的虚幻景象随之消失。

这次极目眺望未能给我带来任何希望，我突然产生了茫
然无措而难以支撑下去的感觉。我感觉到，虽然通过最终的
挣扎，我们也许能平安地幸存下来，但我们冬季考察所依靠
的骆驼将遭受严重的损失，从而危及我们的考察工作。若向
正东方向行进，与沙达坂保持平行，直插和田河，可能会减
少一些困难或路程。然而这样走势必会重蹈斯文·赫定博士
的覆辙，不能带来任何的益处。所以除转弯取道叶尔羌河前
往和田麻扎塔格外别无选择。这是一个困难的决定，因为我
要说服与我一起共患难、同冒险的这帮队员。但是，经验证
明，必须及时服从需要。次日，秋季第一场大沙暴来袭，但
最讨厌的还是严寒，人们在烤火时即使加足柴火也还感到冷。
冰冷的寒风持续了几天，即使躲藏于高高的沙丘之间也无济
于事。要知道，我们携带的燃料很少，仅由一只骆驼负载着。

*从 c.xxviii 号营
地所看到的沙
海远景*

*回到叶尔羌河
的决定*

---

① 参见《沙漠契丹》第一卷 425 页对楼兰遗址至塔里木河的穿越旅行的记述。

图 87　塔克拉玛干 xxvi 号营地以远的沙丘和最后见到的一些红柳

图 88　塔克拉玛干 xxvii 号营地的风蚀黏土地

图 89 塔克拉玛干 xxvii 号营地附近，沙丘谷地中的风蚀黏土和低沙丘

图 90 在塔克拉玛干 xxvii 号营地望东面的高沙丘

以后穿越的条件

根据已经显露的重要地貌，我们应该努力通过把乔克塔格与和田麻扎塔格分开的沙海，去寻找风蚀的低山丘陵。现在我认识到可以从后一地点去做这一尝试，当然，要取得成功，只能靠双脚，而不是靠飞机。从和田河前往麻扎塔格山，头20英里相对而言是容易行走的。尽管1908年拉尔·辛格勘测的和田麻扎塔格高度不大，但我们站在它的顶部，可以沿着它的走向向前搜寻到任何孤立的岩岛。从那里再向前穿过60英里的困难地段后，就可看到乔克塔格的顶部，从而为剩下的沙漠旅行提供安全保障。1月和2月是能见度最好的季节，也适于用冰的方式运水。

和田河岸上的残丘

在此我就地质学方面做几点归纳。我推测，古代低山丘陵曾呈对角线状地斜伸于大盆地，但它多被塔克拉玛干沙漠覆盖，仅西北端和东南端露出于大河附近，这不能说是因为碰巧。很显然，大河附近有一定的湿气，两岸有宽阔的植物地带，不可避免地挡住了流沙的堆积，所以风蚀在这里的作用就要小得多。从风向来看，流沙主要在河道的背风面。我观察到的所有风蚀地貌，从罗布沙漠到巴楚古老的横断残丘，都说明塔里木盆地的主要风向是从东—北或东—北东到西—南或西—南西。根据这一事实，也就容易根据地图弄清为什么近乎南北流向的和田河只保护了河西的古老残丘，从而也就可以充分地解释为什么麻扎塔格在河左岸14英里多的地方幸存下来。

河边地带提供的保护

让我们把注意力转回到叶尔羌河附近的低山丘陵地区，我们发现那里的情形有些不同。在此叶尔羌河河道的总方向接近从南243°西到北63°东，或大概地自西—南西到东—北东，从而与平常的风向近乎一致。如果考虑到临河植被地带的宽度（由于临近喀什河，叶尔羌河左岸或北岸的植被带特

别宽阔），叶尔羌河两边的山丘肯定受到了保护，受流沙的
侵蚀较少。但这种保护在左岸更有效，因为那里有喀什河末
端补充过来的水汽，植被带更宽阔。从地图上看，左岸的巴
楚麻扎塔格高而宽阔，而居于右岸的乔克塔格和库木塔格则
明显低矮、单薄，这一地貌事实和我们理论性的推测非常一
致。与上述理论更一致的是，我们发现巴楚麻扎塔格北面及
东北面孤立的低山丘陵较为低矮，而且离喀什河临河地带越
远，高度就越低。所以，拜勒塔格比它延伸出去的乌库尔麻
扎塔格明显低矮得多，受到的侵蚀更严重。拉勒塔格也比吐
木休克附近的山丘要低矮。可以得出这样的解释，即晚期的
地质变迁，与天山或柯坪塔格（Kelpin-tāgh）最外缘近成直
角的古代低山丘陵，已近乎消失，仅剩下希克尔瓦依山丘还
可见到。

　　我未受过系统的地质学训练，我只是有保留地作出这些
推论。但我可以声明，至少我所应用的推论方法是可靠的
［这一点已由瓦尔特（Walther）教授的研究所证明[1]］，对人
们了解沙漠地貌演变史可以提供一些帮助。我可以说，各个
时期整个塔克拉玛干沙漠主要的地貌变化是古代低山丘陵的
逐渐销蚀。气候的变化也许会延迟或加快这种进程。但即使
塔里木盆地变成了现在这样的与海洋隔断的巨大无水区，其
基本情况也如此。

　　这一推测性的解释诱使着我们去寻找比和田麻扎塔格更
远的、延伸到东南方的古代低山丘陵。我已经注意到其他地
方的情况。尼雅河末端著名的朝圣地——依曼·贾法尔·萨

影响沙漠地貌
的因素

尼雅河尾端的
山丘

---

　　[1]　参见他的经典著作《沙漠形成之法则》（*Das Gesetz der Wüstenbildung*）6页、32页以下，书中随
处可见。

迪克（Imām Ja'far Sādiq）麻扎，就坐落在一座被沙丘包围的低矮孤山丘上①。此山脊丘平顶，其带盐性的岩礁上覆盖着碎岩。我后悔未能采集碎岩标本，致使山脊的地质构造至今仍不清楚。② 但《西域考古图记》总地图资料表明，这一剥蚀裸露的岩岛就位于拜勒塔格和乌库尔麻扎塔格连线的东南延长线上，只在巴楚麻扎塔格及和田麻扎塔格的连线北面一点。难道这里就没有斜穿塔克拉玛干的同一古代低山丘陵的最后残余？它会消失在这最后的地区？

据两座麻扎塔格和依曼·贾法尔·萨迪克麻扎各幸存于大河西岸的共性类推，就会进一步地提出这样的问题：在克里雅河（Keriya River）以西相应的位置，即在恰勒乌格勒（Chāl-öghil）和尧干库木（Yoghan-Kum）之间的位置上是否可以找到这座古代低山丘陵的残余？1901 年和 1908 年我在克里雅河这一地区考察时没有搜寻过类似的遗迹，对此我深感遗憾。但如果说像尧干库木这样特别高的沙丘下压着已遭侵蚀的矮山丘，我不会感到吃惊，这可说明克里雅河的末端正是在尧干库木③。

在乔克塔格东南沙漠里发现的遗物名录

C.XXV.02 石尖状器（箭头）。新石器时代，制作精细，长而尖细。与箭铤相接的宽端变平。菱形剖面。黑灰燧石质，表面多处风化。发现于粉状土壤上，即 xxv 号营地东南 4 英里处，长 $2\frac{5}{8}$ 英寸，基宽 $\frac{9}{16}$ 英寸，厚 $\frac{5}{16}$ 英寸。图版 XXII。

C.XXV.03 燧石（?）尖状物。弯曲，一边沿修整过。黑色，半透明，基部已残破。发现地点同前一件。长 $1\frac{1}{16}$ 英寸，最大宽度 $\frac{7}{16}$ 英寸，最大厚度

---

① 参见《古代和田》第一卷 313 页以下。

② 1901 年我第一次考察依曼·贾法尔·萨迪克麻扎时，从这个山背地表上带回了岩石标本，见索罗斯教授在附录 O 中对此的描述。（据本书英文版"补遗和勘误"补注——译者）

③ 参见《沙漠契丹》第二卷 410 页。

$\dfrac{3}{16}$英寸。

C.XXVII（E.of）.01　**燧石核**。在营地东面发现。圆锥形，断裂面窄长，基部直径$\dfrac{7}{8}$英寸，高$\dfrac{7}{8}$英寸。

C.XXVII（E.of）.02、03　**2块石器残件**。在营地东面发现。褐色和灰色，有打击点。大残片长$1\dfrac{7}{16}$英寸。

C.XXVII（E.of）.04　**石器残件**。在营地东面发现。略呈长方形，一边微尖，残留有贝壳的碎末，表明曾接触过贝壳。相向的一边残。$\dfrac{5}{8}$英寸×$\dfrac{1}{2}$英寸×$\dfrac{1}{2}$英寸。

C.XXVII（E.of）.05　**燧石石核残件**。在营地东面发现。红黄色，曾剥落下窄长的石片。一边未修整过。长$\dfrac{7}{8}$英寸，厚$\dfrac{3}{8}$英寸。

C.XXVII（E.of）.06　**石头残件**。在营地东面发现。坚硬，灰褐色，表面有粗糙的裂缝，与CXXVI.019类似。略经加工过，边沿非常锋利。呈不规则三角形。$2\dfrac{1}{4}$英寸×1英寸×$1\dfrac{3}{4}$英寸。

C.XXVII（E.of）.07　**石头残块**。在营地东面发现。坚硬，灰色，形似剑鞘的下端，或许是磨石的一部分。一端圆形。$3\dfrac{1}{8}$英寸×1英寸×$\dfrac{3}{8}$英寸，渐变细至$\dfrac{11}{16}$英寸。

C.XXVII（E.of）.08　**石头残块**。在营地东面发现。坚硬，灰褐色，打击点，如C.XXVII.015一样有细粒的裂缝。$1\dfrac{3}{4}$英寸×$1\dfrac{7}{8}$英寸×$\dfrac{1}{2}$英寸。

C.XXVII（E.of）.09　**贝壳**。在xxvii号营地以东3英里的沙丘上发现。或许是贝壳（Limneidae），参见 C.XCIII.02~09。长 $\frac{7}{16}$ 英寸。

C.XXVII(E.of).010　**石化植物残件**。在营地东面发现。淡水贝壳（?）残件。最大长度 1 英寸。

C.XXVII.011　**石片**。坚硬，如 C.XXXVII.015 那样呈黑色，刮削器（?）。长 2 英寸。

C.XXVII.015、016　**2 块石器残件**。形状不规则，粗糙，黑色，带有细粗裂缝。大残件尺寸 $2\frac{3}{8}$ 英寸 $\times 1\frac{5}{8}$ 英寸 $\times \frac{9}{16}$ 英寸，小残件尺寸 $\frac{3}{4}$ 英寸 $\times \frac{11}{16}$ 英寸 $\times \frac{3}{16}$ 英寸。

C.XXVII.017　**石器残件**。黑燧石（?），不规则块状。大残件长 $\frac{11}{16}$ 英寸。

C.XXVII.018　**小鹅卵石**。水冲、沙蚀过，灰和淡黄色斑点，为部分风化的片麻岩。1 英寸 $\times \frac{3}{4}$ 英寸 $\times \frac{5}{16}$ 英寸。

C.XXVII.019　**加工过的（?）石器残件**。粉褐色，颗粒，裂缝，如 C.XXVII(E.of).06，不规则形状。长 $1\frac{3}{4}$ 英寸。

C.XXVII.020　**石头残块**。精细，坚硬，呈黑色，颗粒，裂缝，如 C.XXXVII.015，呈不规则形状（意外地断裂?）。长 $1\frac{7}{16}$ 英寸。

C.XXVII.021~027　**7 块石器残件**。黑色至红色。不规则形状，有些似乎是偶然断裂而成。024 标本磨过。021 最大，长 $1\frac{3}{8}$ 英寸。

C.XXVII.028~030　**3 块石头碎块**。坚硬，灰色。029 显示条纹曲线皱纹，030 的一面有沙磨痕迹。大残块尺寸 $1\frac{5}{16}$ 英寸 $\times$（最大宽度）$\frac{7}{8}$ 英寸（029）。

C.XXVII.031　**石片（叶）**。窄长形，黄绿色，单面有棱，双刃。端部也被加工过，精细的粒纹裂缝。$1\frac{5}{16}$英寸×$\frac{9}{16}$英寸×$\frac{1}{10}$英寸。

C.XXVII.032、033 2块石片（石叶碎片）。窄长形，032有金字塔形的边沿。033底面平，纵长呈凹形。单刃，后背较宽。后背和边沿修整过。上端宽阔，向下渐细，最窄处已断残，断面呈等腰三角形。深褐色燧石。有沙磨痕迹。参见C.XXV.03。最宽处1英寸×$\frac{5}{12}$英寸。

C.XXVII.034、035 2块石片（石片残件）。狭窄。034为细粒硬黑石，双脊，$\frac{5}{8}$英寸×$\frac{5}{16}$英寸。

035角色燧石，半透明，微弯曲，$\frac{13}{16}$英寸×$\frac{3}{8}$英寸。

C.XXVII.036、037 2块石片残件。分别为黑色和红色燧石（？）。形状不规则。大残片$\frac{5}{8}$英寸。

C.XXVII.038～040 3块石器残件。坚硬、黑色、细颗粒质，如C.XXVII.08、011、015。039有打击点。040略成新月形，宽背。最大尺寸$1\frac{3}{4}$英寸×$\frac{3}{4}$英寸×$\frac{5}{16}$英寸（040）。

第四节　经过和田的麻扎塔格

穿越塔克拉玛干沙漠直达和田麻扎塔格的意图受阻，我决定沿着叶尔羌河与和田河赶往那里。从那些难以对付的沙达坂回返的第三天，我们到达了乔克塔格东翼，那里是一片裸露的砾石戈壁，处于山丘和东面的大沙梁之间，很容易通过。我们走近沙丘时遇到了暴风雪的袭击。然后，穿越乔克塔格的最后支脉，我们到达了其干乔勒（Chigan-chöl）村民

回到叶尔羌河

常去的水磨坊附近的叶尔羌河（图 79）。其干乔勒是前往吐木休克方向的路边的一个大村庄。我们在那里涉水过河，并在左岸的茂林中长途跋涉了一天。我们幸运地从其干乔勒的草地上购得了马匹，这样我们就可以赶上测量员的驼队。经过三天（11 月 5—8 日）急行军，我们穿过了以前调查过的林带，到达了阿克苏垦区的西南缘。

穿行河边林地　　从托什干乔勒（Tushkan-chöl）的 c.xxxi 号营地出发后，我们进行了三天跋涉，穿过了叶尔羌河边宽阔的大部分是野生白杨树的林地。向导所引的小道并不好走，只有几个地方靠近蜿蜒的主河床。但我们在喀帕加依那克（Kapa-jainak）和柯坪萨特马（Kelpin-satma）附近的营地，可从阿尔帕阿金（Ārpa-akin）的大河中取到水。此河在夏季洪水季节可得到叶尔羌河注入吐木休克南面大沼泽地的多余之水，它在阿恰墩（Acha-dong）沙山上方与叶尔羌河主河重新汇合。在克孜尔吉亚拉特（Kizil-ziārat），我们经过了由从阿克苏阿巴德（Ābād，应为今阿瓦提县——译者）地区来的几户多浪人家开垦的一小块垦殖区，甚至在河旁的牧草地上还能见到属于阿克苏"巴依"（富人、地主——译者）的羊群。

到戈拉乔勒的旅程　　到阿恰墩以后，活着的胡杨树就变得很稀罕了。尽管有一条干河道与经过此地的河流相接①，但许多干枯的树木和红柳包（图 84）表明，该地区已很长时间没有得到水源的补充。经过 31 英里荒芜的无水地带，活着的植物又变得常见起来。最后，到达了帕拉斯耶普提（Palās-yepti）的缓慢流水的河道，据说它是从喀什河的喀拉库勒支流的尾端获得

---

① 调查员穆罕默德·亚库卜的平板仪测量表明，以阿恰库杜克（Acha-kuduk）东北方向的树木和红柳包为道路标志是错误的，应予纠正。

水源的。一年半以后沿着阿克苏—吐木休克大道所做的调查表明，这条河床实际上是喀什河的最后方向（流向）①。随后我们向东北方向行进，经过了几块废弃的耕地和低湿之地，于 11 月 9 日早晨抵达戈拉乔勒村，这里的土地广阔但耕种不佳。它位于阿克苏地区阿巴德县的最南部，其灌溉水来自阿克苏河。该村居住着懒惰的多浪人，他们在现代才开始农耕生活②。该地的资源较贫乏。地区官员未料到我的到来，没有做出安排，所以，我为了加快行军速度，向和田河推进，要求寻找马匹的愿望难以实现。

幸运的是，1908 年以后，和田河的尾闾发生了很大的变化，从而缩短了我们的行程。从亚勒古孜库木（Yalghuz-kum），和田河流转向西北，进入了以前可能是三角洲的一条干涸的古河床。这一变化，使我们可以在 11 月 11 日直插戈拉乔勒的南东南方向，仅用一天时间便到达了和田河的尾闾，再用不着绕道阿克苏河和叶尔羌河交汇处的老路。在阔恰特里克（Kochatlik），我们找到了一只渡船，渡过了叶尔羌河③。穿过一块红柳覆盖的约 10 英里长的旱地，我们发现那里有许多长有红柳树的干河床，其走向表明，叶尔羌河的河水曾流入这些河床。再走 6 英里多，经过最近由和田河洪水冲出来的深沟，到达了宽近 1 英里但非常干硬的新河道。不管怎样，像和田河的其他地方一样，只要在陡峭的河岸下挖个坑

和田河的新尾闾

---

①　喀什河的终端支流戈拉阿金河很可能是喀什河的末端［或古勒阿金（Gore-akin）］曾抵达过附近的叶尔羌河地带。1908 年我在吐木休克北面（参见《西域考古图记》第三卷 1309 页）、1915 年又在亚依德南面曾看到过它，现在它已完全干涸。也许，在阿克苏阿巴德地带最南端的新开垦的戈拉乔勒与它有一些关系。

②　参见《西域考古图记》第三卷 1296 页。1877 年清王朝收复新疆时才有了关于戈拉乔勒村的汉文记载。我在从喀拉库勒末端出发的途中，在萨依拉特里克（Sailat-Terek）看到了一个世纪以前废弃的耕地。

③　经我们的测量，河水宽约 75 英尺、中间深处 5.5 英尺，流速 1.7 立方英尺／秒。

便可取到水。次日，我们沿新河道走了 28 英里。新河道本身又集中地分出几条支流。然后我们来到了亚勒古孜库木。正如 1908 年调查的那样，它偏离了老河道。新河道流经的大部分地方只有稀疏的灌木，只有在其尾闾才开始有芦苇，这证明了 1908 年我穿越沙漠前在克里雅河尾闾地带，获得的有关三角洲的变化致使植物生长缓慢的认识①。

溯和田河的旅程

离开亚勒古孜库木时，我吃惊地发现最近阿巴德的几个牧羊人开垦的一小块铁热伽（Terelgha，即耕地——译者）。我们沿着 1908 年曾走过的通向和田河的"道路"前进。许多地方河道宽达 2 英里，变化不是很大。至麻扎塔格的长途旅行需时四天，需忍受零下 34 华氏度的低温、刺骨寒风和灰暗多尘的恶劣天气。11 月 16 日，我们达隆萨特马（Dārun-satma）附近宿营，尽管那里仅高出河床 220 多英尺，但可看见西南大沙丘上矗立着三座孤立的山丘，它们显然是斜插于塔克拉玛干沙漠的麻扎塔格。卡西木告诉我们，伊斯兰玛巴德和塔瓦克勒（Tawakkēl）的村民，常去其中的一座山丘开采燧石。

麻扎塔格遗址垃圾中找到的器物

尽管 1908 年已对麻扎塔格顶上的遗址做过考察并在《西域考古图记》中进行了描述和说明②，但我还是在 11 月 17 日这一天进行了新的调查。卡西木阿洪在喀什加入我们队伍时曾告诉我，在我访问过他所在的伊斯兰玛巴德村的"寻宝人"后，在废堡周围的盗掘活动便又恢复了，对此我并不感到吃惊。他们没有发现所要寻找的宝物，只得到了类似我从小堡垃圾中大量挖出来的那些小器物的物品。这些小

① 参见《沙漠契丹》第二卷 406 页以下。
② 参见《西域考古图记》第三卷 1285 页以下，图 329~331、335，图版 59。

器物在小堡外面的大面积垃圾层中还有很多。卡西木阿洪带给我一些标本，我已把它们列入下面的遗物名录中进行描述①。我可以确定无疑地说，它们与我 1908 年的那批东西同地同年代。其中有大量的吐蕃文木简；小片的吐蕃文、婆罗米文、回鹘文文书；一张木弓和箭杆的残件（M.Tāgh.03、046~048）；陶质印章（M.Tāgh.026、031、049）；角梳和木梳（M.Tāgh.039~040、0412）；钥匙（M.Tāgh.044）；其他木质杂器（M.Tāgh.021~024、027、032）；绳鞋（M.Tāgh.04~06）。见图版 V、VI。除这批有明确出土地点并类似我 1908 年发现的古物外，从这座唐代古堡的垃圾中，还出土了几件如还愿泥饰板那样的小器物，如一尊坐佛（M.Tāgh.07~010、028）和小型泥塔（M.Tāgh.050），它们应是从一些废殿中发掘出来的。我还要补充说明的是，它们正是我上次考察中未能找到而感到失望的佛教圣地的遗物。我寻找这些宗教遗物的根据或启示是，"麻扎塔格"的名称、山丘东边的伊斯兰教圣墓以及这样的遗址往往是古代崇拜地的延续。

　　正如在巴楚安排的那样，伊斯兰玛巴德的有知识的地方头领穆罕默德伯克（Muhammad Bēg），带着同一地点挖出来的少量东西，正耐心地在麻扎塔格等待我的到来。我带着这些遗物，考察了遗址后，很快发现这些小件杂物出于古堡西北墙下和外院里的垃圾层中，这些垃圾层的面积比我 1908 年清理的垃圾层要小得多，但确实是同一地点（图 95，据本书英文版"补遗和勘误"补注——译者）。因为斜坡上覆盖着被强风吹刮上来的小块石头和鹅卵石，盖住了这些垃

古堡西北墙下的垃圾层

---

　　① 　几件与此非常相似的标本是后来和田的阿克萨喀勒（Ak-Sakal）巴德鲁丁汗（Badruddin Khan）交给我的，他是从"'寻宝人'那里获得此标本的"（盼望已久的吐蕃文书目录大全还未收到）。

坂，所以它们在以前未被人发现。

外院的粪炭　　另一个地点的挖掘虽没有出土什么东西，但还是具有一定的重要性。1908 年我已经肯定古堡外面的大院是马厩（或畜舍）。厚厚的粪层并未能阻止托乎提阿洪这个伊斯兰玛巴德村的"塔克拉玛干人"和真正的"寻宝人"来此挖掘（图 86），他沿该院的东北墙内挖了一条宽 6 英尺、深 10 英尺的沟。这条沟，除说明马粪堆积层的厚度外，没有出土任何遗物。但它表明，现高 6 英尺、约 4 英尺厚的外围墙建于 4 英尺厚的坚实的马厩粪层上，说明在这座吐蕃堡垒建造前该丘顶已被占用了很长时间①。同时托乎提阿洪的盗掘使我找到了解释一些疑难现象的证据。我在院子里注意到了一场大火的迹象，但在堡垒内我未能找到火灾破坏的线索。卡西木阿洪解释，正如他在乌格勒（Öghil，意为羊圈——译者）或牧羊棚的粪堆所常观察到的那样，下面成块的炭化粪块是慢速燃烧而形成的，我们看到庭院围墙的砖坯也带有被烧过的痕迹。

寺院遗址　　不管怎样，我对陡峭、狭窄、东面直下到河岸的石山嘴的考察得到了最重要的回报。那里有一座伊斯兰教圣墓，距城堡约 50 码，地面比城堡低约 100 英尺，上面有两道旧木头围栏，并插有许多缠有不少布条的杆子（附图 3）。1908 年时我未能对它进行调查，现在我注意到斜坡上覆盖砂石片，掩盖了距麻扎约 68 英尺的一小堆低矮的垃圾（图 91）。经仔细清理，露出了木梁和成排的红柳棍，说明它是用木头和树枝建起来的，并且已严重破损的一座带围廊的小型建筑遗

① 参见《西域考古图记》第三卷 1291 页有关城上方的望楼的建造年代可能较早的意见。

址，与我在丹丹乌里克、喀达里克（Khādalik）及和田其他地方发掘出来的佛教寺院极为一致。我们在清理时，还挖出了雕刻得非常精美的木尖饰件（M.Tāgh.C.06～08，图版 VI），与喀达里克发现的那些遗物相同①。几件硬面的纤维质石膏，原覆盖在一件帆布衬背上，是灰泥浮雕的残块（M.Tāgh.C.01～04）。从垃圾堆中捡拾出来的彩绘泥塑小残块，都是从壁画墙面上脱落下来的。因曝晒而严重褪色的一块木头，也许是镶板的残件（M.Tāgh.C.I.01，图版 VI），和其他遗址发现的精美优雅的雕刻风格一样。这些少量的遗物无疑属于佛教寺院用品。

从地栿可测量出，佛寺的大小为 13 英尺 8 英寸×11 英尺 2 英寸，东墙宽 5.6 英尺（附图 3）。墙边遗有三尊泥塑像的像座，位于两侧的两个像座均为长方形，位于中间的像座为半圆形，对角各长 2 英尺。这座佛寺建筑在我 1908 年考察前一定遭受过严重的风蚀，但有足够的理由相信，其最后的破坏是后来的"寻宝"活动造成的，上述提到的卡西木阿洪带给我的坐佛还愿饰板（M.Tāgh.07～010、028）和其他小文物（M.Tāgh.020、050）都是从此挖走的。该地点出土的遗物很少，足以证明它一直是一座佛寺，其年代与吐蕃最后占用该堡垒的时间（公元 8—9 世纪）同时。与中亚其他地方常见的现象一样，这些遗物的主要意义在于它们提供了该地由佛教崇拜地转化成为一座伊斯兰教圣墓的直接的考古学证据②。

内殿遗存中出土的古物

① 参见《西域考古图记》第一卷 194 页。KHA.VIII.002（图版 XVII）。
② 参见《古代和田》第一卷 611 页，"地方崇拜"词条；《西域考古图记》第三卷 1546 页；《皇家亚洲学会会刊》839 页以下，1910 年。

麻扎塔格低山丘陵的年代特点

在此，我顺便补充一点，这座低山丘陵的红色地层主要由石灰泥和雪花石膏组成。如图 92 所示，在废堡的山顶，风蚀把这种地层剥露得清清楚楚。我们发现这种地层的走向是从东南至西北，略向西南倾斜 20°，与巴楚东北低山丘陵上观察到的地层方向非常一致①。其斜坡上风化的石片也使我回想起库木塔格及我第三次沙漠考察途中在乔克塔格东南看到的细红的碎岩。从总体特征来看，和田麻扎塔格与巴楚东北的低山丘陵有着密切的关系②。

赶赴和田镇

我原想在 1908 年的调查基础上，更深入地进入沙漠，以调查麻扎塔格低山丘陵在西北方向的延伸。但由于人和骆驼在长途急行军后，已经筋疲力尽，我不能不让他们在这里花一点时间做一些基本的休息，我不得不放弃这样的计划。我让调查员穆罕默德·亚库卜和骆驼走在我们后面，从喀拉喀什河（Kara-kāsh）和玉龙喀什河（Yurung-kāsh）的交汇处，沿着一条地图上未标的沿喀拉喀什河通向喀拉喀什镇（墨玉镇）的道路向前推进。我自己则和其他队员从 1908 年所走的捷径急赴和田，在四天内走了近 120 英里的路程。

玉龙喀什河东面的遗址

在经过伊斯兰玛巴德村和塔瓦克勒的边远绿洲后，我注意到垦殖区很广阔，说明自从我 1900 年和 1908 年访问那里以后，人口有了大量的增加③。

在伊斯兰玛巴德村，我派阿弗拉兹·古尔去调查有人报告的玉龙喀什河东面沙漠中的遗址，调查结果证明这些遗址

---

① 参见斯文·赫定《中亚之旅》221 页、223 页。
② 参见本书第三章第二节、第三节。
③ 1900 年估计，塔瓦克勒和伊斯兰玛巴德村一起共有 1 000 户人家；参见《古代和田》第一卷 132 页。现在，塔瓦克勒有 1 700 户，伊斯兰玛巴德村有 300 多户。这一绿洲以及更南边的英阿里克（Yang-arik）也增长得很快，已形成了一个单独的伯克什甫［Beg-ship，约千户（Minglik）规模］。

图 91　麻扎塔格下方的佛寺遗址

图 92　在堡垒遗址上望西北的麻扎塔格山链

图 93　尼雅遗址 N.XLIV 居址，干枯的白杨和沙埋的房屋遗存

图 94　尼雅遗址，红柳包之间发掘前的 N.XLIII 居址

图 95 从西北望麻扎塔格上的堡垒遗址

图 96 库都克库勒红柳包下的寺院遗址

图97 最后发掘前尼雅遗址 N.III 居址的西北部分

图98 从北南望正在清理的尼雅遗址 N.XLII 居址

图99　发掘前从西南方向望尼雅遗址 N.XLII 居址

图 100　从东南方向望尼雅遗址 N.IV 居址

图 101　从西南方向望尼雅遗址 N.III 居址

图 102　望古河道彼岸的尼雅遗址遗存

图 103　尼雅遗址 N.XXVI 居址上的房顶遗存

图 104　尼雅遗址 N.XL 遗存附近，环绕枯水塘的古藤架

图 105　吐勒库其库勒塔里木上方，在洪水河床上新筑拦河坝的民工

与我 1901 年调查过的热瓦克（Rawak）遗址以及玉贝库木（Jumbe-kum）遗址是一致的①。在热瓦克寺院附近东北 60 码的地方，因沙丘移位，露出了以前未曾调查过的建筑，面积约 48 英尺见方，可能也是一座寺院遗址。遗憾的是，其墙壁已被侵蚀殆尽，详细情况已经不明。11 月 21 日，我回到了和田的老营地，惊喜地发现乔治·马继业爵士刚从喀什出差到此。

卡西木阿洪和其他人带来的麻扎塔格遗物

M.Tāgh.01　一段麻绳。保存很好，一端有结。长 56 英寸，直径 $\frac{1}{2}$ 英寸。

M.Tāgh.03　木弓的残段。硬木，至弓杆中心渐平坦，缠以结实的动物筋条，并髹以黑色涂料。弓背平坦。前部为圆形龙骨形状。端头侧面平坦，有缠弓绳的刻痕。制作极好，参见《西域考古图记》第四卷图版 LI 中的 M.Tāgh.a.007。长 21 英寸，中心宽 $1\frac{1}{2}$ 英寸。图版 VI。

M.Tāgh.04~06　3 只绳编的鞋。鞋帮镂空。与《西域考古图记》第四卷图版 XXXVII 中的 L.A.VI.ii.0025 类似，但制得更好。磨损较严重。缠以一块帆布。04 的尺寸为 10 英寸×4 英寸，05 的尺寸为 $7\frac{1}{4}$ 英寸×$3\frac{5}{8}$ 英寸。06 为 $7\frac{3}{8}$ 英寸×$3\frac{1}{4}$ 英寸。图版 VI。

M.Tāgh.07、08　2 块还愿泥板。红泥制成，同一模子制成。坐佛坐于莲花上，作沉思状，周围火焰、联珠梨状光轮。制作粗糙。类似的饰板参见图版 III 中的 Yo.0137，另参见 M.Tāgh.09、010、028。$3\frac{1}{2}$ 英寸×2 英寸。

M.Tāgh.09、010　3 块泥饰板的残件。与 M.Tāgh.07 类似，但出于不同

---

①　参见《古代和田》第一卷 483 页以下、502 页。

的模子。$3\frac{1}{2}$ 英寸×$2\frac{1}{4}$ 英寸。

M.Tāgh.011　圆锥体形木浮漂（？）。可能是梭子，也可能是收紧罗网的把手。粗端钻孔，孔中穿绳，一端打结以防松脱。另一端打成环形结。木器细端有一圈沟槽，同一端的中间有孔通往木器内部。长 $2\frac{1}{4}$ 英寸，直径 $\frac{7}{8}$~$\frac{9}{16}$ 英寸。图版 VI。

M.Tāgh.012、013　2 片残网。网眼约 1 英寸，用粗细不同的线绳织成。

M.Tāgh.014、015　2 段细毛绳。一段为深褐色山羊毛线，束成玫瑰形花结。015 为淡蓝色毛线。长分别为 $15\frac{1}{2}$ 英寸和 3 英寸。

M.Tāgh.016~019　青铜和石珠饰。用绳子串起。016 为白色大理石纺轮。一边残破，直径 $\frac{7}{8}$ 英寸，高 $\frac{3}{4}$ 英寸。图版 VI（图上未找见此物，可能有误——译者）。017 为设计精美的青铜带扣。D 形，直边为两个平行的细条，间空为 $\frac{1}{4}$ 英寸。细条各端头突出。无舌。制作较好。高 $1\frac{1}{4}$ 英寸，宽 $1\frac{1}{8}$ 英寸。图版 VI。

M.Tāgh.020　残木边沿。长方形，前面突出，有简单的重叠鳞片，鳞片用黑线勾画轮廓。无颜色保存下来。两端或锯或切割，长边被切。黑色，后背已裂掉。长 $2\frac{5}{16}$ 英寸，宽 1 英寸，最大厚度 $\frac{5}{8}$ 英寸。

M.Tāgh.021　系绳的小木栓或用以搅拌的搅棍。圆棍形，中间凹陷，两端渐细。凿刻而成。长 $2\frac{1}{2}$ 英寸，直径 $\frac{11}{16}$ 英寸。图版 VI。

M.Tāgh.022、023　2 个塞形木器。顶部宽平，颈部有绳子磨损的痕迹。

或许是渔网的浮漂。最大直径 $1\frac{3}{8}$ 英寸，高 $1\frac{3}{8}$ 英寸。图版 VI。

M.Tāgh.024　棍形木器。圆形，有阴刻的轮箍，一端渐细。另一端为细颈及尖状突出物。非车床旋成，而是用凿子凿成的。有粉红彩绘或漆绘的痕迹。钝端绘成黑色。或许是印章的把柄。高 $3\frac{3}{4}$ 英寸，直径 $\frac{7}{8}$ 英寸。图版 VI。

M.Tāgh.026　圆形陶印章。较重，制作粗糙，背面突出把柄。粉红硬泥，部分有粉红色薄釉。图案为一对孔雀，各作后顾状，两翼及尾巴向上，鸟嘴几乎相碰，站立在莲花上，周围小珠。设计精美。直径 $2\frac{5}{8}$ 英寸，高 $1\frac{3}{4}$ 英寸。图版 V。

M.Tāgh.027　梨形木器。近细端有颈，并缠以一段绳子。可能是渔网的浮漂。参见 M.Tāgh.022、023。$2\frac{1}{4}$ 英寸×$1\frac{5}{8}$ 英寸×$1\frac{1}{4}$ 英寸。图版 VI。

M.Tāgh.028　还愿泥饰板。与 M.Tāgh.07 类似。残破（现已拼合）。3×$2\frac{1}{4}$ 英寸。

M.Tāgh.029　泥纺轮。略成球形，烧过，上钻大孔。直径 $\frac{5}{8}$ 英寸。

M.Tāgh.030　硬泥印。背部圆顶形，侧面钻有一孔，另一孔部分地穿过后背中心。正、背有图案。粗刻散形的记号，为鸟、十字形等。直径 $1\frac{1}{16}$ 英寸，高 1 英寸。图版 CXI。

M.Tāgh.031　8 瓣叶玫瑰花结硬泥模。可能是陶模（拍）。直径 $2\frac{3}{4}$ 英寸。图版 V。

M.Tāgh.032　**木质平铲**。铲形。把已残。$4\frac{3}{8}$ 英寸× $\frac{7}{8}$ 英寸× $\frac{1}{8}$ 英寸。图版 VI。

　　M.Tāgh.033、035~037　**4 枚木简**。或完整或残破，空白无文。033 和 035 可拼成完整的一枚木简，均在一端钻孔。033 和 035 的尺寸为 $8\frac{3}{8}$ 英寸× $\frac{3}{4}$ 英寸× $\frac{1}{8}$ 英寸。

　　M.Tāgh.039　**角梳残件**。与 M.Tāgh.040 类似。$2\frac{1}{2}$ 英寸× $1\frac{7}{8}$ 英寸× $\frac{3}{16}$ 英寸。图版 VI。

　　M.Tāgh.040　**角梳**。两端微外撇，背微拱。较长。梳齿残断较甚。制作精美。$4\frac{1}{4}$ 英寸× $2\frac{1}{8}$ 英寸× $\frac{1}{8}$ 英寸。图版 VI。

　　M.Tāgh.041、042　**2 个木梳残件**。异常的狭窄。形状与 M.Tāgh.040 大体相似。$1\frac{5}{8}$ 英寸×1 英寸× $\frac{5}{16}$ 英寸；$2\frac{13}{16}$ 英寸× $1\frac{3}{4}$ 英寸× $\frac{3}{8}$ 英寸。图版 VI。

　　M.Tāgh.043　**残木头**。带有黑线的痕迹。$2\frac{1}{4}$ 英寸× $\frac{3}{4}$ 英寸× $\frac{1}{8}$ 英寸。

　　M.Tāgh.044　**木钥匙**。有五孔，其中两个孔中仍留有木钉。把上有绳孔。参见《西域考古图记》第四卷图版 XVII 中的 Kha.ix.008、V.006，以及古代木锁和钥匙的详细描述，见前引书第一卷 191 页以下。4 英寸× $\frac{7}{8}$ 英寸× $\frac{5}{8}$ 英寸。图版 VI。

　　M.Tāgh.045　**木器**。用途不明。从侧面看，呈长楔形。上边从宽端处向下弯曲。宽端下延，内面挖去一片，呈长方形。宽端钻有一孔，距另一端 $1\frac{1}{4}$ 英寸处另钻有一孔。底边平整，上边圆拱。长 $4\frac{5}{8}$ 英寸，最大高度 1 英寸，宽 $\frac{9}{16}$ 英寸。图版 VI。

M.Tāgh.046~048　3 个木质或藤质箭杆残件。 带肠筋。046 为苇杆；047 为木质（?）；048 为肠线。最大长度 $8\frac{5}{8}$ 英寸（047），直径 $\frac{3}{8}$ 英寸。

M.Tāgh.049　玫瑰花结泥模。 由围在联珠环外的八片花瓣组成。在外沿内侧花瓣之间各有单珠。可能是陶工的模子。直径 $4\frac{3}{4}$ 英寸。图版 V。

M.Tāgh.050　红硬泥圆锥体。 可能是小塔，制作粗糙，有三层塔座。无细部装饰。高 3 英寸。底座直径 $2\frac{5}{8}$ 英寸。

M.Tāgh.051　2 段麻（?）绳。 长分别为 35 英寸和 16 英寸。

M.Tāgh.0635~0637　3 支残箭杆。 未上漆（0637 是棍）。0635 粗端有缺口并有黏合的痕迹；另一端已残断并炭化。0636 也有黏合的痕迹。长 $10\frac{5}{16}$ 英寸，$10\frac{1}{8}$ 英寸，$9\frac{3}{8}$ 英寸，最人厚度 $\frac{3}{8}$ 英寸。图版 VI。

M.Tāgh.0638　木箭杆残件。 粗端有缺口，绘以红色，并有羽毛及黏合的痕迹。参见《西域考古图记》第四卷图版 LI 中的 M.Tāgh.b.007~010。长 $9\frac{7}{16}$ 英寸，最大直径 $\frac{3}{8}$ 英寸。图版 VI。

M.Tāgh.0639　毛布残片。 纯米色，柔软，平纹组织。几片缝合于一起，双层。也许是铺垫衣物。磨损较严重。17 英寸×10 英寸。

M.Tāgh.0640　木印章。 平面，方形。边沿有歪斜的绳孔。

印面：外廓为方形，对角线交叉，形成四个突出的三角形，每一个三角形内又阴刻小三角形，相向一组突小三角的顶点则分别背向。

保存良好。后背磨损。一起的还有扭曲的布绳条，两条较粗。$2\frac{1}{4}$ 英寸×$2\frac{3}{8}$ 英寸×约 $\frac{3}{8}$ 英寸。图版 VI。

M.Tāgh.0641~0643　**3个木骰**。立方体形。0641 和 0642 用小墨圈来表示数字。043 则钻以直径为 $\frac{1}{8}$ 英寸的凹坑，制作精美。

点数不规则。0641 各相对的面点数：1 对 3、2 对 5 和 4 对 6；0642 和 0643：1 对 4、2 对 5 和 3 对 6。参见《西域考古图记》第四卷图版 LI 中的 M.I. iii.004、1293 页以下。M.Tāgh.a.0031、A.iv.00172 等。0641、0642，约 $\frac{1}{2}$ 英寸，立方体；0643，$\frac{9}{16}$ 英寸，立方体。图版 VI。

M.Tāgh.0644　**残石**。粉白色。窄长形，平背，形体粗糙，斜边，一端砍去窄长的平面。近另一端的两边砍出阶级。长 $1\frac{3}{4}$ 英寸，宽 $\frac{3}{4}$~$\frac{5}{8}$ 英寸，最大厚度 $\frac{1}{2}$ 英寸。

M.Tāgh.0645、0646　**2颗石珠**。软，白，圆柱体状，有小孔。长 $\frac{11}{16}$ 英寸，直径 $\frac{3}{8}$ 英寸。

M.Tāgh.0647　**方形毛布**。淡米黄色，非常柔软。11 英寸×9 英寸。

M.Tāgh.0648　**苇笔**。与《西域考古图记》第四卷图版 LI 中的 M.I.XLII.003 类似。一边已裂失。长 $3\frac{7}{8}$ 英寸。

M.Tāgh.0649　**木锥**。圆棍，一端肩径最大，为 $\left(\frac{5}{8}\right)$ $6\frac{1}{8}$ 英寸，向外切约 $\frac{1}{16}$ 英寸，然后向相反的一端渐细。较长的一端也是平滑地渐细，但在最后的 $1\frac{3}{4}$ 英寸距离内削掉了一些。用途不明。长 $8\frac{3}{8}$ 英寸。图版 VI。

M.Tāgh.0650　**木锥**。修整得非常平滑。一端砍削成尖（残），另一端棍长斜切（现代的扁平的笔尖形）。长 $7\frac{1}{4}$ 英寸，直径 $\frac{5}{16}$ 英寸。图版 VI。

M.Tāgh.0651　**芦苇残段**。一端斜切成钝角，另一端残。长 $9\frac{1}{4}$ 英寸，原 $\frac{1}{4}$ 英寸。

M.Tāgh.0652　**木器残件**。箭杆的残件，渐扩至长八边形（?）头部，其中一边已裂失。（箭）头下面绕以肠线或纤维。整长 $5\frac{1}{2}$ 英寸，头长 $2\frac{3}{4}$ 英寸，杆径 $\frac{3}{8}$ 英寸，头径 $\frac{9}{16}$ 英寸。图版 VI。

M.Tāgh.653　**新月形木片**。平整地砍成，略弯曲，整体遗有粉红彩绘痕迹，沿短边弯曲面绘以黑条。用途不明。内边摩擦平整，似乎用作磨光工具。弧（尖端至尖端）长 $4\frac{7}{8}$ 英寸，最大宽度 1 英寸，厚 $\frac{1}{4}$ ~约 $\frac{1}{8}$ 英寸。

M.Tāgh.0654　**细毛（?）帆布残片**。一边有彩色（难以理解的）痕迹，也许是彩旗。沿长边和一角有镶边。其他几边已撕破。$12\frac{1}{2}$ 英寸×$6\frac{5}{8}$ 英寸。

M.Tāgh.0655.a　**1 张残纸画（卡西木阿洪带来）**。画有一组马。有两匹马残存部分最多，前身完整，后身已残缺。均有浓密的鬃毛。最近的马绘以阴暗的粉红色，第二匹为棕绿色，第三匹浅黄色。纸上手写零散的吐蕃文字。原裱于衬纸上。11 英寸×$7\frac{3}{4}$ 英寸。图版 VII。

M.Tāgh.0655.b　**纸画残片（卡西木阿洪带来）**。年轻人着长衫，系黑腰带，黑色高筒靴，正牵着一只骆驼（?）和一匹马。年轻人面庞丰满，无胡须，头发中分，上梳两髻（一边一个）。右手执鞭，左手抓着一组缰绳。

残留马或骆驼的鼻子，只有一条缰绳系着，还有高抬的马前腿，肯定作腾跃状。年轻人手里向后水平拉着的两根缰绳，一定属于第二个动物。右边部分已撕失，已粘贴在另一张纸上，以此来保护此件残画。$10\frac{1}{2}$ 英寸×3 英寸。图版 VII。

M.Tāgh.0655.c 残纸片。人牵骆驼之画。仅存下部。左边，一人穿黑色高筒靴，裤子宽松，外衣至膝盖。人立于骆驼前面，骆驼犹如马一样，提着前腿，精神饱满。人的外衣和骆驼身上的暗红色彩绘已被侵蚀掉。纸为米色，上半部分已撕去，仅剩下半部分和左端。$4\frac{1}{2}$英寸×$12\frac{1}{2}$英寸。

M.Tāgh.0655.d 残纸片。上有部分画面，为一队驴子或骡子，粗黑的轮廓线，已侵蚀成灰色。一头驴近乎完整，但足已残缺。其上面为另一头驴的足、身体。这两头驴都带有鞍子、载着货物。右边是第三头驴的双耳及鼻子。其上是第四头驴的膝部和鼻。有粗绳把前后两头驴牵连住。纸呈米色，边沿均已撕去。6英寸×$6\frac{1}{2}$英寸。

M.Tāgh.0655.e 残纸片。为精致的骡子画。上部为一只骡和另一只骡子颈、肩部分的残画。第一只骡子身上的灰色（已褪色）应是驮载的货物。米色纸，下部分已剪去。端头已磨损。4英寸×$8\frac{1}{4}$英寸。

M.Tāgh.0655.f 2张残纸片。其中一张画有一匹奔马，尾巴系结。跗和蹄子的描绘很有意思。米色纸，已磨损。最大残片$4\frac{1}{8}$英寸×3英寸。

（M.Tāgh.0655.c~f，均据本书英文版"补遗和勘误"补入——译者）

在古堡下方寺庙遗址发现的遗物

M.Tāgh.C.01 **素面石膏残件**。有相似物质的薄背，用丝绸作厚垫。正面已与后背分开，也许是由于贴上去的时候，表面太干。与此有关的是，一件毛毡残片、两块帆布和一根短绳紧密地连结成一个小结，作为一种念球。灰泥残件$7\frac{1}{4}$英寸×$4\frac{1}{2}$英寸。

M.Tāgh.C.02 **石膏残件**。素面，相对于M.Tāgh.C.01，各方面都小，但略薄。纤维长而平行置放。$8\frac{1}{2}$英寸×$2\frac{1}{2}$英寸。

M.Tāgh.C.03　石膏残件。与 M.Tāgh.C.01 类似，但略薄，置于帆布之上。像今天使用的夹杂有纤维的灰泥块。带有紧密的帆布。表面突出，涂以灰色。残损较多。$3\frac{1}{4}$英寸×2 英寸。

M.Tāgh.C.04、05　2 块石膏残件。素面，与 M.Tāgh.C.01 类似。$5\frac{1}{2}$英寸×$2\frac{1}{8}$英寸。

M.Tāgh.C.05　素面石膏残件。与 M.Tāgh.C.01 类似。最大尺寸$5\frac{3}{4}$英寸×2 英寸。

M.Tāgh.C.06　旋成的木柱顶饰。下面正中心有榫。顶为粗茎蘑菇形，下为圆球柱身，两者之间为一弦纹。在球状物下面为茶碟形线脚，置于宽素细带束上。造型优美。

类似的略精巧的木柱顶饰，参见《西域考古图记》第四卷图版 XVII 中的 Kha.viii.002；另参见 M.Tāgh.c.07、08。破损，但在其他方面保存较好。高$6\frac{3}{4}$英寸。底径$3\frac{1}{2}$英寸。榫舌尺寸为$1\frac{3}{4}$英寸×1 英寸×$\frac{3}{4}$英寸。

M.Tāgh.C.07　旋成的木柱顶饰。与 M.Tāgh.C.06、08 类似。破损。整高$9\frac{1}{4}$英寸（榫长 2 英寸），底座直径$3\frac{5}{8}$英寸。图版 VI。

M.Tāgh.C.08　旋成的木柱顶饰。与 M.Tāgh.C.06. 07 类似。破损。整高$8\frac{3}{4}$英寸（榫舌$1\frac{3}{4}$英寸）。底座直径$3\frac{1}{2}$英寸。

M.Tāgh.C.i.01　木雕框条。背面各长边减地，一端有榫舌。正面图案分成三个近乎相等的部分。中心部分向外弧突，并分成三个纵条。中间条带阴刻成相交平行相交的斜线，成菱形网格纹。

两边的条带刻成指甲头状装饰，边邻内边沿上的平条带。外面的斜面刻成叶状。

两端部分相似。内侧有一花瓣，与中间部分相邻，其边沿浮雕。约高$\frac{1}{4}$英寸。面向底座的边沿成凹形，其中空处有两个小的图案区，彼此由一条沟槽分开。每一端的外部素面。背部减分之间保留有浮雕的段块，段块略渐收分。已破裂，因曝晒而褪色。连榫舌在内高 12 英寸，宽 $2\frac{13}{16}$英寸，厚 2 英寸；减分约$\frac{1}{2}$英寸。图版 Ⅵ。

古堡西北墙下发现的遗物

M.Tāgh.Fort.01.a、b　2 把残木锁。a 为插销残件，钻有五孔，一边有沟槽。$5\frac{5}{8}$英寸×$1\frac{7}{8}$英寸×$\frac{1}{2}$英寸。

b 为 a 的阻塞，有五个漏斗形的穿孔。$2\frac{1}{4}$英寸×1 英寸×$\frac{3}{8}$英寸。图版 Ⅵ。

M.Tāgh.Fort.02.a~d　木头和织物残片。a 为长方形木牌，未见字迹。一角有孔，因曝晒而褪色较多。$4\frac{1}{8}$英寸×3 英寸×$\frac{1}{4}$英寸。

b 为木片，有黑色痕迹。$3\frac{3}{4}$英寸×1 英寸×$\frac{1}{4}$英寸。

c 为灰毡残片。$4\frac{1}{2}$英寸×3 英寸。

d 为撕破的毛织物残片，蓝白色，组织较密，上面起楞。保存较好。$5\frac{1}{4}$英寸×$7\frac{1}{2}$英寸。

M.Tāgh.Fort.03　苇管。从墙上取下。长 12 英寸。

第四章　从和田到罗布泊

第一节　出自和田各遗址的遗物

由于种种原因，我得在和田镇做了短暂的停留。其主要　在和田镇停留
原因：一是为我的大队人马准备冬天的给养，并为明天春天
到达甘肃之前的所有活动筹足所需的银两；二是经过艰苦的
沙漠考察后，人马均已疲惫不堪，需要休整。我在那里停留
了六天时间，从我的老朋友巴德鲁丁汗、印度和阿富汗商人
的阿克萨喀勒（字义为白胡子，引申为首领、头领——译
者）以及由他派出的"寻宝人"那里收集到了不少古物。
这些古物来自约特干（Yōtkan）与和田绿洲附近的沙漠遗
址，在特征上与我前几次考察中在这些遗址所得的那些东西
相似，同时我在《古代和田》和《西域考古图记》中已对
我采集的古物进行了充分的描述，并配了插图，所以，我在
这里大概说一下这一次的收集情况即可。

我要说明的是，被带到和田出售或从塔克拉玛干人那里　古物的来源
得来的这些古物，都未落实到具体的遗址上去[1]，但只要把
它们与我发现的有具体遗址名称的古物进行比较，就能大概
判断它们的来源地。总体来说，下列名录上的几大系列古物

---

[1]　参见《古代和田》第一卷203页；《西域考古图记》第一卷97页。

的分布地点是正确的，完全可以接受。

出自和田的红
陶小雕像等

　　尤其是成套而有趣的古物，多是红陶，据称它们都出自
和田古国的都城遗址约特干①，因此它们的小件号最前面都
是遗址名的缩写符号"Yo."。小陶像及装饰性陶器和我以前
在该遗址上获得的那些非常相似。在下面的遗物名录中，我
们把它们分成特定的组别来进行叙述，以便与我在前几次的
收集品以及霍恩雷（Hoernle）博士已详细描写过的同类器
物进行比较。在完整或残碎的容器类中，特别要提到的是以
下一些器物：精美而又完整的形似香客瓶或萨米安
（Samian）器的红陶瓶（Yo.01，图版 I）；"安上了"一个现
代把手的大型带柄陶罐（Yo.0158，图版 I）；有狂饮者及酒囊
或来通（Rhyton，古希腊的角形饮杯，下端有兽头饰——译
者）贴饰的残陶片（Yo.08，图版 I），无疑属犍陀罗类型；
带有精致的美洲蒲葵装饰的器耳（Yo.011～015，图版 I、
III）；带有人头贴饰的流嘴（Yo.017，图版 I）。在贴饰陶片
中，较值得注意的有：打磨光亮的怪脸（Yo.018，图版 I）；
体现叶饰变化发展的几块陶片（Yo.020. a～d，图版 III）；
怪异面具（Yo.042、055～057，图版 I）；带有鼠头饰的陶片
（Yo.040，图版 I）。在红陶人头塑像系列（Yo.048～054，
图版 II、III），既有男性头像，也有女性头像，其中有几件
的发型十分有趣。在动物陶塑中，骆驼和马（Yo.065～078，
图版 II、III）保存较好，有些还带有骑者和货物。Yo.065
（图版 III）为骑在骆驼上的猴子，制作得十分精巧。带翼马
和另外的怪兽大部分装饰于红陶器把上（Yo.079～099），其
中有几件形制非常奇特（图版 I～III）。与以前的收集品相

---

① 参见《古代和田》第一卷 190 页以下。

似，猴子的表现常常是怪异或戏剧式的（Yo.0104~0123，图版 II），而且数量较多。此外，有几个小佛像或碎片（Yo.0133~0136，图版 III）非同一般。上有坐佛像的五块还愿饰板残片（Yo.0137，图版 III），因为质地较软，而且装饰图案与麻扎塔格的同类古物非常相似，因此它们是否真正出自约特干遗址，颇值得怀疑①。

现在让我们来说一下从和田得到的其他各种古物。我要说明的是，那些标有"Kh."的古物是我在和田停留期间获得的，而那些标着"Badr."的，则是巴德鲁丁汗获得并于1915 年 6 月在喀什交给我的。至于前者，可以有把握地肯定，其中的大多数红陶和另外一些陶器来自约特干。同时，另一些器物，包括大部分易受潮的木质、灰泥（石膏）质等材料制成的器物，是在和田绿洲后面的一些古代风蚀遗址上采集的，我在前几次寻找塔提的考察中对它们已经非常熟悉。特别要提到的是金属、石头和玻璃质的印章（Kh.03、04、06、07、019、023、024，图版 X），滑石佛像浮雕（Kh.020、021，图版 X）和大量的珠子。其中，假宝石珠子和玛瑙珠（Kh.028、031、074，图版 X）表现出特有的装饰技术。一些玻璃珠（Kh.032、034）的处理方法也非常有趣。定居在和田的美国绅士毛尔多瓦克（Moldovack）先生又及时地补充了一些金属印章、钱币和一个大泥塑佛像头（Kh.0267，图版 VIII）。其中，佛像头可能是来自类似阿克铁热克（Ak-terek）的遗址②。对于他们所提供的这些珍贵古物，我谨表示感谢。

在和田得到的各种古物

①　参见本书第三章第四节，M.Tāgh.07~10、028。
②　参见《西域考古图记》第一卷 134 页以下。

被带到喀什的
和田古物

　　1915 年巴德鲁丁汗带来的大量古物中，有一些他已说明出处，但由于它们没有什么特色，所以在喀什收到这些古物时我也未能检查其标记是否正确，在下面只说一下它们的来源情况①。这些古物大多是红陶器，特别要提到的是面具（Badr.029，图版 V）、双面模制的舞蹈人物（Badr.033，图版 II）、饰有精美的拜占庭式葡萄卷叶的陶片（Badr.0303，图版 V）以及泥塑像中的浮雕头像残片（Badr.0283～0287，图版 III、V、XI）和佛像饰板（Badr.0288～0298、0381，图版 III）。各种泥雕残片（Badr.042～068，图版 V、X）的风格和烧制特征，与 1906 年我在阿克铁热克发现的一些泥雕非常相似②。不同姿势的乾闼婆塑像（Badr.0340、0348，图版 XI）较常见。较有趣的小件金属物有：青铜勺和青铜器柄（Badr.0112、0114，图版 X）；或许是用于礼仪场合的小件青铜鹤嘴锄（Badr. 0115、0116，图版 X）；青铜印章（Badr.0192～0195，图版 X. 0411）；古典式的带柄小酒壶（Badr.0420）。据说来自托克拉克麻扎的木雕尖顶饰或光轮（Badr.0203），也许属于将要提到的遗址。（由已故的喀什副领事哈定先生从巴德鲁丁汗处得来的重要古物，已于 1923

――――――――――――――

　　① 下列发现地后面括号内的器物是由巴德鲁丁汗标明的。杭桂塔提（Hanguya Tati）（09～018、0204～051、0322～037）；阿克提坎（Ak-tiken）（020～037、0272～0277）；喀勒塔库马特（Kaltakumat）（038～068、0118～0121、0297～0321）；喀达里克（069）；拉沁阿塔（Lachin-atā）（070～075、0338～0346）；喀拉里克（Kalalik）（097～114）；约特干（0122～0146、0170～0202）；托克拉克麻扎（Toghrak-mazār）（0203）；巴什库马特（Bāsh-kumat）（0249～0261、0383～0393）；羊塔克—库都克（Yantak-kuduk）（0278～0296）；阿尔喀里克（Arkalik）（0347～0381）。

　　至于杭桂塔提、喀达里克、拉沁阿塔、阿尔喀里克分别参见《西域考古图记》第一卷 134、154 页以下，1263、134 页，据我所知，阿克提坎是塔克拉玛干人称呼喀拉墩遗址（Kara-dong site）的另一名字，参见《古代和田》第一卷 445 页，阔塔孜兰干（Kotaz-langar）东南的托克拉克麻扎是个小遗址，将在下面简要叙述，巴什库马特和喀勒塔库马特大概位于库马特（Kumat）玉坑的附近。参见《古代和田》第一卷 472 页。喀拉里克和羊塔克—库都克的位置我还不知。

　　② 参见《西域考古图记》第一卷 134 页以下。

年由他慷慨地送给了新德里的中亚古物博物馆，参见附录 M。）

　　由巴德鲁丁汗带来的四套和田小古董已单列于所谓的有出处的器物之中。标明来自恰勒马喀赞（Chalma-kazān）和喀拉萨依（Kara-sai）的泥雕残件，其特点和特别硬的白灰泥（石膏）质料，与 1908 年我在这两个遗址发现的泥塑完全一致[1]。具有中国风格的上有浅浮雕纹饰的精美青铜瓶（Chal.017，图版 X），据说来自恰勒马喀赞遗址。几件浮雕残件，据称来自瞿室鲮伽山的古代圣地库赫马里遗址[2]，由于没有对照物，因此其来源的说法不能被验证。但不管怎样，特别值得注意的是其出处，因为它们可能是玄奘曾提到的佛教寺院里的一些残余物。我在 1900 年和 1908 年曾考察过现标为麻扎的这个遗址，但没能找到任何遗物[3]。

　　最后，我希望单独说一下我在和田时从熟识的"寻宝人"托乎提阿洪那里得来的一些小文物。他声称他是在寻找阿尔喀里克和杭桂遗址附近的塔提时发现它们的。这些器物的特征与我在阿克铁热兑和该地区其他地方发现的东西相一致，从而可证实他的说法[4]。这些东西的小件号前面现标有"Ark.Han."的遗址名缩写，其年代无疑属于早期伊斯兰时期，例如图版 X 的带铭文青铜残件（Ark.Han.048），玛瑙印章（Ark.Han.066）以及一些带绿釉的陶器，与我对阿克铁热克遗址及附近的塔提的年代学观察完全一致[5]。同时，有

其他一些遗址出土的各种古物

---

　　[1]　参见《西域考古图记》第三卷 1266 页以下、1270 页以下、1273 页、1280 页以下。

　　[2]　参见《古代和田》第一卷 185 页以下；《西域考古图记》第三卷 1267 页。

　　[3]　传说在这个遗址上曾发现过著名的杜德雷伊文书（Dutreuil De Rhins）《法句经》（Dhammapada），这一地点较为重要。参见《古代和田》第一卷 188 页。

　　[4]　参见《西域考古图记》第一卷 141 页以下。

　　[5]　参见《西域考古图记》第一卷 140 页。

些红陶像和残件，如扭曲身体的猴子（Ark.Han.010，图版 II）、优美的小花瓶（Ark.Han.025，图版 XI）和贴饰的蛙（Ark.Han.031）值得一提，它们是对和田或塔木乌伽勒（Tam-öghil）文物的补充①。

托克拉克麻扎的遗物

11 月 29 日，我在和田绿洲停留的最后一天里，考察了山普拉（Sampula）东行政区南缘的距阔塔孜兰干西南约 1 英里的一处小遗址。1908 年时我曾在此获得了几块佛教寺院遗物的泥雕残片，还值得一提的是上一次我在访问和田镇时曾获得了一些婆罗米文的残纸页和各种小遗物②。在狭窄的沙砾山脊的最低处，1906—1908 年我的"寻宝队"中的一个成员，给我指出了上述文物的出土地点。这处沙砾山脊距邻近的耕地约 150 英尺，离托克拉克麻扎的一处吉亚拉特（Ziārat）的南—东南约 350 码，是吉拉克（Jirak）、阿巴斯（Abbas）村耕地紧上方的铁克里克塔格（Tikelik-tāgh）的最西的山嘴。在此捡拾到的小块泥塑（显然是墙壁的浮雕装饰），与 1908 年我收到的泥塑碎片类型不同，表明此处曾有与喀达里克和丹丹乌里克寺院相似的一座寺庙。但这座寺庙已被完全毁坏，墙壁等已踪影全无。从其细碎的垃圾中杂有大量芦苇秆和粪便来看，这处遗存可能曾一度被用作羊圈。其墙柱就像在喀达里克一样，可能被重新加工，另派别用，这从大量的木头碎片就可以看出。

---

① 参见《古代和田》第一卷 472 页以下。
② 《西域考古图记》第三卷 1266 页注 9 和 1270 页描述了 1913 年获得的灰泥残片并简要地指明了它们的来源。获得的手稿残片的编号为 Samp.08~044，见附录 E 及附录 F（后面四 T 字据本书英文版"补遗和勘误"补加——译者）。

在清理寺址南约 20 码的地方时，我们挖出了一个粗陶罐，高 10.5 英寸，双耳，形状与喀拉墩发现的双耳瓶非常相似①。在西面约 50 码的地点，我被告知这个地点是阿巴斯带给我的文书的发现地。我亲眼看到，两块小的婆罗米文书残片 ［M.T.01、02（应为 T.M.iii.01、02。据本书英文"补遗和勘误"改——译者）］被当场发掘出来，其中一块是菩提叶，这就证实了阿巴斯的说法，所以我们应把他的采集品归入到上述遗址的各种杂物中去叙述。此外，在此地还出了一块上有三个吐蕃文草书的小木牌（Samp.05，图版 XI）、两块彩色丝幡残片（Samp.04）。彩色丝幡残片上一部分头部轮廓模糊可见，图案装饰大胆有趣，颜色鲜艳，应是毛绣帷（Samp.07，图版 LXXVII）的残边。

第二节　和田遗物名录

据称来自约特干遗址的古物

Yo.01　红陶瓶。形似香客瓶，短颈、侈口，双耳接于口沿之下，平底。瓶的两面，满饰盛开的莲花。花瓣有两层，中心为一怪异的人头，极似 Yo.052 和《西域考古图记》第四卷图版 III 中的 Yo.0024n。器身两侧有人字形凸纹。器表有较厚的红色陶衣。形似萨米安器。怪异人头是贴饰上去的，无陶衣。制作较精美。6 英寸×4$\frac{3}{4}$英寸×3$\frac{3}{8}$英寸。图版 I。

Yo.02　陶罐。平底，短颈，侈口，厚唇。最大腹径距底 1 英寸。夹砂红陶，但已熏黑。器表未打磨。高 2$\frac{3}{8}$英寸，直径 2$\frac{7}{8}$英寸，口径 1$\frac{3}{4}$英寸。图版 I。

Yo.03　陶罐。形体较小，制作粗糙。形似 Yo.02（图版 I），唯口沿略

---

① 参见《西域考古图记》第三卷图 307。

厚。无颈，器底有一孔。米色，但已熏成褐色。高 $1\frac{1}{8}$ 英寸，最大直径 $1\frac{1}{2}$ 英寸，口径 1 英寸。

Yo.04　红陶器颈部和把手之残件。轮制。颈部较长，微向外弧，把手接于口沿之下，下与鼓肩相连。

装饰：口沿平整，上有一组弦纹。颈部中间有三道阴刻的线条。颈部的一面，贴饰有传统的玫瑰花结，其中心垂下一楔形块。在颈的底部，有与口沿相似的几道弦纹。肩部以下，交错地刻有单线或成组的竖线，其单线的两侧有一排圆点。

器壁较薄，质量较好。从花朵垂下的楔形块与 Yo.031 的"珠宝"有亲缘关系。可参见《西域考古图记》第四卷图版 V111 中的 A.T.V.0039 等"莲蓬"。高 4 英寸，残边弧长 $4\frac{1}{4}$ 英寸，厚 $\frac{1}{8}\sim\frac{1}{4}$ 英寸。图版 I。

Yo.05　红陶器颈部残件。与口沿（已失）和肩部弧接。装饰：圆颈，中间上下有两组阴刻的横线，彼此间隔 $\frac{1}{2}$ 英寸。其间不规则地间刻三个圆圈，圈中心有圆点。肩部，刻有同样的圆圈。上面贴饰的装饰：一组半闭的莲叶，其间饰玫瑰花饰。装饰较粗糙。高 4 英寸，直径 2 英寸，厚 $\frac{1}{4}\sim\frac{7}{16}$ 英寸。图版 I。

Yo.06　陶器残片。近底沿，有横向的附加堆纹，上刻斜道。其上贴饰一个较胖的男像，盘腿坐姿，两膝外展，双足置于附加堆纹之上。

双臂上有衣带，其他服饰有缠腰布和靴子，手腕上刻有三道手镯。头已残失。最大宽度 $4\frac{3}{4}$ 英寸，厚 $\frac{5}{16}$ 英寸。图版 I。

Yo.07　红陶人像残件。可能是右肩挎有尖底篓的人像的残片；或许是翅膀下伸出右手臂的乾闼婆像的残片。仅右半身。头足均已残失。总体形状是一个向下渐细的半圆锥形。窄端直径 $\frac{1}{2}$ 英寸，肩（已残）径 $1\frac{5}{8}$ 英寸。背部有细小的刻痕，通常表示软毛或绒毛。体部有平行的刻纹，向窄端渐细。尖篓的末梢刻有两道横向的线条，表明是绑扎的篓底。其他装饰还有极似《西域考古图记》古物上的戴胜鸟和其他鸟翅的刻道。肩端圆块边沿的刻纹通常表示翅膀上面的短羽。参见 Yo.088.a（图版 II）和《西域考古图记》第四卷图版 II 中的 Yo.0030、b.0061 的翼马。长 2 英寸。图版 I。

Yo.08 红陶器皿颈部残件。贴饰醉酒人物，其姿势说明是犍陀罗横饰带（柱中楣）上的负重者或支撑者。此人坐在地上，其左脚垂直安放，右足已残失（可能弯曲地平放，膝盖和脚踝的一面接触地面）。身体向右倾斜。头略向上抬 $\frac{3}{4}$ 英寸，眼望左手臂举着的长的袋形物。右手在右侧，抓着酒囊的口部。左手举着的物件可能是来通。人物头像似童子（未成年的酒醉者?），颈部有项圈和一道刻痕。$3\frac{5}{8}$ 英寸×$2\frac{1}{8}$ 英寸。图版 I。

Yo.09 红陶小陶器（?）残件。圆底，卵形，向顶端渐细，顶端有一孔。穿孔周围阴刻常见的螺旋形纹饰，其叶瓣指向下面。其下阴刻交叉的网状饰带。

器表多为素面，唯一面贴饰两片圆叶，叶饰已残。一垂叶的中心有穿孔，而另一片未钻孔。现有的穿孔为一个流嘴，尖端贴附装饰。底部已磨损。高 $1\frac{5}{8}$ 英寸，最大直径 $1\frac{1}{8}$ 英寸。图版 I。

Yo.010 红陶器把手。直体，截面呈椭圆形。把手底端处的器表，贴饰有似 Yo.052 那样的怪异头像。其左边贴饰丛状花饰，右端则刻有三道凸弦纹。泥胎较精细，颜色及保护状况较好。通长 $4\frac{1}{2}$ 英寸，最大宽度 $2\frac{1}{8}$ 英寸，把手宽 $1\frac{1}{16}$ 英寸。图版 I。

Yo.011~014　**4 个陶器把手。**底部与器身相连。向下伸展的美洲蒲葵叶饰，其最内的一对叶子向上卷成涡形饰，从中长出三叶草。与《西域考古图记》第四卷图版 II 中的 Yo.0057 类似。另参见 Yo.015 和 Badr.0302。011 为灰陶；012~014 为红陶。最大尺寸 $2\frac{1}{4}$ 英寸×$2\frac{1}{4}$ 英寸。图版 I、III。

Yo.015　**红陶器把手。**上面部分同前一件。截面呈椭圆形，直体。表面正中饰突出的茎秆，其底端伸出下垂的美洲蒲葵。美洲蒲葵和茎秆的结合处阴刻三条圆弧线，茎秆的两边，拍印成排的小圆圈，每个小圆圈中心为一圆点。长 $2\frac{3}{4}$ 英寸，（最大）宽度 $1\frac{7}{8}$ 英寸。图版 I。

Yo.016　**红陶器把手。**上部弯曲似直角，约宽 2 英寸，然后向下，微向内斜收。上端截面呈椭圆形，下端则呈圆形。上部饰粗糙的怪物形象。总长 $3\frac{1}{2}$ 英寸，直径 $\frac{5}{8}$~1 英寸。图版 I。

Yo.017　**红陶器流嘴。**似茶壶的流嘴。底宽，贴饰与 Yo.050 类似的人脸，但磨损较严重。长 $2\frac{5}{8}$ 英寸，宽 $1\frac{1}{4}$ 英寸。图版 I。

Yo.018、019　**2 块红陶片。**均有雕刻的装饰。018 为"女魔脸"的典型例子，几乎完整，眉毛拳曲较大，脸颊突起，三角形厚鼻，大嘴半开，嘴唇较厚，周围为蜷曲的短发绺，类似簇叶饰，再外面有一圈细小的联珠纹。相似的类型参见《西域考古图记》第四卷图版 IV 中的 Yo.0043.a。018 的尺寸为 $2\frac{1}{4}$ 英寸×$2\frac{1}{2}$ 英寸。

019（侧面已修复）装饰图案与前一件类似，仅剩上部，上面有残余的美洲蒲葵垂叶。2 英寸×$2\frac{1}{2}$ 英寸。图版 I、III。

Yo.020. a、d　**红陶器装饰残片。**依次表示这种装饰的局部细节的晚期发展序列。020.a 宽叶，其尖端向上拳曲，其茎简单，两侧是向上的肥胖叶面。020.b 茎很明显，叶尖向上，仍突出器表。020.c 茎秆进一步与叶子分开。020.d 的叶尖单独做成，并成排地贴饰，形成了一条连续的装饰带，类似的装饰参见《西域考古图记》第四卷图版 IV，Yo.01.a。另参见 Badr. 0322。最大残片 $2\frac{3}{4}$ 英寸×$1\frac{1}{4}$ 英寸。图版 III。

Yo.021.a~c　3 块红陶器的叶尖装饰。与标本 Yo.020.d 类似。最大片 $2\frac{1}{4}$ 英寸×$1\frac{1}{2}$ 英寸。叶尖下方有三条阴刻的横线，侧面有两条竖线，它们是 Yo.020.a 叶子轮廓线的残余。图版 III。

Yo.022　红陶器腹部装饰残片。中间有横向的附加堆纹，上有刻道，上方贴饰似 Yo.021.a 的叶尖装饰。下方为两个椭圆形的宝珠装饰，宝珠中间为圆瘤，边沿有联珠圈。类似的装饰参见《西域考古图记》第四卷图版 IV 中的 Yo.01.a。2 英寸×$2\frac{1}{8}$ 英寸。图版 III。

Yo.023　红陶器腹部残片。附加堆纹上有刻道。上方饰成排的圆珠装饰或玫瑰花饰。其下为成排的椭圆形宝珠装饰，与 Yo.022 类似。再往下，是两道阴刻的弦纹。细泥红陶，表面磨光。$2\frac{1}{8}$ 英寸×$2\frac{1}{2}$ 英寸。图版 I。

Yo.024　红陶器腹片。附加堆纹上有刻道，下方为成排的圆形玫瑰花饰。$2\frac{5}{8}$ 英寸×1 英寸。

Yo.025　红陶器腹片。在两条阴刻的横线之间贴饰圆形玫瑰花饰。上方有残破的垂花饰。$1\frac{3}{4}$ 英寸×$1\frac{1}{4}$ 英寸。

Yo.026　红陶器腹片。贴饰玫瑰花形饰（中间有一颗珠，周围有 7 颗小珠），下方阴刻两道弦纹。$1\frac{3}{8}$ 英寸×1 英寸。

Yo.027　红陶器腹片。有附加堆纹，上有刻道。下侧为玫瑰花饰。已磨损。2 英寸×$1\frac{3}{4}$英寸。

Yo.028 **红陶器玫瑰花饰贴。**中心有一颗大珠，周围有 10 颗小珠子。直径$\frac{3}{4}$英寸。

Yo.029 **红陶器珠宝贴饰片。**与 Yo.022 上的装饰类似，部分已残失。最大$\frac{7}{8}$英寸。

Yo.030 **红陶器之腹片装饰。**饰水平向、压印竖道的两道附加堆纹，其间为大的圆形玫瑰花饰，其下阴刻竖线及把左右分开的部分三线垂花饰。$3\frac{1}{2}$英寸×$2\frac{1}{2}$英寸。图版 I。

Yo.031 **红陶器之颈部残片。**上面为三道阴刻的弦纹。下面为一个大的圆形玫瑰花饰的贴饰，从中心向下长出珠宝，边沿呈波状。其珠宝的装饰方法与《西域考古图记》第四卷图版 VIII 中的 A.T.V.0039 的"莲蓬"及 Yo.04 的"楔形块"有亲缘关系。3 英寸×1 英寸。图版 I。

Yo.032 **红陶器肩部之残片。**贴饰从小的凸纹上垂下的美洲蒲葵叶饰。与《西域考古图记》第四卷图版 VIII 中的 A.T.040 类似。$1\frac{3}{8}$英寸×$1\frac{3}{4}$英寸。图版 III。

Yo.033 **红陶器之腹片。**上面有附加堆纹，上刻竖条。下面有两道阴刻的弦纹。在附加堆纹和弦纹间阴刻篮纹，下面又是阴刻的垂花饰。$2\frac{3}{8}$英寸×$1\frac{7}{8}$英寸。图版 I。

Yo.034 **红陶器肩部残片。**中间为两道阴刻的横线，上面是阴刻的花瓣装饰，下面贴饰圆形玫瑰花饰。$1\frac{1}{2}$英寸×$1\frac{5}{8}$英寸。图版 I。

Yo.035　红陶器残片。贴饰浅浮雕美洲蒲葵叶。$1\frac{1}{2}$英寸×$2\frac{5}{8}$英寸。图版 III。

Yo.036　红陶器盖残片。圆形拱起，或许是小陶碗。外表装饰有窄长的花瓣。花瓣从顶点向外呈放射状。每瓣花都有阴刻的花茎，其两端有圆点。花瓣外刻有两道弦纹。平沿，刻有竖条纹。沿长 $1\frac{1}{2}$英寸，高 $1\frac{1}{4}$英寸。

Yo.037　红陶碗沿残片。似前述标本的口沿，但形体较大。有两片花瓣，带两道轮廓线表示的中茎。花瓣外刻弦纹一道。素沿。最大宽度 $1\frac{1}{16}$英寸。

Yo.038　红陶器颈部或口沿的残片。口沿微向外爹，外表面阴刻斜线，下面为窄条的绳索纹，再下为叶尖向上的成排美洲蒲葵叶贴饰及底下阴刻的两道弦纹。沿陶片底沿，还贴饰有玫瑰花饰。制作较粗糙。$2\frac{5}{8}$英寸×$2\frac{1}{4}$英寸。图版 I。

Yo.039　红陶器颈部残片。肩至口沿（已残失）部分，略呈弧形。肩颈结合部有附加堆纹，堆纹上刻压人字纹。向上有竖向的附加堆纹，也刻有人字纹。高 $3\frac{1}{4}$英寸，底边 3 英寸。图版 I。

Yo.040　红陶颈部之残片。阴刻三条弦纹，上面为垂下的花瓣（与 Yo.036 类似），下面为菱形花纹。顶部阴刻花纹并贴饰怪异的鼠头及从后面上卷和后卷的涡纹。鼠头有突出的口鼻和卷毛，类似 Yo.058 退化的狮头。另参见《古代和田》第二卷图版 XLIV 中的 Yo.009.P 有一条深绿色的变色痕迹。$1\frac{1}{2}$英寸×$2\frac{1}{2}$英寸。图版 I。

Yo.041　红陶器颈部残片。内面有凸棱。外表面浮雕一头粗糙的公牛的头部（?）。整体已有深绿色的变色痕迹。$2\frac{1}{4}$英寸×$2\frac{1}{4}$英寸。图版 III。

Yo.042　红陶贴饰面具。附于陶片上，与《西域考古图记》第四卷图版 III 中的 Yo.001.o 的怪异人脸同型，但更精致、活泼。嘴呈微笑状。左手在下颌下，挽着粗绳或衣褶。手腕有镯。除鼻尖外完整。$1\frac{5}{8}$ 英寸×$1\frac{3}{4}$ 英寸。

Yo.043　红陶贴饰面具。为陶壶上的贴饰物。似前述的怪异人面，但在模压后曾徒手修改过。鼻子扁平。嘴角拍印深窝。双耳已残失。$1\frac{1}{8}$ 英寸×1 英寸。

Yo.044　红陶贴饰兽头。背有陶壶颈部或腹部的残片。为高浮雕怪异狮头，制作较粗糙。嘴角深挖两孔，于内面相连，也许是用来穿环的。头顶后面有凸纹。$1\frac{3}{8}$ 英寸×$1\frac{3}{4}$ 英寸，浮雕高 1 英寸。图版 III。

Yo.045　红陶贴饰面具。贴背陶片。似图版 I 中 Yo.040 那样为退化的狮头。面具所贴附的陶片刻有三道弦纹。$1\frac{1}{4}$ 英寸×$1\frac{3}{4}$ 英寸。

Yo.046　陶片。粗砂红陶。上面贴饰戳有圆圈的圆片。最大宽度 $1\frac{3}{8}$ 英寸。

Yo.047　红陶器残底。平、圆。边沿圆弧状，上有刻画的几道环圈。其内侧有圈足痕迹，已残失。制作粗糙。直径 $2\frac{1}{8}$ 英寸，高约 $\frac{3}{8}$ 英寸，圈足直径 $1\frac{5}{8}$ 英寸。

Yo.048　红陶男性头像残片。残留嘴、下颌、鼻尖、左颊、双耳及刻画的耳环。整体型式与《西域考古图记》第四卷图版 I 中的 Yo.009.b 类似，带有绳索似的髭须，但没有新月形的颈饰。下颌阴刻线条，表示短髭。高 $2\frac{3}{4}$ 英寸。图版 III。

Yo.049　红陶男子面部残片。仅剩鼻尖至颈部的右半部分。鼻子和嘴模制较精致，绳索样的长髭，侧有短髯。颈部中间周围有凸棱，可能是皮领（？）的领边。参见《西域考古图记》第四卷图版 CXXXIII 中的 Mi.Xi.0097。高 $1\frac{7}{8}$ 英寸。

　　Yo.050　红陶头像。女性，比例适当。细长眼，右眼向上歪斜。齿压下唇，头发低梳，耳下有环。刻有细长眉。制作精致，保存较好，局部磨损。高 $1\frac{1}{4}$ 英寸。图版 II。

　　Yo.051　红陶人头像。汉人脸型，男性。细长的双眼，上斜。头发后梳。精致。双耳及鼻面已残失。其他地方保存较好。高 $1\frac{1}{8}$ 英寸。图版 II。

　　Yo.052.a~o　15 块红陶贴饰面具。怪异的人面，头发中分。圆环形眼，中心有圆点，短而突出的三角形鼻子，厚唇，下颏后缩。均是同一类型的各种变化，与《西域考古图记》第四卷图版 III 中的 Yo.001 和 0024 同模；另参见 Badr.0331。

　　Yo.052.a　前额有圆点，嘴为简单的一条线，无唇线，嘴角有圆点。左耳已残失。高 $1\frac{1}{2}$ 英寸。

　　Yo.052.b　似前一件标本，但左颊及鼻子已残失，嘴微上翘。高 $1\frac{1}{2}$ 英寸。

　　Yo.052.c　如前一件标本，但更扁平，磨损更严重。嘴型甚好，前额未显现出来。高 $1\frac{7}{16}$ 英寸。

　　Yo.052.d　由巴德鲁丁汗带来。耳、头发及左眼和眉毛已残失。细长眼，厚唇。高 $1\frac{1}{8}$ 英寸。

　　Yo.052.e　如前一件标本，仅剩残片，但双眼有神。高 $1\frac{1}{8}$ 英寸。

Yo.052.f　背贴陶片，嘴唇较厚，嘴角有孔，两眼有瞳仁，鼻孔和前额中心有小圆圈。高 $1\frac{3}{8}$ 英寸。

Yo.052.g　与052.d类似。前额有竖向的皱纹。高 $1\frac{1}{4}$ 英寸。

Yo.052.h　磨损较严重，微笑的嘴型，双眼有瞳仁。高 $1\frac{1}{4}$ 英寸。

Yo.052.i　尖耳完整，有大的耳垂或耳环，双眼圆鼓，微笑状的嘴唇。磨损，高 $1\frac{1}{4}$ 英寸。

Yo.052.j　形体较小，制作粗糙，面貌粗略，高1英寸。

Yo.052.k　面貌大而粗略，鼻孔和前额中心的孔较大。高 $1\frac{9}{16}$ 英寸。

Yo.052.l　与Yo.052.e类似，磨损，高 $1\frac{1}{8}$ 英寸。

Yo.052.m　较典型，双目分明，鼻子尖突，厚唇向下弯曲。前额有皱纹。高 $1\frac{1}{4}$ 英寸。

Yo.052.n　与052.c相同，但形体较小。头发向后直梳，未分开。磨损。高1英寸。

Yo.052.o　形体较小，仅面部残存。鼻子挺拔，厚唇向下弯曲。高 $\frac{7}{8}$ 英寸。

Yo.053.a~d　4个红陶女人头像。仅c和d为浮雕。与《西域考古图记》第四卷图版I中的Yo.009.h.1~14和Yo.0041a~e型式相同，个别有变化。

Yo.053.a　大部分完整，发饰典型，几乎未残破。短直的刘海，略分开。长而直的发绺，末梢略顺圆脸弯曲。大顶结，背后有垂下的小发辫，与颈背后的主辫相接。顶结底部周围及头顶有联珠饰圈。眼、眉阴刻，长而微斜。短鼻呈三角形（磨损），鼻孔戳刺。口短直，嘴角戳刺。高 $2\frac{3}{8}$ 英寸。

Yo.053.b 模制得较好。宽脸，嘴型优美，下颏发育较好。瞳仁戳刺而成，前额中间有穿孔。发辫后垂。背面的发辫已残失。高 $1\frac{7}{8}$ 英寸。

Yo.053.c 浮雕头像，发髻已残，眼球突出，瞳仁呈环圈形，鹰钩高鼻，小嘴合闭，鼻孔和嘴角的穿孔较大。保存较好。高 $2\frac{3}{16}$ 英寸。

Yo.053.d 仅脸部残存，似前一件，但磨损更严重。高 $1\frac{3}{8}$ 英寸。图版 II、III。

Yo.054 红陶女头像及半身像。与《西域考古图记》第四卷图版 I 中的 Yo.009.d.1~7 和 0041.f 型式相同，但形制较小。高鬓发，小发辫下有衬垫。大发辫从颈项处上卷。面目不清。腰以上部分残存，无装饰。右臂外伸，已残。腰部有凸棱（腰带?），上有圆点。高 $1\frac{3}{4}$ 英寸。图版 III。

Yo.055 红陶面具贴饰。怪异的萨梯（Satry，森林之神——译者）脸，半人半狮形。前额低，正中阴刻垂直的皱纹，两侧各有一个小孔。圆圈形眼睛，中间有圆点。狮耳较肥，竖立。鼻子短而突出，多肉。嘴大，作微笑状，两嘴窝深陷。嘴下正中下垂楔状的长须。面部周圈为短鬃。参见《古代和田》第二卷图版 XLIV 中的 Kh.003.k。背附陶片，头顶右上方有四个阴刻的圆点，排成一线。保存很好。$2\frac{1}{2}$ 英寸×$2\frac{1}{4}$ 英寸。图版 I。

Yo.056 红陶面具贴饰残片。怪异的萨梯脸，与前一件红陶面具有亲缘关系，与《古代和田》第二卷图版 XLIV 中的 Y.0016 类似，但线条明显。上排牙齿尚存，下排均已残失。保存较好。$1\frac{3}{4}$ 英寸×$1\frac{1}{8}$ 英寸。

Yo.057 红陶面具贴饰。头顶似尼普顿（Neptune，海神），有与《西域考古图记》第四卷图版 I 中的 Yo.0020 类似的胡须，但制作较粗糙。蹙眉，眉间有沟槽，眼睛上斜。小嘴较厚，微张。髭较平滑。周沿须发俱张。双耳和鼻子已残。更典型的例子参见 Badr.0330（已被蚀坏）。高 2 英寸。

Yo.058.a~j　10 个红陶面具贴饰。与《西域考古图记》第四卷图版 I 中的 Yo.0025.a~i、0043.b~d 类似，狮头，边沿上有鬈鬃。前额多皱，圆圈形眼，两眼用圆点表示。尖鼻和口部突出。垂须浓密，嘴向下略弯。a~d 阴刻弯曲的长胡须。e~g 阴刻短髭。i 髭须有戳刺的圆点，末梢阴刻曲线。

Yo.058.a　除右耳外完整，保存较好。高 $2\frac{3}{16}$ 英寸。

Yo.058.b　仅存右半部，制作及保存状况较好。高 $2\frac{1}{8}$ 英寸。

Yo.058.c　残存双耳、右眉，除右颊外毛多已掉失。双圈形眼，中心有圆点。高 $1\frac{15}{16}$ 英寸。

Yo.058.d　仅存脸的下部及两个鬈毛。高 $\frac{7}{8}$ 英寸。

Yo.058.e　双耳、鼻端和许多毛都已掉失。更扁平。脸颊和双眼都有小的戳刺圆圈。高 $1\frac{15}{16}$ 英寸。

Yo.058.f　仅存脸部，双耳和毛均已掉失。已磨损。高 $1\frac{1}{2}$ 英寸。

Yo.058.g　除左耳外完整。不够生动。尖鼻，无胡须。高 $1\frac{13}{16}$ 英寸。

Yo.058.h　仅存右上部（从左眼的外角经鼻尖之下至右颊）。形大，生动。前额有两道水平的皱纹。高 $1\frac{3}{4}$ 英寸。

Yo.058.i　仅下部残存（从眼下至下颏的鬈须）。双耳已残失。嘴张开，露牙。阴刻两道脸面的轮廓线，外为一圈鬈鬃。保存较好。高 $1\frac{5}{8}$ 英寸。

Yo.058.j　形体较小，制作粗糙，保存状况较好。面容几乎全部磨损。高 1 英寸。

Yo.059.a~c 3个红陶面具贴饰。似前一件陶面具，为小狮头，制作粗糙，无胡须。最大高度 $\frac{7}{8}$ 英寸。

Yo.060 红陶面具贴饰。怪异的狮面，是 Yo.058 的变种，但形制更小。髭须做成扭曲的绳索状，两端尖锐。尖鼻，保存较好。$1\frac{5}{8}$ 英寸×$1\frac{3}{4}$ 英寸。

Yo.061 红陶女子像残件。形体比《西域考古图记》第四卷图版 II 中的 Yo.2 要小。仅残留正面的一半。头、双肩、双臂均已残失。圆雕，无手脚线条，全身似肥硕的团块，蹲坐姿，身体前倾。身穿素面外套（束腰上衣）及有褶皱的裙子，与《西域考古图记》插图（原文未见图号——译者）类似。外套前面中下部及下摆也类似，并刻有短斜的线条。外套两侧的附饰（可能是衣袖袖口）已残失。胸部外套中缝的两边垂有衣领，各向外斜。高 $2\frac{9}{16}$ 英寸。

Yo.062 红陶像残件。仅右膝部及邻近部分保存。与 Yo.061 类似，蹲坐于球茎状的团块上，团块上覆有布褶。

内侧残存一半怪异的脸，因此可知，完整坐像的脸埋于两膝之间。从残片边沿看，其嘴被用作流嘴，有水道通向内部。与《西域考古图记》第一卷 114 页 Yo.0056 类似。高 $1\frac{5}{8}$ 英寸。

Yo.063 红陶碗或小罐残片。腹部或足部的残片。上面刻有短的竖线条带，然后是两道弦纹，再上是一条交错三角形的条带（不完整），每个三角形均有中脊，上刻短道。最上面贴饰一个小瘤。最大宽度 $1\frac{7}{16}$ 英寸。

Yo.064 红陶像残件。怪异像的脚后跟和后背，与《西域考古图记》第四卷图版 II 中的 Yo.2 类似。坚实。高 $1\frac{3}{4}$ 英寸。

Yo.065 猴子骑骆驼。喀什的乔治·马继业爵士提供。红陶像，组合非常自然。巴克特里亚（大夏）型骆驼，站立，头已残失。前后足分别用坚实的泥块做成，阴刻的短线表示驼毛。未见鞍具。

猴子前倾，非常生动。右爪置于胸部，面目清楚，头略侧，作沉思状，但其他部分处理较粗略。高 4 英寸。图版 III。

Yo.066　红陶骆驼。双峰，站立，抬头（但已残失）。前后足坚实，自上向下渐细。无装饰线条。肩和两侧阴刻数道横线，表示驼毛。尾巴用刻有凹道的凸棱表示。驼鞍的边沿饰数道轮圈。驼峰之间有长方形鞍垫。做工较粗糙。右面残。类似的陶像可参见《西域考古图记》第四卷图版 II、III 中的 Yo.008.c 和 0049.a。高 3 英寸。

Yo.067　骆驼及骑者。红陶像残件，形体较大。正面残存骆驼的部分驼峰、骑者的右足及紧贴驼峰的手的残片（手臂已残失）。足饰裤子褶纹，裤子底边为膝部的条带，下面未见衣服及靴子。驼毛用阴刻的线条表示。高 $2\frac{1}{8}$ 英寸。图版 III。

Yo.068　红陶骆驼残件。大夏骆驼，驼峰间载物，头及后足已残失。类似的陶像参见《西域考古图记》第四卷图版 III 中的 Yo.0049.a。高 $1\frac{3}{4}$ 英寸。

Yo.069　骆驼及骑手。小型红陶像。仅剩骑者的双足。骆驼为大夏骆驼，后腿均已残失。灰彩，制作较好。高 $1\frac{3}{16}$ 英寸。图版 II。

Yo.070　骆驼或马及骑手。小型红陶像残件。制作粗糙，动物的头部和骑者的上身已残失。高 $\frac{7}{8}$ 英寸。

Yo.071　红陶骆驼残件。有头、颈和前峰，头昂起，模制较粗糙。仅剩左面。高 2 英寸。

Yo.072　猴子骑骆驼。红陶像残件。仅剩前足、肩和前峰的局部，一侧有猴子的双足。仅剩左面。高 $1\frac{1}{2}$ 英寸。

Yo.073　红陶骆驼残件。 仅左面的肩、颈、鬃毛、部分前峰及驮运的货物保存下来。高 $1\frac{1}{2}$ 英寸。

Yo.074　红陶骆驼残件。 仅右边部分残存。双峰挺立，峰间有驮物的痕迹。头及前足已失。制作粗糙。高 $2\frac{1}{4}$ 英寸。

Yo.075　红陶骆驼残件。 仅后足和驼峰的右部残留。高 $2\frac{3}{16}$ 英寸。

Yo.076　红陶骑手像。 与《西域考古图记》第四卷图版 I 中的 Yo.0030.a 类似。马的头、颈、足的下部及骑者的上部已残失。马身厚实。马体分别制作后再拼合。有刻画的马鞍、兜在马尾下和胸部的皮带。

骑者穿长裤，边沿阴刻。未见马鬃。制作较粗糙。高 $2\frac{1}{8}$ 英寸。

Yo.077　红陶马。 仅见右面。除足和鼻端残失外近乎完整。立鬃，圈眼，长方形鞍。臀部刻出。还有项圈（?）和络头（?）。高 $1\frac{3}{4}$ 英寸。图版 III。

Yo.078　红陶马残件。 有头、颈、马勒（笼头）。立鬃，额毛分开。与《西域考古图记》第一卷 110 页 Yo.0030.k 类似。最大宽度 $1\frac{1}{8}$ 英寸。图版 II。

Yo.079　红陶器残件。 与 Yo.088.a（图版 II）类似，为翼马的后部。翼尖与向上弯曲的短尾相接。马的臀部有似毛皮的底沿，并在两面阴刻涡形的玫瑰花饰。两条后腿合成一条棒状的团块，下端与陶器的器壁相接。翼尖以上及双足均已残失。参见 Yo.080~083。长 3 英寸。图版 III。

Yo.080　红陶翼马残件。 与 Yo.079（图版 III）相近，但翼部已残失。

有穿孔，似为流口。下面有小孔。长 $2\frac{1}{4}$ 英寸。

Yo.081　红陶龙头残件。眼睛圆突，外为圆圈，中心为圆点。脸侧有毛，耳朵后伸，横刻 V 形槽。有下颚（已残一小段）。嘴张开，沿唇线有似耳朵的凸脊，可能表示牙齿。左面塑雕，浮雕较低平。长 $1\frac{5}{8}$ 英寸。图版 I。

Yo.082　红陶器柄残件。极似 Yo.079（图版 III），但形体更小。仅有左面，长 $1\frac{5}{8}$ 英寸。

Yo.083　红陶龙头残件。也许是器身上的残件。似 Yo.079（图版 III），但形体较小，仅见右面塑雕。腿、腰部刻有圆圈，圈中心有小圆圈。左面的龙头，参见 Badr.0325。长 $1\frac{1}{4}$ 英寸。

Yo.084　红陶流嘴。做成怪异的牛头或鹿头形。管状流嘴，自上而下渐细。未刻口部，前额至鼻子中间有窄脊，脊高 $\frac{1}{2}$ 英寸。此脊顶端两侧分别长出弯角。弯角为贴附的条块，上戳刺有许多圆点。角根下面为突起的圆片，上刻圆圈，分别表示双眼及瞳孔。保存情况良好。长 $1\frac{5}{16}$ 英寸。图版 III。

Yo.085　红陶流嘴。做成公羊头、颈状。似前一件器物，为管状流嘴。圈形眼，大耳，后弯的双角（左角已残失）。形制美观，但细部较粗糙。长 $1\frac{1}{2}$ 英寸。图版 III。

Yo.086.a~f　6 个红陶器耳。作怪异的羊头形。与《西域考古图记》第一卷 108 页 Yo.0015.I（类型 a）类似。参见《古代和田》第二卷图版 XLVII 中的 B.001.e。

Yo.086.a　模制甚好，至肩部完整，但前足已残断。颈弓起，新月形弯曲的鬃毛，并有沟槽下至弯曲的鼻根。圆圈形眼和鼻孔。两耳后伸，嘴角后拉。两道阴刻的半圆形短线表示起皱的皮肤。长 $2\frac{3}{4}$ 英寸。

Yo.086.b 似前一件，但形体更小，磨损严重。长 $2\frac{3}{8}$ 英寸。

Yo.086.c 似前两件的头、肩，但质量较差。直颈，与头呈直角状，面貌刻画较粗略。长 $2\frac{7}{16}$ 英寸。

Yo.086.d 仅头部残留，较典型，但磨损较严重。长 $1\frac{5}{8}$ 英寸。

Yo.086.e 头部，颈部弓起。长 $1\frac{7}{16}$ 英寸。

Yo.086.f 仅头部残留，较典型。长 $1\frac{3}{16}$ 英寸。

Yo.087.a~d 4 个红陶器耳残件。与前述器耳类似，为羊的头、肩，但仅见右面。参见 Badr.0375。

Yo.087.a 残存至前足部分。磨损。长 $2\frac{1}{4}$ 英寸。

Yo.087.b 左面为正面，形制较小。磨损。长 $2\frac{1}{4}$ 英寸。

Yo.087.c 仅右面为正面。制作粗糙。深圈形眼。嘴微张，但上部已残失。短直的刻道表示羊毛。颈根有凸脊，上有压印的凹槽。长 $1\frac{3}{4}$ 英寸。

Yo.087.d 仅见右面，有头、颈，较典型。长 $2\frac{1}{8}$ 英寸。图版 III。

Yo.088.a~d 4 个红陶器把。作翼马形，与《西域考古图记》第四卷图版 II 中的 Yo.0015.f~I（b 型）和 0030.b、h 等类似。鬃毛短，剪平。前额鬃毛上束成一角形。翼部由圆块及上刻的菱形网格图案表示。

Yo.088.a 较典型。仅残留翅膀后部。灰色。长 $3\frac{1}{8}$ 英寸。

Yo.088.b　同型，红色，头残缺。长 $2\frac{3}{4}$ 英寸。

Yo.088.c　形制较小，磨平。保留短翼，贴陶片。长 $2\frac{1}{2}$ 英寸。

Yo.088.d　仅存头部，稍有磨损。长 $1\frac{1}{2}$ 英寸。图版 II、III。

Yo.089.a、b　2个红陶器耳。与前面的翼马一样，但仅模制一面。a 仅见右面，自头部残存至翼。边沿被切削。长 $2\frac{1}{2}$ 英寸。

b 仅头部残留，鼻子已失。长 $1\frac{11}{16}$ 英寸。

Yo.090　红陶马头。也许是 Yo.077，图版 III 的残件。制作粗糙。戳刺双耳、双眼，眼睛用圆圈表示。马笼头用阴刻的双线表示。嘴咧开。更典型的例子参见 Badr.0370（图版 II）。长 $1\frac{1}{4}$ 英寸。

Yo.091　红陶怪异马首。似 Yo.088.a~d，图版 II、III，为翼马状的把手，但形体较大，更具特色。鬃毛和角样的前绺与之相同。更强调沿下颚的长须。脸呈半狮半鹰的怪兽形。眉呈锯齿形，弯曲的尖鼻近似鹰钩鼻。较典型，保存较好。参见下一件红陶怪异马首。长 $2\frac{3}{8}$ 英寸。

Yo.092　红陶怪异马首。似前一件，但更似鸟形。口鼻突出，形状尖长。鹰钩鼻，用与尖端相接的阴线来强调。此线在向上的过程中，被眼睛下的一条沟槽所切断。眼睛上面的阴线分开，向后面两旁弯曲，并穿过下颚和弯曲的嘴角。深圈形眼睛，中心有圆点，在后伸的耳中钻有深孔，孔径从口至底渐小。制作较精美。长 $1\frac{3}{16}$ 英寸。图版 III。

Yo.093　红陶鳄鱼头。也许是把手的残件。与《古代和田》第二卷图版 XLV 中的 Kh.003.l 类似，但角已残失。形象生动，但略显粗糙。长 $1\frac{3}{8}$ 英寸。图版 II。

　　Yo.094　红陶骆驼头。残存颈部及垂下的长驼毛。仅见右面。头上有顶髻。半怪异型。高 $1\frac{5}{8}$ 英寸。

　　Yo.095　红陶羊头。仅见左面。长 $1\frac{1}{4}$ 英寸。

　　Yo.096　红陶兽头。高浮雕。怪异的狮形，鼻子同人鼻，龇牙咧嘴，眼长，瞳仁用小圈表示，眉毛突出，嘴角两边阴刻两条下斜的短线。制作较差。与《西域考古图记》第四卷图版 I 中的 Yo.0012.m 有亲缘关系。高 $1\frac{1}{16}$ 英寸，浮雕 $\frac{5}{8}$ 英寸。图版 II。

　　Yo.097　红陶鹿头。绿釉。高浮雕。角已残断。长 $2\frac{3}{8}$ 英寸，浮雕高 1 英寸。图版 III。

　　Yo.098　红陶兽头残件。怪异型，制作得较粗糙。长鼻突起（残），鼓眼。红色，整体都有厚层绿釉。长 $2\frac{3}{4}$ 英寸。

　　Yo.099　红陶鹦鹉头、颈。制作较粗糙。喙微张，眼呈孔状，在双耳的高度上横钻一孔。高 $2\frac{1}{8}$ 英寸。图版 III。

　　Yo.0100　红陶球。也许是女性躯干雕像的残件。制作粗糙。生殖器周围饰圆点。直径 $1\frac{1}{4}$ 英寸。

　　Yo.0101　红陶器皿残件。半圆柱形。外表粗糙，器物的颈、肩处有横向的突起，呈巨兽头部（不完整）的形状。材料精细。参见 Yo.081（图版 I）。长 $2\frac{1}{8}$ 英寸。

　　Yo.0102　红陶 Waterskin。膨胀状，中空，除一条前足外，手脚均已残失，短尾刻画而成。长 $1\frac{7}{8}$ 英寸。

Yo.0103　红陶鸟残件（鸠?）。仅左面，叠翼。头、尾和足均已残失。制作精美。长 $1\frac{3}{4}$ 英寸。

Yo.0104　红陶猴头残件。更风格化。与《西域考古图记》第四卷图版 IX 中的 A.T.V.2 类似。长 $1\frac{5}{16}$ 英寸。图版 II。

Yo.0105　红陶猴头残件。浮雕，模制较粗糙，鼻孔压印，眼呈圆圈状，眉毛粗刻。前额至头顶有沟槽。下部已残失。高 $1\frac{3}{16}$ 英寸。

Yo.0106　红陶猴残件。跪姿，足已残失。左爪抓住圆柱形物，该柱形物中有穿孔通至猴像的内部。腕部有镯。制作粗糙。高 $1\frac{1}{2}$ 英寸。

Yo.0107　红陶猴头、肩部。浮雕。头转向左肩，作警觉状。皮毛用阴刻的划道和圆点表示。高 $1\frac{3}{4}$ 英寸。图版 II。

Yo.0108　红陶猴的上半身。头前倾，爪外伸。圆肩，臂外伸，但自肘以下断残。残至腰部。仅在头部刻画表示皮毛。阴线刻画脸的轮廓。高 $1\frac{3}{4}$ 英寸。

Yo.0109　红陶怪异像。蹲踞，双臂已残失。男性，秃头。上髭明显，胸和下腹部肥胖。制作较粗糙。高 $1\frac{3}{4}$ 英寸。图版 II。

Yo.0110　红陶雌猴。蹲踞，双膝分开。双臂已残失。仅头和腿部刻出皮毛。高 $1\frac{7}{8}$ 英寸。图版 II。

Yo.0111　红陶像残件。人或猴样。大腿并拢向前，欧洲人式的坐姿。自膝盖以下残失。身体前倾，长发（?）垂背，头已残失。无双臂，性别不明。制作非常粗糙。半成品。高 $1\frac{3}{8}$ 英寸。

Yo.0112　红陶猴。 怪异型。两足分开站立，持长方形物于胸前。右臂已残断。右足自膝盖以下残。有缠腰带。制作粗糙。高 $1\frac{3}{4}$ 英寸。图版 II。

Yo.0113　红陶猴的上半身。 制作很粗糙。猴身不过是一个颠倒了的锥形物。双臂为弯曲的条带，伸于肩部的背后（右臂残断）。头呈怪异的球形，颈部有沟槽，未表现猴毛。高 $1\frac{7}{16}$ 英寸。

Yo.0114　红陶猴残件。 明显坐着，两腿分开。四肢残至根部。上身及头部直立。表情鲁莽。头、背有毛，但前身未见。高 $1\frac{1}{4}$ 英寸。图版 II。

Yo.0115　红陶猴残件。 制作粗糙。保存状况不佳。也许为坐姿，但双足及右臂已残失。左臂靠身侧。身子直立，头上仰。高 $1\frac{1}{2}$ 英寸。

Yo.0116　红陶猴残件。 下部蹲坐。仅残留双腿及部分身体。条纹（缠腰带?）横过大腿。做工粗糙。最大高度 $\frac{3}{4}$ 英寸。

Yo.0117　红陶鸟残件。 一鸟跨坐于长颈鸟（?）身上，头、尾已失。足呈柱形。被骑坐的鸟有双爪及翼端。制作粗糙。高 $1\frac{1}{4}$ 英寸。

Yo.0118　红陶猴。 似襁褓中的婴儿。与《西域考古图记》第四卷图版 III 中的 Yo.0010.a、b 和 0038.a~d 同型。次品。长 $1\frac{7}{8}$ 英寸。

Yo.0119.a~g　7 个红陶猴头。 怪异状，制作粗糙。e~g 形体较小。最大高度 $\frac{3}{4}$ 英寸。图版 II。

Yo.0120　红陶猴残件。 制作粗糙。双足分开，自膝部以下断残。上肢和脸部已残失。高 $1\frac{3}{16}$ 英寸。

　　Yo.0121　红陶猴残件。坐于横竿上，弹奏吉他。头及左臂已残失。有缠腰带。制作粗糙。高 $\frac{7}{8}$ 英寸。图版 II。

　　Yo.0122.a~c　3 个红陶猴残件。蹲坐，弹奏吉他。怪异的头。缠腰带。a 的左臂的大部分及 c 的头、足均已残失。最长 1 英寸。图版 II。

　　Yo.0123.a~m　13 个红陶猴残件。大部分仅为躯干雕像。但 a、b 和 c 有头；g 有发辫垂背；i 和 j 双手交于胸前，肘部向外。最长 $1\frac{1}{8}$ 英寸。

　　Yo.0124　红陶戴胜鸟。鸟喙、翼、足已残失。鸟身竖钻一孔。长 $1\frac{1}{4}$ 英寸。图版 II。

　　Yo.0125　红陶玫瑰花形贴饰残片。花形常见，与 Yo.04（图版 I）类似。最大长度 $\frac{7}{8}$ 英寸。

　　Yo.0126　红陶圆盘或砝码。面突出，中心有纽节（?），但已残。一面刻有四角星。直径 $\frac{1}{2}$ 英寸。

　　Yo.0127　红陶象头神（Ganesa）脸部残块。也许是贴附的装饰。高 $1\frac{3}{4}$ 英寸。

　　Yo.0128　红陶妇女头饰。头部与《西域考古图记》第四卷图版 CXXXII 中的 Mi.xi.00103 类似，发环较高。另参见《西域考古图记》第四卷图版 VIII 中的 A.T.iv.0096。高 $1\frac{1}{2}$ 英寸。

　　Yo.0129　红陶像残件。女像（?）的右肩和胸部，双臂下有束带，肩部至胸部中间垂有数道衣褶。高 $1\frac{1}{4}$ 英寸。

Yo.0130 灰泥建筑饰物残件。八面宝珠形，上面、左面和右面上有三个深红色的圆瘤，均用带子束住。下面与涡形花饰相连接。与《西域考古图记》第一卷 152 页 Si.006 同型。高 $1\frac{1}{2}$ 英寸。图版 II。

Yo.0131 红陶栏杆。与《西域考古图记》第一卷 115 页 Yo.0065 类似。立柱之间为方板，柱身刻沟槽至中部，顶、底均呈球形。表面已磨损。长 $2\frac{3}{4}$ 英寸。

Yo.0132 红陶器残件。上沿（？）粗刻发叶（Foliate?）装饰。$1\frac{3}{4}$ 英寸×2 英寸×$1\frac{3}{8}$ 英寸。

Yo.0133 红陶坐佛浮雕。也许是饰板的残块。坐姿，作沉思状。头已残失。表面磨损。高 $2\frac{1}{4}$ 英寸。

Yo.0134 红陶坐佛浮雕。也许是饰板的残块。坐姿，作沉思状。双足交于脚踝处。前臂叠交，一端略褪色。最大高度 $2\frac{1}{8}$ 英寸。

Yo.0135 红陶佛像浮雕残片。残存头及光轮的一部分。斜眼，头发未表示。制作精美。高 $1\frac{1}{4}$ 英寸。

Yo.0136 红陶佛头浮雕。似前一件。长眼。制作精美。高 1 英寸。图版 II。

Yo.0137.a~e 5 块红陶还愿饰板残片。同一型。梨形，佛坐莲花之上，作沉思状。莲叶从茎秆长出，向左右作简单的拳曲。光轮边沿作火焰状。用凹雕法直接雕出，而不是用原来的浮雕法。处理简单。黏土较软。约 3 英寸×$2\frac{1}{2}$ 英寸。图版 III。

Yo.0138.a~h 8 个红陶纺轮。正面呈圆弧状隆起，厚度不同。a~c 素面。d 在圆顶下部阴刻锯齿形和水平的条带。e 有圆孔（在圆顶面下），刻有不明显的六角星。f（同一位置）为八瓣形玫瑰花饰，双排凹点。g 周沿有弦纹，向上有花瓣，瓣叶往下，向下有锯齿纹条带。h 制作精美，底面刻一圆圈，内有七角星，各角之间有圆点。轮沿圆弧，呈绳索带状，穿孔渐细。最大直径 $1\frac{5}{16}$ 英寸（e），高 $\frac{3}{4}$ 英寸。图版 II、III。

Yo.0139　青铜指环。有凹雕的鹰头狮身翼兽（希腊艺术品装饰——译者）坐像图案。表面磨损较严重。直径 $\frac{3}{4}$ 英寸。

Yo.0140　青铜镯残件。蛇形头，头端向下伸出四颗线状的短齿。头铸造，中空，后段插入颈背并被夹住。保存状况较好。$\frac{7}{8}$ 英寸 × $\frac{1}{4}$ 英寸。图版 X。

Yo.0141　器皿（？）铁箍。圈形条带，一边贴于长方形板上，板的四角被切去，两端下弯。在条带内侧的板面上有一个长方形的穿孔，孔的长边加有一块长约 $\frac{1}{4}$ 英寸的板片，这也许是为了在条带上加一个类似錾柄的装置，使之在插入后可旋转来进行加固。保存很好。板的尺寸为 $1\frac{7}{16}$ 英寸 × $2\frac{3}{8}$ 英寸。

Yo.0142　长方形绿松石片。两面阴刻希腊式回纹的条带。一长边呈斜切状。$\frac{3}{4}$ 英寸 × $\frac{1}{2}$ 英寸 × $\frac{1}{4}$ 英寸。

Yo.0143　63 颗玻璃珠和黏土珠。球形、喇叭形、鼓形等。大多数呈蓝、绿或黄色。最大直径 $\frac{7}{8}$ 英寸。

Yo.0144　46 颗玻璃珠。大多数呈鼓形，蓝色和绿色。一般直径 $\frac{3}{16}$ 英寸。

Yo.0145　**16 颗玻璃珠**。蓝、绿色，大多数呈环形或鼓形。一般直径 $\frac{1}{8}$ 英寸。

Yo.0146　**22 颗贝珠**。大小形状不同，有一枚鸭子形的贝壳小饰物。一般直径 $\frac{3}{8}$ 英寸。

Yo.0147　**5 块磨光石盘**。深灰色，面突起，仅有一件为多面体。一般直径 $\frac{1}{2}$ 英寸。

Yo.0148　**圆形石印**。也许是白玉。扁平圆盘形。未刻画图案。直径 $\frac{7}{16}$ 英寸。

Yo.0149　**8 块矿物残块**。也许是硫化铁矿石。最大宽度 $\frac{15}{16}$ 英寸。

Yo.0150　**深红色矿物残块**。沉重，也许是铅或氧化锑。最大宽度 $\frac{3}{8}$ 英寸。

Yo.0151　**各种青铜、肉红玉髓玛瑙、天青石、珊瑚、树脂等残块**。加工或未经加工。最大宽度（青铜钉）$1\frac{1}{2}$ 英寸。

Yo.0152　**5 件矿物残块**。质地不明。最大宽度 $\frac{1}{4}$ 英寸。

Yo.0153　**黄石残块**。表面有不规则的自然纹理。参见《西域考古图记》第一卷 115 页中的 Yo.0088。长 $\frac{3}{4}$ 英寸。

Yo.0154、0155　**2 个褐煤小饰物（？）**。坐狮形，头后仰，耸肩，足置身下（未表现）。每件底面都有两道竖向的沟槽。有孔横穿全身。头部雕刻较粗糙，但带表情。无其他纹饰。长分别为 $\frac{15}{16}$ 英寸和 $\frac{13}{16}$ 英寸。

Yo.0156   青铜圆盘残件。锈蚀较严重。最大宽度 $1\frac{1}{16}$ 英寸。

Yo.0157   各种青铜残片。包括薄片、环（线状，双层）、方纽、钉头和铆板残片。最大尺寸 $\frac{15}{16}$ 英寸 $\times \frac{3}{4}$ 英寸。

Yo.0158   大陶罐。平底，球形腹，短颈，侈口。环耳，上端直角状接于沿下约 1 英寸处，然而弧形往下，几乎垂直地接于肩部转弯处。耳高 $1\frac{1}{2}$~2 英寸。束颈，贴饰三处似 Yo.052 那样的怪异人面。器耳上端，饰一个似 Yo.091 型的马头，马鼻压在口沿上。质量较次。这些贴饰品，相对罐身来说形体太小，应是晚期的附加物，但也是古代的作品。保存状况良好。高（至沿）$12\frac{1}{2}$ 英寸，最大直径 $9\frac{3}{4}$ 英寸，颈长约 4 英寸。颈部最小直径 $3\frac{3}{4}$ 英寸。口沿直径 $4\frac{3}{8}$ 英寸。图版Ⅰ。

在和田镇获得或获赠的古物

Kh.01   胶泥残块。绘以蛋彩。浅红棕色条带，其上有黑色卷叶轮廓，表现的是葡萄藤和葡萄。画法风格化且非常正规，条带的两面均为红棕色，保存状况良好。$4\frac{1}{16}$ 英寸 $\times 3\frac{1}{2}$ 英寸。

Kh.02   灰泥左手残件。细长的手指，指甲窄长，食指已残，大拇指残失，表面泥釉已裂。仅背面模制，烧过。长 $3\frac{1}{4}$ 英寸。图版Ⅲ。

Kh.03   青铜印（毛尔多瓦克先生赠送）。三角形，印面有五瓣花图案。背有柄，钻孔。$\frac{3}{4}$ 英寸 $\times \frac{5}{8}$ 英寸。图版Ⅹ。

Kh.04   青铜印（毛尔多瓦克先生赠送）。二鸟相遇型，头部合而为一，鸟喙分开。各指一方。总体形状为新月形。更退化的例子参见《西域考古图记》第一卷 119 页中的 Yo.00176 和 123 页中的 Khot.007。背后有穿孔的印纽。$1\frac{7}{8}$英寸×$1\frac{7}{8}$英寸。

Kh.05　烧焦的木块。一面浅刻一个人面，前额有发绺。形状及比例不佳。很可能是晚期作品。$2\frac{1}{2}$英寸×$2\frac{3}{4}$英寸×1 英寸。

Kh.06　玛瑙玉髓印。圆盘形，面突，中间钻孔。一边平直地砍削。表面分区，有火坛（？）的图案。高$\frac{1}{2}$英寸，最大宽度$\frac{9}{16}$英寸。人面$\frac{9}{32}$英寸×$\frac{15}{32}$英寸。图版 X。

Kh.07　玛瑙玉髓珠。在每个方形的面上蚀刻四叶形花纹，这种蚀刻的新方法是使表面分解，使纹饰出现。处理方法相同的例子，参见《西域考古图记》第四卷图版 IV 中的 Khot.02.q、r。最大直径$\frac{1}{2}$英寸。

Kh.08　小型骨饰。鸭嘴龙状，钻有一孔，可以悬挂。参见《古代和田》第二卷图版 LI 中的 Yo.002, b.ii。$\frac{1}{2}$英寸×$\frac{7}{16}$英寸。图版 X。

Kh.09　红陶面具贴饰。残片。怪异狮面，面部被狮鬃所围。为 Yo.058 型的次品。无髭。$1\frac{1}{2}$英寸×$1\frac{1}{8}$英寸。

Kh.010　红陶怪异动物头像。仅左面残存，为羊或骆驼。$1\frac{3}{16}$英寸×$1\frac{1}{4}$英寸。

Kh.011　红陶怪猴。头、颈、肩残存。高而尖的头。眉间有深皱。嘴突出。臂宽如翼。$1\frac{1}{8}$英寸×$\frac{7}{8}$英寸。

Kh.012　红陶人面。怪异形，粗眉，粗髭。鼓突的眼睛，鼻残。头上有冠状饰，向前突出。$\frac{3}{4}$ 英寸 × $\frac{13}{16}$ 英寸。图版 II。

Kh.013　红陶猴头。枭形。$\frac{1}{2}$ 英寸 × $\frac{1}{2}$ 英寸。

Kh.014　红陶怪猴。残存上半身，枭形，两臂水平状向前（残）。$\frac{3}{4}$ 英寸 × $\frac{9}{16}$ 英寸。

Kh.015　红陶怪猴。枭形，双臂捧着一扁平的小物体。两足残断。$\frac{7}{8}$ 英寸 × $\frac{1}{2}$ 英寸。

Kh.016　红陶怪猴。半身及一臂已残失。另一臂自肘以下残断。$\frac{13}{16}$ 英寸 × $\frac{1}{2}$ 英寸。

Kh.017　红陶怪异猴头。枭形。$\frac{5}{16}$ 英寸 × $\frac{3}{8}$ 英寸。

Kh.018　灰色大理石骑马者。残。双手举至胸部。非常消瘦，粗刻。比例失衡。马足短直。前足已残。骑者和马颈之间以及马足之间被锯割。$2\frac{1}{2}$ 英寸 × $2\frac{3}{8}$ 英寸 × $\frac{5}{8}$ 英寸。

Kh.019　黄色大理石印章。长方形，金字塔形顶。顶、底之间有两层水平状的凹槽。底面的每个角都有一个横向的刻槽，金字塔形的每一面也有一条刻槽，金字塔形的顶下有横向的穿孔。底面有图案：一只动物，长尾蜷曲，四足（两足在一侧）。非常粗糙。高 $\frac{3}{4}$ 英寸，底面 $\frac{1}{2}$ 英寸 × $\frac{5}{16}$ 英寸。图版 X。

Kh.020 **滑石浮雕残件**。小佛，作禅定印相。扁平莲花座，花瓣下垂。椭圆形背光。头部形象较粗糙。比例匀称。$1\frac{5}{16}$英寸×$\frac{7}{8}$英寸。图版 X。

Kh.021 **滑石浮雕残件**。佛脸和头的正面。左侧面已严重损坏。长耳。有肉髻（指佛像头骨的隆起部分，表示佛具有的灵知，又名佛顶——译者）。颈、背已残破。$\frac{7}{8}$英寸×$\frac{9}{16}$英寸。图版 X。

Kh.022 **各种小饰物**。原料有玉、玛瑙、肉红玉髓、珊瑚、绿色玻璃、蓝色玻璃等。还有幸运石。（石）最大长度$1\frac{1}{16}$英寸。

Kh.023 **青铜指环**。镶有椭圆形的玻璃印章。图案可能是雅典娜（Athene，即智慧与技艺的女神——译者）。制作粗糙。残长$\frac{3}{4}$英寸，印章$\frac{7}{16}$英寸×$\frac{5}{16}$英寸。图版 X。

Kh.024 **玻璃印**。与 Kh.023 类似，但无镶嵌座，磨损，制作较粗糙。图案仅为一个浅坑。$\frac{7}{16}$英寸×$\frac{3}{8}$英寸。

Kh.025 **玻璃、陶和贝珠串饰**。与《西域考古图记》第四卷图版 IV 中的 Khot.0069 等一样，三颗黑色陶珠上有三道不明显的线条。一颗红陶管形珠上带有灰色和深红色的纵向条纹。最大直径$\frac{7}{16}$英寸。

Kh.026 **玻璃、陶、贝壳和玛瑙串珠**。一颗黑陶珠上带有不明显的波状线条。最大直径$\frac{7}{16}$英寸。

Kh.027 **6 颗玻璃、石和陶质的珠子**。一颗绿玻璃珠带有模仿大理石花纹的黄线；三颗深灰色陶珠上有浅淡的线条；一颗深灰色陶珠上有用淡灰色胶镶嵌的半透明蓝色斑点，如《西域考古图记》第四卷图版 VI 中的 Togujai.

0021、Khot.0072；一颗圆桶状灰色石珠。最大直径$\frac{11}{16}$英寸。图版 X。

Kh.028　陶片。两面都有一层极薄的釉，已玻璃化。浅黄色与深棕色夹杂在一起，呈现出大理石花纹特征。一面弯曲处厚度突然变化。保存很好。类似的标本参见 K.E.01；A.K.07，图版 LI。$\frac{3}{4}$英寸×1英寸×$\frac{5}{32}$~$\frac{1}{8}$英寸。

Kh.029　玻璃珠残件。半透明，淡绿色，六棱柱形，纵面微突，中心有孔。长$\frac{5}{8}$英寸，直径$\frac{7}{16}$英寸。

Kh.030　玻璃器柄残件。淡绿色，半透明。表面带有轻微金属光泽。1英寸×$\frac{3}{8}$英寸×$\frac{9}{16}$英寸。

Kh.031　玛瑙珠残件。桶状，淡蜜色，表面有横向和斜向的线条。参见 Kh.07 和《西域考古图记》第四卷图版 IV 中的 Khot.02.q、r。$\frac{13}{16}$英寸×$\frac{9}{16}$英寸。图版 X。

Kh.032　玻璃珠残件。暗绿色，但有淡黄色的线条，用千花玻璃方法制成。$\frac{1}{4}$英寸×$\frac{1}{4}$英寸。

Kh.033　陶珠。无光泽，暗灰色，表面有白色镶嵌图案。$\frac{29}{32}$英寸×$\frac{5}{16}$英寸。图版 X。

Kh.034　玻璃珠。不透明，暗灰色（红色），带有半透明玻璃斑。$\frac{1}{2}$英寸×$\frac{1}{4}$英寸。

Kh.035　半透明的玻璃凸饰。深蓝色，周围是淡灰色玻璃胶结物。从珠子的表面脱落下来。$\frac{1}{4}$英寸×$\frac{3}{16}$英寸。

Kh.036　石墨棒残件。多边形，因摩擦而破旧。$\frac{9}{16}$英寸×$\frac{3}{8}$英寸×$\frac{1}{4}$英寸。

Kh.037、038　小玻璃珠残件。带有嵌入的斑点。037 为千花玻璃型。半透明，呈蓝色和白色，直径$\frac{1}{8}$英寸。038 为暗灰色胎质，带有半透明且镶嵌于白色胶结物中的蓝斑。与《西域考古图记》第四卷图版 VI 中的 Togujai.0021 和图版 IV 中的 Khot.0072 类似。直径$\frac{1}{8}$英寸。

Kh.039　蹲坐猴子石像。暗灰色，双臂紧贴身体两侧，小臂曲拱于胸前。脸长，眼睛深圆。制作粗糙，总体雕刻整齐，大概轮切而成。$1\frac{5}{8}$英寸×$\frac{5}{8}$英寸×$\frac{11}{16}$英寸。图版 III。

Kh.059　陶纺轮。制作粗糙，底面刻有不规则的六瓣花。陶轮直径$1\frac{1}{2}$英寸，高$\frac{5}{8}$英寸。

Kh.060　红陶圆盘。带有直立的僧帽形的细柄。柄的右、左边各有一对穿孔，可能是器盖，已残为半块。直径$5\frac{1}{2}$英寸，厚$\frac{1}{4}$英寸，柄（耳）$2\frac{1}{2}$英寸×$1\frac{3}{8}$英寸×$\frac{1}{4}$英寸。图版 XXV。

Kh.070　凸圆形宝石。天蓝色，半椭圆形。带有固定的铰接物，背部粘接。$\frac{3}{5}$英寸×$\frac{2}{5}$英寸×$\frac{1}{4}$英寸。

Kh.071~098　各种陶、玻璃、石和贝壳质的珠子。071 为球形，半透明，淡黄色黏土胎。直径$\frac{3}{8}$英寸。

072 为四边形管状珠，暗黄色，半透明，制作时曾用一棍形轴作中心，然后在外面用热玻璃压制。长 $\frac{9}{16}$ 英寸。

073 为多边形，略带黄色或闪光的红色。直径 $\frac{1}{4}$ 英寸。

074 为（残）球状，黑色胎，饰有白色线条，似乎先用原料制作成形，然后涂上白色透明釉。直径 $\frac{1}{2}$ 英寸。

075 为球状，红色玛瑙质，制作粗糙。直径 $\frac{5}{16}$ 英寸。

076~081 小圆形，半透明，暗蓝色、绿色和黄色。最大直径 $\frac{1}{4}$ 英寸。

082 为小桶状，黑色胎，上饰白色波浪形线条。直径 $\frac{1}{8}$ 英寸。

083 为小管状，不透明，棕色，长 $\frac{1}{12}$ 英寸。直径 $\frac{1}{12}$ 英寸。

084~086 为小鼓形，半透明，蓝色。最大直径 $\frac{5}{16}$ 英寸。

087 小圆圈状，可能是石质，黑色。直径 $\frac{1}{4}$ 英寸。

088 为小圆形，黑色，已腐蚀。直径 $\frac{1}{4}$ 英寸。

089~097 为立方体形、环形和鼓形等，白色贝壳质。最大直径 $\frac{5}{16}$ 英寸。

098 为立方体形或球形，淡黄色黏土胎，表面饰半透明蓝色和白色的千花图案。直径 $\frac{5}{16}$ 英寸。

Kh.0189 **玻璃、石头、黏土、树胶等各种质地的残件。**最大长度 $\frac{9}{16}$ 英寸。

Kh.0190　陶片。可能是熔铅坩埚的残片。$\frac{5}{8}$英寸×$\frac{3}{8}$英寸×$\frac{1}{10}$英寸。

Kh.0191　**种子、谷粒、果核、豌豆、植物根茎等。**

Kh.0192　**各种铁片。**扭曲或折叠状。最大长度$\frac{1}{2}$英寸。

Kh.0193　**各种玻璃珠和陶珠。**球形或环形，黑、灰、黄和青绿色，最大直径$\frac{1}{4}$英寸。

Kh.0194　**各种金属残片。**有铅矿物、金（？）、银和铁等材料，都非常细小。金片有较好的焊接处。最大长度$\frac{9}{16}$英寸。

Kh.0196　**银饰品残件。**一短管上焊接一周9颗联珠。管径$\frac{1}{32}$英寸，珠径$\frac{1}{64}$英寸；整体直径$\frac{1}{14}$英寸，管长$\frac{1}{32}$英寸。

Kh.0197　**铅片、小棒、箔、金属丝等。**可能是宝石匠或银匠作坊里的残渣。最大长度$1\frac{9}{16}$英寸。

Kh.0198　**一堆红铜丝的残段。**不同的尺寸。一些被拧成紧密的螺旋状物，另一些则成为缆索状。缆索最长$1\frac{1}{2}$英寸。

Kh.0200　**大量的青铜和红铜残渣。**最大尺寸约1平方英寸。

Kh.0201　**青铜饰物和配件。**圈、铆钉、碎片和小棒等，大部分破碎、锈蚀。最大残件1英寸×$\frac{3}{8}$英寸。

Kh.0243　**各种青铜碎片。**包括片、丝圈、方瘤、环、别针和铆钉固定的金属片。最大尺寸$\frac{15}{16}$英寸×$\frac{3}{4}$英寸。

Kh.0244　**青铜饰物残件。**正面中心为一条突出的大叶脉，两侧带有叶片，叶沿被切成半圆形。未断的角表明此是浅浮雕的公羊头。两端和一面已残失，背平。参见《西域考古图记》第四卷图版 VI 中的 Yo.0091.b。1 英寸×$\frac{11}{16}$英寸，图版 X。

Kh.0245　黄铜扣舌。至钝端渐细。环已断裂。2 英寸×$\frac{5}{32}$英寸×$\frac{1}{8}$英寸。

Kh.0246　2 个青铜环残件。椭圆形截面。弧长约 2 英寸，厚$\frac{3}{16}$英寸。

Kh.0247　长方形青铜残片。用于皮带的顶端。两个外角圆钝。前面的金属片边沿向后翻转成盒形。背片扁平，由两颗铆钉与前片连接。$\frac{13}{16}$英寸×$\frac{1}{2}$英寸×$\frac{3}{16}$英寸。

Kh.0248　青铜块。每面都阴刻两条线，分成四个方块。各角圆钝。可能是一个秤砣。侧面$\frac{1}{2}$英寸。

Kh.0249、0250　2 个青铜纺轮。盘形，底侧内凹，钻一个大孔。$\frac{3}{16}$英寸×$\frac{1}{2}$英寸和$\frac{9}{16}$英寸×3 英寸。图版 X。

Kh.0251　铅珠。略呈六棱形。直径$\frac{3}{8}$英寸。图版 X。

Kh.0252~0255　4 块贝壳残片。近球形，像珠子那样钻孔。直径分别为$\frac{7}{8}$英寸、$\frac{5}{8}$英寸、$\frac{7}{16}$英寸和$\frac{3}{8}$英寸。

Kh.0256　青铜铃。悬纽已断残。直径$\frac{3}{8}$英寸。图版 X。

Kh.0257　贝壳圆盘。侧面钻有与两面平行的小孔。其一面中心有一处凹陷，周围有六个浅坑。直径$\frac{1}{2}$英寸，厚$\frac{1}{5}$英寸。图版 X。

Kh.0258 **椭圆形骨饰**。用一枚动物牙齿制成。长面有条纹，两端有卷绕的曲线。磨光。$1\frac{1}{4}$英寸×$\frac{13}{16}$英寸×$\frac{7}{16}$英寸。

Kh.0259 **象牙小饰物**。上面第三个管用于穿弦，至下面管向内弯曲，在正和背两面形成一道横鼻。剖面呈梯形，顶剖面呈圆形，另一端圆锐。$\frac{11}{16}$英寸×$\frac{9}{16}$英寸×$\frac{3}{16}$英寸。图版 X。

Kh.0260 **黏土珠**。有红色、黄色、蓝色和黑色的千花花纹。$\frac{1}{2}$英寸×$\frac{9}{16}$英寸。图版 X。

Kh.0261 **小石饰**。不规则楔形，宽端有带淡蓝色的白色斑纹，窄端钻孔。$\frac{1}{2}$英寸×$\frac{5}{16}$英寸×$\frac{3}{16}$英寸。

Kh.0262 **小石饰**。呈鸭子形状。深灰色，磨光，钻孔。参见 Ark.Han.021。$\frac{1}{2}$英寸×$\frac{7}{16}$英寸×$\frac{5}{32}$英寸。

Kh.0263 **石珠**。扁平的不规则椭圆形。近一端穿孔。$\frac{1}{2}$英寸×$\frac{3}{8}$英寸×$\frac{3}{16}$英寸。

Kh.0264 **深红色珠子**。磨光。$\frac{5}{16}$英寸×$\frac{1}{4}$英寸×$\frac{5}{32}$英寸。

Kh.0265 **青铜饰物**。杏仁状的垂饰，可能挂于带子或其他带状物上。中心突出，卷边。上端有一个方环，环内有一个连接其他东西的铜制带状物。铜孔中填有粗锌。平背，上沿中心的正面用铆钉固定。正面和边沿有涂金痕迹。$1\frac{3}{8}$英寸×$\frac{13}{16}$英寸×$\frac{1}{4}$英寸。

Kh.0266 不规则的金属块。似是锑或坚硬的粗锌。1 英寸 × $\frac{3}{4}$ 英寸 × $\frac{1}{4}$ 英寸。

Kh.0267 灰泥佛头像。比真人头大（由毛尔多瓦克先生描述），常见的细斜眼。肉髻、耳朵及鼻端已无。脸庞清晰，头发由蜷曲的阴线表示。淡黄色黏土质。高 1 英尺，最大宽度 9 英寸。图版 VIII。

巴德鲁丁汗从不同遗址上采集来的遗物

Badr.09 红陶器耳。较直，椭圆形剖面，主要部分表示长而扁平的龙身，后缩的头部为器耳的底端，前爪可能与器身相连接，但已残断。张口，上颚和下颚线深刻，眼睛和鼻孔阴刻。身有短毛。长 $2\frac{7}{8}$ 英寸，均宽 $\frac{7}{8}$ 英寸，均厚 $\frac{1}{2}$ 英寸。图版 III。

Badr.010 红陶猴。呈猫头鹰形，制作粗糙，头向右转，手臂和腿已残断。高 $\frac{7}{8}$ 英寸。

Badr.011 红陶猴。呈猫头鹰形，仅存身体和头。可能是拥抱着的一对猴中的一个。与《西域考古图记》第四卷图版 III 中的 Yo.002 类似。制作粗糙。高 $\frac{7}{8}$ 英寸。

Badr.012 红陶猴头。口、鼻向上，制作粗糙。最大长度 $1\frac{1}{8}$ 英寸。图版 III。

Badr.013 红陶公羊头。颈根部残断。坚实，可能是水壶把柄上的压指。眼圈剔成圆孔，身上有表示羊毛的刻道，未见长角。最大长度 $1\frac{7}{8}$ 英寸。图版 III。

Badr.014、015　2个红陶器上的动物形流嘴。已磨损。014 为公羊头，口鼻和右角已残，参见 Yo.085。015 为带拱起鬃毛的粗糙马头。每个流嘴上仅有小孔。直径分别为 $\frac{1}{16}$ 英寸和 $\frac{1}{8}$ 英寸。最大长度 $1\frac{5}{8}$ 英寸。图版 III。

Badr.016　红陶怪异动物头。扁平，眼睛突出，口鼻顶部刻有横向的切口。耳和角已残。眼睛上方有半圆的凸纹。喉咙下有雕刻成的带状物，饰有阴刻的短线和压下去的圆圈，表明是马具。左嘴角伸出舌头。有绿釉的痕迹。保存很好。长 2 英寸。图版 III。

Badr.017　红陶四足动物残件。骆驼（？），载物，跪着。仅后半部分残存，头、背的上部已残。已腐蚀。最大宽度 $1\frac{1}{2}$ 英寸。

Badr.018　红陶圈形把手。从陶器上掉落下来，素面，表面光滑，剖面呈三角形。外径 $1\frac{3}{8}$ 英寸，内径 $\frac{7}{8}$ 英寸。

Badr.019　红陶珠宝贴花饰物。椭圆形，中央突起且光滑，周饰珠宝。与《西域考古图记》第四卷图版 IV 中的 Yo.01.a 等类似。$\frac{3}{4}$ 英寸 × $\frac{9}{16}$ 英寸。

Badr.020　红陶浮雕饰物。用途不明。最大宽度 $\frac{3}{4}$ 英寸。

Badr.021　红陶贴饰面具。与 Yo.058.a~j 的狮头类似，但形体较小，近圆的脸处断残，磨损较严重。高 $\frac{15}{16}$ 英寸。

Badr.022　红陶浮雕头像。女性（？），头饰精致，长鬈发遮住了半边脸。与《西域考古图记》第四卷图版 III 中的 Yo.0026 类似，但形体较小且局部残损较甚。表面光滑。高 $\frac{7}{8}$ 英寸。图版 II。

Badr.023~026　4个灰泥浮雕佛头像。形体小，同模制作，也许从饰板上残掉下来。026 有光轮的残片，保存很好。其他已磨损，烧制。高 $\frac{7}{8}$ ~

1 英寸。

Badr.027　**灰泥浮雕佛头像**。与 Bal.061、086 类似。白脸，黑发。白色的灰泥。磨损较严重。高 $1\frac{1}{4}$ 英寸。

Badr.028　**红陶浮雕头像**。乾闼婆型。参见 Bal.075 等。高发髻，有发带。耳朵一般。近圆脸，磨损较严重。高 $1\frac{1}{4}$ 英寸。图版 II。

Badr.029　**红陶面具**。有鼻子、嘴、下颏、左脸颊和眼睛。光滑圆润。长眼，细而微斜，用阴线勾出轮廓和瞳仁。嘴亦用阴线刻画，嘴角有小孔，鼻孔的表示方法相似。至下颏有垂直的沟槽，其下有宽阔的阴线。高 $1\frac{3}{8}$ 英寸。图版 V。

Badr.030　**灰泥浮雕残头像**。仅有鼻子、邻近的脸颊和造型很好的嘴。鼻子长尖，上嘴唇较短。有浅淡的彩绘痕迹。参见 Badr.0283。烧过。高 $2\frac{1}{4}$ 英寸。图版 III。

Badr.031　**红陶浮雕饰物**。像《西域考古图记》第一卷 144 页中的 A.T.0051 等。莲瓣状，两瓣。曾被烧过。长（不完全）$2\frac{1}{8}$ 英寸。

Badr.032　**灰泥浮雕饰物残件**。七瓣蔷薇花饰。中心部分圆形突出，下有一对螺旋形叶子。似《西域考古图记》第四卷图版 VIII 中的 A.T.i.0012。被烧过。2 英寸×$1\frac{1}{8}$ 英寸，图版 V。

Badr.033　**红陶器皿**。可能为颈部残片，故顶至底略弧凹。贴饰两个舞蹈人物。左边舞者腰部以下已残缺，身体前倾，胳膊外展，手挂物品。右边的舞者形体完整，精神饱满，两腿交叉跳跃，两手持物。除肩上露出的两段绸缎衣服外，未表现衣物。由于摩擦，人形几乎磨掉。参见《古代和田》第二卷图版 XLV 中的 Kh.003.c。

因有水平状沟槽，陶片上面呈直线状断裂，其他边沿亦是如此。$1\frac{3}{4}$英寸×$2\frac{1}{4}$英寸×$\frac{1}{4}$英寸。图版 II。

Badr.034、035　2 块红陶饰板残片。坐佛，作沉思状。与 Yo.0133 等及《西域考古图记》第四卷图版 VIII 中的 A.T.iii.0089 和图版 XV.Kha.05 类似。034 仅手以下存留，035 无头，已蚀，高 $1\frac{1}{4}$英寸和 $1\frac{3}{4}$英寸。

Bahr.036　红陶怪异羊头。与 Yo.086.a~f 类型相同，明显出自一人之手。先分别模制两半，然后再拼合起来。许多排新月形的阴线表示羊毛。腐蚀较甚。长 2 英寸。

Badr.037　红陶浮雕女子头像。有陶片连附。高浮雕，脸形较小。头发中分，束于额侧。耳环大，耳上有几束头发。侵蚀严重。高 $1\frac{5}{8}$英寸，宽 $1\frac{1}{2}$英寸，突出 $1\frac{1}{8}$英寸。图版 V。

Badr.038~040　3 个灰泥浮雕饰物。用阴线刻出简单菱形及菱形内的沟槽。039 上有一层淡色的颜料，其他几个上面也有颜料的痕迹。被烧过。参见《西域考古图记》第一卷 146 页中的 A.T.i.0037。（菱形）$1\frac{7}{16}$英寸×$1\frac{1}{8}$英寸。

Badr.041　蔷薇形灰泥饰物。八瓣（五个保存着）花形，中间有一个圆形穿孔。参见《西域考古图记》第一卷 144 页 A.T.0060。有白色彩绘痕迹。被烧过。直径 $1\frac{9}{16}$英寸。

Badr.042　扁平带状灰泥饰物。当湿的时候用手指把它皱缩成现在的形状。被烧过。$1\frac{5}{8}$英寸×$\frac{11}{16}$英寸。

Badr.043　灰泥浮雕饰物。花茎饰物，与《西域考古图记》第四卷图版

VIII 中的 A.T.ii.0041（见第一卷 142 页中的 A.T.0020 的描述）类似，至底部伸出两片直叶。被烧过。$1\frac{7}{8}$ 英寸 ×（最大宽度）$\frac{15}{16}$ 英寸。

Badr.044~052　9 块灰泥曲折带状物残片。用紧密的齿形物连续不断地模制而成，并用深切的平行线加以强调。与《西域考古图记》第一卷 146 页 A.T.i.0075 等类似。烧过。最大长度 $2\frac{1}{4}$ 英寸（048）。

Badr.053　灰泥浮雕饰物。最高点是三角形的新月形。与《西域考古图记》第一卷 143 页中的 A.T.0033 类似。在突起的线条之间，三角形以联珠为边，仅有浅淡的新月形彩绘痕迹。烧过。$1\frac{3}{8}$ 英寸 ×1 英寸。

Badr.054、055　2 个灰泥浮雕饰物。为直的带状物残件，条纹突起，间以珠边，并且有圆形珠宝作装饰。参见《西域考古图记》第四卷图版 IX 中的 A.T.0095，灰色黏土，烧过。$1\frac{7}{16}$ 英寸 ×1$\frac{1}{4}$ 英寸；1 英寸 ×$\frac{7}{8}$ 英寸。

Badr.056　灰泥浮雕残片。蔷薇花饰，中心下垂密集的花籽，与《西域考古图记》第四卷图版 VIII 中的 A.T.V.0039 类似。另参见上面的 Yo.04、031（图版 I）。有淡色彩绘的痕迹，烧过。$1\frac{3}{4}$ 英寸 ×1$\frac{1}{8}$ 英寸。图版 V。

Badr.057　灰泥浮雕饰物残件。四叶蔷薇花形，中心有突起的圆圈，每个花瓣中间有凹槽。有白色彩绘的痕迹。烧过。$\frac{7}{8}$ 平方英寸。图版 X。

Badr.058　灰泥浮雕饰物残件。莲花瓣的末端，两瓣，与 Badr.031 类似，但是形较小，尖锐。烧过。$1\frac{1}{4}$ 英寸 ×1 英寸。

Badr.059　灰泥浮雕残片。与《西域考古图记》第四卷图版 VIII 中的 A.T.V.0049 类似，百合花饰的顶部。烧过。$1\frac{3}{16}$ 英寸 ×1$\frac{5}{8}$ 英寸。

Badr.060、061　2 个灰泥浮雕残件（拼合）。与《西域考古图记》第一卷 146 页中的 A.T.i.0030 等类似，两缕新月形的带状头发，条带交替翻转。烧过。$1\frac{3}{4}$ 英寸×$1\frac{3}{8}$ 英寸。

Badr.062 灰泥浮雕残件。人的左耳，顶部残失，粉红色彩绘。长 $2\frac{3}{16}$ 英寸。

Badr.063 灰泥浮雕残件。头发呈小的螺旋状圆锥体形。烧过。高 $\frac{9}{16}$ 英寸，底座直径 $\frac{9}{16}$ 英寸。

Badr.064 灰泥浮雕残件。蜗牛壳状蜷曲的头发，带有淡色彩绘痕迹。烧过。高 $\frac{7}{8}$ 英寸，直径 $1\frac{1}{8}$ 英寸。

Badr.065 灰泥浮雕残件。左手弯曲着的第一、二根手指，有一个横穿在曲指中间的洞，背面没有模制。烧过。最大长度 $1\frac{3}{8}$ 英寸。

Badr.067、068 灰泥浮雕物残件。与 Badr.034、035 等类似的两个坐佛。只有下半身，交脚，两手叠放。灰色黏土。似被烧过，有浅淡的彩绘痕迹。最大长度 $1\frac{5}{8}$ 英寸。

Badr.069 雕刻的木饰板残件（据称来自喀达里克）。可能是木雕像上的光轮。顶部外沿展现蔓延的火焰，下部为环形光轮的右半部分。后者有连续的椭圆形珠宝的边沿，珠宝周围围以联珠，同时珠宝之间又被三个根茎或叶子为一组的花饰所隔断，根茎和叶子在中间用带状物系住。光轮内面中心有四叶蔷薇花的突起的圆块，向外发射出波状的条形光芒。

在中心圆块上方有两个联珠为饰边的上下相连的菱形纹饰。这些蔷薇花状物和其他饰物可能都是人像头上的装饰物。精致，保护得很好。高 $4\frac{1}{2}$ 英寸，宽 $1\frac{1}{4}$ 英寸，厚 $\frac{5}{16}$ 英寸。图版 IX。

Badr.070　带柄小陶壶。素沿，无流嘴。总的形状与《西域考古图记》第四卷图版 IV 中的 Yo.0060 类似，但较短、矮。灰色黏土胎，无纹饰。高 $2\frac{5}{8}$ 英寸，最大直径 2 英寸。图版 V。

Badr.071　灰泥浮雕残块。莨苕树的簇叶，似 Chal.08 等一样的硬灰泥，被烧成灰色。最大宽度 2 英寸。图版 V。

Badr.072　红陶器残片。斜肩，阴刻线条（残），有残柄痕迹（断至与器身相接的地方），下面贴饰动物头饰，已磨损。高 $2\frac{1}{16}$ 英寸。图版 III。

Badr.073　白色玛瑙（?）珠。椭圆形。长 $\frac{9}{16}$ 英寸，最大直径 $\frac{3}{8}$ 英寸。

Badr.074　半个青铜环。横截面呈圆形，已锈蚀。直径 2 英寸，厚 $\frac{5}{32}$ 英寸。

Badr.075　彩绘木板。顶部圆弧，一边已残失。正面有一个坐佛，着黄色斑点纹的袈裟，坐于红色莲花座上，作沉思状。卵形的光轮，红色、白色和黄色联珠为边饰。背面为类似的佛像，着白色袈裟。两面均被磨损。最大高度 $7\frac{1}{8}$ 英寸，宽 $2\frac{7}{8}$ 英寸。图版 XIII。

Badr.097～099　3 块玻璃残片。绿色，半透明但不清晰。098 为扁平残片。097、099 为棒块和空芯器物的残件。最大厚度 $\frac{7}{8}$ 英寸。

Badr.0100　青铜纺轮（?）。正面圆形鼓起，顶平，中心钻有大孔。底部微凹。保存状况较好。高 $\frac{3}{8}$ 英寸，底径 $\frac{11}{16}$ 英寸，孔径 $\frac{1}{4}$ 英寸。

Badr.0101～0103　3 段青铜丝。横截面呈圆形。已锈蚀。最大长度约

$2\frac{3}{4}$ 英寸，直径约 $\frac{1}{16}$ 英寸。

Badr.0104　青铜带扣（?）。 带突棱的残端。扁平，长方形，上有一个直角状突起的针形舌，已弯曲、断残。另外还有一个针形舌的痕迹。已锈蚀。最大宽度 $\frac{13}{16}$ 英寸。

Badr.0105　青铜残件。 由一端向另一端渐细，已锈蚀。长 $\frac{9}{16}$ 英寸。

Badr.0106　青铜环残件。 环圈面平，环的横剖面呈椭圆形。略锈蚀。残环弧长 $1\frac{7}{8}$ 英寸，最大直径 $\frac{3}{16}$ 英寸。

Badr.0107　青铜残渣。 最大宽度 $1\frac{9}{16}$ 英寸。

Badr.0108　青铜条带的末端。 盾形，分正、背两面。正面边沿向后倾斜，后有一道凹槽。背扁平，正面与背面有铆钉连接，但可使带状物或其他东西穿过。做工很好。已锈蚀。高 $\frac{13}{16}$ 英寸，（最大）宽度 $\frac{11}{16}$ 英寸，厚 $\frac{3}{16}$ 英寸。

Badr.0109　青铜带扣。 呈 D 形。扣为盾形片，正、背两面用铆钉连接，一侧有半圆形环相连。扣舌已残失。长 $1\frac{1}{4}$ 英寸，环径 $\frac{5}{8}$ 英寸。图版 X。

Badr.0110　圆形青铜凸饰。 中空，顶部有传统的六瓣形玫瑰花饰。保存较好。直径 $\frac{13}{16}$ 英寸，高 $\frac{1}{4}$ 英寸。图版 X。

Badr.0111　青铜扣。 分两部分。前为扣环，近圆形，环圈较粗，横截面呈菱形。后为盾形扣座，正、背两面之间有铆钉连接，另在侧面用圆舌形条弧接。扣环内有铁扣舌的残余。参见 Badr.0109。长 $1\frac{5}{8}$ 英寸，环径 $1\frac{1}{16}$ 英寸。图版 X。

Badr.0112、0113　青铜勺柄。扁平，呈 V 形。正面较宽的一端饰两组平行线，中间饰一排中心带有小点的圆圈。中段刻有中脊线，两侧有雕刻的线条。窄端在与勺连接处加宽。背面未见纹饰。保存较好，但已残为两段。长 $5\frac{3}{8}$ 英寸，最大宽度 $1\frac{3}{8}$ 英寸，厚 $\frac{1}{16}$ 英寸。图版 X。

Badr.0114　青铜勺。形体较大。梨形勺，上有大孔。柄部扁平，与勺相接处两边向内弧凹，另一端已残，宽 $\frac{1}{2}$ 英寸。残长 $3\frac{3}{4}$ 英寸，勺 $2\frac{3}{4}$ 英寸×$1\frac{11}{16}$ 英寸。图版 X。

Badr.0115、0116　2个青铜鹤嘴锄残件。用于装饰或礼仪场合。Badr.0115 阑部呈桶状。柄部做成一前一后两个奇怪的公猪头形，均面向阑部。内侧公猪的鼻口与锄阑的中段相连接，并与阑部另一边长条形的锄身相对应。

公猪头做工较粗糙，大颚，边沿饰鬃毛。小耳竖起，颈背上的鬃毛尖锐。圆眼。嘴边有皱纹。底面略有凹陷。斧身部分有中脊线，尖端已残失。阑的顶端封闭，底端已残。

**Badr.0116　**柄部仅有一个兽头，可能面向柄端。未见鬃毛的纹饰。鄂下颈部的两条皱纹弯曲向前，向上直至双耳。阑的顶端封闭，侧面和底端已残失。斧身亦已残失。

两件做工均较粗糙。棕色，上带绿色斑点。

0115 长度超过 $3\frac{7}{8}$ 英寸。斧身残长 $1\frac{3}{4}$ 英寸，最厚 $\frac{11}{16}$ 英寸。阑长 $1\frac{1}{8}$ 英寸。

0116 残长 $1\frac{3}{8}$ 英寸，最厚 $\frac{1}{2}$ 英寸。阑部残长 $\frac{15}{16}$ 英寸。图版 X。

Badr.0117　青铜纽扣。圆形，中心扁平。背面有一对环形纽。保存完好。直径 $\frac{3}{4}$ 英寸，环高 $\frac{5}{8}$ 英寸。图版 X。

Badr.0118　青铜残片。扁平状，宽大于长，一端圆弧，另一端较宽，宽 $\frac{3}{8}$ 英寸，两侧边凹曲。长 $\frac{9}{16}$ 英寸，宽 $\frac{1}{8}$ ~ $\frac{3}{8}$ 英寸。

Badr.0119　青铜棒形器。形体较小。一端呈刀把形。中间为方块，上下两面有小的凹坑。另一端为小的空心球。整长 $\frac{7}{8}$ 英寸。图版 X。

Badr.0120　青铜大头钉。钉头部分保存较好，呈厚厚的圆盘形，顶面有一圈边线，圈内饰残断的曲线和螺旋线。背面中空，并填满了铅。钉子较长，端头被截平。钉头直径约 $\frac{5}{8}$ 英寸，厚约 $\frac{3}{16}$ 英寸。图版 X。

Badr.0121　青铜印。扁平四方形。背有穿孔的印纽。图案雕刻，为一龙（？），四足，抬头，前爪抓一边沿光滑的物体。已锈蚀。约 $\frac{13}{16}$ 平方英寸。图版 X。

Badr.0122 ~ 0128　7 颗玻璃珠。呈蓝、绿或深灰色，透明，无光泽。最大直径 $\frac{1}{4}$ 英寸。

Badr.0129　肉红玉髓印。扁圆形。侧面中间突起，并向正背两面作倾斜。印面刻一向左的鹿，站立，有角。做工粗糙。保存状况较好。直径 $\frac{3}{8}$ 英寸。图版 X。

Badr.0130　滑石块。可能是珠子的毛坯。最大厚度 $\frac{3}{8}$ 英寸。

Badr.0131　石块和玻璃等各种物件。一颗红色光玉髓珠；一颗青绿色的假宝石珠；一个黄色的玻璃质混合物；一块半透明的绿色玻璃；一个中间有拳曲黄线的棕色假宝石；白色石头或表层多处呈青绿色的玻璃质混合物（？），参见 Badr.0188；两根残断的珊瑚棒。珠子呈环形或柱形。最大直径 $\frac{3}{16}$ 英寸。

Badr.0132　碗形小石器。杂有黑色和绿色的大理石。带有切成方形（看图似为圆形——译者）的矮座，中间钻有一个圆孔。边沿稍有劈削，但保存状况良好。高 $\frac{11}{16}$ 英寸。图版 V。

Badr.0134　白玉（?）垂饰。猴子形状（?），身体呈楔形，上宽下窄。下身坐着，上身挺直，头埋于胸部，底部刻有前爪，尾巴翘过右肩，鼻尖和右后腿已断残。

做工粗糙。四肢和尾巴上刻画短毛，背部也同样处理。背部除在肩胛骨的位置上有两个椭圆形的突出外，其余部分截平。这两个突出可能是在使用的过程中，用来保护此垂饰的表面不与其他物体相摩擦。头上方钻有一个斜孔。长 $1\frac{3}{4}$ 英寸，最大宽度 $1\frac{3}{16}$ 英寸，厚 $\frac{3}{4}$ 英寸。图版 V。

Badr.0135~0139　5 个石质或黏土质的纺轮。0135、0136 为黑色石块，圆形。0135 上面平整，底面为斜面。0136 底面平整，唯钻孔处内斜。0137 为灰色黏土质，扁圆形，边沿圆弧凹陷，上有斜线装饰，中间钻孔，孔底周围饰一颗七角星。0138 为淡灰色黏土质，扁平，近环形。0139 为斑驳的灰色小圆石，底平，顶圆。最大直径约 $1\frac{1}{8}$ 英寸（0135、0136），最大高度 $\frac{7}{8}$ 英寸（0135）。图版 V、X。

Badr.0140　石印。黄白色。下为方形块，向上略作金字塔形。顶为圆弧形纽，钻有一孔。面刻网状纹饰。为《西域考古图记》第四卷图版 V 中的 Yo.0089 的翻版。面约 $\frac{9}{16}$ 平方英寸，高 $\frac{9}{16}$ 英寸。图版 X。

Badr.0141　坚硬的白石碎块。玉（?）质。最大宽度 $1\frac{7}{16}$ 英寸。

Badr.0142　石棒。灰绿色，一端较粗，向另一端渐细。玉（?）质，两端均已残断。长 $1\frac{9}{16}$ 英寸，最大直径 $\frac{3}{16}$ 英寸。

Badr.0143　　玻璃珠。呈蜂蜜色，半透明，侧面圆弧。直径$\frac{7}{16}$英寸。

Badr.0144　　黑色石板。光滑而坚硬。椭圆形，长侧面弯曲如弓。背部未经打磨，上有三组穿孔，以把石板与同样的物件连接起来。每组有两个穿孔，彼此倾斜以相连接，孔与孔之间的联桥刻有 V 形绳槽。有的穿孔之间的联桥已残断，故另外钻了新的成对的穿孔。$1\frac{1}{2}$英寸×$\frac{7}{8}$～$1\frac{1}{8}$英寸×$\frac{1}{4}$英寸。

Badr.0145　　褐炭（?）印。扁平四方形，有横向的穿孔，可悬系。一面刻长腿兽（站立）图案。参见《西域考古图记》第四卷图版 XXIX 中的 N.XXIX.006。另一面的纹饰残，图案不明。面$\frac{5}{8}$平方英寸，厚$\frac{3}{8}$英寸。

Badr.0146　　黑石垂饰。经过打磨，光滑，坚硬。窄长四边形，正面和背面边沿均切成斜面。长侧面被切去一角，上有穿孔可以悬挂。做工精致。最长$1\frac{3}{4}$英寸，最宽 1 英寸，厚约$\frac{1}{8}$英寸。

Badr.0165　　青铜小圆盘。可能是砝码。一面有刻纹（?）。直径$\frac{5}{16}$英寸，厚$\frac{1}{8}$英寸。图版 X。

Badr.0166　　青铜残渣。最大宽度$\frac{15}{16}$英寸。

Badr.0167　　青铜大头钉。短、宽的盾形钉头，背面凹空，带有短钉及一个方形垫圈。保存完好。$\frac{5}{8}$英寸×$\frac{3}{8}$英寸。

Badr.0168　　青铜带扣残件。参见 Badr 0109、0111。窄长形，两长边向内弧凹，一端尖锐。三条边沿均做成斜面。另一端有双环（已残）。两环相离，以供扣舌自由出入。有三个铆孔，孔径$\frac{3}{32}$英寸。背板已残失。保存状况良好。长 $1\frac{1}{2}$ 英寸，宽 $\frac{9}{16}$～$\frac{3}{4}$ 英寸。图版 X。

Badr.0169　各种青铜丝残段。弯成环圈状等。最大直径（环）$\frac{5}{8}$ 英寸，最大厚度 $\frac{3}{32}$ 英寸。

Badr.0170～0185　16 块玛瑙残片。不同色彩，已剥蚀。最大残片 $1\frac{1}{4}$ 英寸×$\frac{1}{2}$ 英寸×$\frac{1}{2}$ 英寸。

Badr.0186、0187　2 块水晶残片。已剥蚀。最大残片 $\frac{7}{8}$ 英寸×$\frac{1}{2}$ 英寸×$\frac{3}{8}$ 英寸。

Badr.0188　玻璃（？）残块。部分呈铜绿色。表面有不透明的绿锈。参见 Badr.0131。$\frac{7}{16}$ 英寸×$\frac{5}{16}$ 英寸×$\frac{1}{4}$ 英寸。

Badr.0191　铁纽扣。圆形，扁平，带有大的环纽。面有 V 形刻槽，嵌饰银箔图案。图案由内外两个圆圈组成，内圈被对角线分成四部分，每部分又含有四个相同的螺旋纹。保存良好。直径 $1\frac{1}{8}$ 英寸。

Badr.0192　矩形青铜印。背部焊接有大的环纽。印面图案：底部为八瓣的玫瑰花，上面分两部分，其一刻有一排汉字，另一部分刻有连续的卷形饰。各部分之间均有分隔线。图章曾从中间裂开，后又被焊接在一起。保存尚好。$2\frac{3}{8}$ 英寸×$1\frac{1}{16}$ 英寸。

L.C.霍普金斯先生注：图案右半边是三个汉字，已变形得难以辨认。刚开始我曾试念作"天先丰"，即天—先或前—高雅，但我不明白为什么这样排列字序。

（值得注意的是，印面的整个底部为一个内分八份的圆圈形图案。这表明它可能是八卦或八种符号的图样。根据伏羲的名叫先天图的早期系统，所以前两个字可以读作"先天"而不是"天先"，而第三个字我认不准，但它不会是"图"。）

［此说不准确，据《辞海》，讲《易经》的人以伏羲所作之《易》为"先天易"。北宋邵雍的学说，据《周易》和道教思想制定世界构造图式（"先天八卦图"），主要关于八卦方位和六十四卦次序的排列，用以推测自然和人事变化。其图称"先天图"，其学称"先天学"。——译者］

Badr.0193 **青铜印**。长方形，背部带有小的断环。图案：大踏步走向左面，穿长袍，持矛（?）的恶魔或武士。下面有平躺的金刚（Vajra，又名伐折罗，乃药师十二神将之一——译者）（?）。保存状况良好。$1\frac{5}{8}$英寸×$\frac{7}{8}$英寸。图版 X。

Badr.0194 **青铜印**。长方形，有边框，内有三个宁（?）。背有穿孔纽。保存良好。$1\frac{1}{8}$英寸×$\frac{1}{2}$英寸。

Badr.0195 **青铜印**。心形，有纽。图案：双框线，三叶形丛状花饰。略锈蚀。$\frac{7}{8}$英寸×$\frac{3}{4}$英寸。图版 X。

Badr.0196 **青铜戒指残段**。四爪形戒座上镶嵌有蓝色玻璃。指环大部分已残断。锈蚀。长$\frac{11}{16}$英寸，最大宽度$\frac{9}{16}$英寸。图版 X。

Badr.0197 **皂石猴像**。坐像，手置膝间。下颌置于手上，背部呈圆弧形。姿态自然。有垂直的穿孔。$\frac{11}{16}$英寸×$\frac{1}{2}$英寸×$\frac{7}{16}$英寸。图版 V。

Badr.0203 **木雕顶部饰物或光轮（据说出自托克拉克麻扎）**。呈圆盘状，中心呈圆形，微微突起，素面，从中心向周围放射出紧靠于一起的 V 形沟槽（即光芒）。背面无纹饰。下有榫舌的遗存，宽 $1\frac{1}{2}$ 英寸，下残。$4\frac{7}{8}$ 英寸×$4\frac{5}{8}$ 英寸，厚 $\frac{7}{16}$ 英寸。

Badr.0204　长火焰形的白玉（?）残片。 形弯曲，底钻小孔。制作精美。长 $1\frac{7}{8}$ 英寸，最大宽度 $\frac{7}{16}$ 英寸，厚 $\frac{3}{32}$ 英寸。图版 X。

Badr.0205　白玉（?）环。 扁平圆环。侧面略弧凸。环径约 $\frac{5}{8}$ 英寸，平均厚度 $\frac{3}{32}$ 英寸。

Badr.0206　水晶珠残件。 球形，砍削过，一侧已裂缺。直径 $\frac{3}{8}$ 英寸。

Badr.0207　2 颗肉红玉髓珠。 红色，扁平，环形，砍削过。最大直径 $\frac{5}{16}$ 英寸。

Badr.0208　石块、玻璃珠等残件。 一颗蓝色玻璃（彩虹色）环形珠，直径 $\frac{1}{4}$ 英寸；一颗圆形白色贝珠，直径 $\frac{3}{16}$ 英寸；一颗白色和棕色的管形玛瑙珠，长 $\frac{7}{16}$ 英寸，直径 $\frac{1}{8}$ 英寸；两块不规则的（?）钻孔石榴石残片，最大宽度 $\frac{3}{16}$ 英寸。

Badr.0209　肉红玉髓珠。 圆筒形，向两端逐渐变细，深红色到灰色，一端砍削过。长 1 英寸，最大直径 $\frac{7}{16}$ 英寸。

Badr.0210　中空的青铜（?）球。 有对穿的大孔。直径 $\frac{9}{16}$ 英寸，高 $\frac{7}{16}$ 英寸。

Badr.0211 2块石榴石或红宝石。一个呈梨形，另一个为椭圆形锥体，平底。长分别为 $\frac{5}{16}$ 英寸和 $\frac{3}{16}$ 英寸。

Badr.0212 玻璃珠。不透明，天青石色。十二棱柱形。高 $\frac{5}{8}$ 英寸，直径 $\frac{9}{16}$~$\frac{5}{8}$ 英寸。

Badr.0213~0221 9块青铜器残片。似是容器的残片。0214~0218是蜷曲的口沿，稍厚，外表饰两道弦纹。0213、0220素面，略弯曲。0219平坦。0221较拳曲，外表有微微突起的棱。锈蚀。最大长度 $2\frac{1}{2}$ 英寸（0213），沿最大长度 $1\frac{11}{16}$ 英寸（0214），平均厚度 $\frac{1}{16}$ 英寸。

Badr.0222 青铜纺轮。圆形，上面圆凸，底面内凹。保存完好。高 $\frac{7}{16}$ 英寸，直径 $\frac{3}{4}$ 英寸。

Badr.0223 青铜带连接物。长方形片，边沿后卷，在背部形成一个空心。后面的每个角有短钉，靠一边有一个穿过铜片的长方形透空。外面结有一层带沙的盐碱壳。$1\frac{1}{4}$ 英寸×$1\frac{3}{16}$ 英寸。

Badr.0224 青铜指环。很小，带有镶嵌珠宝的圆座。环径 $\frac{1}{2}$ 英寸。

Badr.0225 泥雕残块。平凸的粉饰碎块，一端微宽，端头呈圆弧状。另一端残破。白色灰泥，似 Badr.071、0226~0230 那样烧硬。长 $1\frac{1}{2}$ 英寸，最大宽度 $\frac{3}{4}$ 英寸。

Badr.0226 泥雕残块。扁平薄片状，浮雕花纹为两对从横条纹上长出的卷叶。横条纹的另一端有另一个卷叶。各面均已残。参见 Badr.0228。白色灰泥，似 Badr.0225 等那样烧硬。$1\frac{15}{16}$ 英寸 × $\frac{15}{16}$ 英寸。

Badr.0227 **泥雕残块。**左手，手指攥在一起，无大拇指。手背上半截残断。手掌和手指内侧未表现。白色灰泥，似 Badr.0225 等，被烧，坚硬。$1\frac{1}{4}$ 英寸 × $\frac{5}{8}$ 英寸。

Badr.0228 **泥雕叶饰残块。**与 Badr.0226 类似，是一对蜷曲的叶子。白色灰泥，似 Badr.0225 等那样被烧硬。$\frac{13}{16}$ 英寸 × $1\frac{1}{8}$ 英寸。

Badr.0229 **泥雕残块。**螺旋形头发。白色灰泥，似 Badr.0225 等那样被烧硬。直径 $\frac{13}{16}$ ~ $\frac{15}{16}$ 英寸。

Badr.0230 **泥雕残块。**长而弯曲的蕨类植物叶子，带锯齿形边沿。白色灰泥，似前一件那样被烧黑、烧硬。$1\frac{1}{4}$ 英寸 × $\frac{11}{16}$ 英寸。

Badr.0231 **红陶雕塑残件。**六瓣形玫瑰花。与《西域考古图记》第四卷图版 VIII 中的 A.T.i.0012 类似，花瓣似从一对涡旋形叶子上长出，但叶子已残断。$\frac{7}{8}$ 英寸 × $\frac{5}{8}$ 英寸。

Badr.0232 **似 Yo.071、095 那样的羊或骆驼头。**头面向左。非常粗糙。长 $1\frac{1}{8}$ 英寸。

Badr.0233 **泥雕模型。**似 Badr.0229 那样，为单一的扁平螺旋状卷饰。像 Badr.0230 那样烧黑、烧硬。直径 $\frac{3}{4}$ 英寸。

Badr.0234 **泥雕残片。**似 Badr.0233 的扁平螺旋状卷饰，但形体较小，灰色黏土质，被烧过。直径 $\frac{5}{8}$ 英寸。

Badr.0235 **滑石印残件**。四边形，从下至上逐渐变细，顶部为悬纽，周绕几道平行刻纹。长方形底面上有图案，为粗刻的卍（Svastika?）形纹，即带有双线的十字交叉。柠檬色，外有污垢。高 1 英寸，底面 $\frac{9}{16}$ 英寸 × $\frac{7}{16}$ 英寸。

Badr.0236 **红陶雕塑残片**。骆驼的左后腿，驼峰似 Yo.075，无挽具。高 $2\frac{1}{8}$ 英寸。

Badr.0237 **铅（?）棒**。笔直，横截面呈圆形。向两端渐细，一端扁平，钻有一孔。长 $2\frac{3}{16}$ 英寸，平均直径 $\frac{3}{16}$ 英寸。图版 X。

Badr.0248 **灰泥光环残件**。可能是立佛像上的残件。平面没有任何花纹。外侧边沿是蔓延的火焰纹，内侧为莲花形边。似 Badr.0225，烧过，坚硬，并变成黑色和绿色。$1\frac{1}{16}$ 英寸 × $\frac{7}{8}$ 英寸。

Badr.0249 **角勺**。非中国式。整块制成，扁平的勺柄与勺碗处在同一平面上。勺呈卵形，外端尖锐，与柄部相接之处出肩。勺柄接勺肩处呈菱形，然后是一四方块，再往外为扁平条，至末端渐宽。

勺内刻斜井字形纹饰。勺柄前部的菱形块上饰类似箭形和 V 形的图案。勺柄中部长方块上有使徒安得烈（St.Andrew，耶稣的十二门徒之一，公元 4 世纪时传说他被钉死在十字架上，中世纪时又传钉死他的十字架呈 X 形——译者）的十字形纹饰。勺背光滑。很像斯堪的纳维亚人的作品。保存状况良好，唯勺柄柄端断残。整长 $5\frac{1}{16}$ 英寸，勺 $2\frac{1}{8}$ 英寸 × $1\frac{1}{2}$ 英寸，图版 V。

Badr.0250 **石珠**。大理石质，呈黑色和灰色。十四面体，透钻三孔。直径 $\frac{9}{16}$ ~ $\frac{11}{16}$ 英寸。图版 X。

Badr.0251 **黑石垂饰**。扁平，菱形，上下面均作斜面。每个角上均有穿孔，可以系、悬。$\frac{7}{8}$ 英寸 × $\frac{3}{4}$ 英寸。

Badr.0252　陶珠。扁球体。棕色，夹杂黄色。表面有断裂痕迹。直径 $\frac{1}{2}$ 英寸。图版 X。

Badr.0253　青铜方印。圆背有纽。印面有直线纹（?）或汉字字符，其意不明。被严重侵蚀。高 $\frac{7}{16}$ 英寸，印面 $\frac{7}{16}$ 平方英寸。

Badr.0254　青铜印。椭圆形（一边已经断裂），背有长柄，顶有穿孔。残存雕刻的叶子纹饰。已锈蚀。高 $\frac{3}{4}$ 英寸，面 $\frac{11}{16}$ 英寸×约 $\frac{1}{2}$ 英寸。图版 X。

Badr.0255　红陶怪异猴头。形体较小，嘴明显，前额中有一竖道，两边猴毛用多道 V 形刻纹表示。高 $\frac{5}{8}$ 英寸。图版 II。

Badr.0256　青铜薄片。残，锈蚀。最大宽度 $1\frac{1}{8}$ 英寸。

Badr.0257　青铜残片。细长条，折叠，端头由铁铆钉连接。长（折叠）$\frac{9}{16}$ 英寸，宽 $\frac{3}{8}$ 英寸。

Badr.0258　青铜环形器。一端中部突出圆形把手。另一端用扁平的条状物作封"门"，门条的一端用青铜铆钉与环身相连接，门条的另一端和相应的环端都有穿孔，可灵活地插、拔门销以开、闭门环。做工很好，保存完整。长 $\frac{7}{8}$ 英寸，最大宽度 $\frac{1}{2}$ 英寸。图版 X。

Badr.0259　弯曲的青铜棒。螺旋形，剖面为圆形。弧长 $1\frac{5}{8}$ 英寸，直径 $\frac{1}{8}$ 英寸。

Badr.0260　2 块青铜残片。分别为裂开且已锈蚀的小块和弯曲的细丝残段。最大宽度 $\frac{5}{16}$ 英寸。

Badr.0261.a、b 2 颗珠子。a 为黑玻璃质，中间有沟槽，可能用于镶嵌。b 为残件蓝色玻璃，半透明，球形。最大直径 $\frac{3}{16}$ 英寸。

Badr.0272 **青铜残片**。微弯曲，凸面上刻有或弯或直的线条。最大宽度 $1\frac{3}{8}$ 英寸。

Badr.0273 **青铜镜残块**。边沿残块。葵形宽沿，镜面有两圈凸棱，宽沿与第一道凸棱、第一与第二道凸棱之间分别浮雕玫瑰花叶。镜的外沿较厚，为 $\frac{3}{16}$ 英寸。内面较薄，厚 $\frac{1}{16}$ 英寸。锈蚀。最大宽度 $2\frac{1}{4}$ 英寸。图版 X。

Badr.0274 **青铜纽**。背有残纽。四方形印面，有边框线，线内图案为一双耳花瓶及从中长出并垂到地面的簇叶。已锈蚀。$\frac{3}{4}$ 平方英寸。

Badr.0275 **陶珠**。长椭圆形，深黑色，中间有嵌着白色圆斑的条纹。制作粗劣。长 $\frac{7}{16}$ 英寸，直径 $\frac{3}{8}$ 英寸。

Badr.0276 **宝贝**（一种腹足动物——译者）**壳**。长 $\frac{5}{8}$ 英寸。

Badr.0277 **铜环**。小而扁平，锈蚀，可能是中国的铜钱。直径 $\frac{1}{4}$ 英寸。

Badr.0278～0280 **3 个泥塑残块**。可能是佛手的残块，手指弯曲，弯曲部分横钻一孔。0278 为左手指，拇指尖与食指相连接，灰色黏土质。0279 为左手的两根手指，粉红色黏土质，正面涂成淡黄色。0280 为右手的三根手指和手掌的一部分，红色黏土质，手背未表现，塑雕得非常粗糙。参见《西域考古图记》第四卷图版 VIII 中的 A.T.V.0072。最大宽度 $2\frac{1}{4}$ 英寸（0280）。

Badr.0281 **泥塑残块**。左手残块，上有三根手指及手背的开始部分。

小拇指和大拇指已残失。手指间略分开，有蹼。粉色黏土质。长3英寸，（最大）宽度 $1\frac{7}{8}$ 英寸。

Badr.0282 泥塑残块。右手指及手掌，大拇指放在食指上，似 Badr.0278，但完整。小指曲内有孔但不透。灰泥质。烧过。$2\frac{3}{4}$ 英寸× $1\frac{7}{8}$ 英寸。图版 V。

Badr.0283 泥塑残块。男性脸，残有胡须、嘴巴、鼻子、髭须和右面颊。制作精致。长而直的鼻子，短上唇。参见 Bal.092 等。贴饰小簇的髭须。粉色黏土质，上有白绘痕迹。最大宽度 $2\frac{7}{8}$ 英寸。图版 III。

Badr.0284、0285 泥塑残块。似前一件，为脸的残块。0284 仅存鼻端、上唇和右脸颊，灰色黏土质；0285 残存鼻端、嘴和下颏。形象清晰，神情坚定。粉色黏土质。最大宽度 2 英寸。图版 XI。

Badr.0286 泥塑残块。传统型佛头，略歪斜。肉髻和两耳已残失。粉色黏土质。高3英寸。图版 V。

Badr.0287 泥塑残块。菩萨头像，右侧带有残波纹绶带，鼻子以下已断残，头饰顶部已残失。头上有发带和新月形头饰，额前波形发分开，并垂于耳后。两耳加长，眼睛细、斜。高浮雕，粉色黏土质。$2\frac{1}{4}$ 英寸× $3\frac{5}{8}$ 英寸× $1\frac{3}{4}$ 英寸。图版 V。

Badr.0288～0290 3块泥塑饰板残片。上有坐佛，似 Badr.034、035 等，手被衣褶盖住。0288 以光轮为边沿，靠右膝为莲瓣形的外部边沿。0290 仅残片，所有的头均已残失。0288 上有彩绘痕迹（？）。粉灰色黏土质，烧过。最大尺寸 3 英寸× $3\frac{1}{2}$ 英寸（0288）。

Badr.0291、0292 2个泥塑坐佛像残块。作沉思状，同型。与《西域考古图记》第四卷图版 VIII 中的 A.T.iii.0089 饰板相似，但形体较大。0291

有手臂和身体，手暴露在外。0292 有头、残光轮、身体及残至肘部的手臂。光环上没有任何纹饰。粉色黏土质。（最大）高度 $3\frac{1}{4}$ 英寸。

Badr.0293 **泥塑贴饰**。坐佛似 Badr.034、035 等，作沉思状，仅身体部分保存（有头）。做工很好，但已残破、磨损。淡红色黏土质，烧过。高 $3\frac{3}{16}$ 英寸。

Badr.0294 **泥塑残块**。似 0292，是佛头的上半部，带光轮。可能出自同一模型。粉灰色黏土质。高 $1\frac{1}{8}$ 英寸。

Badr.0295、0296 **泥塑佛像残块**。似 Badr.0288~0290，是饰板上的两个坐（?）佛的上半身，灰泥质。0295 大小与前一件相同。0296 形较大，粉色和灰色的黏土质，头、肩部残有部分光环。最大高度 $1\frac{3}{4}$ 英寸。

Badr.0297 **红陶面具残块**。怪异的人脸形。鼻子清晰，大眼斜睁，张嘴，作笑状，仅剩上下嘴唇和左半边脸。生气勃勃的造型，但已被侵蚀。$1\frac{1}{4}$ 英寸 × $1\frac{1}{2}$ 英寸。图版 III。

Badr.0298 **红陶面具**。似 Yo.058.a~i，拳曲的圈边，内有一个狮头。很残破。2 英寸 × $1\frac{7}{8}$ 英寸 × 1 英寸。

Badr.0299 **泥塑碎块**。做工粗糙，有下嘴唇、下颏和人脸的下部。$2\frac{1}{4}$ 英寸 × $2\frac{1}{4}$ 英寸。

Badr.0300 **红陶容器内壁残片**。浅浮雕，表面环形部分。做工很粗糙，似人脸，大眼。鼻子短而宽，嘴唇很厚，嘴微微咧开，作微笑状。前额和脸颊上有粗刻的短线，表示毛发。$2\frac{1}{2}$ 英寸 × $2\frac{3}{4}$ 英寸 × $\frac{5}{16}$ 英寸到 $\frac{1}{2}$ 英寸。图版 III。

Badr.0301　泥塑栏楯残块。三根立柱，背有两根六边形的横杆连接。柱顶和柱底各有一条横条（板）。柱面宽而平，中间刻有竖道，上下两端分别开叉。立柱的顶端和底端的表面分别是半圆形的花瓣状装饰。

栏楯略向下弯曲。粉色黏土质，表面有淡黄色彩绘。后背粗糙，有草秆的印痕。保存完好。参见《西域考古图记》第一卷 115 页中的 Yo.0065.a～g。$2\frac{3}{4}$ 英寸×$4\frac{1}{2}$ 英寸×（最大厚度）$1\frac{1}{2}$ 英寸。图版 III。

Badr.0302　红陶器柄。与 Yo.001、015（q，v）和《西域考古图记》第四卷图版 II 中的 Yo.0057 类似，从顶至底圆弧拱起。器壁外侧饰有美洲蒲葵叶，与器身相接处为一扁平的灰泥片，在涡形饰和底面的装饰下，灰泥片以直角拐入压印的成排圆圈装饰，圈内有圆点。有浅黄色陶衣痕迹。保存状况良好。$3\frac{1}{8}$ 英寸×$2\frac{1}{8}$ 英寸×1 英寸。图版 I。

Badr.0303　红陶器残片。上有浮雕的葡萄叶装饰条带。做工很好，略磨损。2 英寸×$2\frac{3}{4}$ 英寸×$\frac{3}{16}$ 英寸。参见图版 V。

Badr.0304　泥塑残片。半圆形弯曲的项链。表现的是扭曲的素带和成串的珍珠。与 K.K.I.0167 和《西域考古图记》第一卷 142 页中的 A.T.0019 等类似。红色黏土质，已烧硬。表面被腐蚀。长 5 英寸，宽 $1\frac{1}{8}$ 英寸，最大厚度 1 英寸。

Badr.0305　新月形泥塑残片。与《西域考古图记》第四卷图版 VIII 中的 A.T.V.0017.b 等类似。粉色黏土质，烧制。$2\frac{7}{8}$ 英寸×$2\frac{3}{8}$ 英寸。

Badr.0306　泥塑残块。装饰图案均突出。上下边微向下弯曲，上有打磨光滑的联珠形装饰条带。中心有较大的圆珠，四周有像安德烈十字架那样向四角伸出的四个矛形叶饰，叶间为比中心珠稍小的圆珠。从整体来看，似是拜占庭式的珠宝装饰品。下边突起的是镶板的棱条。参见《西域考古图记》第四卷图版 IX 中的 A.T.iv.0032、0034。粉红色黏土质，烧过。$2\frac{3}{4}$ 英寸×2 英寸。图版 III。

Badr.0307　泥塑残片。似前述泥雕饰品，但轮廓更清晰，形体较小。中间有一竖条，两侧有对称的装饰图案，侧有五瓣莲花，叶子之间饰圆珠。$1\frac{7}{8}$ 英寸×2 英寸。图版 V。

Badr.0308　泥塑残片。下垂的波浪形的衣褶。粉红色黏土质，被烧过。$2\frac{3}{4}$ 英寸×$2\frac{3}{4}$ 英寸。

Badr.0309~0311　泥塑残片。人耳。0309、0310 为左耳，耳端已残。0311 为右耳，只有上半部分。粉色或灰色黏土质。最大宽度 $2\frac{5}{8}$ 英寸。

Badr.0312~0315　4 个泥塑残块。似是光轮的边沿，上有螺旋形火焰。像《西域考古图记》第四卷图版 VIII 中的 A.T.v.0056 一样。红色黏土质，被烧过。最大宽度 $2\frac{5}{8}$ 英寸。

Badr.0316　泥塑残片。与《西域考古图记》第一卷 143 页中的 A.T.0033 类似，在三角形的顶上有部分新月形装饰，三角形的每边都饰联珠。灰色黏土质。$1\frac{1}{2}$ 英寸×2 英寸。

Badr.0317　泥塑残片。佛像的头、胸、右肩膀和右手的上臂部分。红色黏土质，烧过。已被侵蚀，面貌已不清。$2\frac{5}{8}$ 英寸×$1\frac{5}{8}$ 英寸。

Badr.0318　泥塑饰板残片。与《西域考古图记》第四卷图版 VIII 中的 A.T.iii.0089 类似，但形体较大。可看到两片蔷薇花瓣和佛像右腿的下半部分以及垂着的右脚。袈裟上有淡色的彩绘痕迹。红色黏土质，烧过。$2\frac{3}{8}$ 英寸×$2\frac{1}{8}$英寸。

Badr.0319　红陶容器残片。在器耳根部下的器壁上饰一宽短的车轴草叶，叶子顶端为一尖角。沿叶沿的紧内侧有深$\frac{1}{8}$英寸的刻道。叶子中间为深刻的叶脉，两侧带有短尖的刻道。上述的大叶子旁有小而窄的叶子，轮廓突出，叶端圆弧，窄端为短线条。大小叶子的根部为一环线。

精细的泥质红陶，坚硬。表面被打磨，十分光滑。$1\frac{1}{2}$英寸×$2\frac{1}{8}$英寸。图版Ⅲ。

Badr.0320　红陶贴饰。残留乾闼婆上半部分脸及外伸并举有花环的手臂，带有不完整的联珠边沿。细部因被蚀而不甚清楚。外貌与 Badr.0328 类似。直径约$1\frac{7}{8}$英寸。

Badr.0321　泥塑残片。表面光滑并刻有线条。上有突出的圈状曲线，并有刻纹，似表示动物毛茸茸的耳朵。似 Yo.081（图版Ⅰ）。2英寸×$1\frac{1}{8}$英寸。

Badr.0322　红陶器壁残片。轮制，似 Yo.020～022，为常见的叶尖饰物。精细的泥质红陶，非常坚硬。保存完好。$2\frac{1}{4}$英寸×2英寸。图版Ⅲ。

Badr.0323　红陶残片。似是器耳。立体的鹿头形状，额头突出短直的角，圆眼，锯齿形的鼻子，嘴为凹槽状。鹿角顶部也有相似的凹槽。

仅为轮廓，细部未表现。被腐蚀。颈部横钻一孔，可以系挂。背贴弧形器壁残片。长$2\frac{3}{4}$英寸，高出器壁$1\frac{3}{4}$英寸，最大宽度$1\frac{1}{2}$英寸。

Badr.0324　红陶马头。似 Yo.088.a～d（图版Ⅱ、Ⅲ），为器耳上的红陶马头。只有右半部，颈部已残断。鬃毛竖起，有钝角和额毛。被磨损，暗红色泥质陶。高 $1\frac{5}{16}$ 英寸。

Badr.0325 红陶翼马残件（仅左面部分）。器耳装饰。似 Yo.079~083（图版 I、III），大小相同，做法同 083，可能属于同一件器物。$1\frac{1}{2}$ 英寸×$1\frac{1}{8}$ 英寸。

Badr.0326 红陶贴饰。忍冬装饰。左侧有美洲蒲葵式的叶子，右侧及顶部已残，中间的茎秆上有一个大蓓蕾。较薄。$1\frac{1}{4}$ 英寸×$1\frac{1}{4}$ 英寸×（最大厚度）$\frac{1}{16}$ 英寸。图版 II。

Badr.0327 红陶小动物。狗（?），立姿，尾巴向背上翘起，头上抬。被腐蚀。左后腿和头的一部分已残缺。高 $\frac{15}{16}$ 英寸。图版 II。

Badr.0328 红陶贴饰残块。似 Badr.0320，为向上举着花环的乾闼婆。花环和乾闼婆的头部以上断残。被腐蚀。宽 $1\frac{15}{16}$ 英寸。图版 II。

Badr.0329 红陶面具贴饰残块。奇异的半狮半人脸形，周沿短须环绕。参见 Yo.055（图版 I），但造型较好。嘴已断裂。被腐蚀。$1\frac{1}{8}$ 英寸×$2\frac{3}{16}$ 英寸。

Badr.0330 红陶贴饰面具。似 Yo.057，有海神样的胡须，原应很精致，但现已严重腐蚀。高 2 英寸。

Badr.0331 红陶贴饰面具。仅剩左半面。似 Yo.052.a~o 的怪异人脸。高 $1\frac{3}{16}$ 英寸。

Badr.0332 红陶贴饰面具。似 Yo.058.a~i 那样的狮形脸。近圆的脸型，头发、双耳等已残。已蚀。高 $1\frac{3}{4}$ 英寸。

Badr.0333　红陶猴面残块。仅存头的前部、眼睛、鼻子和部分右面颊。传统的类型。眼睛用圆圈和中心的圆点来表示。脸上的毛用许多刻画的短线来表示，而围绕着脸部的毛发则用深刻的扇形线条表现。高 $1\frac{5}{16}$ 英寸。

Badr.0334　红陶猴残片。雌性。仅胸部和上臂残存。乳头用点和圆圈表示。后背和胳膊上有表示体毛的刻线。左肩有发辫的末梢。制作时先做两半（前胸和后背），然后再拼合，后加手臂。高 $\frac{7}{8}$ 英寸。图版 II。

Badr.0335~0337　3 块红陶小猴残片。0335 有腿，坐姿，围腰布，高 $\frac{9}{16}$ 英寸。0336 仅存身体、头和向外伸出的左臂部分，高 $\frac{11}{16}$ 英寸。0337 有身体、头及前伸的两上臂，高 $\frac{3}{4}$ 英寸。

Badr.0338　陶罐。敛口，无沿。器口下一侧有流嘴，而在相对的另一侧器腹上贴有一圆饼，可能是脸样的器耳，但现已磨光。器表均被腐蚀。高 $3\frac{1}{4}$ 英寸，最大直径 $2\frac{5}{8}$ 英寸，口径 1 英寸，厚约 $\frac{1}{4}$ 英寸。图版 I。

Badr.0339　泥塑坐佛残片。静坐沉思状，左脚掌上翻，置于屈放的右脚上。底面有草秆或草编芯的痕迹。白灰泥，已磨损和烧过。正面处理得特别坚硬，似 Chal.08 等。$6\frac{1}{4}$ 英寸×$3\frac{1}{2}$ 英寸×2 英寸。

Badr.0340　泥塑乾闼婆像残块。右腿跪着，双手上举合拢，作礼拜状。与《西域考古图记》第四卷图版 XV 中的 Kha.ii.N.W.003 有亲缘关系，但更转向观者，不是一件饰板。在衣裙上有红彩的痕迹。头、手和左脚已残失。白色石灰泥质，非常坚硬。高 $3\frac{1}{4}$ 英寸，图版 XI。

Badr.0341　红陶器皿残片。上有带角的狮子样浮雕纹饰。珠子和带状的边沿具有中国风格。参见《西域考古图记》第四卷图版 I 中的 Yo.0055.a

和图版 IV 中的 Yo.0039.k。最大长度 $2\frac{1}{4}$ 英寸。图版 III。

Badr.0342　红陶浮雕佛像残块。仅存佛头和佛的上半身。也许是饰板的残块。近圆雕，表面被摩擦。高 $1\frac{7}{8}$ 英寸。有黑和白色的彩绘痕迹。夹砂。高 $2\frac{3}{4}$ 英寸。

Badr.0344　陶器残块。手制，带残断的器把座，器把始于单枝，然后向两边分出弓形的两枝。分枝上有小球饰，两根弓形枝条的结合处压印竖直的 V 形脊。夹砂粗红陶。已被腐蚀。高 $2\frac{3}{4}$ 英寸，宽 2 英寸。

Badr.0345　泥塑残块。饰带的残余，上有双排的珠饰，珠子之间用单个的椭圆形大珠和蔷薇花（?）间隔。灰色质，被烧过，很硬。腐蚀较严重。$2\frac{1}{8}$ 英寸×$\frac{3}{4}$ 英寸。

Badr.0346　泥塑站佛像残块。仅存腰部到脚踝，还有左手或左臂旁边衣服的末端。白色石灰，被烧黑，非常坚硬，且有裂缝。上有绘彩痕迹。$4\frac{1}{4}$ 英寸×$2\frac{3}{8}$ 英寸。

Badr.0347　泥塑残块。向右飘动的乾闼婆，手举花环。像 Bal.075、076 及图版 IV 等。白色石膏，表面已完全被腐蚀。$3\frac{1}{2}$ 英寸×$3\frac{1}{2}$ 英寸。

Badr.0348、0349　2 个泥雕残块。似 Bal.075、076，图版 IV，为飘动的乾闼婆，仅存头部。有黑、红、蓝色彩绘痕迹。面貌大多被磨掉。白灰泥质。最大高度 $2\frac{1}{2}$ 英寸。

Badr.0350~0354　5 个泥塑残块。不同形式的佛头，均已磨损。0350、0351 的头发上有黑色痕迹。各残光环上均有浅淡的绿色痕迹。白色石膏质。

最大高度 2 英寸（0350）。

Badr.0355　泥塑残块。似 Badr.0348、0349，乾闼婆的头部。

Badr.0356　泥塑残块。站佛的上半身，无头，右手举起，作施无畏（Abhaya-mudra）印，左手已残失。白色石膏，被烧过，已腐蚀。参见《西域考古图记》第四卷图版 X 中的 K.S.001。高 $2\frac{5}{8}$ 英寸。

Badr.0357　泥塑饰板残块。仅存站佛的下身，左手放身侧，抓着袈裟的衣褶。双脚已残失。白色石膏，表面被磨平，但未被腐蚀。衣有红色的痕迹。与前述泥塑类型和大小相同。高 $2\frac{3}{8}$ 英寸。

Badr.0359　泥塑饰板残块。似 Badr.034、035 等的坐佛，无头。红色（被烧的痕迹），上有一层淡黄色彩绘。高 $1\frac{7}{8}$ 英寸。

Badr.0360　红陶猴。作跪坐姿，左腿已残失，保存完好。高 $\frac{15}{16}$ 英寸。图版 II。

Badr.0361　红陶猴。上下肢均已残失，但很显然与《西域考古图记》第四卷图版 III 中的 Yo.0031.d、e 类似。被磨损。长 $\frac{5}{8}$ 英寸。

Badr.0362　红陶猴。上肢及腰以下均已残失。抬头。制作较粗糙。高 $\frac{5}{8}$ 英寸。

Badr.0363　红陶猴。蹲着，并弹奏着胸前的五弦琴。腰缠布。右足已残失。高 $\frac{3}{4}$ 英寸。

Badr.0364　红陶猴。仅上半身残存。作吹箫（？）状。高 $\frac{1}{2}$ 英寸。图版 II。

Badr.0365　红陶猴。雌性，坐姿（?），四肢已残失，头和背部刻有体毛。高 $\frac{3}{4}$ 英寸。图版 II。

Badr.0366　红陶猴残块。除向下伸展的左大腿外，头和四肢均已残失。被腐蚀。高 1 英寸。

Badr.0367　红陶猴。坐姿，左手放于胸前，围有腰布。右臂和头已残失。高 $\frac{3}{4}$ 英寸。

Badr.0368　红陶猴或猫的残片。仅有头和上半身，无上肢的痕迹。参见《西域考古图记》第四卷图版 III 中的 Yo.0035.f、o、p；i.p.III，Yo.0036。已腐蚀。高 $1\frac{1}{8}$ 英寸。

Badr.0369　红陶双猴。似《西域考古图记》第四卷图版 III 中的 Yo.0048.e 等，作拥抱状。雌性猴有头和休毛。雄性猴有头，两足中部以下已残失。高 $1\frac{1}{16}$ 英寸。图版 II。

Badr.0370　红陶马头。似 Yo.090，但做工较好，仅存浮雕头的左侧。眼睛和嘴之间有穿孔。已被腐蚀。长 $1\frac{3}{16}$ 英寸。图版 II。

Badr.0371　红陶片。表面浮雕叶饰，顶部尖锐并带有小圆珠。凸棱为叶茎，上刻线条。最大宽度 $1\frac{1}{8}$ 英寸。

Badr.0372　红陶贴饰残片。也许是瓶颈饰物。似《古代和田》第二卷图版 XLIV 中的 Mac.001 鸟足下椭圆形的葡萄串。已磨损。高 $\frac{15}{16}$ 英寸。

Badr.0373　红陶贴饰残片。可能是瓶的残片。联珠形的边饰内饰有椭圆形的宝石。似 Yo.022，图版 III。一端已残失。长 $\frac{7}{8}$ 英寸。

Badr.0374 **红陶鸟尾的残片**。公鸡尾。大的弓形羽毛中杂有小羽毛。沿各长边刻有连续短线表示的长羽毛，中间有素面的突脊。做工精致。每面均完成装饰。底端已残缺。$1\frac{1}{16}$ 英寸 × $\frac{15}{16}$ 英寸。

Badr.0375 **怪异的红陶羊头**。似 Yo.087.a、b（图版 III），可能是器把。面部仅剩右半边。长 $1\frac{1}{2}$ 英寸。

Badr.0376 **红陶小花瓶**。坚硬。椭圆形瓶身，自肩部向底部渐收，底接圈足。肩部有一对称的双耳，短颈残。高 $\frac{9}{16}$ 英寸，最大直径 $\frac{1}{2}$ 英寸（不包括双耳）。图版 II。

Badr.0377 **红陶猴（?）头**。粗糙，球形，口鼻短圆，环圈形眼。高 $\frac{5}{8}$ 英寸。

Badr.0378 **红陶猴头**。显得比前一件自然。长脸，表情严肃。双耳平直，头戴平顶帽，帽上压印圆圈。高 $\frac{13}{16}$ 英寸。图版 II。

Badr.0379 **石纺轮**。灰绿色，背面有大理石花纹，顶圆，底部内凹。高 $\frac{3}{8}$ 英寸，最大直径 1 英寸。

Badr.0380 **泥纺轮**。顶呈圆形，上有一对旋纹，旋纹之间刻有一系列短线。底面凹陷，圆圈内饰七角星，并有表示光芒的短线。灰色黏土质，烧过。高 $\frac{1}{2}$ 英寸，最大直径 $\frac{7}{8}$ 英寸。

Badr.0381、0382 **泥塑饰板残片**。似 Badr.034、035，为坐佛，作沉思状。双手交叠，不见衣褶。素饰线内有光轮，光轮边沿呈锯齿形。除外侧的莲瓣形边沿外，大多被保存下来。表面已磨损。红色黏土质，被烧过。直径 $3\frac{5}{8}$ 英寸（0381）。

Badr.0383　**红陶猴头**。坚硬。可能是器物的把手，带器物残片。与器物一起做成，并非嵌饰。长而扁平，环形眼，圆点表示鼻孔。已磨损。$1\frac{1}{4}$英寸×$1\frac{5}{8}$英寸。

Badr.0384　**红陶猴头残片**。头的背部（与头的正面分别模制），其与正面的结合面上有刻痕。头发中分，直垂至颈。头顶边沿之处有一个穿孔。$1\frac{1}{2}$英寸×$1\frac{3}{8}$英寸×$\frac{5}{8}$英寸。

Badr.0385　**红陶猴**。直立，腰缠布，作弹奏吉他状。双足残缺。保存较好。高$1\frac{9}{16}$英寸。图版 II。

Badr.0386　**红陶猴**。半成品。左臂外伸，已残断。未刻毛发。高$\frac{7}{8}$英寸。

Badr.0387　**红陶猴**。坐姿，两腿分开，正弹奏某种乐器。腰缠布，未刻体毛，头和双臂大部分已残。高$\frac{7}{8}$英寸，图版 II。

Badr.0388　**红陶猴**。仅存上半身。头部右侧及双臂已残。未刻毛发。高$\frac{15}{16}$英寸。

Badr.0389　**红陶猴**。头后倾，双手举角状物到嘴边，作饮水状。高$\frac{5}{8}$英寸。

Badr.0390　**红陶猴**。仅存头和肩膀。做工粗糙。高$\frac{7}{16}$英寸。

Badr.0391　**黏土纺轮**。底面平整，上为圆锥形，顶已残。粉灰色。高$\frac{7}{16}$英寸，直径$\frac{3}{4}$英寸。

Badr.0392　石纺轮。底面平整，上为圆顶。质坚硬，淡绿白色石头（翡翠？）。高 $\frac{1}{2}$ 英寸，直径 $1\frac{1}{8}$ 英寸。

Badr.0393　石纺轮。底面平整，上为圆形，中间钻一个大孔。质坚硬，为暗绿色大理石。高 $\frac{3}{8}$ 英寸，直径 $\frac{13}{16}$ 英寸。

Badr.0394　滑石小饰物。略弯曲。呈葡萄叶形，边沿有刻纹。茎端有大环圈，也有刻纹。$1\frac{1}{8}$ 英寸 × $\frac{7}{8}$ 英寸 × $\frac{1}{4}$ 英寸。

Badr.0395　玻璃质混合珠。绿灰色，阿摩勒树形，已劈裂。$\frac{1}{2}$ 英寸 × $\frac{3}{8}$ 英寸。

Badr.0396　圆铅片。似钱币，有穿孔。正面有突起的汉字，背面空白。直径 $\frac{7}{8}$ 英寸。

Badr.0397　青铜珠。两朵连在一起的七瓣形镂空花朵。直径 $\frac{3}{8}$ 英寸。

Badr.0398　假宝石珠。灰色，圆柱形，在白色上不规则地点缀有钴釉。参见 Badr.0399 和《西域考古图记》第四卷图版 VI 中的 Kelpin.009.a 等。$\frac{5}{16}$ 英寸 × $\frac{3}{8}$ 英寸。

Badr.0399　玻璃珠残块。暗红色，半透明。白色玻璃上散布着蓝色钴斑，其周围间有不透明和半透明的灰绿色环圈，环圈由可见的白绿色相间的茶碟状薄片的边沿形成，一环套一环地压入珠体，最后贴入浮雕的蓝色珠芯。参见《西域考古图记》第四卷图版 VI 中的 kelpin.009.a。直径 $\frac{7}{16}$ 英寸。

Badr.0400　青铜饰品残块。D 形环圈，内面光滑，外表呈扇贝形。残断。直径 $\frac{7}{8}$ 英寸，厚 $\frac{3}{16}$ 英寸。

Badr.0401 **青铜残勺**。勺碗很小，条形柄，柄自端头向勺碗渐细。残长 $1\frac{1}{16}$ 英寸。参见 Badr.0119、0417（图版 X）。长 $1\frac{1}{4}$ 英寸，勺碗直径 $\frac{3}{16}$ 英寸。

Badr.0402 **玻璃印**。方形，淡红色，半透明。阴刻一枝带尖叶的谷穗。棱被切削而成，背呈圆形。保存完好。$\frac{1}{2}$ 英寸 × $\frac{1}{4}$ 英寸。

Badr.0403 青铜钱币、装饰物、勺子、钉子等，形体均小，且已锈蚀。

Badr.0410 **绳子残段**。有结，长 1 英尺 11 英寸。

Badr.0411 **青铜印**。方形，背面刻圆圈纹。印面为两片心形扇叶状纹，其尖顶在四方形对角线的两个角上。叶子基部呈螺旋形，几乎碰着另一条对角线。每片扇叶的顶点及正方形的每个角卜都有相似的点。做工十分粗糙。这种纹饰往往只发现于石印上。参见《古代和田》第二卷图版 L 中的 A.001.c 和《西域考古图记》第四卷图版 XXIX 中的 N.0020。$\frac{5}{8}$ 英寸 × $\frac{9}{16}$ 英寸。

Badr.0412 **青铜印**。八边形，背有细纽，上钻小孔。锈蚀，印面已模糊不清。$\frac{11}{16}$ 英寸 × $\frac{5}{8}$ 英寸。

Badr.0413 **青铜印**。正方形，有与方形面平行的一个小孔。每面的图案已模糊不清。参见《古代和田》第二卷图版 L 中的 A.006.a。$\frac{9}{16}$ 平方英寸 ×（厚）$\frac{1}{4}$ 英寸。

Badr.0414 **白玉圆片**。可能是戒指式印章的残件，无花纹。$\frac{1}{2}$ 英寸 × $\frac{3}{16}$ 英寸。

Badr.0415 **残青铜镯。**横截面呈椭圆形。末端略粗，有一圈 V 形刻纹。中间较粗，已残。镯环直径 $1\frac{3}{4}$ 英寸，镯粗 $\frac{3}{16}$ 英寸×$\frac{1}{8}$ 英寸。

Badr.0416 **3 颗玻璃珠或贝珠。**一枚蓝色，筒形；一枚淡黄色，方形；一枚为贝珠，并有纵向的穿孔。最大直径 $\frac{5}{16}$ 英寸。

Badr.0417 **青铜棒残件。**圆棍形，杆身自一端向另一端渐细。粗端内侧加粗，呈一长方形块（$\frac{1}{4}$ 英寸×$\frac{1}{8}$ 英寸），其两端有突起的弦纹。长方形的长侧面上刻有菱形纹，菱形纹的中心为一个小凹坑。可能是天平秤杆的残余。两端已残，锈蚀。参见 Badr.0119、0401（图版 X）。$1\frac{5}{16}$ 英寸×$\frac{1}{8}$ 英寸。

Badr.0418 **滑石残件。**不规则形状，有不同的切面。1 英寸×$\frac{1}{2}$ 英寸×$\frac{3}{8}$ 英寸。

Badr.0419 **滑石残块。**不规则形状，白色。$\frac{5}{8}$ 英寸×$\frac{7}{16}$ 英寸×$\frac{3}{16}$ 英寸。

Badr.0420 **青铜小酒壶。**古典型。实心，可能是装饰物。涡卷状柄，上端在壶口之上。高足，由扁平的圆锥体上方半圆饰组成。样式较好。$\frac{7}{8}$ 英寸×$\frac{7}{16}$ 英寸。

Badr.0421 **宝石戒座。**素面，为印章材料。弧长 $\frac{11}{16}$ 英寸。

Badr.0422 **孔雀石（？）残珠。**蓝绿色。$\frac{7}{16}$ 英寸×$\frac{3}{8}$ 英寸×$\frac{5}{32}$ 英寸。

Badr.0423 **青铜戒指残件。**宝石戒座中间有裂缝，一端有凸脊，另一端无。仅存一半。直径 $\frac{11}{16}$ 英寸。

Badr.0424　椭圆形铅盘。似中国钱币，孔呈长方形，但未凿穿。一面刻有图案，似汉字钱文（但不是汉字）。参见 Badr.0396。$\frac{14}{16}$英寸×$\frac{13}{16}$英寸。

Badr.0425　青铜垂饰。可能是耳环（?），由两部分组成。上半部分为一个竖直的椭圆形环圈，圈顶有小的突出，后面断开。下半部是宽大的梨形底座，可镶嵌宝石。边沿突起，上有横向的波纹。

上部端头为一半圆形板，上面突起一个锥形圆纽，与上面的圆环连接。下半部梨形座的下端为玫瑰花结。圆环面与可镶嵌宝石的梨形底座面呈直角。表面锈蚀，结有一层硬壳。长$\frac{5}{8}$英寸，宽$\frac{5}{8}$英寸。

Badr.0426　红陶男性头像。为人像的残块。汉人模样，无头发，戴叶状冠，前面有纵向的接缝。帽底稍上处有狭长的系带，其两端交于正中并系结。普通的双耳，面带微笑，非常精致。帽子类型见《西域考古图记》第四卷图版 LXXVI 中的 Ch.lxi.002 的绸画。$\frac{15}{16}$英寸×$\frac{5}{8}$英寸×$\frac{5}{8}$英寸。图版 II。

Badr.0427　红陶双峰驼。背有骑者或货物。头、后腿及大部分负载已残缺。$2\frac{3}{16}$英寸×$2\frac{1}{8}$英寸。

Badr.0428　红陶男性头像。似是皇室人员，戴头带和头巾。长发捋在耳后，发端拳曲。印度人型，制作精美。鬓发的旁边钻有小孔。右边被磨去，底面虽被磨损，但仍很光滑。可能是陶器皿上的装饰。$1\frac{1}{2}$英寸×$1\frac{1}{8}$英寸×$\frac{1}{4}$英寸。图版 II。

据说来自恰勒马喀赞遗址的遗物

Chal.01～04　4 个泥塑残块。莲花鳞状重叠，由环带间隔。01 有少许蓝色颜料，04 有粉红色彩绘，有带状物，参见《西域考古图记》第四卷图版 X 中的 K.S.0020；《古代和田》第二卷图版 LLV、LV。白灰泥。最大残块 $5\frac{7}{16}$ 英寸×$2\frac{3}{4}$ 英寸×1 英寸。

Chal.05 **泥塑残块。**佛像的上半身。右手作施无畏印。参见《古代和田》第二卷图版 LXXX 中的 A.01。白灰泥，被烧，坚硬，裂缝。$3\frac{1}{2}$ 英寸×$2\frac{1}{4}$ 英寸。图版 IX。

Chal.06.a~d **4 个泥塑残块。**佛头，未塑头发，白灰泥。一般尺寸为 $1\frac{5}{8}$ 英寸×1 英寸。

Chal.07.a、b **泥塑残头像。**Nimbate 或乾闼婆头像，顶髻疏松，耳环较大。参见《西域考古图记》第四卷图版 XV 中的 Kha.I.E.0039。白灰泥。被烧过，表面损坏。$1\frac{3}{4}$ 英寸×$1\frac{7}{8}$ 英寸。

Chal.08 **泥塑残块。**光轮边沿，残存两片莲花瓣及七颗莲子。参见《西域考古图记》第四卷图版 XVI 中的 Kha.ii.c.004。白灰泥，被烧过。$3\frac{1}{4}$ 英寸×$2\frac{1}{2}$ 英寸。

Chal.09 **泥塑残块。**光轮边沿，三片莲花瓣，自莲子长出。莲子类型与《西域考古图记》第四卷图版 XV 中的 Kha.vii.001、004 类似。白灰泥，烧过。$3\frac{3}{4}$ 英寸×$2\frac{1}{2}$ 英寸。

Chal.010 **泥塑残块。**佛像，禅坐状，大部分残损。腿已失。红色袈裟，白色的肌肤，黑发。头已裂开（现已拼合）。底座为几层坚硬的白灰泥。白灰泥质。$6\frac{1}{2}$ 英寸×$4\frac{1}{2}$ 英寸×2 英寸。图版 IX。

Chal.011 **泥塑残块。**佛头像。如 Chal.06.a、b。白灰泥，坚硬。火烧。

2 英寸×2$\frac{3}{8}$英寸。

Chal.012　**泥塑残块**。坐佛下半身，与 Kara.sai.02 类似。右腿残失。白灰泥，因火烧而变硬。3 英寸×2 英寸。

Chal.013　**泥塑残块**。赤裸的男性形象，右臂和臀部以下残失。左前臂弯曲，紧靠左上臂。体瘦高，肚脐明显，腰有环形带饰。姿势参见《西域考古图记》第四卷图版 X 中的 K.S.005。硬白灰泥。2$\frac{3}{4}$英寸×2$\frac{3}{4}$英寸。图版 IX。

Chal.014　**泥塑残块**。塑像残件，为三圈螺旋形头发［亚扪人类型（Ammonite，古闪米特人的一支——译者）］。同样类型参见《西域考古图记》图版 XVI 中的 Kha.ii.N.0010。坚硬，但已磨损。5 英寸×5$\frac{1}{2}$英寸。

Chal.015　**泥塑残块**。雕刻的莲叶边，内沿刻有小珠，参见 Chal.09，硬白灰泥，褪色严重。5 英寸×4$\frac{3}{8}$英寸。

Chal.016　**泥塑残块**。上有锯齿状臂章花纹，边沿有犬齿形浮雕。硬灰石膏。5$\frac{1}{4}$英寸×3$\frac{1}{4}$英寸。

Chal.017　**青铜瓶**。形体小，铸造，喇叭状瓶口，斜肩，椭圆形瓶腹，向下斜直，瓶底较平整。肩上两耳短且宽，呈怪异的动物头（有蜷曲的耳朵和角）形。器腹表面有椭圆形饰块，内浅浮雕一条腾云驾雾的中国龙，外为双边线。设计较精。表面锈蚀，但形制清楚。高 3$\frac{1}{8}$英寸，瓶口直径 1$\frac{1}{8}$英寸，肩口直径 1$\frac{1}{4}$英寸，底部直径$\frac{7}{8}$英寸。图版 X。

据称来自喀拉萨依附近遗址的遗物

Kara.sai.01　**泥塑佛像残块**。禅坐状。披袈裟。头、手、足、左腿和左肩已失。也许被烧过，故多处呈现出浅黄色。白灰泥。表面已残缺。$3\frac{3}{4}$ 英寸×$3\frac{1}{4}$ 英寸。

Kara.sai.02 **泥塑佛像残块**。禅坐状，莲花座。肘部以上及左边部分已残，有粉红和灰色彩绘的痕迹。3 英寸×$2\frac{1}{4}$ 英寸。

Kara.sai.03 **泥塑光轮残块**。边沿有内外两层火焰，与《西域考古图记》第四卷图版 XVI 中的 Kha.ii.0046 类似。内层火焰呈粉红色，外层火焰则呈灰白色（最初可能是蓝色）。白灰泥。$6\frac{1}{4}$ 英寸×$2\frac{7}{8}$ 英寸。

Kara.sai.04 **泥塑残块**。部分火焰边沿，参见 Kara.sai.03。$3\frac{1}{4}$ 英寸×$2\frac{1}{2}$ 英寸。

Kara.sai.05、06 **泥塑残块**。坐佛的上半身，表面多损毁。有白绘和红线的痕迹。背景无纹饰。5 英寸×5 英寸。

Kara.sai.07 **红陶面具贴饰**。奇异的脸，如 Yo.052、Ark.Han.07。$1\frac{1}{2}$ 英寸×$1\frac{1}{4}$ 英寸。

Kara.sai.08 **泥塑残块**。飞向右边的乾闼婆，双手舒展，持花环。在类型和细部上可与 Bal.075 成对；参见《西域考古图记》第四卷图版 XV 中的 Kha.iiw.001。头、手和膝部以下已残失。手臂下的披风上残留有红色彩绘痕迹。白灰泥，表面磨损过。3 英寸×$3\frac{7}{8}$ 英寸。

Kara.sai.09 **泥塑佛头像**。类型极似 Bal.077~080，图版 V。带圆形光轮。白灰泥，似 Chal.08 烧硬。已蚀坏，高 $1\frac{5}{8}$ 英寸。

据称来自克孜尔亚尔的遗物

K.Yar.01　彩绘木板。长方形木板。正面：各边沿为斜面。绘有六角形花纹，多已脱落，黑底，边沿有重复的浅色涡形花纹。背面：白底，上用黑色勾画一寺庙的轮廓。塔庙有通道、两层台基及台阶。半圆形拱门内的莲花座上有一个坐佛。拱门的两边有两扇门板，各向左、右开启。

圆顶，覆盖鳞状重叠物（瓦？）。下有装饰的 T 形物及两根细长的侧柱支撑。圆顶上有螺旋形物并冠以半开的莲花。再上面有小型的伞盖。伞盖的底边悬挂长饰带。塔旁有火焰。

画面的下部运用了透视画法。画面的大部分有一层盐碱的外壳，图案已很模糊。离一端约 $\frac{1}{3}$ 英寸的中心凿有一个小孔。可能还覆以菩提树叶。$20\frac{1}{2}$ 英寸$\times 6\frac{1}{4}$ 英寸$\times \frac{3}{4}$ 英寸。

K.Yar.02、03　2块云母残片。可能是镶嵌物。呈扁平三角形，锯齿状边沿。$\frac{3}{4}$ 英寸$\times \frac{1}{2}$ 英寸。

K.Yar.04　光玉髓薄片。黄—红色。最宽 $\frac{5}{8}$ 英寸。

K.Yar.05　小圆石（?）残块。棕色，半透明。最宽 $\frac{7}{16}$ 英寸。

K.Yar.06　青铜勺柄。残。长而扁平，联匙处逐渐变宽，但又迅速变窄，形成窄颈。已折断。长 $3\frac{7}{8}$ 英寸，最宽 $\frac{5}{8}$ 英寸。

K.Yar.07　青铜把手（?）残件。直边，扁平，中间略弯曲。$2\frac{3}{4}$ 英寸$\times \frac{1}{2}$ 英寸。

K.Yar.08　青铜勺柄。形见 K.Yar.09，图版 X。同样，接勺处折断，但断口处平滑。另一端尖锐，亦已残断。长 $3\frac{1}{4}$ 英寸，最宽 $\frac{7}{16}$ 英寸。

K.Yar.09　青铜勺。椭圆形勺，顶端尖锐。直柄，与勺身成30°。另一端柄稍微向后弯曲，并加宽成扇形。勺柄先细长，然后逐渐加宽，至离勺 $\frac{1}{2}$ 英寸处，又变窄形成短颈。颈部折断，单独保存。形状优美。长 $5\frac{1}{4}$ 英寸，勺宽 $1\frac{1}{8}$ 英寸。图版 X。

K.Yar.010　青铜柄端。扁平，带条纹，略弧弯。一端完好，呈方形，中间有凹陷，另一端残损。表面原刻有锯齿形交叉线及斜线。$1\frac{1}{8}$ 英寸 × $\frac{5}{8}$ 英寸。

K.Yar.011　青铜刀（?）。笔直，一边为刀刃，另一边较厚。已锈蚀。4 英寸 × $\frac{9}{16}$ 英寸。

K.Yar.012　青铜勺。椭圆形，如 K.Yar.09，但顶端呈圆形。柄已残失。已锈蚀。$1\frac{5}{8}$ 英寸 × $1\frac{1}{4}$ 英寸。图版 X。

K.Yar.013　青铜片。梨形，每一端有短的饰钉。长 $\frac{3}{4}$ 英寸。

K.Yar.014~016　3块青铜残片。已锈蚀。最宽 $1\frac{1}{2}$ 英寸。

K.Yar.017　青铜合页。两块扁平板，每一片邻近的两面分别有两个和三个突出的环圈，故当它们放在一起时能彼此接合。然后有青铜钉插入并穿过这五个孔。板的活动端的背面有短的饰钉。板已锈蚀，合页已失去功能。$\frac{7}{8}$ 英寸 × 1 英寸。

K.Yar.018　青铜带环。D 形长板，中间有长方形的裂缝，在每个角和弯曲面的中间都有铆钉孔，有一孔仍残留有铆钉。$1\frac{3}{16}$英寸×$\frac{3}{4}$英寸。

K.Yar.019　青铜柄端（?）。 弯曲，表面有沟脊下至中部。柄端呈鱼尾形（中间有裂口）。似 K.Yar.010，余均残损。$\frac{15}{16}$英寸×$\frac{9}{16}$英寸。

K.Yar.020~022　3 个青铜手镯（?）残件。 020、021 的横剖面呈圆形，外沿带有锯齿形交叉纹。022 的剖面呈椭圆形，无纹饰。最大长度$1\frac{11}{16}$英寸，厚$\frac{3}{16}$英寸。

K.Yar.023　青铜残件。 直舌形，表面突起，后部空心，有两颗短饰钉。表面刻有间隔$\frac{1}{8}$英寸或$\frac{1}{16}$英寸的交叉线纹。长$1\frac{1}{8}$英寸，最宽$\frac{5}{16}$英寸。

K.Yar.025　青铜带环（?）。 椭圆形圈，已残断，长轴的末端有几条 S 形突出物，短轴上有一条，并从相对的边沿伸出臂状物。断面平凸，曲面带有凹槽。臂状物后部中空并无饰钉，长$\frac{3}{4}$英寸。

K.Yar.026　青铜残片。 扁平细长片，微弯曲，近一边处穿有一颗铆钉。$\frac{7}{8}$英寸×约$\frac{3}{8}$英寸。

K.Yar.027　青铜片。 盾形，背面有两颗长的饰钉。锈蚀。$\frac{9}{16}$英寸×$\frac{1}{2}$英寸。

K.Yar.028　青铜垂饰残件。 笔直，垂端有一环（断裂），下面悬挂三个圆环。圆形座，有四个紧凑的爪，似金刚。一端已残断。长$\frac{11}{16}$英寸。

K.Yar.029　青铜小扣舌。 扁平细长片，向上弯曲，然后又朝下形成一个圆圈用来使圆棒通过。圆棒舌端活动自如，舌面外伸，形成肩状突出部，然后逐渐变细成尖头。锈蚀，长 $\frac{7}{8}$ 英寸。

K.Yar.024、030、031 **3 块青铜片。**已锈蚀。长分别为：$\frac{3}{8}$ 英寸、$\frac{15}{16}$ 英寸、$\frac{7}{16}$ 英寸。

K.Yar.032 **青铜棒残段。**弯曲成圈，断面圆形。表面做成螺旋形。长 $\frac{13}{16}$ 英寸，厚 $\frac{1}{8}$ 英寸。

K.Yar.033、034 **2 段青铜丝残段。**每段均弯曲，基本上成环状，断面圆形，但有一段的一端被砸平且有铆钉。环的直径约 $\frac{3}{4}$ 英寸，铜丝粗约 $\frac{1}{16}$ 英寸。

K.Yar.036 **青铜丝残段。**断面圆形，一端加粗，另一端折断。长（弯扭的）$1\frac{7}{8}$ 英寸。

K.Yar.037 **红铜条。**断面平凸，一端折断，另一端呈尖头形，可能是完整的。顶边的中间有凹槽，从此端至另一端约 $\frac{3}{4}$ 英寸处。$2\frac{5}{8}$ 英寸 $\times \frac{3}{16}$ 英寸 $\times \frac{1}{8}$ 英寸。图版 X。

K.Yar.038~040 **3 个红陶浮雕残件。**饰板，为坐佛形象，与《西域考古图记》第四卷图版 VIII 中的 A.T.iii.089 类似。038 头和肩残存，头上残存有素的背光和椭圆形光轮。保存较好。最大宽度 $2\frac{3}{8}$ 英寸。

039 双手屈放于膝盖上。表面多被蚀去。最大宽度 $2\frac{7}{8}$ 英寸。

040（尺寸更大）手放膝上。交脚。两脚间有残莲花瓣。最大宽度 $2\frac{3}{4}$ 英寸。

K.Yar.041　红陶人面浮雕。已残。浅浮雕，长眼半闭，尖鼻挺拔。短上唇，弯曲的小嘴。表面有淡黄色陶釉。最大高度 $3\frac{1}{8}$ 英寸。图版 IX。

托乎提阿洪带来的据称出自阿尔喀里克和杭桂等塔提遗址的遗物

Ark.Han.01　红陶器颈残件。口微侈，沿下有齿形装饰。颈底为粗制的绳索形突棱。颈部表面有圆形贴花：外有一圈联珠（顶边在焙烧前就已断开、歪曲），内为莨苕叶状的丛花饰。贴花周围素面，肩上方微突。器表有较厚的红陶衣。口径 8~9 英寸，高 $3\frac{3}{4}$ 英寸，宽 $4\frac{7}{16}$ 英寸。图版 IX。

Ark.Han.02　红陶器皿残件。可能是瓶颈，上为带髻的头像，中空。口鼻突出（已断裂），头顶略残。小眼，有环形髻通至双耳。嘴上面有小绺髭须。器颈中上部有三道环带，下有一道凸楞。表面呈灰色。高 3 英寸，宽达（脸长） $2\frac{3}{8}$ 英寸，底部直径 $1\frac{1}{4}$ 英寸。图版 IX。

Ark.Han.03　红陶残件。相拥着的一对恋人的肩膀。男子手臂赤裸拥抱着女子，手指搭在对方的肩胛处，手腕上有手镯。女子手臂上有刺绣的衣褶，放在男子右臂下的左臂手腕上也有手镯。手掌已残失。长发垂背，项链由雕刻的圆点组成。男子颈后有一个穿孔。头均已残失。残存部分保存较好。 $1\frac{3}{8}$ 英寸× $1\frac{1}{2}$ 英寸× $\frac{7}{8}$ 英寸。图版 IX。

Ark.Han.04　红陶流嘴残件。动物头，长管形鼻，鼓眼，小耳，前额有带状毛。保存较好。 $2\frac{1}{4}$ 英寸× $1\frac{7}{8}$ 英寸× $1\frac{1}{4}$ 英寸。图版 IX。

Ark.Han.05　红陶饰板。用于贴饰陶器。奇异的动物头（狮形），周围以联珠。左边已残，已褪色。直径 $2\frac{1}{2}$ 英寸，最大长度 $1\frac{1}{8}$ 英寸。

Ark.Han.06　红陶贴饰面具。奇异的动物头并带有一圈卷毛。退化的狮型脸，与《西域考古图记》第四卷图版 III 中的 Yo.0025.h 类似。直径 $1\frac{3}{8}$ 英寸。

Ark.Han.07　红陶贴饰面具。 奇异的人头。退化的狮形脸，与《西域考古图记》第四卷图版 III 中的 Yo.0025.n 类似。深红色泥质陶。$1\frac{5}{8}$ 英寸×$1\frac{1}{4}$ 英寸。

Ark.Han.08　红陶贴饰面具。 奇异的脸，与《西域考古图记》第四卷图版 III 中的 Yo.0024.d 类似，已磨损。1 英寸×$\frac{3}{4}$ 英寸。

Ark.Han.09　红陶贴饰面具。 奇异的人头，与 Yo.042 和《西域考古图记》第四卷图版 III 中的 Yo.001.o 类似。保存较好。直径 $1\frac{5}{8}$ 英寸。图版 IX。

Ark.Han.010　红陶双像。 两座小塑像横跨在一根杆上，面朝同一方向。前一个正站起意欲走开，后面的一个身子前倾，伸手抓住了前者的圆腰。造型活泼生动，前者的双臂及两者的头均已残失。$1\frac{3}{8}$ 英寸×1 英寸。图版 II。

Ark.Han.011　红陶猴头。 奇异的猫头鹰形。$\frac{3}{8}$ 英寸×$\frac{3}{8}$ 英寸。

Ark.Han.012　红陶乾闼婆头像。 与《西域考古图记》第四卷图版 III 中的 Yo.0067 类似。但前额的头发剪成笔直的刘海。褪色严重。$1\frac{3}{8}$ 英寸×$1\frac{1}{8}$ 英寸。

Ark.Han.013　红陶贴饰面具残片。 奇异的人脸，与 Ark.Han.08 和《西域考古图记》第四卷图版 III 中的 Yo.0024 类似。$\frac{7}{8}$ 英寸×$\frac{11}{16}$ 英寸。图版 XI。

Ark.Han.014　红陶贴饰。 罐器残片。为联珠作周沿的椭圆形素面珠宝。残。$1\frac{1}{4}$ 英寸×$\frac{7}{8}$ 英寸。

Ark.Han.015 **红陶小猴**。坐在圆木上，头部已残失。已蚀坏。1 英寸×1 英寸。图版 XI。

Ark.Han.016 **红陶熊的前部**。刻线表示皮毛。保存较好。$1\frac{1}{16}$英寸×$\frac{7}{8}$英寸。图版 XI。

Ark.Han.017 **红陶人物像**。蹲坐状，两手抱鼓。头足已残失。深灰色黏土。1 英寸×$\frac{11}{16}$英寸。图版 XI。

Ark.Han.018 **青铜纺轮**（?）。凸圆饰形，穿孔。$\frac{9}{16}$英寸×$\frac{13}{16}$英寸。

Ark.Han.019 **红陶猴残件**。只有头与右臂，手向上至脸部。已褪色。$\frac{9}{16}$英寸×$\frac{3}{8}$英寸。

Ark.Han.020 **5 颗假宝石珠**。一颗为釉陶瓷，呈白色和蓝色；另两颗未上釉，圆形，粗糙；一颗长，不规则形，多皱；一颗为多边形，浅灰绿。最大直径$1\frac{1}{4}$英寸。图版 X。

Ark.Han.021 **骨饰件**。风格化的鸭子，有穿孔以穿细绳。参见《古代和田》第二卷图版 LI 中的 Y.002.b.ii。$\frac{1}{2}$英寸×$\frac{1}{2}$英寸。

Ark.Han.022 **石饰件**。不规则长方形，可能是块滑石，素面。$1\frac{5}{16}$英寸×$\frac{1}{2}$英寸×$\frac{1}{8}$英寸。

Ark.Han.023 **不规则石头残片**。淡黄色，质地温润。直径$\frac{9}{16}$英寸。

Ark.Han.024 **白玉残片**。粗糙的斧头形。$\frac{5}{8}$英寸×$\frac{3}{8}$英寸×$\frac{1}{4}$英寸。

Ark.Han.025 **红陶小水壶**。鸟形壶身，头伸出，后转，朝着壶颈。单柄。器形雅致。保存完好。$\frac{3}{4}$英寸×$\frac{15}{16}$英寸。图版 XI。

Ark.Han.026　红陶猴。猫头鹰形，站姿，有缠腰布。右腿、右臂及部分左臂已丢失。$1\frac{1}{8}$英寸×$\frac{7}{16}$英寸。

Ark.Han.027　9 颗小石饰及珠子。玉质或肉红玛瑙玉髓质等。一颗为千花玻璃珠（未钻孔）。最大直径$\frac{5}{8}$英寸。

Ark.Han.028　红陶流嘴。戴胜科鸟形，鸟冠丢失，器身已残失。鳞状的羽毛。$1\frac{3}{4}$英寸×$1\frac{1}{2}$英寸。

Ark.Han.029　红陶马头。左侧像，高浮雕，可能贴于器皿的侧面，嘴略张，鬃毛竖立。2 英寸×$1\frac{7}{8}$英寸。图版 IX。

Ark.Han.030　红陶器耳残片。动物形状。有绿釉痕迹。已磨损。2 英寸×$1\frac{3}{8}$英寸。图版 IX。

Ark.Han.031　红陶贴饰。青蛙形状，实物大小，较扁平。$2\frac{3}{8}$英寸×$1\frac{5}{8}$英寸。

Ark.Han.032　红陶残片。奇异动物形象。鼓眼，大嘴，无上唇，楔形的鼻子，招风耳。制作粗糙。$2\frac{5}{8}$英寸×$1\frac{1}{4}$英寸。图版 IX。

Ark.Han.033　红陶怪异马首。似 Yo.091、092（图版 III）；另参见《古代和田》第二卷图版 XLV 中的 Yo.009.b。仅有左半面。鼻子已残。已受侵蚀。$1\frac{5}{8}$英寸×$1\frac{13}{16}$英寸。

Ark.Han.034　红陶马。似 Yo.076、077（图版 III）；另参见《古代和

田》第二卷图版 XLVI 中的 Y.009.C。仅有右半面。头和足端已残失。马鞍上驮物。$2\frac{1}{4}$ 英寸×$1\frac{3}{4}$ 英寸。

Ark.Han.035　红陶器柄残片。带有菱形的指压。模制并有浅棕色釉。参见《古代和田》第二卷图版 XLII 中的 T.M.003.d。$2\frac{3}{8}$ 英寸×$1\frac{3}{4}$ 英寸。

Ark.Han.036　红陶器柄残片。与 Ark.Han.035 类似。但为灰泥陶，深绿棕色釉。旋涡状玫瑰花饰。$2\frac{1}{8}$ 英寸×$1\frac{11}{16}$ 英寸。

Ark.Han.037　25 颗石头和玻璃珠。有玉光髓、贝壳、人造宝石、玻璃、玛瑙、玉质等。最小青铜饰物的一面刻有两个同心圆。最大（珠）直径 $\frac{9}{16}$ 英寸。

Ark.Han.038　小石饰。不规则圆锥形，尖顶钻孔。无纹饰。1 英寸×$\frac{3}{4}$ 英寸。

Ark.Han.039　小圆玉石。淡棕绿色。最大直径 $\frac{15}{16}$ 英寸。

Ark.Han.041　红陶器口残片。在边沿周围是缆索式样，下面贴饰一横向的带凸脊的垂饰。非常光滑。$\frac{7}{8}$ 英寸×$\frac{7}{8}$ 英寸×$\frac{1}{8}$ 英寸。

Ark.Han.042.a、b　玻璃与玉的残片。a 为玉卵石，不规则锥形，钻有绳孔。长 1 英寸。b 为黄色玻璃珠。粗管状。直径 $\frac{7}{16}$ 英寸。

Ark.Han.043　红陶猴。头、臂及足已残失。灰色。$\frac{5}{8}$ 英寸×$\frac{3}{8}$ 英寸。

Ark.Han.044　青铜圆片。薄，已残，两面均有镀金的痕迹。直径 $\frac{7}{8}$ 英寸。

Ark.Han.045 **青铜饰钉**。小光轮形，呈凹凸状，边沿浅刻四叶形装饰，背面有柄。$\frac{3}{4}$ 英寸×$\frac{9}{16}$ 英寸×$\frac{3}{16}$ 英寸。

Ark.Han.046 **青铜饰钉**。圆的纽扣，中部凹空。背面边沿有两枚别针，其中一个有菱形垫圈。直径 $\frac{7}{16}$ 英寸×深 $\frac{1}{8}$ 英寸。别针长 $\frac{3}{16}$ 英寸。

Ark.Han.047 **弯曲的青铜残片**。螺纹形，一端较宽，可能是柄。$1\frac{1}{8}$ 英寸×$\frac{3}{8}$ 英寸。

Ark.Han.048 **青铜残片**。上有突起的阿拉伯字，背景为阿拉伯式花饰，可能是器皿的残片。$\frac{13}{16}$ 英寸×$\frac{13}{16}$ 英寸×$\frac{1}{16}$ 英寸。图版 X。

Ark.Han.049 **青铜饰钉**。方金字塔形，背有柄，有铁制垫圈残物。参见《西域考古图记》第四卷图版 XXIX 中的 L.A.00177.a。$\frac{15}{32}$ 英寸×$\frac{15}{32}$ 英寸。

Ark.Han.050 **青铜棒残片**。裂开。长 $1\frac{1}{8}$ 英寸，直径 $\frac{1}{4}$ 英寸。

Ark.Han.051 **红陶器柄残片**。奇异的羊形。参见 Yo.086.a～f。脸的一边脱落。$2\frac{1}{8}$ 英寸×$1\frac{3}{4}$ 英寸。

Ark.Han.052 **泥塑人像**。男性，仅残存上半身，裸体，三道项饰（莲花式样），右肩上残有长鬈发。手臂稍微外展。细腰。模型精美。烧过。$4\frac{1}{4}$ 英寸×$5\frac{1}{4}$ 英寸。图版 IV。

Ark.Han.053 **泥塑人像**。残。似前一件，头已残缺，有垂饰。烧过。$3\frac{1}{2}$ 英寸×$3\frac{7}{8}$ 英寸。图版 IV。

Ark.Han.054 **泥塑残块**。坐佛的手、左臂和部分大腿，禅坐状。模制较好，已褪色。烧过。$2\frac{1}{4}$ 英寸×$1\frac{3}{4}$ 英寸。

Ark.Han.055　**泥塑残块**。残佛像头。带有肉髻。烧过。$1\frac{3}{4}$ 英寸×$1\frac{1}{4}$ 英寸。

Ark.Han.056　**泥塑人像残块**。腹中空。踞跪妇女的膝盖及束腰外衣的下摆。与 Yo.061 和《西域考古图记》第四卷图版 II 中的 Yo.2 类似。烧过。2 英寸×$1\frac{1}{4}$ 英寸。图版 IX。

Ark.Han.057　**泥塑残块**。火焰，像鸢尾花形图章一样，为背光的残片。参见《西域考古图记》第四卷图版 VIII 中的 A.T.ii.0041，详细的叙述另参见《西域考古图记》第一卷 142 页中的 A.T.0020。烧过，尖端已残。$2\frac{1}{2}$ 英寸×$1\frac{3}{4}$ 英寸。

Ark.Han.058　**泥塑残块**。佛头及项光。表面严重残损。烧过。2 英寸×$1\frac{7}{8}$ 英寸。

Ark.Han.059　**泥塑残块**。佛头及项光，与 Ark.Han.058 类似，莲形项光，有莲蓬及短的花瓣。表面多损坏。烧过。2 英寸×$1\frac{3}{4}$ 英寸。

Ark.Han.060　**泥塑残块**。怪异脸的右面的上部。真人大小。眼形较好。眉毛突起，刻有人字形线眉毛。头顶刻直长发，向上作攒尖状。烧过。$5\frac{1}{2}$ 英寸×$4\frac{1}{2}$ 英寸。图版 IV。

Ark.Han.061　**泥塑残块**。坐佛像，盘腿，前臂残存。脚掌朝上。有绿釉（？）痕迹。粗糙。烧过。3 英寸×$1\frac{3}{4}$ 英寸。

Ark.Han.062　泥塑饰板残块。坐佛的左膝和交脚残存，莲花形背光，脚和膝下露出两片花瓣。参见《西域考古图记》第四卷图版 VIII 中的 A.T. iii.0089。脚型较好。烧过。$2\frac{1}{4}$ 英寸×2 英寸。

Ark.Han.063　泥塑像或饰板的残片。如前一标本，为坐佛的交脚。脚端朝前，脚背脚趾弯曲。有袈裟边沿。$1\frac{7}{8}$ 英寸×$1\frac{5}{8}$ 英寸。

Ark.Han.064　泥塑残块。八边形宝石，底部由盛开的莲蓬支撑。另一端有火焰。为《西域考古图记》第四卷图版 X 中的 K.S.0017 的简化形。烧过。$2\frac{1}{8}$ 英寸×$1\frac{1}{4}$ 英寸。

Ark.Han.065　各种各样的石头、玻璃珠等残片。水晶、贝壳、玛瑙、肉红玉髓、松绿石、珊瑚、石榴石等。最大长度 $\frac{5}{8}$ 英寸。

Ark.Han.066　肉红玉髓印章。长方形，边角砍去。刻有阿拉伯字，但手法拙劣。黄色肉红玉髓。$\frac{9}{16}$ 英寸×$\frac{5}{16}$ 英寸。

Ark.Han.067　肉红玉髓印章。黄红色，椭圆形，有雅典娜女神（？）的头和盾牌。拙劣的工艺品。$\frac{5}{16}$ 英寸×$\frac{1}{4}$ 英寸。

据称出自山普拉托格拉克麻扎遗址的遗物

Samp.01　木底座残片。与 Ast.iii.4.063 类似。前板一部分在折边处与左端邻接。右端残，底沿向上突，说明这是面的中心。上面凿有沟槽并有裂口，可能用以钉钉。

在残片两端间，底沿刻出四个拱形，残留有三颗断裂的木饰钉。其中两颗在端头的斜面附近，一颗在中心，固定于木底座的顶板上。前面及边沿绘以黑或深棕色。保存较好。$8\frac{1}{2}$英寸×$1\frac{9}{16}$英寸×$\frac{3}{8}$英寸。

Samp.02 **皮带残件**。浅黄色。一端上卷，腐蚀且被蛀成小孔。$1\frac{7}{8}$英寸×$1\frac{5}{8}$英寸。

Samp.03 **木碗残块**。旋制而成，大口，厚底，内部着黑色。保存较好。口径原为$4\frac{1}{2}$英寸，底径3英寸，高$2\frac{3}{8}$英寸。图版 IX。

Samp.04 **彩绘旗帜残块**。编织稀疏的淡黄色薄丝绸，轮廓隐约可见灰白色彩绘。旗手头部大小为真人头的一半，右转四分之三，戴古波斯人头巾（?）。旗帜顶端为斜纹紫色丝绸并留有环孔。非常破旧。宽20英寸，最大长度26英寸，最小长度8英寸。

Samp.05 **木简残片**。楔形，宽端被削成尖角。一面有三个弯曲的字符（吐蕃文?），墨书。木头坚硬，纹理细密。长边略圆钝。保存较好。$3\frac{1}{2}$英寸×1英寸×$\frac{1}{8}$英寸。图版 XI。

Samp.06 **2块粗羊毛斜纹布料碎片**。红色。6英寸×$2\frac{1}{4}$英寸；6英寸×$1\frac{1}{2}$英寸。

Samp.07 **2块绒绣残片**。羊毛织成。蓝底，红色、黄色、淡黄色和紫色图案。纹样醒目。垂直于长边的是叶状平纹，末端呈倒转的菩提树树叶形，其底部以两片对称的卷状树叶结束。叶中心与树叶本身相对照，为紫色、棕色及黄色的尖圆形纹饰。周围的辅助纹饰色彩变化繁杂。蓝底。整体色彩搭配和谐。边沿的条纹色彩有变化，蓝底的尖角多侵入条纹之间，而呈狭长的切口。形制精美。其中一块色彩保存很好，另一块有污迹。编织粗糙。7 英寸×3$\frac{1}{2}$英寸；9$\frac{1}{2}$英寸×3$\frac{1}{4}$英寸。图版 LXXVII。

第三节　在达玛沟附近遗址的发现

离开和田，向东进发

11 月 30 日，我从和田绿洲的东缘出发，开始了向东的长途旅行。这里距我们冬季的主要考察地罗布沙漠约有 700 英里。考虑到冰块易于运输，而且携带冰块可保证全队人马长时间用水的需要，我打算尽可能地取道以前走过几次的便捷的商旅小道，以在天气寒冷至河水结成厚冰的时候快速地抵达那里，开展工作。当然，我在沿途不会错过考察新的考古遗址的机会，更何况我在和田时已得知两处新地点的有关情况。

以前曾考察过的达玛沟附近的遗址

我们首先到达玛沟小绿洲的附近。我认为，现代的耕田范围变化很大，大量的古遗址早已湮没于沙漠之中，这里可能会出一些特殊的古物。1901、1906 和 1908 年，我曾在此调查过一系列的遗址，范围从西面的乌鲁克吉亚拉特（Ulūgh-ziārat）到东面的法哈特伯克亚依拉克（Farhād-Bēg-yailaki）和喀达里克。我在以前的旅行报告中①已经充分叙述了这些遗址以及所发现的遗物，并较详细地讨论了刚才提到的耕地范围和位置的变化，以及达玛沟小绿洲特殊的灌溉环境。

---

① 参见《古代和田》第一卷 452~464 页，有关玄奘所说的媲摩（P'i-mo）和老达玛沟遗址，见乌尊塔提（Uzun-tati）、乌鲁克吉亚拉特的叙述；《西域考古图记》第一卷 154~210 页，有关喀达里克、巴拉瓦斯特（Balawaste）、达拉布赞墩（Darabzan-dong）、托克拉克麻扎的报道；《西域考古记》第三卷 1244~1265 页有关法哈特伯克亚依拉克、喀拉央塔克（Kara-yantak）的记述。

　　我顺便要说一下我在前往新发现的达玛沟东库都克库勒
遗址的路上对最新变化进行的一些观察。我们从西面长有灌
木的沙漠向策勒前进的时候，路过了哈勒帕特（Khalpat）
小型垦殖区，1901 年时它仅是路边孤立的兰干（Langar），
后来在 1908 年，它才发展起来，使连片的新耕地与主绿洲
相连起来①。这一快速的发展，据我的老雇员依布拉音伯克
（Ibrāhīm Bēg）　[他曾当过几年策勒米拉甫伯克（Mīrāb
Bēg），掌握着一些重要情况] 告诉我，是因为策勒的耕作有
"阿克苏"水，即春夏季山洪的充足供应。

　　我在东面观察到了同样惊人的变化。固拉合玛
（Gulakhma）垦殖区是下一片沿着昆仑山沙砾缓坡延伸的绿
洲。自 1906 年以来，该绿洲已经向北扩展到了普那克
（ponak）的地方②。长期废弃于沙漠的旧耕地现被复耕起
来，但作为此地变化的见证物老红柳包却仍被保留着。我在
1901 年见到的已经完全废弃于沙漠之中的普那克村的田地③
已被开垦出来，尽管几个世纪以来形成的灌木丛和风积沙堆
还远未被清除。据说该村现有 200 多户人家。

　　固拉合玛、普那克和达玛沟的灌溉用水主要来源于山
泉。山上的喀拉苏泉水形成的地下水渗至绿洲南的沙砾缓
坡，并在坡脚重又流出地面④。所以需要说明的是，当我在
12 月 2 日从固拉合玛经过普那克，前往达玛沟绿洲东北边缘

哈勒帕特广阔
的耕地

固拉合玛增加
的耕地

喀拉苏泉水提
供的灌溉水

---

　　①　参见《西域考古图记》第三卷 1264 页。
　　②　由于编辑错误，在比例 1∶500 000 的地图上表现的星区界限（绿色）太靠南了。它应该从洪伽
特里克（Hungatllik）村直往普那喀金（Ponakakin）河床以东，然后至阿克库勒（Ak-köl）村以北约
1 英里的地方。
　　③　参见《古代和田》第一卷的《和田部分地域地图》拉沁阿塔麻扎（Lachin-atā-mazār）南面沙漠
植被区的田地。
　　④　参见《古代和田》第一卷 96 页、459 页、467 页以下；《西域考古图记》第三卷 1263 页。

的阿克库勒时，我发现普那喀金河的流量达 28 立方英尺/秒。同时，流程更远的达玛沟的流量更不少于 100 立方英尺/秒，完全可满足正在扩展的玛拉喀勒干（Malakālagan）新地区的用水需要①。

库都克库勒的发现

　　1906 年和 1908 年时，我曾对喀达里克和法哈特伯克亚依拉克遗址及其周围分别做了考察，结果表明，在现今达玛沟绿洲的北面和东北面的附近沙漠地带，有很多佛教时期的居住遗址。但是，要在这片沙漠中找到这些遗址极为困难，因为这里大多覆盖着一个挨一个的红柳包和低矮的灌木丛②。所以当我在和田就听说最近在喀达里克附近发现婆罗米文书时，我一点也不感到奇怪③。我通过 1906 年把我们带往最远的一处遗址的老向导莫拉瓦贾（Mullah Khwāja），在固拉合玛征雇了两个向导，即达玛沟的吐尔迪（Turdi）和库尔班（kurbān）。由此，他理所当然地获得了这次发现的报酬份额，后来这笔报酬落到了巴德鲁丁汗手里。他们轻易地把我领到了那块地方。它是一小块纵长 150 码的风蚀地，坐落于密集的红柳包中，离达玛沟绿洲北缘通向东面的阿琪玛（Achma）村的小道北约 0.25 英里，上面散布着许多陶片。1906 年我的调查表明，这个被我的向导们称作库都克库勒（Kuduk-köl）的小塔提，离我 1906 年从喀达里克来的时候曾参观过的两个小遗址达拉布赞墩和科克吉格代（Kök-jigda）不远④，它位于前者东面 1 英里多的地方，离后者南

---

①　参见有关玛拉喀勒干最新的居民点以及使它得以产生的达玛沟的形成的叙述，《古代和田》第一卷 454 页；《西域考古图记》第一卷 203 页以下，第三卷 1246 页；《沙漠契丹》第一卷 238 页。

②　参见《西域考古图记》第三卷 1245 页；《古代和田》第一卷 453 页。

③　莫拉瓦贾从库都克库勒给我带回来的菩提叶残片，多有梵文字迹。它们是从库都克库勒带回来的。它们在附录 E 和目录也被标为库都克库勒 031~048。

④　参见《西域考古图记》第一卷 199 页以下。

面的距离大致也有 1 英里。

在该地区的东缘，有一个高约 30 英尺的红柳包，它是遗址所在的标志物（图 96），附近有一个呈不规则形状的低矮土包，吐尔迪和库尔班在去年冬天曾来此采集薪柴，无意中发现了一包手稿纸，明显是菩提叶写稿。几个月以后，由于莫拉瓦贾欲为他在克里雅的按办获取更多的文书，在此乱挖，因此这座寺院遗址已被完全破坏。与喀达里克一样，用木头和灰泥筑成的围墙遗存也已被莫拉瓦贾夷为平地，只有东面一段因为有红柳包上滑下的沙子的保护而未被毁掉。在清理掉由沙子和垃圾组成的小土包后，我们挖到了深约 4 英尺的灰泥层。遗留下来的墙基遗迹足以表明，寺院面积有 21 英尺见方。

将垃圾中发现的大量的蛋彩灰泥残片与 1906 年在喀达里克寺院遗址中发现的壁画进行比较，就可发现它们的风格相同①。尽管这里发现的壁画多因暴露在外而受到严重的损坏，但带走的残片（Kuduk.köl.011~017，020~028）的构图和色彩处理与喀达里克壁画一致，甚至有所超越。其中，我应单独说明的是，一座带旗帜的小塔（Kuduk.köl.025）以及一个三相神（Trimūrti，创造神婆罗贺摩——译者）像的头部（Kuduk.köl.014），与丹丹乌里克 D.VII.6 板上的图像相似②。这里最常见的菱格及其中的成排小坐佛像的装饰图样，与喀达里克和丹丹乌里克的装饰完全一样，例如残片 Kuduk.köl.024、026。发现的其他文物，还有雕刻精致的木光轮残件，是小佛像上的残片（Kuduk.köl.01，图版 IX）；两件优

在库都克库勒发现的手稿

寺院遗址中出土的遗物

① 参见《西域考古图记》第一卷 166 页，第四卷图版 XI、XII。
② 参见《古代和田》第二卷图版 LX 中的 D.VII.6。

美的车旋的木尖状饰物（Kuduk.köl.03、04）；一些泥塑残片（Kuduk.köl.05~07，图版 IX）；彩绘已严重褪色，但仍可看出三个骑者奔往右方的彩绘板 08（中间一人的姿势和装束在丹丹乌里克 D.VII.5 板上也有表现）①。在清理遗址时出土的几件婆罗米文书小残片（Kuduk.köl.029、030），证明莫拉瓦贾手上的菩提叶即来自此地。

红柳包下的遗物

这处遗址长时期暴露于风吹日晒之下，盗掘十分严重，因此这里出土的遗物很少。但它们与在达拉布赞墩和科克吉格代找到的遗物一样，足以证明该遗址与北面 3 英里多的喀达里克遗址的寺庙是同时期的遗存，而且似乎都是在公元 8 世纪末被废弃的②。我以前在喀达里克停留期间曾对邻近地方做过搜寻，但一直未发现这个小遗址，所以依此类推，在错综复杂的达玛沟雅尔（Domoko-yār）以东的红柳包中，很可能隐藏着更多的类似的遗存。我记得，在上次考察中，我曾注意到喀达里克小遗址中最北的巴拉瓦斯特附近有一座红柳覆盖的大沙丘，在其风化的斜坡中，露出一些小的泥塑残块，说明这里可能覆盖着一座佛寺遗存，这是第一次被吹蚀出来③。但要在这么大的地区对这类遗存做一次系统的搜索，势必会花费大量时间，这是我的计划所不能容许的。

巴拉瓦斯特出土的遗物

奇怪的是，据说正是在巴拉瓦斯特附近，发现了大量的壁画和泥塑残块，在一座佛寺中还出了另外一些杂物，1915 年 6 月我在喀什时，巴德鲁丁汗把它们都寄给了我④。我无意验证出土地点的说法，但根据它们在特点和风格上与喀达

① 参见《古代和田》第一卷 278 页，第二卷图版 LIX。
② 参见《西域考古图记》第一卷 159 页。
③ 参见《西域考古图记》第一卷 198 页。
④ 我收到的手稿残卷和文书，大多是用梵文书写，但也有一些是和田文文书。这些遗稿的详情参见附录 E、F（Balaw.0149~0155、0173~0222）。

里克的发现极为一致的情况，我相信关于这些遗物出土地点
的说法可能是正确的。在蛋彩壁画残片中，一些大块的壁画
明显是从现存墙面上切割下来的，而另一些则无疑是从废墟
堆中捡拾出来的。下面，我们应讨论一下它们的主题。
Bal.02 描绘的是富有特色的犍陀罗式的建筑；05.a～h 绘的是
一组佛像，像色腊伐斯提（Śrāvastī，即舍卫城——译者）
遗址的佛像那样，呈放射状站立；Bal.094 绘的是一匹黄色
奔马；Bal.098 的主题是一个王子般的人物正在优雅地弹奏
竖琴；Bal.0104 为两只面对面的鸭子；等等。至于供养人
物，重要的是对其服装的忠实表现，如 Bal.0117、0118、
0121～0127、0122、0123、0128、0129 是正面和背面都有精
致画面的壁画残片，可能是佛龛隔墙上的壁画。在众多浮雕
残片中，值得一提的是：飞动的乾闼婆（Bal.050、075、
076、082，图版 IV）和更常见的小佛头（Bal.077、090，图
版 V）。而标本 Bal.092 则清楚地表明，是一场火灾把这些小
泥塑、壁画给烧硬了。

达玛沟东北的遗址区以喀达里克为中心，巴拉瓦斯特和
库都克库勒分居其北、南端，下列遗物名录表中冠以 D.K. 的
各种古物似都来源于此遗址区。在清理完库都克库勒的遗存
后，我们在阿其玛宿夜，我收到了有人带来的金属、石头、
骨头等质地的小件器物（D.K.01～08，图版 X、XI）。其他
器物如 D.K.09～0104，是由巴德鲁丁汗从达玛沟或从莫拉瓦
贾和其他一些居民手中得到的。彩绘壁画及已在图版 IV 中
出现的有些泥浮雕残片，褪色非常严重（D.K.057，0101、
0102，图版 XIII），可能来源于与喀达里克遗址遗物近乎同时
的佛寺遗址。写于木头上的吐蕃文、汉文、婆罗米文残篇

达玛沟、喀达
里克发现的遗
物

（D.K.017、054、055），与喀达里克的发现物相一致①。通过巴德鲁丁汗获得的小器物以及主要的泥浮雕残片（Kha.01～04，图版 II、V）、写稿、遗物和一些用梵文、和田文以及吐蕃文写成的木质文书，可说都来自喀达里克及邻近的遗址②。

据称来自乌鲁克吉亚拉特的遗物

我在达玛沟获得的金属、石头、木质小件以及遗物名录表中标有"U.Z."的文物，据说是在乌鲁克麻扎或乌鲁克吉亚拉特南面和北面的大遗址区发现的，其位置在达玛沟西北沙漠之中。我曾论证过它是玄奘所说的媲摩和马可·波罗所说的培因（Pein）的所在地③。根据1901年和1906年我考察该地时所获得的情况，我认为这些古物来源于此的说法应是非常正确的。至于由巴德鲁丁汗带来的一个彩绘的木雕光轮残块（U.M.01，图版 XIII、XIV），据说是从乌鲁克墓地上获得的，理所当然地列入了下面的名录之中。根据在乌鲁克墓地周围塔提上观察到的条件以及该地区一直沿用至早期穆斯林时期的情况，保存得如此好的这样一件佛教遗物似乎不太可能在这里存留下来。此木雕光轮背面也有彩绘，说明它是脱离寺院墙壁的一尊雕像上的遗物。其背面绘的一尊坐佛很重要，因为尽管它的表面已经褪色，但它仍显示出大胆使用的高光。

泉水位置的变化

我在前两次考察中，参观了策勒和克里雅之间的成串的小绿洲，使我有机会观察到近来用以灌溉水源的喀拉苏泉水水位的一些显著变化。在《古代和田》和《西域考古图记》中，当我记述喀拉克尔（Kara-kīr）和达玛沟的变化时，我

---

① 参见《西域考古图记》第一卷155页、162页、164页。

② 参见附录 E、F 中对喀达里克 04～029、038～051，达玛沟 0119～0125、0167、0168，法尔哈德伯克（Farhād-bēg）01～07，艾勒（Īle）010～026 的叙述。

③ 参见《古代和田》第一卷457页以下、462页以下；《西域考古图记》第三卷1263页以下。

曾指出，这些河沟的变化使得垦殖区做相应的位移，由此可以看出，这些绿洲附近的古遗址应是在不同时期被废弃的①。这个观察具有直接的考古学意义。此外，我还有一个例证，即我在 12 月 3 日急行军前往克里雅镇的途中，曾注意到地下的淡水泉涌出地面，也使之附近出现了垦殖区。

阿其玛，顾名思义，是一个新垦区，那里的喀拉克尔泉水出现才 20 多年。自从我 1901 年首次来到此地后②，该垦区一直比较稳定。这里约有 800 户居民，据说自定居以来就没有迁移过。东邻更古老但面积小得多的拉依苏（Laisu）垦区的范围也未有什么变化。但再往前穿越克里雅大绿洲时，我的注意力被名叫萨依巴格亚（Sai-bāgh-yār）的宽阔和深切的河床所吸引，据说是三年前一场夏季"阿克苏"大洪水所冲出来的，有条道路穿过该洪水河床通向锡斯伽里克（Sisaghlik）的东面③。在该洪水河床中，泉水汇成了水量较可观的小溪，溪水现正被用于开辟喀拉汗（Kara-Khān）的新垦区。我在 1901 年时调查时，喀拉汗距克里雅垦区北缘约 7 英里，但后来被完全遗弃了。这一新水源的出现令克里雅人格外欣喜，因为他们所在的绿洲最急需的正是喀拉苏泉水的灌溉。

喀拉汗的新垦区

---

① 有关喀拉克尔南发现的泉水以及引起阿其玛的新垦区的开辟的叙述参见《古代和田》第一卷 459 页、467 页以下，至于对达玛沟的形成和由此产生的玛拉喀勒干居民点情况，参见《西域考古图记》第一卷 202 页以下。

② 参见《西域考古图记》第一卷 211 页。

③ 参见附图 14.D.3 庞达拉村附近。

库都克库勒出土的遗物

Kuduk.köl.01　圆形木制光轮残片。边沿是火焰状装饰。往里是一装饰条带，上带圆点和锯齿纹交替间隔并如缆线般相互缠绕的装饰。在这些边沿装饰以内，是三个佛像的上半身和第四个佛像的光轮。中间佛像左手伸出，施无畏印，所有像的正面都有肉髻，长耳，项光。有发髻，无细部装饰。雕刻非常精细。原可能有彩绘。背面无图案，表面突出，有少许彩绘痕迹。边沿似乎是新近才破裂的。$5\frac{5}{8}$ 英寸×$1\frac{3}{4}$ 英寸×$\frac{3}{4}$ 英寸。图版 IX。

Kuduk.köl.03　车辖的木顶端装饰。与 M.Tāgh.c.06 类似，但稍微精致些。中央为榫舌，很坚硬且有裂缝。整体遗留有粉红色彩绘痕迹。$8\frac{1}{4}$ 英寸×$3\frac{3}{4}$ 英寸。榫舌 $2\frac{3}{8}$ 英寸×$1\frac{5}{8}$ 英寸×$\frac{7}{8}$ 英寸。

Kuduk.köl.04　车旋的木顶端装饰。纵剖面极似 03，榫舌长 3 英寸。

Kuduk.köl.05　泥塑背光边沿残片。外沿是火焰状装饰，内侧饰覆瓦状荷花瓣。如《西域考古图记》第四卷图版 XV 中的 Kha.vii.001、004 和《古代和田》第二卷图版 LV 中的 D.II.55。可见粉红与灰白彩绘。可能被火烧过。$2\frac{3}{4}$ 英寸×$2\frac{3}{8}$ 英寸×$\frac{3}{4}$ 英寸。图版 IX。

Kuduk.köl.06　泥塑像。部分光轮边沿与 Kuduk.köl.05（图版 IX）类似。但没有火焰。彩绘隐约可见。坚硬，可能烧过。$2\frac{1}{4}$ 英寸×$2\frac{7}{8}$ 英寸×$\frac{3}{4}$ 英寸。

Kuduk.köl.07　泥塑残块。表面为红色黏土，有粉红色彩绘。可能是人像的残块。$3\frac{1}{4}$ 英寸×2 英寸×$1\frac{3}{8}$ 英寸。

Kuduk.köl.08　彩绘木板残块。几乎褪色。上部脱落，一端残缺。正面主题：三个骑马者面朝右边骑去，中间那匹马带斑点，黑色鬃毛，剪短。骑马者穿粉色袈裟及黑色长靴。右手持钵，衣服长端向后飘起来。参见《古代和田》第二卷图版 LIX 中的 D.VII.5，描绘的可能是同样的人物。

后面的马无斑点，黑色鬃毛，头和后腿局促于有限的空间内。骑马者穿黑色长靴，一侧挂着黑色剑鞘。前面的骑马者的装束看来差不多，还带有飘动的衣服。均褪色严重，很有特色。制作精良，风格写意。骑马者为同一类型。11 英寸×3$\frac{7}{8}$英寸×$\frac{7}{16}$英寸。

Kuduk.köl.09　彩绘木板残块。一端尖锐，有穿孔。其他几边都残缺。一面有少许粉红和灰色的彩绘痕迹。质地较软。7 英寸×3 英寸×$\frac{5}{8}$英寸。

Kuduk.köl.010　彩绘木板残块。端头和一面已残，完好的一角有穿孔。正面可看出明显的几条线，但图案已认不出来。背面表面有白色染料、麦草和沙子。10$\frac{1}{2}$英寸×2$\frac{3}{8}$英寸×$\frac{5}{16}$英寸。

Kuduk.köl.011　壁画残块。有彩绘痕迹。距右部四分之三处有一个坐像，着鲜红色袈裟及宝冠。苍白的肌肤。多褪色。6 英寸×7$\frac{1}{2}$英寸×3 英寸。

Kuduk.köl.012　壁画残块。呈红色、淡粉色、绿色和淡黄色的彩虹样的光轮。最外沿是红条，里面紧接淡粉色长条，并带有一条横向的浅黄色镶边。镶边的大部分都画有红线。然后是深红色的宽带，上面有一排向外突出的羽毛状的叶子。然后是粉红色底，上有红色勾画的联珠、淡粉色条纹及另外一条联珠边沿。有磨损。12 英寸×8 英寸。

Kuduk.köl.013　壁画残块。直边残块。上有圆形纹饰，圆形饰内有礼拜人像。右面边沿有浅黄色、黑色的两条窄带，并有两个圆形饰的残余。其中，低处的一个圆形饰残有戴帽人像的上半身。身体右转四分之三，头左转四分之三，略微抬头。手臂向下，似持有物品（已残断）。上身有部分红色衣褶（？），可能是衣服。

画左部可能是个恶魔，脸黄色，瞑目。头形模糊不清。其上面是第二个圆形饰的下部，人物粉色，丰满，蹲踞，近裸体，左臂屈曲。两个圆形饰的背景均为艳绿色，边沿素白色。所有的轮廓均用红线勾勒。多被磨损。$9\frac{1}{2}$英寸×9英寸。

Kuduk.köl.014　**壁画残块**。三相神。与《古代和田》第二卷图版 LX 中的 D.VII.6 类似。仅头及右上臂残存。主像呈蓝色，黑发，有髭，黄色宝冠。右脸粉色，左脸则为黄色。手举水果。红色光轮，绿边。大部分磨损。$10\frac{3}{4}$英寸×6英寸。

Kuduk.köl.015　**壁画残块**。佛像头、肩，左转四分之三。深绿色袈裟。绿色项光。红色背光，棕色边沿，外为红底。残存部分灰色的莲花座。磨损严重。$7\frac{1}{2}$英寸×$4\frac{3}{4}$英寸。

Kuduk.köl.016　**壁画残块**。绿色的半开的莲花，粉红色茎。红底。5 英寸×$4\frac{1}{2}$英寸。

Kuduk.köl.017　**壁画残块**。汉人像头部，戴扁平的黑帽。肤色呈粉红色。磨损，易碎。$2\frac{7}{8}$英寸×$2\frac{7}{8}$英寸。

Kuduk.köl.018　**泥塑残块**。蓝色头发，泥质红陶。质软。$1\frac{3}{4}$英寸×$1\frac{1}{2}$英寸。

kuduk.köl.019　**泥塑残块**。佛像左眼半闭，浅浮雕，淡粉色，用红、黑线勾勒。眼白色，眼角蓝色。泥质红陶，掺有细纤维。质软。2 英寸×$1\frac{1}{2}$英寸。

Kuduk.köl.020　**壁画残片**。黑底，有汉人像的痕迹。左边是红色的莲花花蕾（？）。表面磨损非常严重。$5\frac{1}{2}$英寸×5英寸。

Kuduk.köl.021　**壁画残块**。与 020 同型，粉红色莲花和大花蕾（?），黄色莲蓬。黑底。保存不佳。7 英寸×4 $\frac{3}{4}$ 英寸。

Kuduk.köl.022　**壁画残块**。佛像的右肩和头，右转四分之三，绿色背光，灰色光轮。外为红底，有深灰色条带，对角状地斜穿一边。浅粉色皮肤，深棕色或灰色的袈裟。脸部制作较精致。已磨损。6 $\frac{1}{2}$ 英寸×5 $\frac{3}{4}$ 英寸。

Kuduk.köl.023　**壁画残块**。佛像，着深棕色衣，上端敞开露出浅棕色的领子。轮廓用黑线勾勒。磨损。4 $\frac{3}{4}$ 英寸×3 $\frac{1}{4}$ 英寸。

Kuduk.köl.024　**壁画残块**。大致有三排菱形花纹，菱形中有坐佛。佛像作施无畏印相。头左转四分之三。黑色、深红和灰色交错使用。表面有磨损。7 $\frac{1}{4}$ 英寸×12 $\frac{1}{2}$ 英寸。

Kuduk.köl.025　**壁画残块**。磨损严重。右手举一根长棍，背景黑色，椭圆形。右手旁是带旗帜的小型印度塔。在黑色椭圆形的后面，于光轮（?）的左半边，残存绿色、白色的波浪形射线及红色的边沿。右上角为淡黄色底，上画树叶。17 英寸×10 英寸。

Kuduk.köl.026　**壁画残块**。也许是菱形花纹的残块。有两个坐佛。用深灰色、红色、栗色和黑色绘成。画面粗糙。表面磨损较严重。4 英寸×6 英寸。

Kuduk.köl.027　**壁画残块**。大神的右足站在湖中的莲花上，足呈白色，用深红色线勾画轮廓。此河可能是再生河，长有莲花和一些小白花，岸上长有莲叶和其他一些小植物。深红色背景，绿水。莲花淡黄色，深红色和黑色线条勾画轮廓。1 英寸×10 $\frac{1}{2}$ 英寸。

Kuduk.köl.028　**壁画残块**。佛像残块，背光呈黑色。红底。褪色较严重。4 $\frac{1}{2}$ 英寸×3 $\frac{1}{2}$ 英寸。

在达玛沟附近遗址上获得的遗物

D.K.01 **石珠**。八边体形，钻有一个大孔。黑玉石（?），保存较好。直径$\frac{1}{2}$英寸，深$\frac{3}{8}$英寸。图版 X。

D.K.02 **树脂块**。肾形，钻孔。鲜艳的红宝石色。$\frac{3}{4}$英寸×$\frac{3}{8}$英寸×$\frac{1}{2}$英寸。

D.K.03 **铅条**。弯成环圈形。部分锈蚀。$1\frac{5}{8}$英寸×$\frac{1}{4}$英寸。

D.K.04 **铅球**。表面不规则形。直径$\frac{5}{8}$英寸。

D.K.05 **青铜带扣**。小，圆形。纵剖面为菱形。在四分之一周长处有细薄的扣舌。夹子由薄片构成，扣舌的低端较狭窄且弯成一个圆环，套在扣环的细端。直径$\frac{3}{4}$英寸。图版 XI。

D.K.06 **石或假宝石珠**。硬，淡灰色，可能是较劣的玉。直径$\frac{3}{4}$英寸。

D.K.07 **石或象牙制成的圆环或圆片**。杂有污点的粉红色，中心有孔。断面是扁平的八边形，顶端为略斜切的带状物。底部向后倾斜。各面主要的点上阴刻四个圆圈，各圆圈中心有圆点。保存较好。直径$\frac{5}{8}$英寸，厚$\frac{3}{16}$英寸。图版 X。

D.K.08 **骨环**。质地同 07，但为粉色。六个带圆点的双圆环交替地位于圆环侧面的对边附近。表面轻微腐蚀。直径$\frac{7}{16}$英寸，深$\frac{3}{16}$英寸。图版 X。

D.K.09 **泥塑残块**。长耳朵，钻有大孔。材料：掺有细纤维的红色黏土，背衬为掺有粗纤维的灰色黏土。淡粉色彩绘，用红线勾画轮廓。已残，易碎。可能是 D.K.014（图版 IV）的一部分。$4\frac{3}{4}$英寸×$1\frac{7}{8}$英寸。

D.K.010　**泥塑残块**。圆形玫瑰式莲花，周围联珠。可能是 D.K.014（图版 IV）中妇女冠状头饰的中心装饰物。有少量白色彩绘的痕迹。底面有木钉，以使此装饰物固定于像上。质料同 D.K.09。残，易碎。$2\frac{3}{4}$ 英寸×$3\frac{1}{4}$ 英寸。图版 IX。

D.K.011　**泥塑像**。头已残失，打坐状的坐佛，肚脐非常明显，模制得较好。不完全烧过。表面磨损，有一层沙壳。9 英寸×$7\frac{1}{2}$ 英寸。图版 IV。

D.K.012　**泥塑残块**。大佛头上的肉髻。波状的头发，在前面（？）作圆心螺旋状。中心钻孔。材料为灰色黏土并掺有植物纤维。外涂薄层的红色黏土。残存黑色彩绘的痕迹。保存较好。4 英寸×$2\frac{3}{8}$ 英寸。

D.K.013　**泥塑像**。残为两块。佛像，禅坐式。有梨状的项光，其项光的上面和后面，是另一个佛像的右侧残余。袈裟呈亮粉色，头发深灰色，肤色淡粉色。原料为红色黏土及夹杂的细羊毛。背面有附贴的衣褶痕迹。质软，大部分残损。$4\frac{3}{4}$ 英寸×$2\frac{1}{2}$ 英寸。图版 IX。

D.K.014　**泥塑像**。残，菩萨头，真人头大小。柔弱相。弧形眉毛，与鼻梁相连。小嘴饱满。狭长眼睛，半闭状。宽平的脸。前额上有波浪形头发，其上有头饰，为五串珍珠连接的方形宝石。肌肤白中透出粉红。红色圆圈标示的白毫相（Urna），蓝色头发，黑色嘴唇。D.K.09、010（图版 IX）可能属于此残像。材料：灰色黏土，表面涂红，杂有细纤维，灯芯草芯，保存很好。9 英寸×$6\frac{3}{4}$ 英寸。图版 IV。

D.K.015　**泥塑残板**。原附于弯曲的莲瓣边沿。与 Chal.015 类似，黑底。正面有单个的汉字。有白色和淡粉色痕迹。红色黏土。保存较好。$7\frac{1}{4}$ 英寸×$3\frac{1}{4}$ 英寸。

D.K.016 彩绘残木块。三面砍削过。红底，至右部四分之三的面上有彩绘痕迹。$1\frac{3}{4}$英寸×$1\frac{1}{8}$英寸×$\frac{1}{2}$英寸。

D.K.017 木板残块。一端烧过。两面分别有三行和两行婆罗米文。$2\frac{3}{4}$英寸×$1\frac{1}{4}$英寸×$\frac{1}{4}$英寸。

D.K.039 绳段。打有念珠般的细绳结。长约2英尺。

D.K.040 泥塑残块。叶状火焰的边沿，有涂金的痕迹。硬白灰泥质。$2\frac{1}{4}$英寸×$1\frac{5}{8}$英寸。

D.K.041 泥塑残块。长颈鸟（?），从张开的龙嘴里伸出。白灰泥质，烧过。浅浮雕。磨损较多。2英寸×$1\frac{1}{2}$英寸。图版X。

D.K.042 棉（?）布残片。红色，斜纹布。11英寸×4英寸。

D.K.043 编织的细绳带。自然色，并有红色菱形图案。把两块布边对齐，用细密针脚缝接并使两端呈圆形。13英寸×$3\frac{1}{2}$英寸。

D.K.047、48 2块青铜残片。不规则形状。最大残片$1\frac{1}{16}$英寸×$\frac{7}{8}$英寸×$\frac{1}{4}$英寸。

D.K.049 青铜印章戒指残件。宝石嵌座，肩部加厚。龙纹模糊。椭圆形印面$\frac{1}{2}$英寸×$\frac{11}{16}$英寸。图版X。

D.K.050.a、b 系于绳上的玻璃和青铜残块。a为蓝色雕花玻璃垂饰，长梨形。色彩较好。$1\frac{1}{8}$英寸×$\frac{1}{2}$英寸。

b为方形青铜印章。带可穿绳的管状纽柄，印面有汉字。锈蚀。$\frac{1}{2}$平方英寸。图版 X。

D.K.051　角梳残片。长而微拱的把。一排较短的梳齿。两端从拱背后端微向外斜。$2\frac{3}{4}$英寸×3英寸×$\frac{1}{4}$英寸。

D.K.052.a~c　可串的青铜残件。a、b 为两枚锈蚀的中国钱币。c 为青铜环，断口处较宽，呈喇叭状，然后变细，最后又渐宽直至另一端，两宽端的平面各有穿孔。直径 $1\frac{1}{4}$英寸，高$\frac{7}{8}$英寸。

D.K.053　骨指环的残余。粗雕的方形宝石嵌座，周绕射线。宽$\frac{3}{8}$英寸。图版 X。

D.K.054　刻字残木板。一面涂黑漆，另一面有三个（汉字？）字符。$4\frac{1}{8}$英寸×$\frac{5}{8}$英寸×$\frac{3}{8}$英寸。

D.K.055.a　纸画残片。只有骆驼的鼻端，嘴微张，后见骑者的鞭子。深红色彩绘。软棕色纸，较厚。画法较粗。总体风格使人联想到《西域考古图记》第四卷图版 XCVI 中的 Ch.00207。$2\frac{5}{8}$英寸×2英寸。

D.K.055. b　吐蕃文木圆片残片。长片型，一端残，另一端钻孔。每面各刻有清楚的三行吐蕃文。4英寸×$\frac{7}{8}$英寸×$\frac{1}{8}$英寸。

D.K.056　彩绘木板残片。仅一面有彩绘的痕迹。背面腐烂，部分原因可能由于酷热。$11\frac{1}{4}$英寸×$4\frac{1}{4}$英寸×$\frac{5}{8}$英寸。

D.K.057　彩绘木板残片。残为两块。一面边沿呈斜面。正面：纹饰差不多被磨掉，但有一些坐佛像。背面：成列的红色菱形块，中有坐佛及圆形的莲花背光。坐佛像之间的菱形空档中饰三叶植物。处处见蓝色小块。褪色较严重，画法潦草。近一端处钻孔。原可能盖有菩提树叶。$15\frac{3}{4}$英寸×$3\frac{3}{4}$

英寸×$\frac{3}{4}$英寸。图版 XII（图版号应为 XIII——译者）。

D.K.095~0100　粉饰泥塑残块。一个模子做出来的五个佛像的部分的饰板。097 与 0100 相连。衬着圆形光轮的佛像坐在半开的莲花上。左手抓袈裟，右手施无畏印。袈裟上有少量的粉红色。类型参见《古代和田》第二节图版 LIV 中的 D.II.10。最完整的残片 $4\frac{1}{4}$ 英寸×$3\frac{1}{4}$ 英寸。

D.K.0101　彩绘木板。右边已断残。正面有站着的菩萨像，印度类型，戴三叶帽。双手置于下身之前，持莲花蓓蕾（?）。肌肤白里带粉红。背面只有蓝与粉色的彩绘。$13\frac{1}{2}$ 英寸×$5\frac{1}{2}$ 英寸。图版 XIII。

D.K.0102　彩绘木板。顶部略作弧形（斜切）。左边沿已残失。表面在着色前粗糙地砍劈过。正面：坐佛，作沉思状。鲜红色、淡黄色和黑色的粗制工艺品。像的上半部基本上被破坏。背面：距左边四分之三处有四个小坐佛，作沉思状，如在壁画菱形格内。肩上有尖状的火焰。此面的左端边沿上有 1 英寸宽的突沿，已被劈掉。11 英寸×$7\frac{1}{2}$ 英寸×$\frac{3}{4}$～$1\frac{1}{4}$ 英寸。图版 XIII。

D.K.0103　泥塑佛手。佛像的右手，比真手略大，有蹼。手指直伸，似施无畏印。有白色彩绘的痕迹。背面未作多少加工。用掺杂麦草的软红黏土制成，麦草为芯。长 $9\frac{3}{4}$ 英寸，最宽 $6\frac{1}{4}$ 英寸。图版 IX。

D.K.0104　吐蕃文木简残片。方形棒，一面绘以粉红色，此面和邻近的面有一行吐蕃文的书写痕迹。$1\frac{7}{8}$ 英寸×$\frac{1}{2}$ 英寸×$\frac{3}{8}$ 英寸。

D.K.0104.a~c　泥塑残块。a 为宽条的双莲瓣边沿，平直。与《西域考古图记》第四卷图版 XVI 中的 Kha.ii.c.004 类型相同，但在一排联珠的两边各有一排花瓣。一排花瓣是深灰色，另一排在顶端露出同样色彩，其他部分为白色的底。残成三片。5 英寸×$3\frac{3}{8}$ 英寸。图版 IX。

b 为联珠边沿上掉下的两颗珠子，有蓝色彩绘的痕迹，底部为红色。$1\frac{1}{8}$英寸×$\frac{7}{16}$英寸×$\frac{3}{4}$英寸。

c 为扁平的装饰带，双排联珠，每两对联珠便有大的方形珠宝或玫瑰花间插隔断。表面磨损，细节已失。断成两半。$2\frac{3}{4}$英寸×$\frac{3}{4}$英寸。

D. K. 0171　肉红玉髓凹雕。椭圆形，刻有婆罗米文：Nandita-sri（L.Barnett，博士——译者）。顶面约$\frac{7}{16}$英寸×$\frac{5}{16}$英寸。图版 X。

据称出自喀达里克遗址的遗物

Kha.01　泥塑残块。为佛像饰板上的残块，为左部的头和光轮。表面多磨损，容貌已不清。白色灰泥，蓝色头发，红色光轮。最大高度 2 英寸。

Kha.02　泥塑残块。传统的半花饰物，底端为垂直伸出的茎叶，叶中间以下有刻道。另一端即顶端为三颗圆珠或三片花瓣。硬白色灰泥质。高 $2\frac{5}{8}$ 英寸，最宽 $1\frac{3}{8}$ 英寸。图版 V。

Kha.03　红陶浮雕残片。菩萨头，有部分光轮。面容清晰，长眼，凸鼻，下颏较小。头上的发饰精致，前额垂有小莲蓬，与《西域考古图记》第四卷图版 VIII 中的 A.T.V.0039 非常相似。饰带弯曲，连及双耳。红色，烧硬。保存较好。高 $1\frac{5}{8}$ 英寸。图版 II。

Kha.053　青铜匙。小提琴形，匙柄与浅匙勺之间为细颈。略微弯曲，制作精美，保存完好。长 5 英寸，勺最宽达 $1\frac{1}{8}$ 英寸。

据称出自乌鲁克麻扎附近的遗物

Ulugh.mazar.01　　木雕光轮残块。完整时为圆形，顶上延伸出来，如葱形。左边约四分之一的部分拼接有另外的一块木板（已残失），在背面的连接处有两个凹陷的长方形榫座。右沿已残失。

正面：用浅浮雕，中间寓意化的圆轮表示太阳，其周围伸出八道波状光线，从轮边一直延伸到突起的木板边沿。太阳下面中间的射线没有刻出，因为被项光固定处的人物的颈部所覆盖，但在左边楔形空白处画有此道光线。光线间是八朵六瓣的莲花，中心的莲瓣扁平状突起，上面画有圈形的莲子。最下面的两朵莲花因被人像遮盖而未被刻出。突起的边沿刻成简单的尖叶或花瓣，呈绞拧的缆线状，叶间有宝珠。上方葱形延伸的面上刻有波状的火焰。整体表面似为粉红色底，然后再在上面用其他颜色彩绘。各道光线中间刻有茎脉，其左右分别用对比色画出，如蓝色（？）和粉色、深红、粉红等。莲花用深红色，莲蓬用绿色（？），而莲子则用红圈表示。上面的火焰和边沿用同样的颜色表示。所有彩绘均已严重磨损、褪色。太阳中心及下面未雕之初，各有一个矩形孔，用以插入榫钉以把光轮固定于佛像旁。

背面：交脚坐于莲蓬上的佛像。右手抬起，施无畏印。左手置于右脚旁。手掌朝外，手指弯曲，部分残断。从颈部可看出，内穿绿色内袍，外套红色袈裟。胸部画有带火焰的宝石。手掌画有法轮符号，脚掌则画有卍纹和商佉印（Sankha？）。圆脸，印度型。红色的脸的轮廓，黑眉，眼睑，鼻孔，嘴角。用白和淡粉色表示的较正式的高光。

圆形项光，人头附近的内圈呈灰蓝色，外有淡黄色的外沿。背光呈椭圆形，近身体处呈深灰色（？），外有红色和淡黄色圈带。淡黄色中夹有红绿的斑点，且圈带被亮线所分开。外层的浅黄色圈带为火焰状边沿，并向上升起，成为顶部的烈焰。表面已磨损、褪色。高 $26\frac{1}{2}$ 英寸，最大残宽 $10\frac{1}{4}$ 英寸。图版 XIII、XIV。

出自乌鲁克吉亚拉特附近塔提遗址的遗物

U.Z.01　黄色石印。方形，背部圆弧，有一个穿孔。图案：竖起翅膀的鹤，极似《西域考古图记》第四卷图版 V 中的 Vo.00159。面为 $\frac{11}{16}$ 平方英寸，高 $\frac{9}{16}$ 英寸。图版 CXI。

U.Z.02　青铜印章。扁平，七边形，背有穿孔纽。印面：深刻汉字（?）。保存较好。（顶端为"大"字，下面一个单独的字符我无法辨认——L.C.霍普金斯先生记）1 英寸× $\frac{15}{16}$ 英寸。图版 CXI。

U.Z.03　青铜鞘形物。残，参见 Tajik.01。仅剩一面的部分，中空长鞘，一端削尖，另一端断残，表面有传统的花叶浮雕。上为横出的 S 状的长叶间可能是石榴，末端是三叶草。保存较好。$1\frac{1}{2}$ 英寸× $\frac{1}{2}$ 英寸× $\frac{1}{4}$ 英寸。图版 X。

U.Z.04　雕刻的滑石饰物。可能是蹲着的小猴，双手支着下颏，头上抬，膝部（已残失）和身体间有穿孔。1 英寸× $\frac{1}{2}$ 英寸× $\frac{1}{4}$ 英寸。图版 X。

U.Z.05　木质印章。圆形，背有柄，已残断。一面已残，似钻有小孔。一个强壮的人坐于宝座上，左手上举，持一把弯曲的剑。右手握权杖（头已残）。脸突出（鼠?），两耳狭长尖小，无衣褶，但前面有三角形的围裙。木纹细密，雕刻简洁精巧。在断面处有两个小孔，似为铆孔。直径 $1\frac{1}{2}$ 英寸。图版 CXI。

U.Z.06　青铜扣饰。形体较小，D 形，有扣舌的残余。$\frac{5}{8}$ 英寸× $\frac{9}{16}$ 英寸。

图版 XI。

U.Z.07　石印。不规则方形，扁平，背有环纽。中心伸出四根涡形的茎杆，每根茎杆伸至一角，然后变成与方形的一边平行的树叶形。每一叶在方形内占 $\frac{1}{4}$ 英寸。方形的边沿素面。制作较粗糙。中心钻有一孔。$\frac{7}{8}$ 平方英寸，厚 $\frac{1}{4}$ 英寸。图版 CXI。

据称出自巴拉瓦斯特遗址的遗物

Bal.01.a、b　壁画残块。直边部分。淡灰色。在长椭圆的画块中画有一系列作沉思状的坐佛。在拱肩处带有蓓蕾的波动的茎形成了花瓣，参见《西域考古图记》第四卷图版 XII 中的 Kha.i.e.0050。佛像如 Kuduk.köl.024 等菱形格内的佛像。两面有淡黄色、灰色和红色的条带。最大残块 $10\frac{1}{4}\times 9\frac{1}{4}$ 英寸。

Bal.02　壁画残块。左边，在佛像后面是一棵栗色的树，树形似犍陀罗石雕及敦煌彩绸上所见的树（参见《千佛》图 XI）。树冠呈椭圆形团块状。树旁是白色和红色的大块，其意不明。右边是一华盖，用红色勾画轮廓，下有柱形物支撑，其柱顶由一组倒转的三片棕榈叶组成。这些支撑着一根装饰性的柱顶过梁，上有一层阁楼，两翼有犍陀罗式柱子。柱顶有倒转的棕榈叶，呈爱奥尼亚柱头式。阁楼柱间的中楣呈鸟形。

阁楼上方是一个叶顶饰，以神龛为中心，有横木和莲花。其下有圆锥屋顶，最上面有六层伞盖和圆盘。每一边是小的尖形末端和圆锥形的伞盖与圆盘。在华盖和树间是一只鸭子，面对着神龛。淡绿色底。上方是条纹饰带，分成长方形嵌板。每块嵌板的中心有玫瑰花饰，并进一步由对角线细分为两条斜对角形，再分成四个红色和淡黄色交替的三角形，似拜占庭式工艺品。

$8\frac{1}{4}$英寸×8英寸。

Bal.03 **壁画残块**。菩萨头像，右转四分之三，略向下看。头饰精致。粉色肌肤，灰色项光，浅绿色光轮，红底。右边是灰色竖条。表面多磨损。7英寸×$5\frac{1}{2}$英寸。

Bal.04 **壁画残块**。如壁画菱形格中的坐佛的上半身，右转四分之三，穿红棕色袈裟，右部是一弯曲的淡黄色条纹，似 Bal.05.a 那样作鳞状重叠样。多磨损。$7\frac{1}{2}$英寸×8英寸。

Bal.05.a~h **壁画残块**。红色轮廓，白色和淡黄色团块状的立佛，多施无畏印，一个挨一个，作放射状排列。项光边沿为莲瓣。眉毛，黑色双眼。05.a 的左上角有一条淡黄色呈鳞状的边线。表面多磨损。右边的连续图案可见 Bal.0120。最大残块 $12\frac{1}{4}$英寸×$11\frac{1}{4}$英寸。

Bal.06~047 **壁画残块**。为菱格壁画的残余。一系列沉思状的坐佛，右转四分之三。交替使用红色、淡黄色、灰色、赤褐色和白色。参见《西域考古图记》第四卷图版 XI 中的 Kha.i.c.0097，下身。最大尺寸 $9\frac{1}{2}$英寸×1英尺 $15\frac{1}{2}$英寸（047）。

Bal.048 **泥塑残块**。为边沿装饰物，中间为圆形突起的宝石，周绕联珠。边沿较宽，素面。另一边已残缺。下部是莨苕叶形装饰。白石灰。$2\frac{1}{4}$英寸×$2\frac{1}{4}$英寸。图版 V。

Bal.049 **泥塑残块**。乾闼婆的上半身，手上抬。大部分磨损、褪色。硬白灰泥。3英寸×$2\frac{1}{2}$英寸。

Bal.050 **泥塑残块。**乾闼婆从张开的莲花中升起，面朝前。头如 Bal.075、076，但略小一些。手臂上抬，持有弧形的花环。白底，莲瓣用红色描绘。类型参见《古代和田》第二卷图版 LVI 中的 D.T.02。灰色石膏，坚硬。高 $4\frac{1}{2}$ 英寸。图版 IV。

Bal.051 **泥塑残块。**乾闼婆头，略右转，有部分光轮。头发和耳环似 Bal.075、076，图版 IV。有粉红、红色和黑色的彩绘痕迹。多磨损、褪色。参见《西域考古图记》第四卷图版 XV 中的 Kha.I.E.0039。硬灰石膏。$3\frac{1}{8}$ 英寸×$2\frac{3}{8}$ 英寸。

Bal.052 **泥塑残块。**佛头像，项光边沿呈花瓣状。外表多磨损，有红色与粉红色的彩绘痕迹。红黏土，夹杂纤维。$2\frac{1}{2}$ 英寸×2 英寸。

Bal.053 **泥塑残块。**乾闼婆头像，似 Bal.075、076（图版 IV）。白灰泥，多磨损。$2\frac{1}{4}$ 英寸×$1\frac{3}{8}$ 英寸。

Bal.054 **泥塑残块。**乾闼婆头和光轮及上举的双手。硬白灰泥（可能为熟石膏），大部分磨损。$2\frac{1}{4}$ 英寸×$1\frac{5}{8}$ 英寸。

Bal.055 **泥塑嵌板残块。**坐佛的下半身。手藏于衣饰下。脚下放，脚趾相搭。莲形光轮，类型似《西域考古图记》第四卷图版 VIII 中的 A.T.iii.0089。灰黏土，烧过。$2\frac{7}{8}$ 英寸×$1\frac{7}{8}$ 英寸。

Bal.056 **泥塑残块。**握拳，拇指、食指和中指仍在，握有一物（已丢失，仅剩穿孔）。参见《西域考古图记》第四卷图版 VIII 中的 A.T.V.0072。红黏土，可能略烧过。$1\frac{3}{4}$ 英寸×$1\frac{3}{8}$ 英寸×1 英寸。

Bal.057 **泥塑残块。**人物塑像的鼻子，大小如人鼻，制作较好。有浅淡的彩绘痕迹。无鼻孔。黏土，烧过。长 $1\frac{1}{2}$ 英寸。

Bal.058 **泥塑残块**。八瓣的玫瑰花饰。有彩绘痕迹。红黏土，微烧过。直径 $2\frac{3}{8}$ 英寸。

Bal.059 **泥塑残块**。为细部装饰物残余。石榴花萼上分开的两片花瓣。白灰泥。$1\frac{1}{2}$ 英寸×$1\frac{1}{8}$ 英寸。图版 V。

Bal.060 **泥塑残块**。与 Bal.050 同型的乾闼婆头。白灰泥。褪色。$1\frac{5}{8}$ 英寸×$1\frac{3}{8}$ 英寸。

Bal.061 **泥塑残块**。立佛的上半身，施无畏印，红色袈裟，项光有鳞形边线。参见《古代和田》第二卷图版 LIV 中的 D.Ⅱ.34。白灰泥。$4\frac{1}{2}$ 英寸×3 英寸。

Bal.062~064 **泥塑残块**。佛头像，可能是坐佛的残块。与 Bal.066 同型。红黏土，烧过。最大残块 $1\frac{3}{4}$ 英寸×$1\frac{3}{16}$ 英寸。

Bal.065 **泥塑残块**。佛头。白灰泥。多被磨损。$1\frac{5}{8}$ 英寸×$1\frac{3}{8}$ 英寸。

Bal.066 **泥塑残块**。坐佛像，手置膝盖上，脚下放，脚趾相搭。头仅剩小部分。红黏土，烧过。也许是嵌板的残片。参见《西域考古图记》第四卷图版 XV 中的 Kha.05。$4\frac{1}{2}$ 英寸×4 英寸。图版 IV。

Bal.067.a、b~070 **泥塑残块**。立佛，可能是大光轮的残块。参见《古代和田》第二卷图版 LIV 中的 D.Ⅱ.34；《西域考古图记》第四卷图版 XV 中的 Kha.i.c.008。有粉色彩绘痕迹。硬白膏。最大尺寸 $4\frac{1}{2}$ 英寸×$2\frac{1}{4}$ 英寸。

Bal.071　**泥塑残块**。沉思状的坐佛。翻转的锥形莲花。手置于膝盖上，前面手下有匀称的衣褶花彩。头及光轮已残失。参见《西域考古图记》第四卷图版 XV 中的 Kha.i.s.w.0010。白灰泥。$2\frac{3}{4}$ 英寸×$2\frac{3}{8}$ 英寸。

Bal.072～074　**泥塑残块**。立佛的下半身，与 Bal.067 以下的标本相似，但模型不同。硬白灰泥。$3\frac{5}{8}$ 英寸×$2\frac{5}{8}$ 英寸。

Bal.075～076　**泥塑残块**。两个飘动的乾闼婆，双手举有衣褶的垂花饰，中心有一颗宝石。装饰有联珠的项链，戴着花彩的腰带、臂钏和大耳环，斗篷边沿隐约地露在肩上。头发式样很松，在耳上方呈波浪形。头上有高的环圈并束以带子。身体优雅地从右侧弯到左侧。交脚，右足底朝上。背景凹进似莲蓬，部分粉红色已褪为绿色。相似类型，参见《西域考古图记》第四卷图版 XV 中的 Kha.i.E.0039。白灰泥。制作较好。$4\frac{1}{2}$ 英寸×$4\frac{3}{4}$ 英寸。图版 IV。

Bal.077～080　**泥塑残块**。佛头及项光，出自同一模型，细长眼，大嘴、小鼻、短曲的头发。制作精美。白灰泥，烧过。最大残块（有颈部和部分项光）2 英寸×$1\frac{1}{2}$ 英寸。图版 V。

Bal.081～082　**泥塑残块**。佛脚及脚下的莲花座。参见《西域考古图记》第四卷图版 X 中的 K.S.007。白灰泥（烧过）。$1\frac{1}{2}$ 英寸×$1\frac{1}{2}$ 英寸。

Bar.083　**泥塑饰板残块**。坐在莲花上沉思的佛像。素面的圆形光轮和背光，均有刻线以表示边沿的宽度。腿被袈裟遮住。无彩绘的痕迹。背光的右边已残失。硬白灰泥。高 $4\frac{1}{4}$ 英寸。

Bal.084　**泥塑残块**。乾闼婆的下半身，右膝跪地，身体右转四分之三。类型似《西域考古图记》第四卷图版 IV 中的 Kha.ii.N.W.003。但接近人像的背景已残失。袈裟上残有淡红色的彩绘痕迹，长巾上有灰色彩绘痕迹。硬白灰泥。高 $2\frac{1}{2}$ 英寸。

Bal.085　泥塑残块。衣褶的末端，凹陷处有涂金的痕迹。硬白灰泥（烧过），长 $2\frac{1}{2}$ 英寸。

Bal.086　泥塑残块。立佛的头像。与 Bal.061 同型，也许是同一模型所作。磨损较严重，光轮上有绿色彩绘的痕迹。黑发，颈耳涂金。硬白灰泥。高 $2\frac{1}{8}$ 英寸。

Bal.087、088　泥塑残块。立佛像（参见《西域考古图记》第四卷图版 XV 中的 Kha.i.c.008），两个佛头及圆形光圈，有淡红和黑色彩绘的痕迹。大部分磨损。硬白石灰。最大高度 $2\frac{1}{8}$ 英寸。

Bal.089、090　泥塑残块。两个乐天（又名飞天——译者）的头像，略向右转。圆脸，年轻，眼睛微斜。头顶黑发，发垂于肩。头前有三叶花饰。有白色彩绘的痕迹。硬白灰泥，磨损较深。高分别为 $1\frac{1}{2}$ 英寸和 $1\frac{5}{8}$ 英寸。图版 V。

Bal.091　泥塑残块。乾闼婆头左转四分之三，右边有残余的圆形光轮。顶部黑发挽成环圈，与 Bal.051 同模。硬灰石膏。磨损。高 2 英寸。

Bal.092　泥塑残块。脸的下部，嘴、右颊与鼻子、下颏。传统的佛像类型，尤其是嘴角和唇下的圆窝。残有白色泥釉。黏土质，表面烧硬，但未烧透，背部较软。最大高度 $2\frac{1}{2}$ 英寸。

Bal.093　灰泥残片。人物塑像拇指（两个末关节），大小如真人拇指。涂浅粉色，多已褪色。指甲涂红色。软黏土，夹杂纤维。未烧过。长 $2\frac{5}{8}$ 英寸。

Bal.094　壁画。红底（旋涡状花纹隐约可见），上有椭圆形饰块，一半以绿色条纹为边界，并有直线。饰块上用红线勾画一匹黄色奔马的轮廓，颈系绿色环带，长长的末端随风飘扬，呈 S 形，上有卍字符号。

马下的中心位置，为两个三角形交错构成的六角星。右边有一个突出的小环，延伸到右边（绿色）。下侧为四瓣玫瑰花饰，其左面是一个中心带圆点的圆圈（?），马尾上方是小环。椭圆顶部有条直黄条，上有绿色。上部及左边已残断，可能是人物服饰，或是人物颈部或腹部的衣饰。表面已剥落。$9\frac{1}{5}$ 英寸×6 英寸。

Bal.095　壁画残块。坐佛，沉思状。红色袈裟，绿色背光，粉红色项光，红底。上、下面绘有颜色不同但类型却相似的佛像。有菱格纹残余。$7\frac{1}{4}$ 英寸×$3\frac{3}{4}$ 英寸。

Bal.096　壁画残块。坐佛，有背光，裸体（?），红色的腰布（Dhoti），手置于膝盖上并持有高细颈瓶。头左转四分之三，戴头巾、项链。淡粉色肌肤。所有轮廓均用红线勾勒。红棕色底，紫棕色斜条纹伸向左边。多磨损。$10\frac{1}{2}$ 英寸×8 英寸。

Bal.097　壁画。脸左转四分之三。在这上面，是一个张嘴的动物，戴头巾，可能是三相神的残余。3 英寸×$2\frac{3}{4}$ 英寸。

Bal.098　壁画。王子似的上半身像，弹竖琴［参见锡克里（Sikri）塔座饰板上的阿波罗像，现陈列于拉合尔博物馆］。服饰：合身的内衣（或裸体?），戴颈带、臂钏、手镯和耳环。黑发，上覆红布，布饰上有成串的珍珠。金色竖琴，蒙眬的眼睛，嘴微启（在唱歌?）。小髭，额头上有吉祥记（Tilaka），脸颊有横向的红线。右臂上有细薄的灰色长巾。手（画得非常仔细、高雅）正拨弄琴弦。$10\frac{1}{2}$ 英寸×10 英寸。

Bal.099　**壁画残块**。佛头像，左转四分之三。眼睛半闭，似在做梦。项光呈暗绿色，带有粉色边沿。红棕色袈裟。短黑发，额头有皱。脸颊丰满，小嘴。6 英寸×7$\frac{3}{4}$英寸。

Bal.0100　**壁画残块**。似为菱格壁画的残块。坐佛，作沉思状，身子右转四分之三，手置于膝盖上。红色袈裟。粉红色项光，内呈黑色。粉色莲花座，未绘花瓣细节。光环边沿呈深红色。磨损严重。12 英寸×8$\frac{1}{4}$英寸。

Bal.0101　**壁画残块**。左脚，白色，如真人脚大小，置于白色莲花上。莲花中心呈浅黄色，边线呈粉红色。脚踝以上是深红棕色衣褶，边沿细白色，用黑线勾勒轮廓。衣服下摆的左面残有另一人物的下半身，着赤褐色袈裟，交脚坐于蓝色莲花上，莲蓬呈白色。背景与 Bal.0102 相似，但细节有所不同，两者都具拜占庭式特征。背部是掺有麦草的泥土。15 英寸×11 英寸。

Bal.0102　**壁画残块**。衣服下摆中露出双脚及脚踝。脚下为绿色莲花，中心呈浅黄色。围绕中心有带白点的环圈，莲子用小红圈表示。肤色为粉色（淡隐），用红线勾画轮廓。

红衣，有黄条和绿边。右脚踝有四个圆点组成的白色玫瑰花饰。左边同样的边沿上有斜条纹（为暗红色条、亮红条及带白色花纹的蓝条）。衣服纹饰组成：红底，中间有一排白色的细棕榈叶，棕榈叶由两片根基相连的叶瓣构成，茎秆为延续线。其上下各有一半相同的花纹，呈黄色，纵向中心线延伸到外侧。

红条间有一水波形的白线间隔。在蓝带上，有似右脚踝上那样的四个圆白点组成的玫瑰花饰。莲花后面为红棕色，上面散布白色小花。下面有淡黄色线条，再下又是红棕色。莲花上方呈亮红色，带有星形的小花。画法稚拙。17 英寸×11$\frac{1}{4}$英寸。

Bal.0103　**壁画残块**。也许是人物衣服的一部分，有头及虎皮爪。绿、蓝色的背景也许是另外一部分。6英寸×6英寸。

Bal.0104 **壁画残块**。面对面的一对鸭子。右边的鸭子仅剩嘴和胸部。左边的鸭子翅膀展开，浅黄色身体，白色的头、颈，白色和浅黄色的翅膀，灰色背景，带有深灰色水波线（水）。再上面是黑色的河岸，长有花草。4英寸×$3\frac{1}{4}$英寸。

Bal.0105 **壁画残块**。由一颗白色的大珠宝及三颗白色的小珠宝组成，由弓形带状物上长出的三片莨苕叶（?）支撑。黑座，白圈（透视）。左右为相似的环圈和珠宝（?）。也许是大型画像宝冠的残余。表面模糊不清。$6\frac{1}{4}$英寸×6英寸。

Bal.0106 **壁画残块**。佛（?）头，有光环环绕，右转四分之三。弓形眉，小下颏，红色袈裟。肤白，红色轮廓线，黑色眉毛。磨损严重。7英寸×$4\frac{1}{2}$英寸。

Bal.0107 **壁画残块**。磨损严重。似乎是象的前部。象腿粗细不匀称。中国式的象鼻，膨胀松弛。左边有一个神龛。$5\frac{1}{4}$英寸×$5\frac{1}{2}$英寸。

Bal.0108 **壁画残块**。侧立的人像。右脚，左脚膝盖以上部分残存。大小和风格与Bal.0102相同。脚呈粉红色，略带赭色（大部分已脱落），轮廓用红线勾勒。脚下为暗橄榄绿的椭圆形席垫。在脚之间见粉红色莲花，花瓣触及脚踵。

袈裟长及脚踝，有蓝色、白色、黑色和栗色的宽斜条装饰。这些宽条饰又装饰有系列的双棕榈叶，上有白色、黄色或粉红色的菱形或半菱形纹饰。

足的两边有袈裟的开襟，显出僵硬、垂直的之字形衣褶。袈裟边沿呈灰中带绿色，但绿色几乎已褪尽。内沿呈栗色和淡黄色。脚踝以下的背景为栗色。上面是淡红色，由细白线分开。前者（栗色的背景）点缀有绿色或暗红色的三叶草（带白斑）和散花。后者（淡红色）也点缀有相似的蓝色三叶草和黄色的散花。腿部衣褶的左侧有红色和白色围巾的残余。保存完好。16 英寸×$9\frac{1}{2}$英寸。

Bal.0109、0110　壁画残块。灰色和红色，用弯曲的白线分隔。可能是 Bal.0101、0102 或 0108 的残余。2 英寸×$1\frac{3}{4}$英寸。

Bal.0111　壁画残块。与 Bal.06 等类似。坐佛菱形图案。$7\frac{1}{8}$英寸×6 英寸。

Bal.0112　壁画残块。磨损严重。近底沿处，残有坐佛光环的上面部分，光环与 Bal.06 类型相似。向上的不同的角度上，绘有浅淡的红色建筑的线条（可能是房顶）。向下有一个起装饰作用的横饰带，与 Bal.0114 类似。在左上角，为带有荷花的饰块，荷花旁有一个坐着的礼拜像。均模糊不清。11 英寸×9 英寸。

Bal.0113　壁画残块。菱格及坐佛的图案，与 Bal.06 类似，用线条勾勒出来的头、光环和衣服比 Bal.06 更圆润。颜色种类较多，包括粉红、红色、蓝色和灰色。$12\frac{1}{2}$英寸×$7\frac{3}{4}$英寸。

Bal.0114　壁画残块。佛像正面的上半部分。法轮座（Dharmacakra-mudra）（?）。上面为一簇红花的横饰带，茎秆呈环圈形。模糊不清，磨损严重。6 英寸×$5\frac{1}{2}$英寸。

Bal.0115　壁画残块。佛像菱格花纹。仅残存佛头和颈部。形制比 Bal.06 更大。碎块。磨损严重。4 英寸×3 英寸。

Bal.0116　壁画残块。带光环的人物。可能是弥勒佛，以欧洲人的方式坐于莲花座上。双脚脚趾外伸，膝部分开。

脚踝和臀部处见有棕色袈裟内的白色内衣。右臂赤裸，绘以黄色，已残断。左右有崇拜者。右部有竖向的红条。其背后可见一礼拜人物。莲花座有绿色饰边，说明可能是莲瓣，顶面有方格，表示莲蓬。莲座置于方席上。颜色多被磨损，背面如 Bal.0117。$6\frac{1}{4}$ 英寸×$5\frac{1}{4}$ 英寸。

Bal.0117 壁画残块。为年轻人像，跪姿（？）。除一侧有簇头发外均削发。着黄色外衣。黑色腰带，左侧有四个短的襻扣（剑的吊链？），黑靴。右手上抬，持有刷子或凿子。正在金字塔形的龛中（外轮廓为红色）从事某种活动。龛座上有两个书写的黑字（婆罗米文）。

上面的背景为深红色。龛和人像之下由红白点组成的几排三角形，右上角为对角的灰色和粉色的条带。黏土，杂有纤维，背面粗糙。7 英寸×$6\frac{1}{2}$ 英寸。

Bal.0118 壁画残块。祭坛画。右侧跪有一供养人，双手合拢，持一莲花花蕾。前面的供养人下颏有胡须，脸颊修过，有髭，鼓眼，黑发垂肩。穿紧身束腰的外衣，浅黄色，带袖。也有黑色腰带，前有挂剑（刀）的吊链。臀部有肾形的袋子。

第二个人物（仅前面）相似，但外衣只到臀部。深红色底。整体来看，极似《西域考古图记》第四卷图版 CXXVI 中的 Tar.009。6 英寸×7 英寸。

Bal.0119 壁画残块。佛像的上半身，右转四分之三。棕色袈裟，绿色的背光，浅黄色的项光。一条细白线把红棕色背景与右部的紫褐色条带分开。风格类型与《西域考古图记》第四卷图版 XI 中的 Kha.i.0054 类似。7 英寸×6 英寸。

Bal.0120 壁画残块。菱格内有坐佛，右转四分之三。作沉思状。红色袈裟，绿色（磨损）光轮。右侧有浅黄色鳞状边沿和红线勾画轮廓的项光，与 Bal.05.a 类似，显然是其残块。$9\frac{1}{4}$ 英寸×$7\frac{1}{4}$ 英寸。

Bal.0121 壁画残块。为并排跪着的两个人物的残块，左转四分之三，双手合拢，作祈祷状。右边为一个武士，有光轮，脚踵及左边已残失。盔甲似天王（Lokapalas）像的甲衣（参见《西域考古图记》第四卷图版 LXXXIV、LXXXV），但未作细部处理。人像有项链、手镯和垂于右肩后的黑发团。

左边为一男孩。除紧身的短袖束腰外衣外，服饰细部已模糊。短袖束腰外衣带方颈和蛇（？）兜帽或头巾。蛇头和颈部竖于男孩的上方，用红线勾画轮廓，有白色或灰色的纹道。男孩身后的背景呈浅绿色。跪着的人物前，是一条绳索样的条带，绘以绿色，轮廓线为红色。$4\frac{3}{4}$ 英寸 $\times 3\frac{3}{4}$ 英寸。

Bal.0122　壁画残块。细泥扁平块。正面和背面均有彩绘的痕迹。一面残有部分佛（？）面，用红色和黑色绘画。另一面为红、白色的涡形饰，边沿为蓝色。6 英寸 $\times$ 3 英寸。

Bal.0123　壁画残块。正面彩绘，背面如前一件。正面左边四分之三为佛头，下视，面貌起伏不平。背面左角有小佛头，右转四分之三。剩下的装饰为白色彩绘，轮廓线用红色。有蓝色装饰花纹的痕迹。主题非常模糊。最大尺寸 $5\frac{1}{2}$ 英寸 $\times 6\frac{3}{4}$ 英寸。

Bal.0124　壁画残块。似前一件双面画那样，已裂为两面。为右转四分之三的佛头及蜷曲的莲花茎秆。用白色和红色彩绘。4 英寸 $\times 2\frac{1}{2}$ 英寸。

Bal.0125.a、b　2 个壁画残块。属同一画面，但不能拼合。似前一件，明显从两面都有画面的壁画块上残掉下来。坐佛均作禅坐姿状。制作较粗糙。最大残块 $7\frac{1}{2}$ 英寸 $\times$ 6 英寸。

Bal.0126　壁画残块。部分莲花，一个坐佛（残）坐在一朵莲花上。颜色大多是白色，红色仅用于轮廓线。浅绿色背景。少许蓝色。最大高度 $5\frac{1}{2}$ 英寸。

Bal.0127　壁画残块。描绘一个女孩跪在地上，身体右转四分之三，作礼拜状，双手间有莲花花蕾。完全用红线勾画轮廓，眼、眉、头发均为黑色。后者（头发）于中间分开，并在颈部处拳曲。穿长外衣，无细部装饰。礼拜对象为一立佛，佛的右脚站于一朵大莲花上，几乎褪色。$5\frac{1}{4}$ 英寸×$7\frac{3}{4}$ 英寸。

Bal.0128　壁画残块。如 Bal.0123 那样，正面和背面均彩绘。右边沿略弯曲。正面：微弯曲，背光边沿呈绿色和粉色。红色袈裟，手伸展于内。背面：蓝色边沿，有红白色的植物装饰。内为坐佛，身体右转四分之三。8 英寸×$5\frac{3}{4}$ 英寸。

Bal.0129.a~c　壁画残块。泥层较薄，像前面所述的壁画那样，明显是双面画的一面。有三块明显可连接，为左手和飘动的白围巾，用红线勾画轮廓，右边有一个缠蓝色腰布的跪着的人像（黄色）。另外一些碎片不能拼接，a 为雄性动物（长鼻象？）的面部，右转，戴白色的带舌帽；b 为弯曲的左臂，男性（？）身体残部，衣袖长而贴身，用红、白色彩绘；c 为白色莲花，中心为莲蓬。最大宽度 4 英寸。

Bal.0130~0132　3 个壁画残块。0131 和 0132 泥板的背面有种子的痕迹，0130 两面都彩绘。0132 为坐像，身体左转四分之三，可能是僧人，背景为蓝色。袈裟的颜色已褪尽。下颌以上的脸面已残缺。褪色较严重；0131 或许可拼接，为一个僧人的面部，左转四分之三，带灰色项光；0130 为残存佛头像，右转四分之三，带灰色项光、蓝色背光，边沿为红色。肤色白，红线勾画轮廓。背面有部分背光（？），为一个斑驳的绿、白色环圈，红色袈裟（？）。最大宽度 $3\frac{1}{2}$ 英寸。

Bal.0133　彩绘木板残块。画有坐佛，头向右转四分之三，灰色袈裟，蓝色莲花，红底，蓝色项光。黑线勾画轮廓，褪色严重。$6\frac{3}{4}$ 英寸×$2\frac{1}{2}$ 英寸×1 英寸。

Bal.0134　**彩绘木板残块**。两面均有红、蓝色彩绘痕迹。$6\frac{3}{4}$英寸×$\frac{3}{4}$英寸×$\frac{7}{16}$英寸。

Bal.0135～0137　**3个彩绘木板块**。画有白色和粉色的卷云纹，黑线勾画轮廓。最大尺寸$4\frac{1}{4}$英寸×$1\frac{1}{16}$英寸。

第四节　重访尼雅遗址

在克里雅镇停留的三天中，我忙碌地做了一些实际工作，并另外租来了12只骆驼。我在和田时，"磨坊主"依布拉音（他在1901年和1906年考察时是我的向导）告诉我，在前一两年，尼雅猎手阿兹木帕旺（Azīm pāwān）在我以前调查过的地区的南面曾见到一些废弃的房址。于是，我决定对尼雅河尾间以远的自公元3世纪以来即沉睡于沙漠之中的古代遗址再做一次考察。知识渊博、乐于助人的克里雅按办大老爷，把以前参加过我的考察的当地人又一次召集起来，使我们在这一天补充了四个劳力，驼队也备足了前往遥远的目的地的粮草。

沿着我以前走过的通常的朝圣小道，我们进行了三天的快速行军，赶到了依曼·贾法尔·萨迪克麻扎以远的地方。在此应说一下尼雅河发生的一些变化。1906年时，我记得麻扎东边的旧河道完全是干枯的，但在前两年夏季，部分洪水冲入了此河道。在尼雅河和旧河道交汇处以上几英里远的乔克托克拉克（Chuk-toghrak）附近，我测了河水的流量，达到100立方英尺/秒，但大部分水很快就消失于更远的宽阔河床地带，那里是优良的牧场和茂盛的灌木丛。在依曼·贾

赶往尼雅绿洲

尼雅河尾间

法尔·萨迪克麻扎以远 2 英里的地方，我们遇见了河道的末端，那里的水流量已缩小到 7 立方英尺/秒。但即便如此，河水除供应 1906 年时已标在地图上的卡帕克阿斯坎村（Kapak-askan）和库塔克里克塔里木（Kutaklik-tārīm）居民点外，仍能供水给 4 英里外的尧干其（Yoghanche）的三户人家，使他们开垦出一块新的小塔里木。

吐勒库其库勒塔里木居民点 吐勒库其库勒塔里木是位于圣麻扎以下 2 英里的最远一处小型的居民地。该地具有明显的地理学和古物学方面的意义，我们在此做了考察。1906 年时我曾提到该地非常肥沃，灌木丛尤为茂盛。这几年中，这块小居民点的居民已增至 15 户，新住户是由该居民点的开拓者莫洛拉赫（Nūrullah）从克里雅带至此地的[①]。12 月 12 日傍晚，我在那里搭帐篷时，注意到许多广阔的田地已用篱笆小心地围起来，莫洛拉赫在 1906 年以后还为他自己盖了木头和编柳结构的舒适的新房。他在一个大果园中还种植了许多果树，目前已长得很高，这也是说明该地土壤肥沃的证据。

被洪水毁掉的渠首 但是，过去三年中不同寻常的夏季大洪水给莫洛拉赫带来更多的是灾祸，它们已威胁到这个居民点的生存。村民们已迫使尼雅河尾间的洪水流入更西的一条河道，即我们以前调查过的较深的老河沟，同时也毁掉了吐勒库其库勒灌溉田地所依靠的堰坝。于是他们在 1911 年和 1912 年新筑了一条小水渠，但供水量严重不足。而且夏季的阿克苏洪水来势凶猛，使得两季庄稼均未能收获，于是莫洛拉赫的新住户在去年冬天都弃地离去。莫洛拉赫希望在新河道中筑一个新的堰坝，以此来恢复耕种。他选择的堰坝位于旧堰坝的下游，两

---

① 参见《和田废墟》350 页；《西域考古图记》第一卷 212 页。

者相距 0.5 英里。他之所以选择此地，是因为那里的河道两
岸各有一个高高的红柳河包，且河道深达 20 多英尺
（图 105）。但筑坝工程所需财力远非莫洛拉赫的收入或他从
那些麻扎收入（Mazār Shaikhs）抽取的十分之一地税的收入
所能及，靠几个当地人所做的筑坝尝试也失败了。所以，尽
管在 1913 年收割了少量的小麦，果树也仍活着，但这个居
民点正面临着被完全废弃的危险。

　　这些实地考察到的事实说明，在河流尾闾的绿洲地带开
荒带有一定的不稳定因素，不管这些绿洲是大还是小。它们
也有力地说明（我在别处已经详细地讨论过的）耕地废弃的
种种原因，不管它们是渐进的还是突然的。同时，也说明了
在现代，由于缺少古代的第一手记录材料，要确定遗址被废
弃的真正原因是多么的困难①。在此我们已经有了一个明确
的例子，即河流尾闾的垦殖区的废弃并不是像渐次性或临时
性的"干旱"缺水所致，而恰恰相反，是水量的增大、河道
的改道，以及在现有经济和行政条件下本地人力物力有限而
无法应付造成的。如果河水水量如以前一样，莫洛拉赫的居
民点将能较好地维持下来，他们的小绿洲也能得以发展。但
前三年中水量猛增，最后导致河水流入新的河道，他们无法
应付这种紧急情况，于是便不得不废弃了他们所拥有的家园
和土地。

居民点的废弃

　　这些观察也给具有判断力的学者提了一个醒。假定吐勒
库其库勒将最终被废弃，莫洛拉赫的大房子被流沙所掩埋，
那么在以后的几百年中，考察者将毫无机会确知其废弃的真

难以确定的废
弃原因

———————————

　　①　就达玛沟附近和丹丹乌里克的古遗址而言，困扰这个问题的不确定因素参见《西域考古图记》
第一卷 208 页以下、243 页以下；至于与尼雅遗址的废弃有关的不确定因素，见《古代和田》第一卷
383 页以下。（对于在这个地点上的总的观察，见我在《地理学报》1925 年第 65 期 487 页以下的讨论。）

正原因，就像我们弄不清在远处沙漠中的古代居址的废弃原因那样。只有与遗址废弃同时期的记录才能明确地澄清疑问，对考古学问题的各种可能性进行解释。但遗憾的是，尼雅遗址保存下来的古代佉卢文书中根本找不到这样的记载。

新坝的建设　　我要说的是，此时我适逢其时地回到了尼雅遗址，从而为救助吐勒库其库勒塔里木提供了一个良好的机会。在该地附近需要进行抢救性的发掘，我雇用了数量较多的壮劳力。所以，当我和他们完成发掘从遗址回返并前往且末时，我非常乐意地派他们去莫洛拉赫以前筑坝的地点，以构筑一道新的横贯河道的堰坝，工程预计需时五天。我备足了民工们的全部工钱。开工前，民工们照例进行了祈祷（图 105）。工程的木工活由技术熟练的木匠负责完成。最后，堰坝的建筑终于大功告成。这项工作做得正是时候，否则，麻扎附近小湖冰冻以后，尼雅河尾闾的泉水将很快会从河沟流至吐勒库其库勒，从而严重影响到新堰坝的构筑。

泉水的供应　　同时，我弄清了依曼·贾法尔·萨迪克麻扎以上尾闾河床中的喀拉苏泉水的总量，估计足有 3 石①。我的总管依布拉音伯克（他是和田—克里雅地区灌溉事务方面的专家）认为，这点水量足以供应约 100 户人家的耕种需要，而这个朝圣地附近的小塔里木的居户还远不到这个数量的三分之一，所以无论在春天还是在 6—7 月份以后阿克苏洪水停止的时节，尼雅垦区所需的灌溉用水都是毫无问题的。我没有听说过关于盐碱问题的抱怨，我在那些垦区见到的田地，包括吐勒库其库勒在内，完全没有盐碱化的现象。所以我毫不惊奇

---

① 石（Tāsh），中国新疆绿洲中测量渠道流量的常规的度量单位，据说代表 1 担之量，相当于 5~7 立方英尺/秒的流量。

地发现，1906 年我曾踏访过的麻扎东南已开垦出的田地非常宽阔，其主人的住房也很结实。

12 月 13 日早晨开始从吐勒库其库勒塔里木向北进发时，我抽空参观了小湖（附图 4）。湖名"吐勒库其库勒塔里木"来自所在地的地名。昨晚我们在此砸取了冰块，以供我们在古遗址停留时用。我看到了直径约有 80 码的一大片水面。小湖被沙梁所包围，仅靠地下水源补给。小湖的北面和东北是高出水面约 150 英尺的沙梁，其情形不由得使人想起敦煌旁边的月牙泉，即著名的弯月湖①。尽管这个小湖的水位季节性变化较大，但水永远是那么平静清澈。湖塘里未见沉结的盐碱，进一步证明这个奇特的尼雅河终端地带的小湖一定有稳定的地下水源。

当我们前往古遗址时，我发现 1906 年我们驼队在沙地上踏踩出的小道依然清晰可辨，它时隐时现地穿行于红柳包之间。它经过的达里亚铁勒干（Daryā-Tilgan）牧棚和放牧地，据说在过去 15 年中无人来过。此外，麻扎百姓中的老牧人、"猎手"伊布拉音还知道另两个更远而且已废弃很久的畜棚和放牧地。有理由相信，在尾闾地带的芦苇和灌木成长所依赖的夏季洪水到来之前的几年时间里，河水水量已经减缩了一段时间。

在附图 4 中，最远一个废弃的棚屋是阔台克萨特马（Kötek-satma）。在它的后面，"猎手"阿兹木（Azim），也即我们的向导，领着我们转向西面。在约 1 英里后，穿过连

吐勒库其库勒小湖

穿越尼雅河尾闾丛林地带的道路

首次到达遗址

① 参见《沙漠契丹》第二卷 160 页以下，图 208。

着红柳包的一条高沙梁，我们到达了他所说的第一处房址①。1906 年我在短暂地访问此地时，曾认为在高大、林立的红柳沙包下也许隐藏着更多的遗址，这种猜测已被证明是正确的②。正如图 99 和附图 5 表明的那样，这处遗址位于风蚀地西缘的阶地上。此风蚀地非常广阔，南北延伸 230 码，周边围有红柳包。其东端附近，有两棵凄凉的大桑树树干，其中一根仍直立在沙地上。裸露的风蚀地面上散布着陶器残片，类型与尼雅遗址其他地方发现的陶片相同。

居址 N.XLII 的清理

居址 N.XLII 均已严重残损（图 98）。居址由两部分组成，西边小间 i 用直立着的树枝构筑而成，存高有 2 英尺。清理居址时，出土了大量的小杂物，包括一颗玛瑙珠、一把角勺、玻璃残片等。在另一间中，苇顶已经塌落于地。居址的一角发掘出大量夹杂着羊粪的燕麦秸，表明该地曾几次被用作羊圈。东面的部分更大、更坚固，但受损情况严重，仅找到两个外墙的木柱础（地栿）及泥糊枝条墙的底部。地栿加工得很好，其中一根长 23 英尺、厚 8 英寸。在大量倒塌的、已严重枯萎和碎裂的木头中，有一根圆柱，高约 8 英尺，曾支撑过房顶以及揳入柱子和顶棚之间的双托架。因为这些柱架数量较少，无疑，与以前调查过的更北的遗址一样，是早期的遗存。这也与该建筑近旁所观察到的 14 英尺深的侵蚀深度相一致。其近处有一排枯死的白杨［Terek（populus alba）］树仍直立着，高为 10~12 英尺。

---

① 由于疏忽，这些遗址的位置在地图第 19 张中标得太靠近西北了。带有"房屋遗址"的入口的 c.lxii 号营地应移到标在（1901 年的）92 号营地西边的干河道的右岸，其位置应在后者的西—北方向的 1.5 英里处。在路线上应作相应的改正；此道从 LXII 营地（N.XLII~XLIII）开始，沿着古代的干河道，向下直至地图所显示的古桥的位置，此容后讨论。

② 参见《西域考古图记》第一卷 213 页。

阿兹木报告的第二个遗址 N.XLIII，是在西边被发现的。它坐落于紧凑的红柳沙包之中，深埋于沙地之中（图94）。遗址中两间主要房间（附图5）堆积着厚约8英尺的沙子，所以清理工作费时费力，但仅出了几个木质和金属制的小件器物（图版XVI）及几个大陶罐。房屋建造得尽管较粗糙，但有两个独特之处。东边一间 i 虽同以前调查过的尼雅遗址的居址一样，有三边围成的坐台，但其枝条墙我却在别处未曾见到过。在附图5中，此房间的墙的高度即说明了它的不同凡响之处。墙由两层厚席组成，以紧密的对角状图案编织，两席之间用厚约3英寸的泥巴间隔①。斜角编织的枝条墙外面糊泥现象非常常见，但我未发现此墙外面糊泥的现象。另一个特别的现象是房间 ii 内的墙壁呈曲折形，从而把西北角落与房间分隔开来（附图5），其用意不明。它也许是通向上层房间的楼梯间②，因为房 ii 的墙柱高仅78英寸，而在房间 i 内发现的中心柱高度明显在8英尺以上。两个房间里仅发现几件室内用品，已放在器物名录中叙述。

我第一次到达 N.XLII 遗址后，即向几个不同的方向派出搜查组，他们的报告表明，在南面和西南面有几处古遗存。12月14日，我们对这些遗址做了考察，结果表明，西南方向的遗址位于0.5英里外，仅是粗制滥造的灯芯草墙建筑，或许是一个牛棚。另一处位于南面约1英里的地方，是一个居址类的遗存。像 N.XLII 那样，它用紧密编织的对角形枝条席构筑而成，外围尺寸为62英尺×42英尺。从试掘出的严重碎裂的木构件来看，很明显，在被流沙掩埋之前，

① 参见《古代和田》第一卷317页，第二卷图版VI；《西域考古图记》第一卷215页，图47。
② 参见《古代和田》第一卷377页，第二卷图版XXXIV。

这些遗存曾长时间地暴露于外。由于此处堆有高约 6 英尺的沙子，所以我未能抽出时间去完成发掘工作。在更南面的地方还有两个小建筑，出土了几件古物（N.XLIID.II.01～03）。据报告，这两个小建筑受侵蚀的程度相近。因为时间有限，我未对它们进行考察。

目前已提及的这些遗存的重要性，在于它们说明：古代尼雅遗址（我给的名称）的居址集中地的范围，至少要从 N.XLI（亦即我以前调查过的最南的建筑）延伸出 5 英里，而且可以肯定地说它们的年代都较早①。由此，尼雅遗址南端与吐勒库其库勒塔里木的尼雅河尾闾之间的距离被缩小到仅 6 英里。

西面找到的老河床

但我在对该地的考察中更重要的收获是：发现了古代尼雅河河床的上延部分。我在 1906 年发现，在 N.XLI 紧西边标为桥的遗存处明显有古河床。但由于时间问题，我未能再向南搜寻。我首次见到河床的这个延续部分是在 N.XLIII 的紧西边②。N.XLIII 遗址位于高大的红柳沙包中，事实上是古河床侧的成列的沙包中的一个链节。前面提到的在南面和西南的遗址，正位于该古河床左岸约 1 弗隆（英制长度单位，1 弗隆＝201.168 米——译者）的距离内。古河床的宽度一般为 40 码，两岸排列着成行的大胡杨树，几乎都已经枯死③。古河床的西面是一块十分开阔的地方，一直延伸至与尾闾河床平行的间距约 2 英里的一条高沙梁的底缘，上面覆盖着灌木和低矮的沙堆。如上所说，两三年前的夏季大洪水，已引

---

① 参见《西域考古图记》第一卷 240 页。另参见遗址平面图附图 7。

② 参见图 102；《西域考古图记》第一卷 240 页以下，图 75。

③ 此河道位于我们的道路通过达里亚铁勒干附近处的西边。但"深沟"的出口应沿着东面和后来的水道；见附图 5 中尼雅遗址南部的详细地图。

起了吐勒库其库勒塔里木以北的尾闾河床的改道。沿着洪水的流向，我们中的一人从 N.XLII 的营地出发，向西寻找遗址，竟然碰到了最近洪水泛滥造成的潮湿地。

我在 12 月 15 日已弄清，从 N.XLII 和 N.XLIII 近处通过的河床，与我在 1906 年首次见到的河床相连接，那里有 N.XLI 西边的古代脚桥。当时，我寻踪至以前考察过的地区的南端，发现这里有成排的死胡杨树及一长串低矮的红柳包，这说明这里有一条蜿蜒的古河道。在前进途中，我遇到了几乎已完全毁坏的两处居址。其不远处，仍成行地直立着干枯的白杨树和棚架①。

在该地走了约 3 英里后，我们的眼前出现了克里雅河尾闾三角洲的开阔景象。在这个平坦的土地上，大量的小水道四散出去，直到上面提到的该地西界的大沙梁。许多平坦的小块土地带有少量的盐碱，说明原是一个个干涸的池塘。"猎手"伊布拉音记得，三年前，尼雅河尾闾的洪水已推进到了这个地方。很明显，这里是达里亚铁勒干深干沟的西泄洪道和古河道之间的连接点。其后，我们穿过如《西域考古图记》图 75 全景照片所显示的高大的红柳沙包地带，向东北进发。我们沿着蜿蜒于沙丘之间的古河道，在 N.XLIV（图 93）（据本书英文版"补遗和勘误"补加括注——译者）和古桥近旁伸展的塔提地区停了下来。

1906 年 10 月 30 日，我在尼雅遗址的最后一天调查即从这里开始。现在我之所以要回到这个地方，是希望在上一次考察之后，进行更为仔细的考察活动②。我发现古桥遗存整

通至桥梁的古河床

老河床三角洲形的末端

古桥附近的遗址

---

① 参见《西域考古图记》第一卷 213 页。

② 参见《西域考古图记》第一卷 240 页以下。

个未变，因此没必要再对古桥所跨越的老河床进行描述（图102）。但走遍古桥西面这块开阔地以及走近其左岸（附图6）时，我发现，在枯死的棚架和半埋于沙子里的庭院篱笆里，残留着几处小型建筑遗存，编号为 N.XLIV。在它的后面，穿过西北的一片洼地后，我惊奇地看到了保存较好的大葡萄园。图131的全景是从南边所看到的这一重要地方的大部。对它的调查，正如附图6中所显示的那样，将有助于弄清一些具体的问题。

篱笆围起的地方

　　这是一块长方形的开阔地，从西北至东南为260码，横穿约150码，边缘是高出原地面40多英尺的红柳包。与尼雅遗址古代居址的庭院和棚架周围的篱笆一样，由粗糙的柱子为骨的灌木篱笆，曾把这块地方整个地围起来。其走向除了东北面很大一部分已掩埋于沙包之下，其余尚可以找寻出来。

古葡萄园

　　篱笆内有一个葡萄园，处在最北部，园中的果树大部分是杏树、桃树、核桃树和沙枣树，大多植于园子的边缘，但也有些散种于园中。种植葡萄的方法很容易看出来，和我一起的尼雅民工当即认出其方法与现今和田地区各绿洲盛行的种植方法一样。一般地来说，正如平面图及附图6所示，葡萄成行种植，每行间隔约20英尺，每一株葡萄树干的旁边都竖立着粗壮的木柱，木柱上再架葡萄藤蔓延所需的格子棚架。木柱和葡萄根部所在的土垄虽历经风蚀，但仍高出现地面约3英尺。如图132右边所示，尽管已经过去了16个世纪，但每一株葡萄树干及木柱仍几乎原封不动地保留在原地。N.XLIV.01～012 即是这里发现的葡萄和果树（杏、桃、苹果、核桃、沙枣）的木头标本。

葡萄园的东边（可能曾是葡萄园的一部分），地面已被侵蚀掉约25英尺深的土层。原因是外面成列的红柳沙丘中有一缺口，很明显，东北刮来的劲风即从此侵入，以异常的力量进行虽然缓慢但又毫不留情的破坏，这种情形我在罗布沙漠及其他地方经常见到。再往南，正如全景照和平面图所示的那样，在葡萄园和曾被篱笆围起的棚架及小建筑之间，有一片洼地，面积仍然很大而且较深，应是一个大的长方形池塘或蓄水池。但仔细调查未能找到证实这种印象的证据。奇怪的是，此洼地的西北边和东南边之间的夹角，几乎是一个直角。

洼地的紧东南有一长排枯死的树木，它们都是栽培的白杨树，是古代的花园或林荫道（图104）（应删去此括注，据本书英文版"补遗和勘误"——译者）。在其后面，有一块小台地，上面覆盖着沙子和缠结的死红柳。台地上还竖立着碎裂的木柱，说明有三四个小型的建筑遗存，一起编号为N.XLIV（图93）（据本书英文版"补遗和勘误"补加此括注——译者）。除灯芯草墙建筑 iii 一角堆起的大量燕麦秸外，我们在清理中未发现什么东西，说明该建筑物是一个牛棚。它的东南面有墙围住的大地方可能也是同样的性质。另一些遗存如 i、ii，则是用木头、枝条盖起的小居址，其房间已严重损坏。

12月16日，我把营地迁往西北，部分原因是为了观察以前调查过的一排遗存，它们都在古河床和佛塔的南面。另一部分原因是要把民工们带到尚未清理的遗存附近，因为三天前，我派出了由调查员穆罕默德·亚库卜领头的一个搜寻小组，他们有可能在这排遗存的东面和东北找到另外一些遗存。我在迁移途中没有发现新的遗存，但在 N.XL，也即

1906年考察过的遗址南面附近，发现那时漏掉的一处居址N.XLV（平面图，附图5），它是用木头和灰泥构筑而成的，现已被严重损坏。在清理残存下来的两个房间时，发现了八枚佉卢文木简，其中有一枚长方形双简、一枚非常大的楔形木简等。在下面的器物名录中，除日杂的家用器具外，还有出土于N.XLV.I.03的草鞋制作者的一个木制鞋楦头和N.XLV.01里的一副老鼠捕捉器。厚厚的羊粪覆盖了两个房间的地面，使这些器物未被完全侵蚀，同时也说明了木简长期掩埋于羊粪之中而变得易碎的原因。沿途地面较为开阔，可见几块小面积的风蚀地，几乎没有什么陶片或其他的塔提残骸被发现，所以可得出这样的结论：古代居住区没有向西延伸。

风蚀地上发现的古物

穆罕默德·亚库卜的小分队与我们在居址N.XXIV会合。尽管1906年时在这一小分队所搜寻的地方曾发现过隐藏的档案文件，但他们在向东搜寻的途中未能找到新的遗存。由于亚库卜对该地及该地的工作较陌生，未能正确地认出我们以前的陆标，所以我怀疑他所循的路线可能有问题[1]。我们收集的小件器物，大多是亚库卜的小组成员从裸露的地面上捡拾起来的，也有一部分是我们重访该遗址（N.01～025）时得到的。这些小件器物多为珠子、金属残件之类的东西，特别要提到的是用镂空金细丝工艺制成的小金耳环或鼻环（N.03，图版XXIV），保存状况较好的青铜带扣（N.06，图版XXIV）以及带有倒刺的青铜镞（N.021，图版XXIII）。后者在类型上与上次在该遗址上发现的青铜镞十分相似[2]。

---

[1] 米安·阿弗拉兹·古尔后来在这样的考古活动中表现出了他那特有的才能和热忱，但在我们考察尼雅遗址时，他因病未能参加，对此我深表遗憾。

[2] 参见《西域考古图记》第四卷图版XXIX，N.XIV.008。

回到遗址（指 N.XXIV——译者）的中心部分，我发掘出了保存得较好的大碗橱（N.XXVI.01，图版 XV）。1906 年时，我们在对古居址 N.XXVI（图 103）的 viii 房间发掘中曾发现过。那次因为装运困难，我决定仍让它保存于沙子之中①。碗橱的构造特征，尤其是腿部的特殊形状，如同尼雅遗址出土的其他碗橱一样②，目的是使食物免遭啮齿类动物的攻击。楼兰遗址中出土的碗橱残件（L.B.III.1）③，与尼雅遗址出土的一个特别完整的碗橱非常相似，但装饰更复杂一些，这证明它们是在 10 多个世纪前塔里木盆地各地普遍使用的一种家具。从 X.XXVI，我还带走了一根带花纹的侧门柱（N.XXVI.010）。从大门通过房子的中心通道进入房间 v④，还发现一对雕刻得很粗糙的木柱头饰（N.XXVI.05、06），发现时是分开的，原状也可能就是如此⑤。

在居址 N.XXVI 发现的碗橱

N.XXIV～N.VI 为一组居址，其附近的沙丘自我 1906 年考察以后，位置似乎有些移动。尽管遗址状况几乎没有变化，但沙丘的移动露出了许多躺卧着的果树，同时还露出了 N.XXVI 紧东边的另外两座房址，其情况表明它们在被流沙掩盖之前就已经被严重蚀坏。露出的器物只有上面提到的木碗橱那样的残件（N.XVI.04，a、b）以及在下面古物名录中的一把木锁的撬板（N.XXVI.011，图版 XVI）。

居址 N.XXVI 附近的遗存

---

① 参见《西域考古图记》第一卷 235 页，图 57。

② 参见《古代和田》第一卷 377 页、379 页；《西域考古图记》第一卷 224 页，图 57，第三卷图版 II。

③ 参见《西域考古图记》第一卷 395 页、443 页，第四卷图版 XLVII。

④ 参见《西域考古图记》第三卷图 15。

⑤ 相似的出土的器物是制作较好的农用木杈和粗加工的木盘，即在《西域考古图记》第一卷 217 页和图 52 中提到过的 N.XIII.01、02。这两件均是 1906 年在居址 N.XXVI 中发现的杂器，它们在拍照后被遗留在 N.XXVI 遗存附近的老营地。

回到居址 N.III

　　我回到遗址中心部分的目的之一，是要完成 1901 年我首次访问以来保留至今的一个任务。在佛塔南 2 英里的大型居址 N.III 遗址（图 101），我一直未能对西边的几个房间及中厅东面的一个大外厅进行检查。它们里面的沙子堆积较高，对那时相对较少的劳力来说，要发掘它们势必将耗去许多时间①。由于其规模及此处居址的重要性，因此那时我们称此处居址为"衙门"。在中间几个房间里清理出来的佉卢文文件数量不多。但我凭经验，觉得应能在重要人物居住的房子里找出"废纸"。我后来怀疑中厅紧西边的一个小房间中极有可能清出一些作废的"文件"。

结束 N.III 的
发掘

　　这一次安排的劳力较为充足，因此 12 月 17 日我们便完成了这些房间以及外厅的大部分和东边凉廊的清理工作，结果证实了我的猜测。如发掘前修改过的居址平面图（附图 7）所示，在西边的 x 房间内以及图 97 左侧出现的北墙处，发现了不少于 24 枚佉卢文简牍，其中有几枚长方形和楔形木简的尺寸较大。这些木简几乎都保存完好（图版 XVII、XVIII），是对以前从该遗址中获得的大量木简和文件的重要补充。在这个房间及邻室 xi 里发现的各种器物，大部分是木器和家用器具（见遗物名录），其中值得一提的是几副老鼠捕捉器（N.III.x.01、08、09，图版 XVI、XXVIII），以及四根栏柱（N.III.x.014~017，图版 XV）。栏柱上带有优美的环状线脚及上下连串的球饰，极似楼兰遗址发现的同类建筑构件②。

―――――――――

　　①　对 N.III 的详细描述以及在那里的重要发现，参见《古代和田》第一卷 330 页以下、附图 41~43，第二卷图版 XXX。邻近的 N.IV 遗存的景象，图 100。（据本书英文版"补遗和勘误"补加——译者）

　　②　参见《西域考古图记》第一卷 449 页，第四卷图版 XXXIII 中的 L.B.V.008。

大厅（N.III.xii）宽达 43 英尺，在这里进行的发掘费时费力，但没有得到任何的回报。曾支撑屋顶的横梁仅存一根，是用整根的白杨木加工而成的，但现在已经残断并碎裂。N.III.xii.01 是由 4 根柱子支撑的柱头饰。雕刻的木栏柱或短柱（N.III.07，图版 XV），发现时立于中厅墙壁附近的沙堆中①。

夜幕降临后，靠着熊熊的篝火，总算圆满地完成了这个居址的清理工作，次日的工作任务便只剩居址 N.XXXIX（平面图，附图 5）的发掘了。这一居址在 1906 年时曾部分地调查过。这次发掘露出另外一些房间，但未发现什么重要的东西。因此，在 12 月 18 日，我便带着轻松的心情重新开始向东进发。这次我重访尼雅遗址，快速地对公元 3 世纪古代尼雅或精绝居民们向南开拓的部分进行了新的观察，进一步向南寻找了现代尼雅河尾闾地区的古代遗存，在《西域考古图记》中我已对此进行了充分的叙述并得出了结论②。鉴于该遗址的发展历史及被废弃后自然条件已经发生了很大的变化，因此其废弃的直接原因仍然不明。

12 月 18 日，在与往日同样晴朗、平和的天气中，我重新回到了吐勒库其库勒，这时气温已降至零下 42 华氏度。这种天气使我每天在遗址上都可看到南面遥远的雪峰。沿着我前几次考察走过的小道向前，我现在明白了古桥南面高高的红柳沙包地带延伸不到 2 英里后，便是平坦的树林地的原因。当古代河流尾闾地区成排枯死的胡杨树以及红柳包形成的沙梁伸向西边的时候，深切的达里亚铁勒干（Daryā-tilgan）

N.III 的大厅

回到吐勒库其库勒

———————

① 参见《古代和田》第一卷 333 页，第二卷图版 VIII。
② 参见《西域考古图记》第一卷 242 页以下。

雅尔沟的终端，在古代尼雅河尾间河床干涸之后仍可能继续得到水汽，不管湿气是由洪水还是接近地表的地下水带来的。这充分说明，在以前的10多个世纪里，这条曾经泛滥的河沟在遗址废弃后便成了河流尾间的河床。这就是旅行者从凄凉的荒漠中，走入雅尔沟两岸茂盛的树林以及其南端草木茂盛的地带时，所看到的自然景观的巨大差距的原因所在。

第五节　尼雅遗址遗物名录

尼雅遗址发现的各种遗物

N.01、02　2块青铜圆片。中心内凹，裂开。02带有铁钉。参见《西域考古图记》第四卷图版XXXVI中的L.A.0020。保存良好。01直径 $1\frac{9}{16}$ 英寸，厚 $\frac{1}{4}$ 英寸。02直径 $2\frac{1}{8}$ 英寸，厚 $\frac{5}{16}$ 英寸。

N.03　金（?）耳环或鼻环。上有星形装饰，焊缀有细小的圆粒（边沿尖角处有成群的细粒）。保存较好。1英寸× $\frac{3}{4}$ 英寸。图版XXIV。

N.04.a~g　青铜或玻璃器物残件。a为青铜铃，完整，铸造，带有悬环，如《西域考古图记》第四卷图版XXIX中的L.A.00104、00105。 $\frac{5}{8}$ 英寸× $\frac{3}{4}$ 英寸。

b为圆形褐煤饰物。背面平坦，刻有一个小槽。正面突起，像橘子那样分成四瓣，外面的两瓣钻孔。 $\frac{3}{4}$ 英寸× $\frac{3}{4}$ 英寸。

c为蓝色玻璃珠，六面桶形。长 $\frac{7}{16}$ 英寸。

d为蓝色玻璃珠，横断面呈圆形，为一扁平的六角形。直径 $\frac{3}{16}$ 英寸。

e 为黑色玻璃珠，有瑕点，桶形。直径$\frac{1}{2}$英寸。

f 为黄色玻璃珠，透镜形。直径$\frac{9}{16}$英寸。

g 为褐色卵石。长$\frac{9}{16}$英寸。

N.05. a~f　玻璃珠等各种残件。a 为圆形假宝石珠残件，绿、黄和红色。直径$\frac{1}{2}$英寸。

b 为玻璃珠，蓝色，半透明，鼓形。直径$\frac{3}{16}$英寸。

c 为精致的玻璃珠，黑色、白色、绿色、粉红和黄色。$\frac{1}{4}$英寸×$\frac{3}{16}$英寸。

d 为淡白色玻璃珠，鼓形。直径$\frac{1}{8}$英寸。

e 为褐煤珠残件，圆形。$\frac{3}{8}$英寸×$\frac{1}{4}$英寸。

f 为青铜小残件。$\frac{1}{4}$英寸×$\frac{3}{16}$英寸。

N.06　青铜带扣。由圆片和附接的环组成。带铁扣舌和铆钉。环边也有斜面，一面有一突出的条带。条带双层，向后形成带扣和扣舌的铰链（枢纽）。扣环呈圆形。铰链面平坦。用于皮革或另一种质地的带子。保存较好。$1\frac{3}{4}$英寸×1英寸。图版XXIV。

N.07　青铜柄残件。可能是勺柄。长$1\frac{13}{16}$英寸，直径$\frac{3}{16}$英寸。

N.08　赤铁矿残块。有砍砸的痕迹。一面平，底面光滑。$\frac{13}{16}$英寸×$\frac{1}{2}$英寸×$\frac{3}{8}$英寸。

N.09 玻璃、黏土和贝壳质残件。包括 10 颗玻璃、土和贝壳的珠子，三颗残玻璃珠，三块黑灰色黏土块（未钻孔），一粒小种子，两块青铜残片。

玻璃珠分别呈蓝色、绿色、黄色、黑色和透明白色，另有一枚珠子镏金。形状：四面柱形（各角平削）、单环和双环形、带槽的柱形。最大直径 $\frac{1}{2}$ 英寸。

N.010 玻璃、石、青铜等残件。包括 25 颗玻璃和玛瑙珠、三颗玻璃珠、七颗不规则黑灰色假宝石珠、一件中心钻孔的圆形残件和一枚残的汉代钱币。最大的珠子为两颗红色玛瑙，其中之一是八边柱形，中间较粗，向两端渐细。长 $\frac{13}{16}$ 英寸。

N.011 2 枚玻璃珠。其一为球形，黄色，半透明，直径 $\frac{1}{4}$ 英寸。另一颗较小，带槽，柱形，浅蓝色，半透明，长 $\frac{3}{16}$ 英寸。

N.012 青铜铰链或带扣。已残为一半，梨形，带有镂空图案。$1\frac{3}{4}$ 英寸×1 英寸。图版 XXIV。

N.013 青铜环形条。扁平。长 $\frac{3}{4}$ 英寸，宽 $\frac{1}{4}$ 英寸。

N.014 7 颗玻璃和黏土珠。其中，两颗带有白色线饰，一颗为肉红玉髓玛瑙（残）。最大直径 $\frac{5}{8}$ 英寸。

N.015~019 各种青铜杂件。015 为椭圆形青铜片，一端钻孔。$1\frac{1}{8}$ 英寸×$\frac{7}{16}$ 英寸。

016 为八瓣形玫瑰花结，用青铜片制成，中心有穿孔。直径 $\frac{3}{4}$ 英寸。

017 为小件青铜环。直径 $\frac{1}{4}$ 英寸，环宽 $\frac{3}{32}$ 英寸。

018 为铸造的青铜带扣，边沿呈斜切面，止于各角附近，角呈方形。$1\frac{1}{16}$ 英寸×$\frac{11}{16}$ 英寸。

019 为青铜细环残件。直径 $\frac{1}{2}$ 英寸。

N.021　青铜镞。镞身中间为圆管。从镞铤向尖端渐细。镞翼有倒刺。制作精致，保存较好。$1\frac{1}{2}$ 英寸×$\frac{3}{4}$ 英寸。图版 XXIII。

N.022　青铜条。双层，一角有四个穿孔。每层都有两个大孔。1 英寸×$1\frac{1}{2}$ 英寸。

N.023　小型青铜（?）圆片。环纽已残。已完全腐蚀。直径 $\frac{3}{4}$ 英寸。

N.024　金属饰物（?）残件。不规则形。其宽端有两个小锥体。一个锥体的尖上伸出一根线（已断失）。锈蚀严重。也可能是银质的。$\frac{3}{4}$ 英寸×$\frac{7}{8}$ 英寸。

N.025　铁锅残件。有一爪形足，环形把手平置，略向上倾。把手下有两道间隔 1 英寸的线条组成的条带。平面为圆形，直径近 12 英寸。从立面来看，呈球形，而非扁平形。表面氧化，底面烧过。参见 N.XLI.01。图版 XXVII。把手宽 4 英寸。最大宽度 $8\frac{1}{2}$ 英寸。

N.027　长方形简牍。由伊布拉音带到和田，已打开，盖板尺寸 $6\frac{5}{8}$ 英寸×3$\frac{9}{16}$英寸。盖板正面印槽2$\frac{1}{2}$英寸×1$\frac{1}{2}$英寸，绳子和封泥已失，其一端有一行佉卢文字迹。背面有五行佉卢文，最上层的已褪色。底板正面有八行佉卢文，字迹大部分清晰。背面空白。一角已残失但字迹几乎完整。9英寸×3$\frac{1}{2}$英寸×$\frac{1}{4}$~1英寸。木质坚硬，干净。图版XVIII。

居址 N.III 出土的遗物

N.III.01　**方木条**。一边有槽，也许是一个插销，已磨光。4$\frac{1}{4}$英寸×1$\frac{1}{2}$英寸×1$\frac{1}{8}$英寸。图版XVI。

N.III.02　**木头残块**。剖面原为方形，现一面已裂失。一端已断残。两个完整的边沿削成斜面。已褪色。7$\frac{1}{2}$英寸×2$\frac{5}{8}$英寸×2英寸。

N.III.03　**大型陶容器的环耳**。泥质红陶，烧制甚好。长6$\frac{1}{8}$英寸，宽3$\frac{1}{8}$英寸。环耳外径4英寸，突出2$\frac{1}{2}$英寸，宽1$\frac{5}{8}$英寸，厚$\frac{5}{8}$英寸。图版XXVII。

N.III.04、05　**2个苹果树木标本**。05为带树皮。最大尺寸16$\frac{1}{4}$英寸×2$\frac{1}{8}$英寸（05）。

N.III.06　**小块木头标本**。也许是建筑用材。素面，剖面呈椭圆形。榫长2$\frac{1}{8}$英寸，厚2$\frac{1}{2}$英寸，宽1$\frac{1}{2}$英寸，从一端伸出，一边沿粗整平，保存情况较好。26$\frac{1}{2}$英寸×7$\frac{1}{2}$英寸×3$\frac{1}{8}$英寸。

N.III.07　雕刻的木栏柱或短柱。两端均有榫舌以插入栏或柱座。柱身上部呈球形，上粗下细。其下为凸楞一圈和喇叭形柱段，柱段较短、平整。柱身下部与上部形状相似，但灯笼形状加长，上、下部的间隔长 $\frac{3}{4}$ 英寸，素面或有沟槽。制作较粗糙。木头较硬，有裂缝。通高 26 英寸，不带榫舌高 $20\frac{1}{2}$ 英寸，柱身最大直径为 7 英寸，颈径 3~4 英寸。图版 XV。

N.III.X.1　长方形简牍盖板。封泥槽较深 $\left(1\frac{1}{8}\text{英寸}\times1\frac{7}{16}\text{英寸}\times1\text{英寸}\right)$，系绳及封泥已残失。一角有两个佉卢文，较淡。背面空白。木质较硬，保存较好。$6\frac{3}{4}$ 英寸 $\times 4$ 英寸 $\times\frac{1}{8}$~$1\frac{1}{2}$ 英寸。

N.N.III.X.2　楔形简牍盖板。尖端有穿孔。正面方端长 $1\frac{3}{4}$ 英寸，封泥槽 $1\frac{9}{16}$ 英寸 $\times 1\frac{1}{16}$ 英寸。封泥已残失，但交叉的绳索仍在原位。在封泥槽和方端之间有五六个淡浅的佉卢文字。背面空白。木质较硬，保存较好。$9\frac{1}{2}$ 英寸 $\times 1\frac{13}{16}$ 英寸 $\times$ 约 $\frac{1}{8}$~$\frac{9}{16}$ 英寸。

N.III.X.3　长方形简牍盖板。正面封泥槽 $1\frac{1}{2}$ 英寸 $\times 1\frac{1}{4}$ 英寸，绳子和封泥已残失。一端有两行短的佉卢文。板沿上的第一个字已被砍去。其余部分保存较好。两端似乎有早期书写的字迹，已被刷掉。背面空白。$5\frac{9}{16}$ 英寸 $\times 3$ 英寸 $\times$ 约 $\frac{1}{16}$~$\frac{7}{16}$ 英寸。

N.III.X.4　长方形简牍底板。正面有九行佉卢文，但被碱壳盖住。背面空白。$8\frac{5}{8}$ 英寸 $\times 3\frac{7}{8}$ 英寸 $\times\frac{3}{8}$~$\frac{1}{4}$ 英寸。图版 XVII。

N.Ⅲ.X.5　长方形简牍底板。正面八行更细小的佉卢文字迹，有沙结硬壳，在下面的字较为清楚。背面空白。$7\frac{1}{2}$ 英寸 × $2\frac{5}{8}$ 英寸 × $\frac{3}{8}$ ~ $\frac{1}{4}$ 英寸。图版 XVIII。

N.Ⅲ.X.6　长方形简牍底板。正面有 10 行佉卢文，已几乎淡没。背面空白。木头保存较好。$7\frac{3}{4}$ 英寸 × $3\frac{5}{16}$ 英寸 × $\frac{1}{4}$ ~ $\frac{7}{16}$ 英寸。

N.Ⅲ.X.7　长方形简牍盖板。一端已削掉。正面封泥槽约 $1\frac{1}{8}$ 英寸 × $1\frac{1}{4}$ 英寸，绳子和封泥已残失。一端有一行佉卢文，下为 2~3 个字的短句。背面空白。$6\frac{3}{4}$ 英寸 × $3\frac{1}{8}$ 英寸 × $\frac{1}{16}$ 英寸至 $\frac{7}{16}$ 英寸。

N.Ⅲ.X.8　长方形简牍盖板。封泥槽较深。正面封泥槽 $1\frac{5}{16}$ 英寸 × 1 英寸 × $\frac{5}{8}$ 英寸，封泥已残失，系绳仍在原位。一端有三行（?）佉卢文，几乎已褪色。背面空白。木质坚硬，保存较好。$5\frac{11}{16}$ 英寸 × $2\frac{7}{8}$ 英寸 × $\frac{3}{32}$ ~ $\frac{7}{8}$ 英寸。

N.Ⅲ.X.9　由一块裂缝的木棍制成的简牍。表面处理过，两端均削尖，其中一端已裂开。在未开裂的一端旁有一短行的佉卢文。圆弧面，空白无字。9 英寸 × $1\frac{3}{8}$ 英寸 × （最大厚度）$\frac{3}{8}$ 英寸。

N.Ⅲ.X.10　长方形简牍底板。正面有八行佉卢文，有墨渍。背面空白。可能与 N.Ⅲ.X.14 同为一组。6 英寸 × $2\frac{1}{8}$ 英寸。图版 XVII。

N.Ⅲ.X.11　楔形简牍底板。正面有清晰的背行佉卢文。背面空白，但刻有交叉纹。$9\frac{3}{8}$ 英寸 × （最大）$2\frac{1}{4}$ 英寸 × $\frac{3}{16}$ 英寸。图版 XVII。

N.III.X.12 **楔形简牍盖板。**尖端钻孔。正面方端 $1\frac{1}{2}$ 英寸，封泥槽 $1\frac{5}{16}$ 英寸×1 英寸，系绳和封泥已残失。方端和封泥槽间有一行清楚的佉卢文。背面有两行佉卢文。有沙碱。木质坚硬，保存状况良好。$8\frac{3}{4}$ 英寸×（最大）$1\frac{5}{8}$ 英寸× $\frac{1}{8}$ ~ $\frac{1}{2}$ 英寸。

N.III.X.13 **长方形简牍底板。**正面有七行清晰的佉卢文。背面空白。木质坚硬，保存良好。$6\frac{9}{16}$ 英寸×$2\frac{11}{16}$ 英寸×（最大）$\frac{7}{16}$ 英寸。

N.III.X.14 **长方形简牍盖板。**形制较小。正面封泥槽 $1\frac{3}{8}$ 英寸×$1\frac{1}{8}$ 英寸，封泥和系绳已残失。在封泥槽一侧有四行佉卢文。另一侧至端头有一行佉卢文，其下有两行短句。背面有八行佉卢文。黑色的字迹很清楚。木质坚硬，保存较好。也许与 N.N.III.X.10 同属一组。$4\frac{1}{2}$ 英寸×2 英寸× $\frac{1}{32}$ ~ $\frac{1}{2}$ 英寸。图版 XVII。

N.III.X.15 **楔形简牍盖板。**形制较大，不同一般。尖端有穿孔。正面方端 $2\frac{3}{8}$ 英寸宽，封泥槽 $1\frac{5}{8}$ 英寸×$1\frac{1}{2}$ 英寸，系绳和封泥已残失。方端和封泥槽间有一行佉卢文，字体不同一般。整个盖板结有盐碱壳。背面空白。$13\frac{3}{8}$ 英寸×$2\frac{1}{2}$ 英寸（最大）× $\frac{1}{8}$ ~ $\frac{7}{8}$ 英寸。

N.III.X.16 **楔形简牍盖板。**尖端已裂开。正面方端宽 $1\frac{1}{4}$ 英寸，封泥槽 $1\frac{5}{16}$ 英寸×$1\frac{3}{8}$ 英寸，封泥已残失，系绳残存。近穿孔处有佉卢文（?）。其余部分尚未写字。沙碱化较严重。背面空白。$9\frac{1}{2}$ 英寸×2 英寸（最大）× $\frac{9}{16}$

（最大）英寸。

N.Ⅲ.X.17 **楔形简牍盖板。**尖端钻孔。正面方端宽 $1\frac{3}{4}$ 英寸，封泥槽 $1\frac{7}{16}$ 英寸×$1\frac{1}{8}$ 英寸。绳索和封泥已失。方端和封泥槽间有一短行的佉卢文。背面：三行佉卢文句，清晰。木质坚硬，保存状况较好。$9\frac{1}{8}$ 英寸×2 英寸（最大）×$\frac{1}{8}$~$\frac{7}{16}$ 英寸。

N.Ⅲ.X.18 **长方形简牍盖板。**正面封泥槽 $1\frac{1}{4}$ 平方英寸，封泥已失。绳索残段尚存。绳槽之间的木头已残破。一端有两行清晰的佉卢文。一面已劈去。其余部分均坚硬，保存较好。背面空白。$5\frac{5}{8}$×3 英寸×$\frac{1}{16}$~$\frac{9}{16}$ 英寸。

N.Ⅲ.X.19 **标牌类木简。**小长方形，一角穿孔。正面有两行几组佉卢文或句，一行七个字，另一行六个字，中间用短黑线分开。墨迹清楚，有沙碱。背面空白。$3\frac{1}{2}$ 英寸×2 英寸×$\frac{5}{16}$ 英寸。图版 XVIII。

N.Ⅲ.X.20 **楔形木简。**带有穿孔的菱形把手。正面有四行佉卢文，已不清楚。背面空白。木质坚硬，保存较好。$5\frac{3}{4}$ 英寸×$1\frac{1}{4}$ 英寸×$\frac{3}{16}$ 英寸。

N.Ⅲ.X.21 **楔形简牍盖板。**尖端有穿孔。正面方端 $2\frac{3}{8}$ 英寸，封泥槽 $1\frac{1}{8}$ 英寸×1 英寸，系绳和封泥已失。方端和封泥槽之间有一行佉卢文，部分已被流沙抹去。背面有两行清楚的墨书佉卢文。$10\frac{3}{4}$ 英寸×$1\frac{3}{4}$ 英寸×$\frac{1}{8}$~$\frac{11}{16}$ 英寸。图版 XVIII。

N.Ⅲ.X.22 **楔形简牍盖板。**尖端钻孔。正面方端 $1\frac{3}{4}$ 英寸，封泥槽 $1\frac{11}{16}$

英寸×约$1\frac{1}{4}$英寸，系绳和封泥已残失。方端和封泥槽间有一行佉卢文，非常模糊。背面有一行佉卢文短句，也已模糊。$9\frac{1}{2}$英寸×$2\frac{1}{4}$英寸×$\frac{1}{4}$～$\frac{9}{16}$英寸。

N.III.X.23 **标牌似的木简**。略呈长方形，一角有孔。正面有两行佉卢文，非常模糊，一行有七个字，另一行有四个字。背面空白。木质坚硬，保存较好。$3\frac{11}{16}$英寸×$2\frac{1}{2}$英寸×$\frac{1}{4}$英寸。

N.III.X.01 **木鼠夹**。似 N.III.X.09（图版 XVI），参见其详细的叙述。呈矛头状。"门"已残失，但闩同样保存着。参见 N.III.X.08。在底面，离尖端 5 英寸的地方刻有卍纹，其外伸线的内侧有似爪的斜线。再往内，刻有长尾的风筝形图案。保存较好。长 18 英寸，最大宽度$3\frac{1}{2}$英寸，厚$\frac{5}{8}$英寸。图版 XXVII。

N.III.X.02 **木碗沿**。木质较软，表面磨损。原直径约 10 英寸，弧长$8\frac{7}{8}$英寸，高 3 英寸，厚$\frac{3}{4}$英寸。图版 XVI。

N.III.X.03、04 **一对木足或撑脚**。两端比足身中间稍宽。两侧面斜切，一端头向内凹陷，似承圆球或圆形物件。木质坚硬，保存较好。参见 N.III.XI.01、02。长$9\frac{1}{2}$英寸，腰厚$2\frac{1}{2}$英寸×$3\frac{1}{4}$英寸，段端$2\frac{3}{8}$英寸×$4\frac{1}{4}$英寸，方端$2\frac{1}{2}$英寸×$3\frac{1}{2}$英寸。图版 XVI。

N.III.X.05 **木器残件**。圆柱头形，其插入柱身处斜切，已曝晒褪色，裂开，长$4\frac{1}{2}$英寸，宽$3\frac{1}{4}$英寸。斜切面上方的直条宽$\frac{15}{16}$英寸，斜切面宽

$1\frac{3}{4}$ 英寸，斜切角度约 40 度。图版 XVI。

N.III.X.06　**皮革残片**。较厚，"绿色"，肩胛骨形，坚硬，部分似鳞形。边长 $4\frac{1}{8}$ 英寸，$5\frac{1}{4}$ 英寸，$6\frac{3}{8}$ 英寸。

N.III.X.07　**木工具残件**。也许是谷勺。仅柄和凹面的部分器身残存。勺身和把柄互成直角。把柄左边钻有一个小孔，长 $4\frac{1}{2}$ 英寸，直径 $1\frac{1}{2}$ 英寸。勺身部分 4 英寸×3 英寸，厚 $\frac{5}{16}$~$1\frac{1}{8}$ 英寸。

N.III.X.08　**木鼠夹**。与图版 XVI 中的 N.III.X.09 类似，但无"门"。钉桩仍在原位，表面磨损较严重。另参见 N.III.X.01。长 $11\frac{3}{4}$ 英寸，最宽 $3\frac{5}{8}$ 英寸。

N.III.X.09　**木鼠夹**。似《古代和田》第二章图版 LXXIII 中的 N.xix.2 和《西域考古图记》第四卷图版 XIX 中的 N.XIII.iii.001。扁平楔形，窄端圆钝，钻有一个孔，以系绳子。距宽端 $1\frac{1}{4}$ 英寸的地方有一个圆孔，直径 $1\frac{5}{8}$ 英寸（老鼠的通道）。从宽端至窄端的穿孔间的鼠夹表面中间有一个 V 形沟槽，宽、深约 $\frac{1}{2}$ 英寸。

沟槽之两边，邻近鼠夹长端的孔侧，钻有一对穿孔，其中心彼此间隔 $\frac{1}{2}$ 英寸。在至沟槽的出口的中间一侧有另外一个小孔，其旁边规则地排列着另外两个穿孔。

在此孔的另一边，近宽端处有八个穿孔。孔中有闩，头较粗。用以固定薄板的小"门"。"门"内侧是两个小的 V 形刻痕，其一也许是已部分残失的一个孔。门沿已被磨损或啃咬。另一边沿保存完好，但较薄。制作方法不明。断头台（？）型。保存较好。另外一些标本，参见 N.III.X.01。图版 XXVII.08。长 15 英寸，最大宽度 $3\frac{1}{4}$ 英寸，厚 $\frac{5}{8}$ 英寸。图版 XVI。

N.III.X.010　**木铲**。铲身较宽，切削得较粗糙，铲柄的一部分已残失。铲身中心钻有一个孔。长 $7\frac{1}{8}$ 英寸，最大宽度 $2\frac{1}{16}$ 英寸，柄身直径 $\frac{3}{8}$ 英寸。图版 XXVII。

N.III.X.011　**葫芦瓢残件**。颈完整，两边钻孔，瓢身已残失。$7\frac{1}{2}$ 英寸×$3\frac{1}{2}$ 英寸，口径 $1\frac{3}{8}$ 英寸。

N.III.X.012　**山羊毛织物**。非常粗糙，纬线紧密地压在一起，经线几乎可见。与《西域考古图记》第四卷图版 XL 中的 VIII.M.XX～XXI.006 类似。深棕色和米色混杂在一起。脏。最大长度约 16 英寸。

N.III.X.013　**纺织物残片**。砖红色毛织物，平纹织法，组织疏松。$5\frac{1}{4}$ 英寸×$1\frac{1}{4}$ 英寸。

N.III.X.014～017　**4 根旋制的木栏柱**。柱身间隔球和凸楞（16 个球柱段、13 个凸楞）。两端有榫头。与《西域考古图记》第四卷图版 XXXIII 中的 L.B.V.008 类似，但更长、更薄。015 的一段残失。另一些保存完好。长（不带榫舌）$32\frac{1}{2}$～$33\frac{1}{2}$ 英寸，直径约 3 英寸，榫舌长 2 英寸。图版 XV。

N.III.X.018　**木头残块**。下（？）为圆形盘，有斜沿。圆盘中间上面为椭圆形木块，顶部微鼓，端头圆形。木块的正面中间钻有长方形孔，为 $1\frac{1}{2}$ 英寸×$\frac{3}{4}$ 英寸。表面下侧相对光滑，保存状况较好。整高约 5 英寸，盘径 6～$7\frac{3}{4}$ 英寸，盘厚 $1\frac{7}{8}$ 英寸，木块长 6 英寸，宽 $2\frac{1}{2}$ 英寸，最大高度 3 英寸。

图版 XV。

N.III.XI.01、02 2 条木椅（?）足。 上部三分之一的剖面呈长方形，下为圆角，足微向外弯曲。顶端有粗榫舌，已干裂。参见 N.III.X.03、04 和图版 XVI。长 $12\frac{1}{4}$ 英寸，腰厚 $1\frac{5}{8}$ 英寸×2 英寸。

N.III.XI.03 木简牍（?）。 无字迹。楔形，略似楔形底板，距尖端 $2\frac{1}{4}$ 英寸的两面均有雕刻的 V 形刻痕（似绳槽）。宽端也有一道深槽，横过简牍板面。无字迹。木质坚硬，干净。$9\frac{9}{16}$ 英寸×（最大）$1\frac{5}{8}$ 英寸×$\frac{3}{8}$ 英寸。

N.III.XII.01 长方形木柱头。 略呈方形的木块，在半腰处削出斜面以形成金字塔形。在小的长方形的端面上有圆形柱孔或榫孔。正面的下侧内凹 $\frac{3}{4}$ 英寸，以承拦板，凹槽两侧边各宽 1 英寸。制作较粗糙。已开裂、褪色。参见类似的小型木柱头饰，如 Ast.iii.4.024 和 K.K.I.i.05。整高约 $4\frac{1}{2}$ 英寸，窝孔径 3 英寸，深 $2\frac{1}{2}$ 英寸。

在居址 N.III 和 N.XXIV 之间风蚀地上采集的遗物

N.XXIV～III.01 青铜圆片。 中心隆起，背面有残杆，有锈蚀的斑点，直径 $\frac{5}{8}$ 英寸。

N.XXIV～III.02 珠子。 三颗玻璃珠，呈绿色和蓝色。一颗为玛瑙珠。一枚为贝珠。最大径 $\frac{15}{32}$ 英寸。

N.XXIV～III.03 褐色卵石。 $\frac{5}{8}$ 英寸×$\frac{3}{8}$ 英寸×$\frac{1}{4}$ 英寸。

居址 N.XIII 出土的遗物

N.XIII.01 木杈。一端有切割出来的四个楔形杈，杈齿底端连有木钉。外侧的杈齿弯曲，而中间两个在近杈座的表面上有 V 形刻痕，很明显单独地与连接四个杈齿的绑扎物相连接。由自然树杈加工而成。非常坚硬，长度为 $18\frac{1}{2}$ 英寸，齿杈长 10 英寸，柄渐细至 2 英寸。参见《西域考古图记》第一卷 217 页图 47、52。

N.XIII.02 木盘残件。用弧凸的木板加工而成。其边沿饰有不规则的菱形图案，图案雕刻方法为简单的 V 形刻法。盘板上有一条老的裂缝，曾加入两个木榫进行修整。在裂板接缝的两侧有两个方孔。在另一长边沿相应位置的侧面是榫孔。其中一个榫孔中有榫，表明此处原应有一块木板相连。参见《西域考古图记》第一卷 217 页图 47、52。背面略用斧整平，端沿削成斜面。$24\frac{3}{4}$ 英寸×11 英寸。已变形、裂开。图版 XV。

居址 N.XXVI 出土的遗物

N.XXVI.01 四足木橱。与《西域考古图记》第四卷图版 XLVII 中的 L.B.III.1 类似，但无浮雕装饰。边、底和顶板（每面均由两块素板组成）完整，但连接两板至框架的木榫钉已残失。正面的板子有门孔，门孔尺寸 8 英寸×10 英寸，距右边 7 英寸，距顶 5 英寸。顶板上有一个不规则的孔，略磨平，绘以黑色（?）。

足的下部雕刻成兽足形，与 L.B.III.1 类似，但短一些，其上部分为长方形块状，再向上为一立起的扁饼状的部分。

顶板边沿有锯齿纹条带。保存状况较好，木质坚硬。高 38 英寸，胸深 18 英寸，橱容积为 $41\frac{1}{2}$ 英寸×25 英寸。图版 XV。

N.XXVI.04.a、d 4 个木橱残件。与似 N.XXVI.01 类似，但形制较小。

a 和 b 为一对足，c 和 d（合起来）为顶板或底板。两足极似《西域考古图记》第四卷图版 XLVII 中的 L.B.III.1。除三个兽足顶的一道凹槽外，橱足均置于小的底座上。橱箱以嵌槽口镶接。素面，保存较好。足高 31 英寸，宽 $3\frac{1}{4}$ 英寸，厚 $1\frac{3}{4}$ 英寸，拼合的板块尺寸为 $27\frac{3}{4}$ 英寸×14 英寸。

N.XXVI.05、06 一对木柱顶饰（?）。均用整木加工而成，略呈圆柱形，两端向内约 2 英寸的范围内，切成斜面，直至一细颈，然后再膨胀，形成球形的中部。每端面中为榫舌，其一端的榫舌呈刀形，而另一榫为尖形。制作较粗糙，保存状况较好。05 已裂缝。06 上有黑绘。带榫约长 13 英寸，不带榫则长 $9\frac{1}{2}$ 英寸，平均直径 7 英寸，颈直径 4 英寸，榫径 $2\frac{1}{4}$ 英寸。

N.XXVI.07~09 3 件木头标本。略整修过，木头坚硬，已裂开，最大尺寸 22 英寸×3 英寸×$2\frac{1}{2}$ 英寸（09）。

N.XXVI.010.a、b 门道木额枋上雕刻出的直立残件。a 为左边，b 为右边。两件都仅在正面有雕刻，图案相同。中间向下有一鳞状月桂树叶带。（参见斯特日若夫斯基 *Kopt.Kunst*85 页，第 7368 号，开罗博物馆）约 $1\frac{3}{4}$ 英寸宽，素面平沿间宽 $\frac{3}{4}$ 英寸。

在内沿有一条宽 $\frac{3}{4}$ 英寸的扁平沿带。每一平沿长 $1\frac{3}{4}$ 英寸，各间隔约 $\frac{5}{8}$ 英寸。额枋木的内沿为素面，约宽 $\frac{5}{8}$ 英寸，略低于平沿。已磨损，砍削，呈不规则形。外沿素面，约宽 $\frac{3}{4}$ 英寸。

a 的外面粗略地挖出了深 $\frac{3}{4}$ 英寸，宽 $1\frac{1}{8}$ 英寸的凹槽，似乎是为了承受一根圆梁。而 b 的相应的表面却是平的。内面则邻接侧柱，背面均无装饰。

这两件额枋的底端均有连接门槛或窗台的长方形榫头，其榫头之内面一边向后切去约长 $\frac{7}{8}$ 英寸，厚 $\frac{3}{4}$ 英寸的一块。a 榫头宽 2 英寸，b 宽 $2\frac{1}{4}$ 英寸，突出 1~$1\frac{1}{4}$ 英寸。a 榫头之顶端已残破、砍去。b 榫头的顶端为运输方便已被锯掉。表面裂缝、褪色、腐坏。

雕刻粗糙但非常实用。用 V 形雕法刻出菱形网格图案。a 长 $37\frac{1}{4}$ 英寸，宽约 5 英寸，厚 3 英寸。b 长 $38\frac{3}{4}$ 英寸，宽 5 英寸，厚 $2\frac{5}{8}$ 英寸。

N.XXVI.011 木插座。由一长 7 英寸的木板及长 $2\frac{3}{4}$ 英寸的榫头组成。榫头用以固定于门框，穿有插销孔。外端 $4\frac{1}{4}$ 英寸×4 英寸×$2\frac{3}{8}$ 英寸，所有的外角均圆弧，侧面穿有插销孔，插销孔尺寸 $1\frac{3}{4}$ 英寸×$1\frac{1}{2}$ 英寸。从上向下为一小孔，也许在关门时用另外的钉子把插销固定住。参见《西域考古图记》第一卷 191 页以下 Kha.v.006 的锁型及图示。图版 XVI。

在 N.XLI 遗址附近发现的遗物

N.XLI.01 铁锅残件。铸造。与 N.025 类似但要小一些。仅把手和边沿部分残留。氧化严重。$5\frac{3}{8}$ 英寸×$3\frac{3}{4}$ 英寸，把长 4 英寸。图版 XXVII。

N.XLI.02 青铜指环。细，素面，扁平的宝石嵌座略呈菱形。在宝石嵌座的两边略做成钩形。与盘座相对的细指环已残断，残断处恰是原来的接头。直径 $\frac{3}{4}$ 英寸。

N.XLI.03 青铜环。结实牢固。宽阔且较粗。铸造。表面有沟槽。直径

$\dfrac{11}{16}$ 英寸，宽 $\dfrac{7}{32}$ 英寸。

N.XLII～XLIII 遗址出土的遗物

N.XLII.01　旋制的木碗。浅平底，褐色并裂缝。直径 4 英寸，高 $2\dfrac{3}{4}$ 英寸，厚 $\dfrac{1}{4}$ 英寸。图版 XVI。

N.XLII.02　红陶纺轮。用陶片加工而成。扁平，钻孔。一面有暗米色的泥釉。直径 $1\dfrac{1}{8}$ 英寸× $\dfrac{5}{16}$ 英寸。

N.XLII.03　毛织物残片。深红色，已褪色。一边叠织。（织物的）密度不大，平纹织法。6 英寸× $3\dfrac{1}{2}$ 英寸。

N.XLII.04　木头残块。或许是圆盘上的残块。残边有砍削的痕迹。$4\dfrac{5}{8}$ 英寸×2 英寸× $\dfrac{7}{16}$ 英寸。

N.XLII.05　不规则形桑木。部分被砍削，部分裂断。坚硬。$3\dfrac{1}{2}$ 英寸× $1\dfrac{3}{4}$ 英寸× $1\dfrac{1}{8}$ 英寸。

N.XLII.i.01　玛瑙珠。球形，质地较次，直径 $\dfrac{7}{16}$ 英寸。

N.XLII.I.02　角勺的勺体。勺柄楔形，钻有二孔。勺 $2\dfrac{1}{2}$ 英寸× $1\dfrac{5}{8}$ 英寸，柄长 2 英寸。图版 XVI。

N.XLII.i.03　木绳栓。剖制而成。与《西域考古图记》第四卷图版 XXVIII 中的 N.XIV.iii.0017 类似。也许是用于织布机上的零件。2 英寸× $\dfrac{9}{16}$

英寸。

N.XLII.i.04　**锈铁块。**不规则形，或为矿物炼渣。3 英寸×$1\frac{1}{2}$英寸。

N.XLII.i.05　**2 颗完整的桃核。**桃核壳，大致长 $1\frac{1}{16}$英寸。

N.XLII.i.06　**玻璃残片。**不透明，黑色，水滴形，尖端已残。$\frac{7}{8}$英寸×$\frac{1}{2}$英寸。

N.XLII.i.07　**矿渣。**坚硬，黑色。$\frac{7}{8}$英寸×$\frac{5}{8}$英寸。

N.XLII.i.08　**陶器肩部残片。**泥质红陶，保存较好。刻画弦纹和锯齿形装饰带。$3\frac{1}{2}$英寸×3 英寸×$\frac{1}{4}$英寸。图版 XXV。

N.XLII.i.09　**陶器颈部残片。**带残耳。泥质黑陶，均匀地掺杂有石英粒，质量较佳。$2\frac{1}{4}$英寸×$3\frac{3}{8}$英寸×$\frac{1}{4}$英寸。

N.Xlii.i.010、011　**2 块木圆片。**中心钻孔。010 为圆弧边沿，直径 $1\frac{15}{16}$英寸，厚$\frac{1}{2}$英寸。011 边沿锐利，塞子形状，直径 $1\frac{5}{8}$英寸，厚$\frac{1}{4}$英寸。

N.XLII.i.012　**拐杖形木器。**与《西域考古图记》第四卷图版 XXVIII 中的 N.XIII.i.002 类似。向下渐细，近底端内缩成颈。$4\frac{1}{2}$英寸×$1\frac{1}{8}$英寸。

N.XLII.i.013　**铁杆。**剖面呈方形。中间扁平，并钻有两个方孔。已锈蚀。通长 $6\frac{1}{8}$英寸，方形剖面边长$\frac{3}{16}$英寸，扁平部分长约 2 英寸，宽$\frac{3}{8}$英寸，厚$\frac{1}{8}$英寸。

N.XLII.i.014　纺织物残片。包括粗红色毛布（网形粗布）、米色毡、植物纤维绳、小束米色细毛线。最大织物 $12\frac{1}{2}$ 英寸。

N.XLII.ii.01　燕麦秆。

N.XLIII.01　木勺。勺身呈叶形，柄部略残。枯缩较严重，易脆。勺 $2\frac{1}{2}\times1\frac{1}{2}$ 英寸，通长 5 英寸。图版 XVI。

N.XLIII.02　拐杖形木器。与 N.XLII.i.012 和《西域考古图记》第四卷图版 XXVIII 中的 N.XIII.i.002 类似。器身圆棍形，至末端渐细。下侧的器首圆弧形，上边微上弧，侧面扁平，每个长边的中间有个小的 V 形刻道，应为绳槽。易折。通长 $4\frac{1}{4}$ 英寸，横十字棍长 $2\frac{5}{8}$ 英寸。其中间宽 $\frac{3}{4}$ 英寸，杆径 $\frac{1}{2}$ 英寸。图版 XVI。

N.XLIII.03　双耳红陶罐。双耳陶罐型，宽口，平沿。双耳直立，肩、颈部刻不规则的锯齿纹带。器身下部已残失。易脆。最大残高 6 英寸，口宽 $4\frac{1}{4}$ 英寸。器宽可能为 $8\frac{1}{2}$ 英寸。图版 XXV。

N.XLIII.04　铁块。烧过，已锈，也许是坩埚的炼渣。最大宽度 $5\frac{5}{8}$ 英寸。

N.XLIII.05　木钳。有纺锤形钳柄和一个钳嘴（整体形状像一朵蘑菇），合为一体。纺锤或锤茎钻有二孔，彼此成直角。从中穿过两颗钉以固定第二个钳嘴，第二个钳嘴是一个单独的（已残），仍在原位。第二个钳嘴的上面刻出沟槽，以承接两枚钉的下部。制作粗糙。长 $3\frac{1}{8}$ 英寸，钳嘴之直径约 4 英寸。图版 XV1。

在 N.XLIV 遗址发现的遗物

N.XLIV.01　沙枣木（或杏木）标本。18 英寸×1 英寸。

N.XLIV.02　桃木标本。$17\frac{1}{2}$英寸×$1\frac{1}{4}$英寸。

N.XLIV.03~06　葡萄藤茎残段。有节瘤，已拳曲成圆圈状。三小段。变白，已裂开。最长段 27 英尺。

N.XLIV.07　葡萄藤茎。有节瘤，已曝晒褪色，四小段。最大段长 19 英寸。

N.XLIV.08　杏木标本。28 英寸×3 英寸。

N.XLIV.09　桃木标本。28 英寸×$2\frac{1}{4}$英寸。

N.XLIV.010　苹果木标本。28 英寸×$2\frac{1}{4}$英寸。

N.XLIV.011　核桃树标本。18 英寸×$1\frac{3}{4}$英寸。

N.XLIV.012　沙枣木标本。30 英寸×$3\frac{3}{8}$英寸。

N.XLIV.013　苹果木标本。16 英寸×$1\frac{1}{2}$英寸。

N.XLIV.ii.01　燕麦标本。

N.XLV 遗址出土的遗物

N.XLV.01　木鼠夹。与图版 XVI 中的 N.III.X.09 类似，并参见其详细描述。器身渐细，端面钝。底面近端头处刻有五角星。正面沟槽距末端 $2\frac{1}{2}$ 英寸。末端加宽，大孔处残缺，"门"已残失。长 $13\frac{1}{8}$ 英寸，宽 $2\frac{1}{2}$ 英寸，厚 $\frac{3}{4}$ 英寸。

N.XLV.02　陶器的口肩部。安弗拉尔类型。颈较高，口部高出双耳 $1\frac{1}{2}$ 英寸。双耳为简单的环，略上拱，横截面是六边形。器身、肩相交处有一小的突起，为环耳压入器表而形成的。口部略呈喇叭状。泥质红陶，质量较次，陶土淘洗较差。易碎。两耳根间宽 $12\frac{5}{8}$ 英寸，口径 6 英寸，残高 $6\frac{1}{2}$ 英寸，平均厚度 $\frac{5}{16}$ 英寸。图版 XXV。

N.XLV.03　长方形简牍。底板较小。盖板已残（现已修补），正面封泥槽 $1\frac{1}{16}$ 英寸× $1\frac{5}{16}$ 英寸，系绳和封泥已残失。封泥槽的两边各有一行佉卢文横贯至末端，部分已被磨灭。背面空白。底板正面有六行佉卢文，笔迹清楚，黑色。其最上部分已残失。背面空白。木质松软。上下两板均已磨损。 $5\frac{5}{8}$ 英寸×2 英寸×（最大） $\frac{5}{8}$ 英寸。图版 XVIII。

N.XLV.i.01　凹凸形的木圆盘。中心线上钻有二孔，彼此间隔 2 英寸。孔内穿有一根粗糙的织物绳，由插入孔中的木销钉固定住。绳端松弛，凹面的一端较短。也许是成组的圆盘之一。似 N.XLV.i.02。直径 6 英寸，厚 $\frac{1}{2}$ 英寸。图版 XVI。

N.XLV.i.02　木圆盘。似 N.XLV.i.01 标本，但无绳子。边上有鼠啮痕迹。直径 $5\frac{1}{4}$ 英寸，厚 $\frac{1}{2}$ 英寸。

N.XLV.i.03　鞋匠的木质鞋楦头。扁平，似靴底，匀称，双脚都适用。保存较好。10 $\frac{1}{2}$ 英寸× $\frac{1}{2}$ 英寸× $\frac{1}{2}$ 英寸。

N.XLV.i.04　箭杆较粗的一端。有 V 形刻槽，用来承接弓弦。V 形刻痕附近有黑绘遗存。保存较好。 $5\frac{1}{4}$ 英寸× $\frac{5}{16}$ 英寸（在 V 形刻痕处的尺寸）。

N.XLV.i.05 木夹板。与 N.XLII.i.03 等类似。保存较好。$2\frac{3}{4}$ 英寸×$\frac{3}{4}$ 英寸×$\frac{7}{16}$ 英寸。狭窄处 $\frac{7}{8}$ 英寸×$\frac{1}{4}$ 英寸（V 形刻痕）。图版 XVI。

N.XLV.i.06 木器残件。分段，两面扁平。从曲边中心至直边有榫钉。每端削出窄榫。用途不明。直径 $1\frac{5}{8}$ 英寸，厚 $\frac{3}{8}$ 英寸。

N.XLV.i.07 木圆盘。略呈圆形，其边沿面有一条深槽，似为滑轮。也许是织布机零件。保存较好，直径 $1\frac{5}{8}$ 英寸，厚 $\frac{3}{8}$ 英寸。

N.XLV.i.08 纯三角形木器残件。两边微曲，第三边有深切的 V 形刻槽。顶端方切。用途不明。保存较好。$1\frac{3}{8}$ 英寸×$1\frac{3}{8}$～$\frac{7}{8}$ 英寸×$\frac{7}{16}$ 英寸。

N.XLV.i.09 角的残件。圆锥形。底边修整过，中心钻一个浅孔。全身有砍削痕迹。保存较好。高 $1\frac{5}{8}$ 英寸，底径 $\frac{11}{16}$ 英寸。

N.XLV.i.010 粗毛织物残片。编织有深棕色、米色和红色条纹。粗经间隔较宽。最大长度（边沿）$8\frac{1}{2}$ 英寸。

N.XLV.i.011 楔形简牍盖板。尖端有穿孔。平端已烧焦、变色。未见字迹。背面平端也已变色（但有墨书字迹，再往里有无字迹不明）。10 英寸×$1\frac{13}{16}$ 英寸×（最大）$\frac{5}{8}$ 英寸。

N.XLV.i.012 楔形简牍盖板。不同一般的尺寸。尖端有穿孔。正面平端 $2\frac{3}{4}$ 英寸宽，封泥槽 $1\frac{9}{16}$ 英寸×1 英寸，系绳和封泥已无。平端与封泥槽间有一行佉卢文，并延续至封泥槽之另一边。背面有三行佉卢文，字迹模糊。木质坚硬。$16\frac{3}{4}$ 英寸×（最大）$2\frac{5}{16}$ 英寸×1 英寸。

N.XLV.i.013 **楔形简牍盖板**。正面平端宽 $1\frac{5}{8}$ 英寸，封泥槽 $1\frac{5}{8}$ 英寸×$\frac{7}{8}$ 英寸，绳束和封泥已残失。平端至封泥槽间有一行佉卢文。背面墨书清楚，有四行佉卢文。尖端有穿孔。$8\frac{5}{8}$ 英寸×$1\frac{3}{8}$ 英寸×（最大）$\frac{1}{2}$ 英寸。图版 XVIII。

N.XLV.i.014 **楔形简牍盖板**。尖端有穿孔。正面平端 $1\frac{5}{8}$ 英寸，封泥槽 $1\frac{7}{16}$ 英寸见方的沟槽中残存系绳的末端，槽内残存部分泥封，但中心带印记的封泥已残失。在平端和封泥槽之间明显没有书写的痕迹。背面有一行佉卢文，已模糊。木质坚硬。9 英寸×$1\frac{7}{8}$ 英寸（最大）×$\frac{7}{16}$ 英寸。

N.XLV.i.015 **楔形简牍盖板**。已残断成几段。木头已腐，易脆。尖端有穿孔。正面平端宽 $1\frac{1}{2}$ 英寸，封泥槽（$1\frac{1}{4}$ 英寸见方）中有封泥，但中间已断裂，整个印记已缺失。此端已变色，未见字迹。背面宽端深粉红色，也已变色。有三行佉卢文，几乎都已褪色，中间的残件9 英寸×$1\frac{3}{4}$ 英寸×（最大）$\frac{7}{16}$ 英寸。

N.XLV.i.016 **楔形简牍盖板**。残断成三块。木质腐烂，表层已无。正面平端宽 $1\frac{7}{8}$ 英寸，封泥槽 $1\frac{3}{8}$ 英寸×1 英寸，绳束及封泥已残失。未见字迹。背面有一行佉卢文字迹，已变色。$9\frac{5}{8}$ 英寸×$1\frac{1}{2}$ 英寸（最大）$\frac{3}{8}$ 英寸。

N.XLV.i.017 **小型长方形简牍盖板**。已残。主要残块上有封泥槽，背面有一行佉卢文。木头松软，表面已失。最大块 $2\frac{3}{4}$ 英寸×（整宽）$1\frac{7}{8}$

英寸。

N.XLV.i.018　**楔形简牍盖板**。已残。两端（包括封泥槽在内）均已残失。正面无字迹。背面有 3~5 行佉卢文残余，已褪色。木头松软，（拼合长度）$7\frac{1}{4}$ 英寸×2~$1\frac{5}{8}$ 英寸×$\frac{1}{4}$ 英寸。

N.XLV.i.019　**楔形简牍盖板**。已残裂成三段。尖端已残失。腐朽较严重，表面有盐碱的硬壳。正面平端 $1\frac{1}{4}$ 英寸，封泥槽（$1\frac{1}{4}$ 英寸见方）带有封泥残存，但无印记。未见字迹。背面有两行佉卢文，已模糊。正背面已变色，均呈粉红色。（拼合）长 $5\frac{3}{4}$ 英寸×$1\frac{3}{4}$ 英寸×（最大）$\frac{3}{8}$ 英寸。

N.XLV.i.020　**楔形简牍盖板**。为残件。平端，封泥槽完整，但已断裂。尖端已残失。正面平端 $1\frac{1}{2}$ 英寸，封泥槽 1 英寸×$1\frac{1}{8}$ 英寸，封泥已掉失。未见字迹。背面空白。木质较软。（拼合的长度）6 英寸×$1\frac{15}{16}$ 英寸×（最大）$\frac{9}{16}$ 英寸。

N.XLV.i.021　**楔形简牍盖板**。残件。尖端钻孔。正面空白。背面靠残沿（?）处有佉卢文字迹。木质松软，表面已失。$5\frac{1}{2}$ 英寸×$1\frac{3}{4}$ 英寸×（最大）$\frac{1}{2}$ 英寸。

N.XLV.i.022　**楔形简牍盖板**。残件。两端（封泥槽在内）已残失。正面近宽端处有佉卢文字迹。背面有三行佉卢文，墨迹清楚，但有些地方已被虫蛀。6 英寸×（最大）$1\frac{5}{8}$ 英寸×$\frac{3}{16}$ 英寸。

N.XLV.i.023　**楔形简牍底板**。已残断成六块，尖端不完整。正面有四行佉卢文。有些地方已褪色。背面空白。（合起来）$7\frac{7}{8}$英寸×（最大）$2\frac{1}{8}$英寸×$\frac{3}{16}$英寸。

N.XLV.i.024　楔形简牍底板。为残件（已断裂成两半）。木质松软。表面已失。正面有四行佉卢文，已几乎褪色。背面空白。4英寸×$1\frac{1}{2}$英寸×$\frac{1}{4}$英寸。

N.XLV.i.025　楔形简牍盖板（？）。为残块（？）。已拼合几块。正面空白。背面有三行佉卢文，字迹清楚。3英寸×$1\frac{5}{16}$英寸×$\frac{1}{4}$英寸。

N.XLV.i.026~028　3个楔形木盖板的尖端。已钻孔。木头较软。表面已失。正面空白。背面026有四行佉卢文，但已模糊。已变色，为粉红色。027空白。028有几个佉卢文字迹，也已变为粉红色。最大长度$2\frac{9}{16}$英寸。

N.XLV.i.029　方形小木简。已裂成几块。无穿孔。一面有四行佉卢文，已几乎褪色。2英寸×$2\frac{1}{4}$英寸。

N.XLV.i.030、03l　标牌形木简。一角及一边部分已残失。无孔。木质松软，已结硬碱壳。变色。一面有一行佉卢文。已残断。$5\frac{3}{8}$英寸×$1\frac{5}{16}$英寸×$\frac{3}{16}$英寸。

N.XLV.i.032　木简残块。也许是N.XLV.i.029的残块，一面有三行非常模糊的佉卢文。$2\frac{1}{8}$英寸×$1\frac{7}{16}$英寸×$\frac{1}{8}$英寸。

N.XLV.i.033~035　楔形简牍底板。残块。已断成数块，木质松软，表面已失。正面有五（？）行佉卢文字迹，几乎已褪色。背面空白。$3\frac{7}{16}$英寸×

$1\frac{11}{16}$英寸×$\frac{3}{8}$英寸。

N.XLV.i.036　长方形简牍盖板。边沿切削。其余部分保存较好。正面封泥槽$1\frac{1}{4}$英寸×$1\frac{1}{8}$英寸，保存有部分系绳和泥封，但印记已残失。一端有一行佉卢文字迹。背面空白。$6\frac{7}{8}$英寸×$3\frac{3}{4}$英寸×（最大）$\frac{5}{16}$英寸。

N.XLV.i.037　楔形简牍底板。尖端有小孔。正面有三行佉卢文字迹，已几乎褪色。已变为粉红色。背面空白。已断裂成两块。$9\frac{3}{16}$英寸×$1\frac{5}{16}$英寸×约$\frac{1}{8}$英寸。

N.XLV.i.038　楔形简牍底板。残断（现已拼合）。已严重裂缝。变色。尖端有孔。正面有三行佉卢文，模糊。变色，呈粉红色。背面表面附有绳段。$9\frac{1}{2}$英寸×$1\frac{1}{2}$英寸×$\frac{3}{16}$英寸。

第五章　前往罗布泊的途中

第一节　且末和瓦石峡

前往亚通古孜
河

1913 年 12 月 1 日，我离开尼雅河尾闾，目的是要尽快地赶到冬季主要的工作地，即仍远在东北方向的罗布泊地区。在头两天的行程中，我不得不循着 1907 年和 1906 年我走过的通往亚通古孜（Yār-tungaz）河的旧道前进。当我穿过由高高的沙丘连成的沙脊时，我惊讶地发现当初骆驼留下的脚印仍历历在目，类似情况在我后来重访敦煌西边的长城时也曾遇到过。

越过安迪尔河

从设在赫勒亚伯克（Helya-bēg）家中的老营地出发，我穿越了已结坚冰的亚通古孜河，目的是要穿越尚未调查过的地方，从而缩短去安迪尔（Ender）河的行程。过河后的第一天，我们遇到的是沿着该河的南北走向而延伸的沙丘地带，高度不超过 50 英尺，这种现象证明了我在塔克拉玛干和罗布沙漠的观察结果，即大沙脊或达坂的轴线总是平行于离得最近的河床的中心线，不管其河中有水还是无水[1]。在这里，我还注意到，路上成列的红柳包的走向也是呈现出同样的规律。

---

[1]　参见《西域考古图记》第一卷 241 页注 2、451 页以下，第三卷 1239 页。

当行至 LXVIII 营地以远的地方，出现的是覆盖一层硬盐壳的宽阔的裸露黏土地，取代了以前带着稀疏灌木的沙地。为了使骆驼免受盐碱壳扎刺的痛苦，我们不得不往南找一条好走的道。那里土地平坦，处处点缀着红柳灌木丛，表明该地区曾泛滥过洪水。第二天在结束考察时，我们看到一片宽阔的盐碱化洼地，其侧翼排列着几列高高的红柳包，呈东南—西北走向，由此判断，洪水一定来自安迪尔河。其后，出现了成排的胡杨树，我们在那里扎下了营地。但第二天早晨从 LXIX 营地至安迪尔河的路程还有约 12 英里，而后才能走上通往且末（chü-mo）的商旅小道。安迪尔河西的这条宽阔、干涸的支流河床非常重要，因为它说明某一时期从昆仑山山麓高原沙砾冰川下来的融水曾经偏流。

这一观察非常重要，因为它可以解释我第一次和第二次考察过的安迪尔遗址和比勒尔孔汉遗址①，为何离现在的安迪尔河道这么远。我们在安迪尔兰干（Endere-langar）处穿越安迪尔河床。这是一条宽约 30 码的雅尔（Yār）沟，深切入黄土达 100 多英尺，流量至少 100 立方英尺/秒，几乎无冰。此河在夏季水量更大，我们看到它的洪水期的河床宽达 300 英尺，两岸高出实际水面 3.5 英尺。

对洪水河床的观察充分证实了我在第二次旅行记录中所述的意见，即维持现处于安迪尔河尾闾的小绿洲非常困难，主要原因是夏季的大洪水使得该河的下游河道变化十分频繁②。我在冬季河床的水中没有发现含盐量，其两岸也没有盐碱。考虑所有这些因素，我无须修改以前关于古安迪尔河尾

安迪尔河的古支流

安迪尔河河道

安迪尔河尾闾的小绿洲

---

① 参见《古代和田》第一卷 421 页以下；《西域考古图记》第一卷 271 页以下、275 页以下。
② 参见《西域考古图记》第一卷 274 页以下。

间附近耕作条件以及长期废弃以后影响复耕的决定因素的观点①。

寻找安迪尔河以远的遗存

正是由于历史时期人们不得不屈从这些重复性的变化，因此该地区的古代遗址便显得特别的重要。我在到达喀什之前，就已经通过巴德鲁丁汗安排我以前雇用过的尼雅民工对以前未调查的遗存又进行了搜寻。我在和田时，有个发掘民工告诉我一些令人沮丧的消息，他们只发现了现代牧羊人在且末路上的巴巴阔伊迪（Bāba-koidi）上方树林地带用糙木和芦苇构筑的一些棚屋，其位置距安迪尔河的老河道不远。另一小组粗陋的建筑物位于苏丹（Shūdan）的密林之中。他们还从尼雅的牧羊人那里听说到一个遗址，该遗址有一个"炮台"（清末民国时期的戍堡，用热兵器守卫——译者），名为科克梯木（Kök-tim，意为绿塔——译者），牧羊人说他是在苏丹南面"跋涉了五天"才偶然看见的。我派搜索组回去寻找这座科克梯木时，他们未能找到那位名叫阿合买德（Ahmad）的牧羊人，结果未能按照原计划安排，与我在安迪尔兰干会合。那个发掘民工所指的在喀玛伽孜（Kamaghaz）西北的两处"老房子"，很明显与1906年我们考察过的遗址南端古烽火台附近的小遗存完全相同②，当要他陪同我们去苏丹时，他溜走了。

从安迪尔河至车尔臣河的道路

根据上述不可靠的消息以及1905年由亨廷顿（Huntiugton）教授在此做的调查结果，我认为，在安迪尔河和车尔臣（charchan）河之间的沙漠中，除牧羊人的棚舍之类的建筑物外，存在古代遗址的说法很不可靠。我在1906

---

① 特别参见《西域考古图记》第一卷286页以下有关唐代安迪尔要塞的重新控制以及玄奘在"覩货逻故国"（Old Tu-huo-lo Country）所注意到的早期居民点的遗存的叙述。
② 参见《西域考古图记》第一卷284页以下。

年沿着商道穿越此段沙漠地区时①，也未找到过有关该地情况的报道以及早期旅行者的记载。不管怎样，从我们停留的井泉旁新建的兰干（Langar，意为驿站——译者），我发现了交通量增加和旅行条件改善的一些迹象。在抵达且末前两天的旅行途中，空气格外清新，白雪覆盖的昆仑山脉清晰可见，我们根据1906年用三角测量法测量过的高峰，用平板仪较准确地确定了我们所在的位置。

在我的第二次考察报告中，我已充分地讨论了且末绿洲的自然面貌及它作为塔里木盆地商业南道上一个连接点的重要性。我还复查了那里稀少的早期居址以及自汉代以后它所经历的剧变的历史记载②。我重访且末的时间较短促，主要是为了补充一些骆驼及给养。我看到，自我第一次访问以来，这里的耕地面积有了增加，呈现出一片繁荣的景象。绿洲的西缘现已接近名叫塔木（Tam）的小遗存，南缘已扩展到名叫阔纳协亥尔（Kōne-shahr）的大塔提地区。阔纳协亥尔是个早期伊斯兰时期的居住遗址③，其年代证据是我购买到的一枚带有至和年号（公元1054—1056年）的宋代铜币以及在且末时有人拿给我看的一枚伊斯兰时期银币。这两枚钱币据称都是从亚勒古孜墩麻扎（Yalghuz-dong-mazār）附近的风蚀塔提上发现的④。

且末绿洲北缘和西北缘的垦殖区也有少许的扩大。此外，由于利用老沟渠，现绿洲的西面和西北面，即地图上标为英乌斯塘（Yangi-üstang）的地方重新出现了居民点（渠

且末绿洲的扩展

且末绿洲的灌溉水源

---

① 参见《西域考古图记》第一卷293页以下。
② 参见《西域考古图记》第一卷294页以下。
③ 参见《西域考古图记》第一卷301页。
④ Char.02水晶珠（见下表）据说来自同一遗址。

水可流到新居民点与商道相接的地方）。在北面约 2 英里，我还看到了满怀希望的定居者们建立的家园。我已经说过，尽管且末地理位置偏僻而劳力缺乏，且塔里木盆地经济条件有限，但如果采取措施克服这些困难，利用车尔臣河的大量供水，在这块绿洲扩大灌溉面积还是极有可能的。相对于左岸所有田地所需的水量来说，现存沟渠所能输送的水量显然供远大于求，这一点在我考察渠首时就看得非常清楚。渠首距且末巴扎（Charchan-bāzār）约 7 英里，位处去喀帕的路上①。主渠宽约 60 英尺，深约 2.5 英尺，全年有水。但由于堤岸管理不善，沟渠两边的土地易被溢水淹没。在这里，我从没看见过盐碱化的情况。事实证明，且末绿洲的土壤非常肥沃，除葡萄外，各种水果在且末均可大量种植，即便在新开垦的土地上也是如此。

在且末停留的两天里，我租到了去罗布沙漠考察所需的另外九只骆驼，解决了交通工具的问题。但我由此产生的喜悦心情很快被传来的坏消息所破坏了。据说，在若羌刚发生过一场严重的骚乱，而该地作为罗布地区（Lop district）的重地，正是为我将要开展的考察提供给养和劳力的基地。

且末的"革命者"

伴随着 1911—1912 年致使清王朝灭亡的辛亥革命，新疆许多地方爆发了当地人反对省行政部门的事件。一小撮狂暴的散兵游勇和钻营的政客，以及在当时随处可见的赌徒、敲诈勒索者和趁火打劫者，利用人们压抑、蠢蠢欲动的个性，大肆煽风点火，兴风作浪。至 1913 年，随着袁世凯中央政府委任的新官员的到来，当地的局势才逐渐稳定下来。

---

① 主渠首已被正确地标于地图上，单独地标于北面的渠道只是它的一条支渠，另一个小错误是遗漏了向南直通至渠首并沿着商道从西向东穿过绿洲的道路的红色交叉。

在北部和东部的绿洲里，他们已经控制住了这些恶势力的影响。当地人给恶势力起的雅号是赌徒，或因为自革命以后，他们穿上了欧洲式的服装，而称他们为喀拉赛派克，即黑帽（Black hats）。然而，塔里木盆地南缘却完全没有中国军队来采取有力的措施以防止这些人的捣乱。结果，我在和田和克里雅均发现，这些地区的长官被这些所谓的革命者（实际上是冒险者和赌徒的头目们）的阴谋诡计所威胁和妨碍着。这些人似乎已经发现遥远的且末绿洲是个方便的活动场所，从阿尔喀塔格（Arka-tāgh）矿坑中出来的名义上官方预定收购的黄金，大部分通过这里流了出去，就像走私鸦片至甘肃一样。非法获取的黄金意味着高额利润，而且末则是一个理想的基地。

　　我到达且末后，就从当地商人那里听说到，一小队装备精良的赌徒，被若羌长官禁止大宗走私鸦片的命令所惹恼，已在两个星期前出发前往若羌。他们沿途实施暴行，攻击官署并捕获了不幸的长官（区长）。且末的地方长官显然无力防范此类事件的发生，因为躲在幕后的一帮"革命者"一直恐吓他，使他感到左右为难。他给我写了两封致若羌衙门的介绍信。一封是写给无力的按办，假设他采取一些措施后已获得了自由和权威。另一封是写给当地"革命者"的头目，他是一位师爷或离职的小官，因为听说"政变"成功而前往若羌，他精明地猜想他能取代旧任而成为新的区长。

　　1914 年新年前夕，我们从且末出发，经过七天约 142 英里的旅行，到达了若羌地区最西边的居民区瓦石峡（Vashshahri）。我们走的是平常的商道，它沿车尔臣河左岸一直通至拉什喀尔萨特马（Lashkarsatma）。顺河而下到瓦石峡的道路，对我来说虽然是头一次，但因为另外一些旅行者已走过

若羌的"革命"政变

沿车尔臣河的路线

这条路并有详细的记载①，此不赘述。

就古迹而言，我要提到的是，在我第二次考察过的塔提让（Tatran）以下约 10 英里的地方，有一座名叫梯木的小丘，当时我认为这可能是一座佛塔的塔基遗址②。其位置在河的左岸附近，说明在佛教时期这里应有一个小的居民点，这就与以前讨论过的唐代中国僧人返回途中所记载的材料相一致。其说法似乎表明在那个时期，从新城（Hsin-chêng）或瓦石峡来的道路，沿着拉什喀尔萨特马附近河的左岸，通向且末或车尔臣③。

塔提让耕地的增加　　我发现，塔提让现是这两处地点之间唯一的居民点，其户数已增加到约 25 户。在此我又见到了以前的老向导依斯马勒·帕万（Ismail'pāwān，他是这块小居民点开拓者的后人）。据他说，1906 年时，这里的人家仅有 8～10 户。这里虽然一年四季都有充足的水量，可进一步开垦荒地，但从两条被废弃的沟渠来看，这里也有特别的困难之处，即沟渠泥沙沉积太快，而劳动力严重不足，致使淤泥不能得到及时的清理。

到达瓦石峡　　离开塔提让以后，我没有碰到任何一个行人，这使我感到非常奇怪，这使我对在若羌发生的情况产生了怀疑。但是 1 月 6 日，当我们接近瓦石峡西缘的丛林地带时，我们才发现这条路已被一大群当地教徒武装所挡住。起初，他们在远

---

　　①　参见斯文·赫定《中亚之旅》170 页以下；《沙漠契丹》第一卷 331 页以下从拉什喀尔萨特马至若羌的部分。

　　②　参见《西域考古图记》第一卷 304 页。

　　③　关于这一唐代游记及它所提到的位置，参见《西域考古图记》第一卷 306 页以及前引书附录 A。

　　马可·波罗似曾走过从且末至瓦石峡的一条捷径，此道在车尔臣河右岸并穿过南面的沙漠，参见《西域考古图记》第一卷 308 页以下。

处把我们误认为是一伙新的"革命者"，准备着手进行抵抗（图106）。幸运的是，这个误会很快就被消除了，因为从瓦石峡来的头领是我的老熟人肉孜伯克（Rōze Bēg）。从他那里，我得知了这条路上发生的奇怪故事。从且末来的第一批人，俘获了肉孜伯克，并在搜刮了瓦石峡值钱的东西后，迅速赶赴若羌，假奉喀什道台之令，以图谋反革命的罪名，要去逮捕按办。那天夜里，按办的随从们及他匆忙集合起来的地方头领都弃他而逃，衙门被攻破。于是这个孤立无援的长官（推事）也被迫仓皇逃生，他在一个农户的家中躲藏了一个晚上，但消息被泄露出去。次日早晨，那伙歹徒包围并火烧这座房子，迫使他逃出来，随后他即被击倒、俘获，当地民众都冷漠地旁观着这一幕。随后那伙人就折磨他，直至他说出公款所藏之处为止。几天以后，他被残忍地处死了。

这帮"爱国者"的头目暂时地自封为按办，并得到了包括肉孜伯克本人在内的当地头领们的服从。在新按办的领导下，衙门迅速恢复了工作，一封宣告"爱国"运动有理的信件被发给乌鲁木齐的总督，以后的几天似乎平静地过去了，这批人得以随心所欲地享用可怜的罗布地区总部所提供的钱物。幸运的是，这个新按办的"革命"政权注定是短命的，我从且末带来的给他的介绍信，如同给他前任的介绍信一样，都未能派上用处。此后不到一个星期，从北边遥远的焉耆来了一小支东干军队。派遣军队维持治安这件事本已预先告知原先的按办，并要求他给予协助。但军队来得太迟了，以致原先的按办在"革命"中丢了命。然而谋杀他的那帮人也很快得到了报应。这支由一个年轻有为的军官指挥的东干军队，在夜里悄悄地进入了同样可通融的伯克所居住的瓦石峡绿洲，对"革命党人"发动了突然袭击。大部分"革命

若羌的"革命"统治

407

党人"在睡梦中被杀，其头目也在进行了短促的抵抗之后被处死，其余的人都被俘获。若羌又一次平静了。肉孜伯克作为合法政府的支持人，又一次展现出他的热忱，他带人设了一个埋伏，以防备可能从且末流窜来的另外的"革命者"。这些"革命者"有可能完全不知若羌已经发生的一连串事件，想趁火打劫，掠夺"官府"的财物。忠于职守的肉孜伯克爽快地放行了我们，使我们在当天就通过了瓦石峡，为以后在若羌进行的考察争取了时间。

事件爆发的历史意义　　这个短命的叛乱故事之所以值得我在这里简短地记录下来，是因为它不但有着准历史的意义，而且就像以后证明的那样，若羌发生的这些情况对我冬天的工作计划产生了一些影响。这次叛乱是 1912 年以来爆发的一连串事件中的最后一次，威胁到当地局势的稳定，扰乱了塔里木盆地和平和正常的秩序，其过程也表明了当地民众的软弱性，由此从外面来的冒险者即使不是孔武之人，也很容易获得当地人的服从①。我在下面要解释的是，这些地方事件的发生而引起的行政管理上的混乱，最初如何阻碍了我的考察准备，后来又证明这正好可借以托词，以逃脱官方对考察的阻挠。

瓦石峡遗址　　1906 年 11 月，我首次经过瓦石峡的时候就已考察了其以西的遗址，并在《西域考古图记》中进行了详细叙述②。这次是我第二次对该地进行简短的访问，除重新查看以前考察过的遗存外，还发掘了几处不重要的建筑遗存。距《西域考古图记》描述的一处建筑遗存不远，有一红柳包，已露出

---

①　年轻精干的中国指挥官及其少数东干兵深夜袭击"革命"分子的方式，与公元 73 年班超采用突然袭击的方法有些类似。班超率领仅有的 36 名士兵趁着夜色袭击了毫无防备的匈奴使者的营地，并把他及所有随从一并消灭。参见沙畹《汉三将》（*Trois Generaux Chinois*，*Toung-pao*）218 页以下，1906年。

②　参见《西域考古图记》第一卷 306 页以下。

里面另一个小型建筑的土坯墙，土坯尺寸为 18 英寸×9 英
寸×3 英寸。距其东北面约 200 多码，散布着一层骨骸，其
所在地有红柳包保护，说明葬于此地的死者不是伊斯兰教
徒。其证据之一是该地中间高约 6 英尺，上面有段残墙，长
约 15 英尺，现存高度为 8 英尺多，可能是墓地的一段围墙。
其土坯尺寸（18 英寸×4.5 英寸）较大，比《西域考古图
记》中描写的居址用的土坯还要大一些。

　　在红柳包间的裸露风蚀地上散有塔提的残物，从中拣拾
出玻璃、金属质地的小件器物，其中特别要提到的是灰色硬
陶器残片，大部分有蓝绿色的釉（V.S.015、018、019，图
版 LI），有些上面还有细微的冰裂纹（V.S.014）①。它们在
特征上与我以前从该遗址采集到的标本非常接近，霍布森先
生鉴定其年代为宋代②。另一些精美的硬陶器残件，呈深褐
色（V.S.07··012），与唐代的陶瓷制品非常相似。从该遗址
中获得的唯一的钱币是一枚崇宁时期（公元 1102—1107 年）
的中国钱币，其年号证明了我根据前次考察获得的钱币得出
的该遗址下限至公元 12 世纪的结论③。

　　在《西域考古图记》中，我已经讨论了关于瓦石峡遗址
即是"新城"的证据。《唐书》曾提到粟特血统的首领康艳
典（K'ang Yen-tien）曾一直居住在"新城"里，我从敦煌
千佛洞中发现的公元 885 年的中国地理文书中也有类似的说
法，因此我们可把"新城"的创建年代定在公元 627—649
年这一时期④。在《西域考古图记》中，我还记述了第一次

瓦石峡的塔提
遗存

瓦石峡的新城
遗址

①　参见《西域考古图记》附录 D。
②　参见《西域考古图记》第一卷 307 页、316 页。
③　参见《西域考古图记》第一卷 307 页。
④　参见《西域考古图记》第一卷 306 页；伯希和《亚洲学报》119 页以下，1916 年 1—2 月。

考察时形成的关于这片小绿洲自那以后间歇性扩展的印象，即当地最后一次发生叛乱后，清王朝收复塔里木盆地，在老遗址东面约 5 英里的地方建立了新的城镇①。

瓦石峡耕地的扩大

尽管这次考察如同过去一样简单，但在知识丰富的肉孜的引导下，我还是对 1909 年以后瓦石峡的发展做了一些重要的观察。穿过名叫阔纳河（Kōne-daryā，意为老河——译者）的夏季洪水河道之后，我们即来到了新开垦的土地西缘，发现田地耕种良好，种上了幼小的杨树和果树，其地不仅向东延伸出 1.5 英里，而且由南向北进一步向外延伸。上次考察时我在一个小谷仓和官员休息室附近见到了几处塌落的棚屋，而现在代之出现在村落中央的是较多的结实住房，其中包括伯克的宽敞住屋和一座较规整的清真寺。所有这些建筑使用的木头均是野生白杨木，雕刻精美。我在那里遇到一群富态的耕种者，与 1906 年见到的少数几个自称是定居者的男人形成强烈的对比。这表明肉孜伯克的移民规模已扩大了不少，据称户数在这几年中已从 20 户增加到约 127 户，这个说法当与实际情况相差不远。

瓦石峡的灌溉水源

1 月 7 日早晨，我沿着已经整修过的主渠，来到了距肉孜伯克房屋南约 2 英里的渠首。渠宽 14 英尺，深 2 英尺，完全证实他所说的渠中一年四季均有 4 塔什（Tāsh）或磨石（Millstones，指水磨转一圈所需的水流量——译者）水量的说法，而在春季，渠中的流量更大，达 15 塔什，大大超出了春季灌溉所需的水量。据说，从 6 月至 9 月，阿克苏水量很大，除注满渠首处的宽达 170 码以上的名叫库木河（Kum-daryā）的主河道外，还注进遗址以东的两条老河床。

---

① 参见《西域考古图记》第一卷 309 页；《沙漠契丹》第一卷 334 页以下。

　　根据上述情况，古遗址所在的西边老绿洲的废弃显然不能归因于河水的急剧减少。按照肉孜伯克的说法，现今仍能找到很长一段古渠道，商道曾从此穿过。事实上，它远通至瓦石峡河流至沙砾缓斜坡地的地方。旨在保护渠道的一道石筑堤坝仍在那里，亨廷顿教授已证实过这一点①。古渠的宽度为新渠宽度的一半，根据肉孜伯克的意见，其引水量还不到河中现有的那点水量。但因为新河道的深度比老河道要大得多，所以不可能恢复旧水渠系统。

可找见的古渠道

　　我要在此提到的是，据肉孜伯克报告及残存的遗迹，在瓦石峡河流出山区的地方，即在现已不能通行的极狭窄的瓦石峡峡谷上，古时曾架有木桥，古道即经过此桥通向名叫苏拉木亚依拉克（Sulam-yailak）的高山牧场。现在通向这块牧场的是另外一条艰难小道，它沿着塔什萨依（Tāsh-sai）的狭窄河谷而行。据说，在车尔臣河- 瓦石峡的商道以南的高沙丘间，仍可找到由车尔臣河及东边的乔库尔恰甫（Chukur-chap）溪流哺育的古渠的痕迹，但肉孜伯克自己却未曾见过。这个精力充沛的拓荒者还相信，从塔什萨依河（源自喀拉苏泉水）可输水至灌木覆盖的恰袢喀勒迪（Chapan-kāldi）平原，从而计划在那里开辟新的耕地。他在瓦石峡的投资冒险已经获得成功，上一季他所收获的谷物达2 000多恰拉克（Charaks，接近32 000磅），这极大地鼓舞了他。

古道和古渠的遗迹

---

　　①　参见亨廷顿《亚洲脉搏》222页。

在且末购买的器物

Char.02 水晶珠。长方形，有切削的斜面。据说发现于亚勒古孜墩附近。$\frac{1}{2}$ 英寸×$\frac{5}{12}$ 英寸×$\frac{1}{4}$ 英寸。

在瓦石峡遗址发现的遗物

V.S.01 带印的红铜（？）指环。有圆形宝石嵌座，其边沿均匀地排列着四个尖突。圆窝中深刻徽章。保存较好。直径 $\frac{11}{16}$ 英寸。

V.S.02~05 4 块玻璃残片。暗绿色。似 V.S.06，除可能属于 06 的 02 外，均比 06 要薄。最大残片 1 英寸×$\frac{3}{4}$ 英寸（03），厚 $\frac{1}{16}$ 英寸。

V.S.（城堡）06 玻璃器颈部残片。暗绿色。贴有波浪形带纹。直径 $1\frac{1}{2}$ 英寸，高 $\frac{3}{4}$，连条带厚 $\frac{1}{2}$ 英寸。

V.S.07~012 6 块釉陶片。也许是同一碗的残片。米色泥陶，两面均有深褐色釉。010、011 为器腹残片，素沿，外表饰有两根突出的条纹，均作波浪起伏状。012 为器底，较厚，外表带有不规则的流釉，内面釉呈条状。09 为器底中部，外表未上釉，与《西域考古图记》第三卷 1107 页 S.0031 相同。有汉字。011 最大，尺寸 $1\frac{13}{16}$ 英寸×$1\frac{13}{16}$ 英寸，厚 $\frac{5}{32}$~$\frac{3}{8}$ 英寸。

V.S.013 玻璃器残片。呈橄榄绿，多起泡。$1\frac{1}{8}$ 英寸×$\frac{3}{4}$ 英寸×$\frac{1}{20}$ 英寸。

V.S.014 釉陶片。碗沿及器腹残片。米色玻璃样胎质，两面均有微裂的釉层，口沿部呈褐色，往下渐成淡紫色。1 英寸×1 英寸×$\frac{3}{16}$ 英寸。

V.S.015 釉陶片。泥质灰陶，两面均有暗蓝色厚釉。类型相同但釉较次的残片，参见 V.S.019（图版 LI）。$1\frac{1}{2}$ 英寸×$\frac{7}{8}$ 英寸×$\frac{1}{4}$ 英寸。

V.S.016　陶片。泥质陶，表面黑色，胎呈红色，胎芯为黑色层。$1\frac{3}{8}$ 英寸×$\frac{5}{8}$ 英寸×$\frac{5}{16}$ 英寸。

V.S.017　粗糙的玉片。淡绿色，一面磨光。$2\frac{1}{4}$ 英寸×1 英寸×$\frac{1}{4}$ 英寸。

V.S.018　釉陶片。玻璃样胎，两面均有很薄的淡绿色透明釉，上带裂纹。$\frac{3}{4}$ 英寸×$\frac{7}{16}$ 英寸×$\frac{1}{10}$ 英寸。

V.S.019　釉陶碗底残片。小圈足。泥质黑陶，上有调制得不太好的绿—蓝色厚釉。外表流釉的地方厚近$\frac{1}{4}$英寸。圈足摩擦光滑。类似的器形参见《西域考古图记》第一卷 316 页 V.S.0022、0023。$2\frac{1}{4}$ 英寸×$\frac{3}{4}$ 英寸×$\frac{1}{4}$ 英寸，足径 $1\frac{1}{4}$ 英寸。图版 LI。

V.S.020　米色大理石（？）残块。厚度均匀。$2\frac{3}{8}$ 英寸×$1\frac{1}{2}$ 英寸×$\frac{3}{8}$ 英寸。

V.S.021　陶片。泥质红陶。略呈玻璃化。外表大部分已碎裂。$2\frac{1}{8}$ 英寸×$1\frac{5}{8}$ 英寸×$\frac{5}{16}$ 英寸。

V.S.022　陶片。泥质红陶，淘洗得很好。$1\frac{11}{16}$ 英寸×$1\frac{11}{16}$ 英寸×$\frac{3}{8}$ 英寸。

V.S.023　陶片。泥质黑—红陶，淘洗得很差，烧后呈黑色。2 英寸×$1\frac{1}{4}$ 英寸×$\frac{5}{16}$ 英寸。

V.S.024　长方形木块。中心有孔，右边有汉字。已开裂，已褪色。$1\frac{3}{4}$ 英寸×$\frac{1}{2}$英寸×$\frac{3}{8}$英寸。

V.S.026　大陶片。泥质红陶，饰有阴刻的弦纹及大的装饰图案。制作较粗。$4\frac{7}{8}$英寸×$3\frac{3}{4}$英寸×$\frac{1}{2}$英寸。

V.S.027　大陶片。口、肩部残片，厚沿微卷，短颈，器身外鼓。泥质红陶。5英寸×$3\frac{5}{8}$英寸×$\frac{3}{8}$英寸。

V.S.028　陶片。泥质红陶。$2\frac{3}{4}$英寸×$1\frac{1}{2}$英寸×$\frac{1}{4}$英寸。

第二节　阔玉马勒和巴什阔玉马勒遗址

到达若羌

　　沿着马可·波罗及他以前其他旅行者所走的商道，经过两天行军，我终于在 1914 年 1 月 8 日到达若羌。从我 1906—1907 年的访问中，我已经注意到了这片小绿洲的资源非常有限，但它是罗布地区唯一重要的居民点，也是该地区的行政总部。正是在此，我得采买所需的物资及租用骆驼和雇用劳力，这些都是我今后三个月内在塔里木河末端沼泽地带以及与敦煌之间的沙漠从事考察活动所必需的。尽管我对执行这次任务面临的困难有所准备，但最近的动乱及其所造成的影响已经严重地加剧了这些困难。

后勤供应的困难

　　来自且末的"革命"突然爆发后，东干军队很快于 12 月 29 日晚上发动突然袭击，从而镇压了"革命"，他们"无意地"杀了按办的几个合法的汉人随从，自此那里就没有什么文职的管理人员了。在这种局势下，我们显然不能指望从懒散的罗布里克人（即垦地的大部分主人）以及他们懒惰的伯克那里得到什么有效的帮助。在我到达后的几天内，大批的东干军队从此地经过，他们是从焉耆派去镇压在克里雅及和田中国驻军中大量"革命"分子的。随之而起的物资需求对资源本已匮乏的若羌来说犹如雪上加霜，加重了后勤供应的困难，严重地影响我们补充给养及几个小组的交通工具。我在若羌停留了六天，费尽周折才弄到一小部分必需品。尽管我有几个罗布里克老朋友的帮助，例如吐尔逊巴依（Tursun Bai，现在又一次成为我的房东），但我仍感觉到万分焦虑，度日如年。假如当时我能认识到"革命"的骚动对我避开官方干扰来开展考察恰好有利，我也许会少一些烦恼。

在《西域考古图记》中，我已讨论过若羌的近代历史和现在的局势，还叙述了该绿洲中残存的少量早期居址①。我还详细地考察了若羌在罗布地区历史地理学上所居的地位，它即是中国古书所载的楼兰或鄯善，并指出了把它确定为马可·波罗所说的罗布城，玄奘所述的纳缚波（Na-fu-po，即罗布），以及唐书所记的石城或石城镇的各种理由②。至于它的早期，我已经说明它可能是《汉书》和郦道元《水经注》中提到的鄯善或楼兰国都城伊循（I-hsün），而公元前77年建立的中国军事基地的遗址则一定要在现在若羌的绿洲范围内去寻找③。

若羌的历史地理

尽管我在若羌的停留时间直接取决于上面提到的实际困难，但我仍幸运地把时间花在了有益的考古工作上了。在这

若羌的古遗址

① 参见《西域考古图记》第一卷 311 页以下。
② 参见《西域考古图记》第一卷 318 页以下。
③ 参见《西域考古图记》第一卷 325 页以下、342 页以下。

一绿洲范围，可找到的古代建筑物仅一处，其位置在《西域考古图记》已经描述过的遗址的后面。它是一座坚固的土坯垒砌的小丘，直径有 15 英尺，位于城墙或斯皮勒（Sipil）遗址的中心附近。据其形状和大土坯的尺寸（18 英寸×19 英寸×3$\frac{1}{2}$英寸）来看，它应是一座佛教塔基遗存。在垦殖区的南边，我还找到了以前疏忽的两处较重要的小遗址，1910—1911 年时日本旅行者橘瑞超（Tachibana）先生曾到此考察过，迹象表明其表面都被翻寻过。

沿着若羌河主河道右岸走约 1 英里，我来到了名叫阔玉马勒的带围墙的小遗址，其地点是在现垦殖区南边的一处沙砾覆盖的冲积平原上。残墙用土坯砌成，厚约 8 英尺，平面呈不规整的四边形，其东面 218 码的地方（附图 8），两墙已被河水完全侵蚀，其他几面的长度也不能确切地测量出，已不清楚围墙围起来的这块地方是方形还是长方形。其中心较高，无疑是一座塔基（28.3 英尺见方，高约 14 英尺），所用土坯尺寸为 17 英寸×9 英寸×4 英寸。在塔基和围墙间的北面、南面和东面，可找到宽 4 英尺多一点的一条过道（附图 8）。

阔玉马勒遗址　　距塔基西边约 9 英尺的地方有两间小佛殿，每间长约 20 英尺，宽 9 英尺，台阶约宽 8 英尺，似乎向上通向塔基。但是因为塔基西面的所存的泥瓦墙已塌落至约 1 英尺的高度，因此其详情不得而知。不管怎样，在每间佛殿的西墙上均还可找到五个小龛，龛间彼此用泥塑壁柱分开，龛中均保留有泥塑站像的双脚（图 111）。离台阶北边最近的小龛中带袍泥塑像膝部以下尚存，存高有 14 英寸。佛殿近台阶底脚处均有一个长方形木柱础，其尺寸为 16 英寸×10 英寸，上面有圆形突起。

从覆盖佛殿的瓦砾堆中出土了大量的彩绘灰泥残块（Koy.I.05～046），多数残片上绘有莲花或莨苕类的鳞状图案，无疑是花草背景壁画的一部分。编号为 Koy.I.03 的木画残块，上绘植物主题，可能是柱础上方木柱上的绘画残块。在几块木雕刻残块中，应提到一块镂空的木雕块，编号为 Koy.01（图版 XVI），是涂金的右手的一部分，其手大小似真人手。Koy.I.02（图版 XVI）上绘的手掌仍清晰可见，应是佛像的残块。在泥雕残块中，有些是属于已经提到过的雕像，Koy.I.049 即是绘有织锦衣褶的手臂或腿部的残块。从所有这些残余物的情况可以分析出，该佛寺曾被有意破坏过，原因或许是为了弄取木材。

佛塔中出土的
遗物

距上述佛寺遗址西南约 30 码，有一座低矮的丘堆，从出土的遗物来看，明显是一座小型僧房建筑遗存，编号为 Koy.II。僧房墙用土坯砌成，现高 1～2 英尺。附图 8 中的详细平面情况可说明房间的平面布局，其中几间有可坐或可睡的土台。南排的小房间，很明显被橘瑞超先生翻寻过。西边和东边的房间除可能是镜子的铜圆盘残块（Koy.II.ii.01）外，未发现什么东西。大房间 I（27 英尺×24 英尺）可能是僧伽（Saṃgha）们集合的场所，在那里发现了书写有梵文和笈多体早期婆罗米文的大量棕榈叶残片，其中包括手写得非常潦草的菩提叶的左边部分（Koy.II.i.09，图版 CXXI；据本书英文版"补遗和勘误"，Koy.II.i.09 应为 Koy.i.09——译者）①。此外，在同一房间中，靠南墙坐台的边缘附近，还发现了用梵文和笈多字体书写的桦树皮残块（图版 CXXI）。

僧房建筑遗存

---

①　这些手稿残片的记录，见附录 E 中的目录大全。

围墙内 　　　除刚才叙述的两处遗存及 Koy.II 西边几乎毁坏无存的一
处长方形建筑外，围墙内未发现别的建筑遗存。在其西北
角，有一片洼地，直径 70~80 英尺，周围有沙砾堆，明显是
从河流引水的一处池塘（涝坝）。但更奇特的是如平面图
（附图 8）所示的几排粗石，把围墙内的地方分成不规整的
棋盘形。有些排石与自中心建筑开始的小路相平行或交成直
角，其用途似乎是用来划分土地区块的。排石本身初看起来
似乎是墙基，但石头放置得太松散，且排列得非常图表化，
所以不太可能是墙基石。那时，我曾猜想可能用来布局设
营，因为其方式与印度平原营地通道常用白绘石头和砖头分
开的做法相类似。但不管怎样，正如平面图所表明的实际情
况那样，没有别的证据可以支持这种猜测。

围墙内的几排
石头 　　　根据现在新疆绿洲果园的情形以及在前述尼雅遗址中找
到的早期葡萄棚架遗存，我们认为，这些迷宫似的排石（即
以这些线条排列的小石堆），很可能是用来支撑、加固葡萄
棚架的[①]。从此我们联想到我从敦煌千佛洞中带走的编号为
MS.Ch.917 的遗书，在这本公元 885 年的中国地理学著作中，
曾提到若羌附近的一座"石城"（Shih-ch'êng）。正是从这遗
书中，伯希和摘译了有关鄯善或罗布的一小段记载："葡萄
城（P'u-t'ao-ch'êng，蒲桃城），（从此城）南行 4 里至石城
坚固之地。此（指葡萄城——译者）为康艳典所建，于城中
种植葡萄，所以称葡萄城也。"[②]

葡萄城的位置 　　　其记载可能有一个错误，因为根据它的说法，人们只能
到石头城或若羌以南约 4 里的距离去找由粟特首领在阔玉马

[①] 参见本书第四章第四节。

[②] 参见伯希和的文章：*Le Cha-tcheou tou tou fou t'ou king*，《亚洲学刊》第 123 页，1916 年 1—2
月。

勒遗址所建的"葡萄城"。但是检查从各遗存中出土的遗物，我未发现令我自己满意的任何确切的证据，也缺乏指明该遗址曾在唐朝早期使用的文书残片①。

南边名叫巴什阔玉马勒的遗址，面积较小，但显现出一些重要特征。它位于沙砾平原之上，在阔玉马勒南西南方向约 1.75 英里，位于结有冰层的较浅的（若羌河）支流的后面。若羌河主河道（宽约 25 码，水从河道中间下流）的西岸是一座非常陡峭的高约 25 英尺的沙砾高原，其东北端俯视着若羌对面的塔提让水渠的渠首。渠首处有一座城堡遗存，其形状呈半月形，从高原边的尖端向南伸出 205 英尺（见附图 9 的平面草图）。从现存的残墙部分来说，不是圆形，而是显现出六边形，从外面丈量每面约 45 英尺。如果城堡平面原来就是六边形，那么整座城堡的直径接近 210 英尺。

围墙厚 4.9 英尺，用土坯（17 英寸×9 英寸×4 英寸）砌成。西面的围墙保存得最好，仍有 6 英尺多高。其他各处则已塌落成一座低丘，但其原有的厚度通过发掘仍可找到。墙外有洼地，应是壕沟。北面和南面的围墙在至高地边缘时突然中断。这里是高地边缘，直下河床，说明城堡的围墙以及围入的东半部，由于紧靠河流右岸，受到河流长时间的冲刷而被冲掉了。

这一结论可用高地边缘或近河岸遗留的厚墙（平面草图中标为 II）所证明。此墙厚约 10 英尺，长 50 多英尺，正位于围墙遗址的中心（图 109），其位置说明它可能是古堡的

巴什阔玉马勒遗址

围墙遗迹

① 我获知并实地见过的唯一的古遗址，名叫托格拉克里克（Toghraklik），是位于一块荒地后面的一处围墙遗址，距若羌巴扎约 2.5 英里，正处于向北通向罗布泊的主道上。它的垛泥墙高 5~6 英尺，形呈规则四边形，面积为 90 码×80 码。在其内外我未找到任何遗物。

中心部分或塔楼（Tower），形状可能是方形，遗憾的是其他的墙由于靠近河流而被冲失了。古堡西边两条围墙的交合处有一道 7 英尺宽的大门，由此可进入小堡的内部。在从大门到中心建筑断墙的南边，有一个被严重破坏的丘堆，我们在发掘中发现，它是呈方形的周有回廊的塔基或寺院（在平面草图中标为 I，见附图 9）。

塔基遗存　　如图 107 所示，如同在阔玉马勒遗址发现的那些建筑那样，塔基用砖坯（17 英尺×9 英尺×4 英尺）垒砌而成，12 英尺见方，中心仍高达 9 英尺。可能是因为"寻宝人"的盗掘，塔的各面均已被严重破坏。我们在塔基的东面找到了台阶，其余各面均发现残留的灰泥浮雕装饰，即每面各有五个小龛。这些壁龛均已残损，高不超过 1.5 英尺，宽为 2 英尺，龛间用半露柱隔开，也许和米兰佛寺 M.II 的壁龛处理方法相似[1]。北面和西面的一些壁龛中还残留有泥塑小像的双脚。

印度文手稿的发现　　在西北角左边壁龛下的重要发现是一块放在丝绸上的大菩提叶（见图版CXXI，据本书英文版"补遗和勘误"，应改为"见 B.Koy.i.20，图版 CXXL"——译者）。此叶保存很好，尺寸为 12 英寸×5 英寸，叶面包有一层白色的物质，两面有用梵文和优美的笈多体婆罗米文书写的一篇佛经[2]。据我所知，它是目前发现的第一件用印度语文字书写的丝绸标本。如尼尔乔斯证实，印度用棉织品作为书写材料[3]。从塔基西面的底脚处，出土了大量的用梵文书写的桦树皮小碎片。同时，在西南附近还出土了一些棕榈叶文书小残片。这些桦树皮和棕榈叶的梵文书稿残片，在阔玉马勒和巴什阔玉

---

① 参见《西域考古图记》第一卷 485 页以下，图 120。
② 此页及其他手稿遗存的描述，见附录 E。
③ 参见比勒《印度古文字》（*Indische Palaeographie*）88 页。

马勒遗址均有发现，特别重要的是它们说明这些东西应是由近道（至今仍有从若羌经西藏高原通向南面的近道）从印度进口而来。其古文字的书写特征说明该佛寺及其附近的小堡的使用年代是唐代早期。

遗址的大致年代

　　属于这时期的发现还有泥雕像残块，包括近真人大小的佛头残块（B.Koy.i.05，图版 XX）和另一些木头和灰泥的小遗物，它们都发现于塔基，已附录于下面的器物名录之中。特别要提到的是大量彩色丝绸残片（B.Koy.01），其中一块写有一个汉字，明显是还愿幡旗上的残片。围墙的内外还可见到一些小建筑的残墙。在清理时，除了屋顶材料及粗糙的木雕块，如寺院附近发现的木桩和木栓（B.Koy.i.06、07，图版 XVI），未出土别的遗物①。北围墙西北约 50 码的地方，还有一处已遭严重破坏的遗存，即 III 号小型附属住房，里面什么也没有发现。

围墙和佛寺的用处

　　关于围墙的确切用途，目前没有什么直接的证据。但值得注意的是，它位于若羌到若羌河谷谷口通向昆仑山脉最北面高原的小道上。此外，它也是位于很难维持耕种的一个地点。由此我推测，此处围墙遗址是用来保护南边山区通向这块绿洲的通道的防御哨所。同时，它里面有小型佛寺，靠近现在还在灌溉当今若羌绿洲的沟渠渠首，就像在新疆绿洲的"苏巴什"（此处为音译，意为水之头——译者）上通常会发现佛教寺院遗址，后来又修建伊斯兰教徒墓地那样，所以很可能是耕作者祈求给他们的土地带来充足灌溉用水的拜佛场所②。

---

　　①　这些木桩与某些楼兰佛寺发现的装饰性钉桩比较（参见《西域考古图记》第一卷 398 页，第四卷图版 XXXV，L.B.II.002；IV.002），它们用于把木梁及嵌板加固于木框架上。

　　②　参见《古代和田》第一卷 109 页；《西域考古图记》第三卷 1151 页以下、1155 页；本书第二章第五节，第三章第一节。

图106　在且末通来的道路路口驻守的瓦石峡人

图107　从西北望巴什阔玉马勒的寺院或佛塔遗址

图 108　捆扎从米兰遗址佛寺 M.V 壁上揭取下来的壁画

图 109　巴什阔玉马勒城堡中心附近的墙壁

图 110　民工们正从米兰遗址佛寺 M.V 壁上揭取壁画

图 111　阔玉马勒佛塔底部小佛龛内残存的雕塑

图 112、113　米兰遗址佛寺 M.V 内圆形走廊西北壁上的部分彩绘

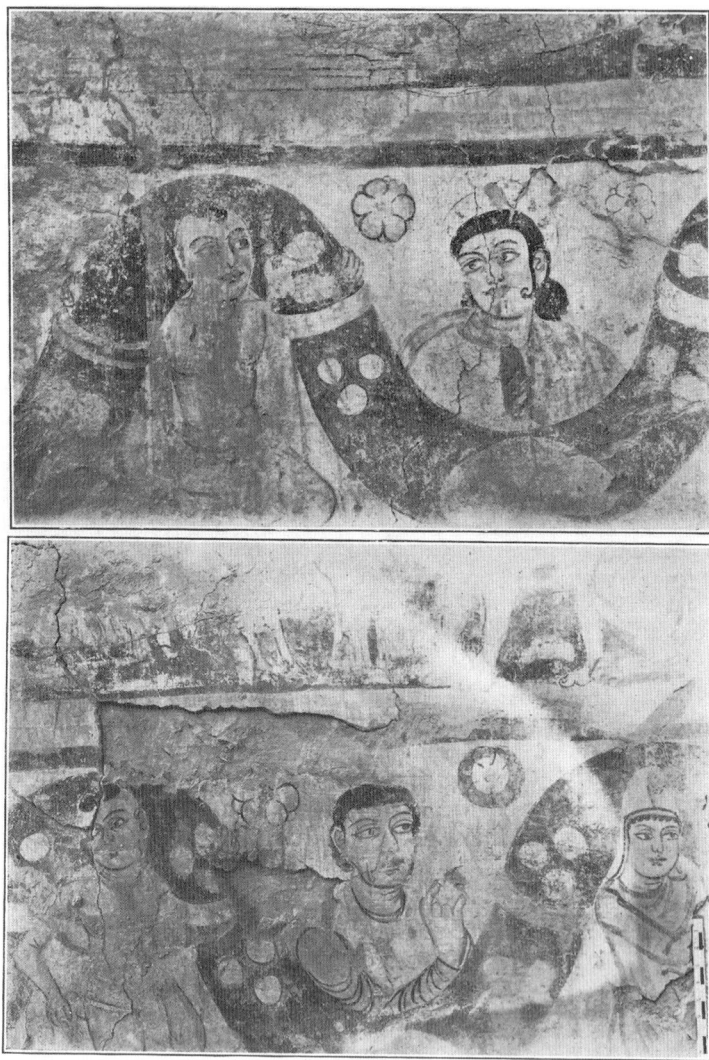

图 114、115　米兰遗址佛寺 M.V 内圆形走廊西北壁上的部分彩绘

阔玉马勒佛寺遗址出土的遗物

Koy.01　木雕残块。可能是镂空木雕残块。顶部素边，下部是镂空图案的叉部，上有珠宝或鱼卵形装饰，叉部上方有素面的长方形块。可能是佛像上方顶篷的残件。$4\frac{3}{4}$ 英寸×$1\frac{5}{8}$ 英寸×$1\frac{1}{4}$ 英寸。图版 XVI。

Koy.I.01　4 块木画板残件。用绿、黑和白色彩绘。内容不清。木质已腐。最大尺寸 $6\frac{3}{4}$ 英寸×$1\frac{1}{16}$ 英寸×$\frac{5}{16}$ 英寸。

Koy.I.02　佛像右手残木件。涂金，真手大小。残有两根中指、半根小指、手背和手腕，手心已裂形。有小榫钉透过手心。第二指指根处也有一枚小榫钉，很明显是为了加固于手掌。参见《西域考古图记》第四卷图版 CXXXVII 中的 Mi.XViii.004。手指微曲，并逐渐变细。手指均带有装饰的指甲。指间的联蹼清晰可见。制作较好，保存良好。12 英寸×3 英寸。图版 XVI。

Koy.I.03　灰泥残件。泥塑佛像头发部分，带小的螺旋形拳曲。有蓝绘痕迹。白色灰泥质。$2\frac{1}{2}$ 英寸×3 英寸。

Koy.I.04　泥塑残件。圆脸，带有黑彩痕迹（？），有未带彩的卵形斑点。不知何用。4 英寸×$3\frac{1}{4}$ 英寸×（最大高度）2 英寸。

Koy.I.05～046　壁画残块。制作风格和彩绘颜色均相同，明显来自同一壁画，图案为大的花草背景。多数残块用灰、铜绿、粉红或浅黄色作底，上用粗黑线勾画重叠的莲花瓣，例如 013、014、016、018、039～041 等。另一些残片以米色为地，绘有铜绿或粉红色的装饰条纹，其轮廓线和折痕同样用粗黑线条勾画，例如 05～07、029、031、034、036、042、043、045 等，046 标本画的是直线的边沿部分，带有连续的暗粉色叶饰，叶饰的轮廓线和叶脉呈棕色，底呈深粉红色。两边各有一道铜绿色的条带。标本 I.09～011（拼合）为黑色壁画残块，表现的是类似的莨苕叶条纹，轮廓线用白色勾画。所有壁画均画在泥墙上，易碎。最大残片 $8\frac{1}{2}$ 英寸×$5\frac{1}{2}$ 英寸（046）。

Koy.I.047　**壁画残块**。画有人面轮廓。损毁严重。3 英寸×$2\frac{3}{4}$ 英寸。

Koy.I.048　**泥塑残块**。1 英寸浮雕条纹，边线内有 $\frac{1}{2}$ 英寸的浮雕沟槽。内面已残失。以浅淡的米色彩绘，并缀饰用黑线勾画轮廓的铜绿和米色的花朵。参见 Koy.I.049。用掺杂山羊毛的软黏土塑成。易脆。5 英寸×2 英寸×1英寸。

Koy.I.049　**彩绘灰泥残块**。高浮雕的手或足，绘有淡粉色衣褶，带有粉红和蓝色的花胶泥。泥质（安德鲁斯先生用石蜡处理过它）。5 英寸×$3\frac{1}{2}$ 英寸，（浮雕）$2\frac{1}{2}$ 英寸。

Koy.I.050　**泥塑残块**。可能是坐像的足，黏土质，易脆，表层是带纤维的软泥，绿绘。磨光，已风化。7 英寸×4 英寸×（浮雕）$3\frac{1}{2}$ 英寸。

Koy.i.01、02　**2 块壁画残片**。白底黑绘，性质、用途等不清。黏土质。大残片 2 英寸×$1\frac{1}{2}$ 英寸。

Koy.i.03　**彩绘木头残块（垂直的剖面）**。绘以植物图案，是莨苕叶和两个粉红色涡纹（其一已残失），中间的根部长出绿色浆果。其上下有粉红色和棕色的涡卷形叶子。深粉红色底，轮廓用黑线和粉白色线条勾画。类似于意大利装饰。1 英尺 $1\frac{1}{2}$ 英寸×$1\frac{5}{8}$ 英寸。

阔玉马勒僧房中出土的遗物

Koy.II.i.01~04　4 块釉陶碗残片。泥质粗红陶，01 外表有淡绿色釉，带黑线。02 腹壁与平底间的残片。下面上釉，无圈足，表裹沙碱。最大高度 $1\frac{3}{4}$ 英寸（02），弧长 $4\frac{3}{4}$ 英寸，厚 $\frac{1}{4}$ ~ $\frac{1}{2}$ 英寸。

Koy.II.ii.01　青铜残片。圆盘状，可能是镜子的残片。未刻花纹图案，已锈蚀，原直径约 $7\frac{1}{2}$ 英寸。

巴什阔玉马勒佛寺遗址出土的遗物

B.Koy.01　平纹丝绸残片。幡旗的残片。红、白色，有一片为黄色。在一件白色的残片上有用粗黑体书写的汉字。在黄片上，有黑绘标记。易碎。有字的残片尺寸 $1\frac{1}{4}$ 英寸 × $\frac{3}{4}$ 英寸。

B.Koy.02　泥塑残块。手或足的残块，圆雕，内芯为芦苇。粉红色彩绘，黏土质。长 6 英寸，直径 $2\frac{1}{2}$ 英寸。

B.Koy.03、04　泥塑残块。粉红色彩绘亚麻折衣褶。黏土质，中掺植物纤维。最大尺寸 3 英寸 × $2\frac{3}{4}$ 英寸（03）。

B.Koy.05　泥塑残块。微弯曲，涂金，黏土质，掺纤维。$3\frac{1}{2}$ 英寸 × $4\frac{1}{2}$ 英寸。

B.Koy.06　木头残块。扁平，菱形，一端带有圆形榫舌。$2\frac{7}{8}$ 英寸 × 1 英寸 × $\frac{1}{4}$ 英寸。

B.Koy.07　木构件。梨形，粗端有榫舌。高 $4\frac{1}{2}$ 英寸，最大直径 $2\frac{1}{4}$

英寸。

B.Koy.08 泥塑残件。头像残块，上塑浓密的"菊石"（鹦鹉螺化石）状拳曲头发。黏土质，易脆。$6\frac{1}{2}$ 英寸×6 英寸×$3\frac{1}{2}$ 英寸。

B.Koy.i.01 木头残块。一面（残损）浮雕斗拱额枋，凹处有彩绘痕迹。4 英寸×$1\frac{3}{8}$ 英寸×$\frac{7}{8}$ 英寸。图版 XVI。

B.Koy.i.02 木头残块。长方形端头，一面的三边削角收剎。$4\frac{1}{8}$ 英寸×$1\frac{1}{2}$~1 英寸×$\frac{7}{8}$~$\frac{7}{16}$ 英寸。

B.Koy.i.03、04 壁画残块。已裂为两块，土色底，边上有红色或绿色彩绘的条带，有一黑绘的团块，也许是头发或衣褶。9 英寸×$4\frac{1}{2}$ 英寸。

B.Koy.i.05 泥塑佛头像。残。近真头大小，粉红彩。容貌小，闭眼，额上有吉祥记。黏土质，掺杂纤维，易脆（已用石蜡处理过）。高 6 英寸，（最大）宽 $5\frac{3}{4}$ 英寸，（最大）浮雕约 $3\frac{1}{2}$ 英寸，图版 XX。

B.Koy.i.06、07 2 条木足。剖面呈方形，大方头，顶和底作斜面。制作粗糙。长 $6\frac{3}{4}$ 英寸，头长 $2\frac{1}{2}$ 英寸，头最大宽度 $1\frac{3}{4}$ 英寸。图版 XVI。

第三节 重新在米兰探险

从若羌出发　　　我感到高兴的是，由于雇到了较多的劳力，于 1 月 14 日傍晚就完成了对刚才叙述的若羌附近的两处遗址的清理工作。由于军队经若羌前往克里雅镇压"革命党人"，这片小绿洲呈现出少有的生气，但这种状况也给我进一步沙漠考察的准备工作，即筹措交通工具和后勤供应增加了困难。我更感到紧张的是日期的延误，因为我深知在向北出发前，我还要花一些时间在米兰遗址做一些辅助性的工作，所以用于完成主要考察任务的冬季时间非常有限。1月15日我们决定离开若羌前往米兰时，仅补充了少量的骆驼和食物。

我感到欣慰的是，我们在若羌停留的最后一天，分别四个月之久的拉尔·辛格平安地来此与我们会合了。他于（去年）9月份在其其克里克山口与我告别后，便按我的指示，急行军通过莎车及和田，于10月中旬开始了对昆仑山主脉喀帕段的三角测量工作（1906年我们作的三角测量仅到达此山脉的东端）。由于此项工作需在海拔较高的地区进行，而且这时候季节已经较晚，当地物资缺乏，所以工作难度较大。面对这些困难，这位满腔热忱的助手毫不畏惧，成功地沿着最北面的山体，进行了系统的三角测量及仔细的平板测绘，测绘的范围东西跨达5个多经度，直至罗布泊东北山区。这时，天气严寒，又有降雪，迫使他不得不停止那里的测量工作。他做的详细的调查测绘成果已收录在我第三次考察的地图"报告"中①。

尽管在严酷的气候条件下完成了上述的大量工作，但拉尔·辛格并未休止，又马不停蹄地开始用平板仪往敦煌方向进行测绘，此时沿着阿尔金山脉（Āltin-tāgh）外围低山丘陵的道路已是冰雪覆盖。他穿过我第二次考察时调查过的南湖小绿洲及北面的沙漠，最后循着罗布泊南岸的小道来此与我们会合。此路艰难异常，《西域考古图记》已对此作了充分

与拉尔·辛格会合

拉尔·辛格往敦煌方向做调查

---

① 参见《地图备忘录》28页、109页以下。

描述①，但如同马可·波罗的时代一样，它是商旅驼队穿越罗布沙漠的唯一可行之道，这是因为如同拉尔·辛格小组发现的那样，沿路有许多不结冰的盐水泉。拉尔·辛格他们由于不得不长时间地饮用这些泉水，因此深受其苦②。

回到米兰　　我们沿着 1906—1907 年两度走过的沙漠小道，经过两天的跋涉，到达了米兰，沿途未有新的发现。伸展于米兰河或江罕萨依（Jahān-sai）河东面的遗址自上次考察以来也未发生什么变化，它是"鄯善或楼兰王国"（相当于现在的罗布地区）最早的都城所在，在《西域考古图记》中，我们已详细地叙述了 1907 年对该遗址的考察以及出土的大量重要文物③，同时还讨论了米兰遗址在罗布地区历史地形学方面的作用等有关问题④。鉴于该遗址在历史上的重要地位，因此在讨论我们在此做的两个星期的补充性考古工作之前，我不能不说一下自我上次考察以来现代米兰发生的变化及其他所拥有的自然条件，因为它们不仅具有重要的地理学意义，而且对我们研究地方史也很有帮助。

米兰的耕作　　1907 年时，我发现米兰的垦殖区局限于长约 2 英里的一窄条地方，距河流洼地（在洼地中，米兰河分出几条向北的支流）的西岸较远，耕地分散且耕作不充分。向北走约一天，即到达塔里木河末端的阿布旦（Abdal）和库木恰普干（Kum-chapgan），这是由罗布里克渔民、猎户或牧民在此建立的小片移民点，种植小麦和大麦。耕作间歇进行，与他们

---

① 参见《西域考古图记》第二卷 549 页以下。
② 无疑，商旅驼队遇到的是同样的障碍，我在下面谈及我们在楼兰的干涸湖床旅行时会提到他们的不幸，参见本书第八章第三节。
③ 参见《西域考古图记》第七章第二至第九节，456 页、547 页。
④ 参见《西域考古图记》第一卷 324 页以下、343 页以下。

传统的半游牧生活方式相符合。我们在 1907 年时就听说，尽管塔里木河沼泽地在夏季时蚊虫肆虐，令人烦恼，致使有些罗布里克人在夏季时要在米兰住上几个月，但罗布里克人不在米兰常住。移民点垦殖区的北边紧挨着浓密的野生白杨和红柳树林，给这些勇敢的移民提供了足够的庇护。在阿布旦，像诺尔·穆罕默德伯克以及莫拉·沙赫（我以前去楼兰遗址的向导）这样的富人，对芦苇棚里的生活及财物已感到心满意足①。

当七年后回到同一地方，我惊喜地发现宽阔的河床左岸已建立起有 10 多户舒适人家的小村庄，其连绵的田地正向外延扩。像若羌的房屋那样，这里的房居均用结实的土坯垒建而成。从附近浓密的胡杨树林里伐来的木材，被大量地用作梁柱（图 126）。大多数房屋后面都种植着幼小的果树，村庄中心的开阔地上甚至还有官员的休息室（图 124），这是单独的一个大房间，带有围墙围成的庭院，给我提供了舒适的休息场所，特别是它可抵挡伴冬季罗布泊地区冰冷的寒风。这些变化，说明自上一两代，这些塔里木河下游的半游牧的渔民和狩猎者已开始转化成临时的农耕者。最后一次到米兰的移居活动约发生在 1911 年。奇怪的是，此前两三年他们已在阿布旦建筑了砖木结构的住房，但后来我经过此地时发现，这些房屋已被废弃。其原因除已沦为若羌"革命牺牲品"的按办大力提倡开荒外，加速罗布里克人移居到米兰的另一原因，是他们害怕愈来愈多的若羌移民进入他们"祖传"的耕地。

米兰的罗布里克人新村庄

①　参见斯文·赫定《中亚之旅》106 页以下；《西域考古图记》第一卷图 91。

图 116　从西望米兰遗址佛寺 M.IV

图 117　米兰遗址，风蚀台地上的建筑遗存 M.IX

图 118 米兰遗址，发掘后的佛寺 M.XIV

图 119 米兰遗址佛寺 M.XV 所在的丘堆

图 120　米兰遗址，从南面望残塔 M.XIII

图 121　巴乔尔商人谢·阿里汗和他的两个伙伴

图 122 在乌尊库勒用骆驼装运冰块

图 123 停留在罗布沙漠古城堡 L.K 的运冰骆驼

图 124　米兰新村的房屋

图 125　在米兰制作盛放壁画的箱子

图 126 在住房前的米兰头人努尔·穆罕默德和他的儿子

图 127 在米兰启运壁画箱

米兰的灌溉资源　　当我了解到米兰河可供灌溉的水量时，罗布里克人忧虑的缘由就变得十分明显。据可靠消息，在春季播种时节里，米兰河水量达 15 塔什或磨石。其后水量逐渐减少，直至山区积雪开始融化、水量增大为止，但供水量据说从未少于 3 石。而自 6 月以后，阿克苏水量大增，远超出耕作所需的灌溉水量。尽管罗布里克人有意隐瞒，但谁都知道米兰河的水量远超过若羌绿洲的有效水量，而且米兰拥有土地的人数与充裕的用水量甚不相称。依布拉音伯克是水利灌溉方面的权威（曾长时间担任米拉甫伯克或策勒绿洲和其他地方的沟渠监督员），他根据所收集到的这些资料，认为如果米兰的劳动力能与策勒一样多，利用米兰河水进行的灌溉农业就可足以维持约 500 户人家的生活。但实际上，我参观米兰时，那里的农户仅 30 户，其中甚至还包括了出去放牧或打猎的人家。

扜泥遗址的再利用　　这些事实及中国史书的有关记载，对我们确定米兰东边的遗址，即为汉代罗布地区首府扜泥（Yu-ni）提供了证据①，我根据 1907 年考察获得的废弃—重新利用过程的考古学证据作出了上述的假设②。楼兰或鄯善古都的这些突变与我在《西域考古图记》中讨论的更西面的且末、瓦石峡和若羌绿洲的历史变化非常一致，所以我对能重访米兰感到特别满意，它使我目睹了古南道（和田至中原）上最遥远的古遗址附近的复兴过程。

米兰第五佛寺的壁画　　人们也许要问，究竟是什么使我离开米兰遗址这个荒僻之地三年之后还要执拗地回来？回答是因为我念念不忘那年

---

① 参见《西域考古图记》第一卷 326 页以下、333 页以下。
② 参见《西域考古图记》第一卷 538 页。有关扜泥的位置，另参见本书第十七章第二节脚注。（据本书英文版"补遗和勘误"补入——译者）

我被迫遗留在第五（M.V）佛寺过道墙壁上的精美壁画。它是在中国境内佛寺遗址中发现的一处准希腊绘画艺术的遗存，具有独特的重要性，《西域考古图记》曾对它进行了详细的描述并公布了有关的照片①。我在本书中要说明的是，由于复杂的技术问题，我在第一次访问该遗址时不可能花费大量的时间去整体剥离这些壁画②。1908 年春，我曾派奈克·拉姆·辛格去剥离为保护而重埋起来的壁画，但因这位忠诚能干的助手在该地准备执行这项任务时不幸失明，因此这一任务未能完成③。

据奈克和依布拉音伯克的相同说法，1908 年在他们离开第一次发掘时发现的彩绘壁画之前，已按我的指示，全部进行回填保护。遗憾的是，1 月 17 日我重访此地时立即发现，这一措施并未能奏效。在环形过道南半部外墙尚未损坏掉的灰泥墙面上，我发现须大拏（Vessantara）本生故事的精美壁画以及下面装饰花彩的阿莫里尼（Amorini）之间出现的人像，已经暴露在外并已完全褪色。据米兰的罗布里克人断言，这是三年前一个日本旅行者（明显是橘瑞超先生）的翻动所致。此人从吐鲁番方向过来，在这个遗址上花费了几天时间，从而在前往敦煌时带走了他成功剥离的壁画块。他所剥离或破坏的位置一定是 1907 年保存下来的横饰带主体部分，在《西域考古图记》中，我已对此进行了描述并加了图示。至于剥离的壁画块在何种条件下运走，以及它们现在是否已被研究过，我至今仍不清楚。

自第一次考察后该遗址的损坏情况

---

① 参见《西域考古图记》第一卷 516~529 页，图 134~143。

② 参见《西域考古图记》第一卷 532 页以下。

③ 参见《西域考古图记》第三卷 1317 页。

**第五佛寺环形
过道北半部壁
画的护墙板**

遗憾的是，各种情况表明由于时间匆忙和工作草率，这些抢劫性的剥离已对壁画造成了许多的损坏。此外，在剥离壁画时未能去掉背后的硬砖墙，正如 1907 年的经验表明，没有这道工序，要完全地剥离易碎的彩绘灰泥是不可能的。佛寺的环形过道未进行过系统的清理，我们回填的沙土仍原封不动地堆放于塔基四周。当开始快速检查环形过道北半部，发现墙裙仍原封不动时，我的懊恼在一定程度上减少了不少。幸运的是，残存下来的壁画画块的剥离工作在我的指挥下，于 2 月 20 日开始了，我们首先进行的是一系列新的照相记录（图 112～115）。所遇到的困难与《西域考古图记》描述过的我们以前所经历过的一样严重①。

揭取残余壁画

揭取是一项非常复杂的工作，大部分由具有熟练技巧的奈克·夏姆苏丁承担，阿弗拉兹·古尔和我则当助手。此时，东北来的寒风时时袭来，使我们工作时痛苦不堪。我们所用的方法与我上一次考察该遗址时成功地处理 M.III 壁画时的方法基本上相同②，首先把易脆的壁画块剥离下来，然后从背后进行加固，并把它们包裹起来，以保证它们在长途运输时安然无恙。但是正如前面所记述的那样，第五佛寺中的灰泥层非常特别，其表层平整但非常薄脆，而内层则较软，缺乏黏着力，所以刚开始剥离时非常麻烦。

操作方法

护墙裙的壁画系列，均画一个人像或戴花环的裸童（Putto）。借助在第一工兵部队的车间里预先准备的特殊器具，我们现可按顺序安全地把壁画剥离下来。在此工作之前，必需的工作是用一种挖坑道逼近的方法把后面的墙壁有

---

① 参见《西域考古图记》第一卷 532 页。

② 对他们的描述，参见《沙漠契丹》第一卷 463 页以下。

条理地铲掉。砖头异常的坚硬，周围还有腐烂的淤泥，灰泥层又极其易脆（加起来仅 1 英尺厚），所有剥离活动成为一项又慢又细致的工作（图 110）。壁画剥离以后，要把帆布敷到画块的背面，这是一项非常必要的预防措施，必须就地进行。虽然临时的毛毡帐篷能遮挡住一些刺骨的寒风，但在寒冷的气候中胶不易干粘（图 108）。最后，要用新砍下的树干做成结实的箱子，把捆扎好的灰泥壁画块装入箱中，其四周须用厚厚芦苇垫护，这项劳动费时也不短（图 125）。

揭取这些精美的佛教绘画艺术品的工程非常艰巨，我们花费了整整 12 天的时间，才在离开米兰的前夕得以最终完成。不管怎样，我仍感到遗憾的是，当年由于条件所限，发现壁画以后未能立即进行揭取，以致损失较为严重。但我用现在的经验来看，那时对技术困难的评估还是正确的，因为克服这些困难必定需要花费大量的时间。

我在北面的环形过道里第一次看见的护墙裙的壁画，已记录于《西域考古图记》。至于现仍躺卧于箱子中的所有壁画块的细节情况，还要等到在新德里博物馆中展出时，在较舒适的环境下仔细观察才能了解（这项工作已于 1925 年在本书完稿后，顺利完成了）。在重访米兰期间，我就以前注意到的如 M.IV、M.VIII 和 M.IX 那样的建筑遗存，尽力收集了有关的补充性资料，它们现已记入《西域考古图记》对 M.VIII 的叙述中①。同样，在阿弗拉兹·古尔的帮助下，我进行了更详细的遗址调查，其结果在《西域考古图记》附图 29 的平面图中已有充分的体现。除以前已经调查过的建筑物

以前对米兰遗址的记载

① 参见《西域考古图记》第一卷 533 页以下。M.IX 遗存坐落于典型的风蚀阶地上，其照片见图 117；大塔基座 M.IV 的照片见图 116。这两处遗存的平面图均见附图 9。

外，我在重访米兰期间还找到了以前未发现的，隐藏于北面密集的红柳包中的一些遗存，其中有两处遗存特别重要。

M.XIV 废墟　在我到达米兰的第一天，罗布里克老人吐尔逊阿洪就告诉我，他在北面的沙丘中看到一个丘堆，并从 M.II 处带我前往。这座现编号为 M.XIV 的小丘高八英尺，坐落于吐蕃城堡（M.I）正北方向 1.75 英里的地方，粗略一看，很容易把它混同于一般的沙丘。我们迅即对它进行了清理，发现此丘堆中有一个小的圆形建筑物遗存，残高约 5 英尺，显然是佛塔的中央塔基（图 118，附图 9），上面覆盖着灰泥残块。塔基下为三层基础，上面是一层叠的线脚（从附图 9 的高度上看）。其环形走廊仅宽 4.5 英尺，围墙的宽度近 5 英尺。围廊的墙上有非常模糊的彩绘图案，主题难以确认。但从残存的颜色和轮廓来看，风格似乎与 M.III 和 M.V 的壁画有所不同。

M.XIV 遗存上的发现　在清理出土的小件器物中，有五枚吐蕃文小木简（图版 CXXX），发现于走廊的北面和西北面。这表明，M.XIV 这座小寺院，即使其建筑年代与 M.I 吐蕃城堡有所不同，其使用年代亦应与之同时（公元 8—9 世纪）[1]。从该塔的线脚风格明显不同于 M.III 和 M.V 的塔基来看，它的年代似乎比它们要稍晚一些[2]。下表中描述的另一些器物，有一块拉毛灰泥（M.XIV.01），镀金，显然是佛像残块[3]；一件旋制的木盒（M.XIV.02、03），带有漆饰的痕迹（图版 XXI）；几块木雕残件（M.XIV.04～10，图版 XXI），其中 M.XIV.09 画的是我们熟悉的犍陀罗四叶花卉。在建筑地面上方约 5 英尺的

---

① 参见《西域考古图记》第一卷 474 页。
② 参见《西域考古图记》第三卷图版 32。
③ 肯定从一尊雕像上掉落下来，但其部位不明的大块灰泥稻草芯残片，可见图 118 最显著处。

层面上，有一层夹杂有芦苇、麦秸和羊粪的垃圾，表明这处小遗址像 M.II 附近①及其他地方的遗存一样，后来曾被用作牧人的庇护场所。

另一个丘堆（M.XIII）是我的一个发掘民工报告给我的，位于 M.XIV 东北约 $1\frac{1}{4}$ 英里仍活着的干红柳丛中，它是一个"炮台"状的塔形遗存（图 120），在风格上与我在 1907 年考察过的南面 $\frac{2}{3}$ 英里处的 M.XII 烽燧非常接近②。其基础约有 17 平方英尺，高出原始地面约 16 英尺（风蚀把原始地面削低了约 8 英尺）。土坯尺寸一般为 18 英寸×10 英寸× $4\frac{1}{2}$ 英寸。站在附近的一处红柳包顶上眺望，可看到北面和东面广阔的红柳包地带，还有远处地平线际闪闪发光的盐碱荒地上的塔里木河末端沼泽。这种令人伤感的风景，恰与罗布盆地南部人所不知的无人区相宜。

烽燧 M.XIII 遗址

1 月 18 日，米兰的罗布里克人尼亚孜（Niaz）作为向导，陪我来到了比这座古烽燧更令人疑惑的 M.XV 遗存。它处于 M.V 东北约 1 英里的低矮的红柳包中，离河东岸植物生长地带不远③，是一个夹杂有硬泥块和土坯的不规则形的丘堆（图 119）。我在暴露的斜坡上做了初次调查，未发现规则的土坯墙，继续清理也未有什么发现。这些工作共花费了两天时间。丘堆高约 15 英尺，塌落的堆积证明它非常紧密、结实。

丘堆 M.XV 遗存

---

① 参见《西域考古图记》第一卷 490 页以下、536 页。
② 参见《西域考古图记》第一卷 537 页。
③ 参见《西域考古图记》第三卷图 29。

清理塌落的
M.XV穹隆顶
圆形建筑

M.XV遗存的第一个建筑遗迹发现于该丘堆东边。在此我们看到一小段明显的圆墙的内面，残高不超过2英尺，其表面残存非常模糊的彩绘。该墙（我起初认为它是环形围廊的围墙）的原始厚度，在这里及西北面（后来在这里我找出了高出地面仅6~10英寸的西北圆墙的内面遗存）都无法看出。如M.III和M.V那样，圆墙不一定就是塔的围墙，而有可能是放置泥塑大佛像的圆形佛殿或毗珂罗窟，这一点在清理硬块垃圾时变得十分清楚。我们未发现像倒塌的围墙以及圆形大厅的圆顶那样的塔基痕迹，而代之出土的是一系列埋于垃圾中的泥塑头像，证明以前曾放置塑像，但由于墙壁及拱顶的塌落而把它们完全压碎了。

发现雕刻遗存

随后，从丘堆的西南部出土了两个泥塑头像（M.XV.014、017，图版XX），可能是菩萨头像。虽然泥塑头像的质地非常脆弱，但模样精致，脸部还带有部分色彩。在另一边还发现了真人头大小的头像（M.XV.015，图版XIX），其眼睛及前额厚重的鬈发装饰不同一般，非常有趣。在丘堆西部高3英尺的地方，发现两个略比真人头大些的佛头像（M.XV.018、019），其旁边有一块魔鬼样的怪异头像的残片（M.XV.013，图版XX）。近旁还发现了一尊巨大的坐佛像的右腿和身子，但在清除它上面厚重的建筑物时被损坏了。这个（头及四肢已残）塑像的服饰处理极似在M.II发现的巨型坐佛[1]。东边一尊巨佛的头像已经被严重损坏，脸面朝下，夹杂于瓦砾堆中，除非把它彻底破坏，否则根本取不出来。在丘堆正中心高4英尺多的地方，有一尊坐佛像，其膝部也出现同样的情况。

---

① 参见《西域考古图记》第一卷488页，图123、124。

我们在废墟堆中，曾徒然寻找过这些塑像所在的原来位置。从倒塌下来的泥瓦结构的情形看，灰泥雕塑物事实上逃脱不了完全的毁坏。毫无疑问，圆形大厅的围墙以及它所承载的圆顶，是向内倒塌的。我们发现的一部分土坯规格与 M.III~M.V 发现的那些相似，此外，我们还发现了长达 2 英尺的长方形土坯，以及非常坚硬的黏土板块，后者有一些边沿是突起的。那时我感到这些大型土坯和厚泥板块可能专用于圆形拱顶（如果后者水平置放的话）。据我从印度现存例子中所获得的知识，这个圆形大厅的跨度达 19~20 英尺，超过了早期拱顶所能达到的最大尺度①。最后还需说明的是，在丘堆遗址的东边附近发现了一些人骨碎片（M.XV.01、12），如同我在硕尔楚克附近明屋遗址的佛殿上多次发现的那样②，也许它们来自墓葬之中。

塌落下来的穹隆顶

上面详述的泥塑残片（在下列的器物表中有更充分的描述），仅是彻底清理寺院遗址时出土的具有直接考古意义的遗物。鉴于塔里木盆地佛教雕塑艺术较为保守，因此要根据它们来得出准确的年代是非常困难的。但就其风格的发展来说，我们可肯定该佛寺与 1907 年我考察的佛殿 M.II（毗珂罗窟）遗址相比在年代上应是一致的，均为公元 5 世纪③。当然，其年代稍晚一些也是可能的。

佛寺 M.XV 的年代

根据 M.XIV 佛寺遗址本身和吐蕃文记载以及总的地形学背景来判断，我倾向性地认为，遗址（1907 年考察过）的使用时间比它所在的沙砾戈壁北面地区的使用时间要短得

北面地区的长期利用

① 参见我的《和布内尔野战军一起进行的考古旅行报告》一文，载《印度古物》（*Indian Antiquary*）36 页，1899 年。
② 参见《西域考古图记》第三卷 1186 页。
③ 参见《西域考古图记》第一卷 491 页以下。

多。从沙丘和平地上生长着的大量红柳来看，这一地区现仍有地下水，所以几乎不见风蚀现象，否则松软的黄土将非常容易被风蚀。当然，可能还有一些古物、遗迹隐藏于这块令人迷惑的荒地之中。尽管我曾许以丰厚的奖励，但罗布里克人不愿再透露有关线索，而且各种紧张的工作完全占用了我们在米兰的停留时间，也使我们不能进行仔细且全面的搜寻。

准备沙漠考察

在上述考古工作的同时，我还要进行考察的准备工作。我打算派出几组人马前往塔里木河末端沼泽北面和东北面的沙漠地区进行考察。物资的匮乏以及米兰罗布里克人难以捉摸的狡猾，使我在后勤供应和交通工具方面面临着极大的困难，故而我不得不离开若羌。可以说，将来的考察完全依赖于我的交通工具，但我在米兰仅增添了两只虚弱的骆驼，而从克里雅租用的 10 头牲畜显然不能长时间地在沙漠中使用，它们的主人被可畏的前途所吓倒，常唠叨去沙漠的危险，叫嚷着要离去。

官方阻挠的威胁

除了这些原因，还有一个原因也使我焦虑不安。我到达米兰还不到一个星期，就接到了来自马继业爵士的信，告知我一些消极的消息。新疆省政府新近签发了一道命令，要所有的地区权力机关阻止我们进行任何的调查工作，如果我们继续进行考察，就加以逮捕，并押送到喀什"根据条约进行惩处"。这里无须讨论这道命令的任何动机，也不必讨论中华民国总参谋部宣布的法令是否具体地适用于我们这样偏远地区的考察活动。不管怎样，我的这位警惕性很高的朋友立即在喀什用俄国人的电报系统经伊尔凯什塔木（Irkeshtam）给英国驻北京公使发了一封电报，恳请从中调停。但我估计北京来的调停结果将需数月时间才能在这边远地区奏效，因此我认为只要考察活动未被强令停止，我就可以利用中国人被动消极的态度来实现我的计划。我清醒地认识到，如果我被勒令停止考察，我的计划就完全落空，因为在沙漠里工作的时间是非常有限的，只能在寒冷的冬季进行。

很快，从喀拉库木（Kara-kum）回族按办那里发出的命令副本经若羌转到了我手上。以前，我为了在紧随其后的春季中进行额济纳河地区的考察工作，曾请求过这位官员给我找一个蒙古人翻译。不用说，拒绝我请求的借口也就顺便地由这个文件副本说明了。当我看到我的干瘦、古怪的汉文秘书李师爷灰黄的脸色时，我就猜出了这道命令的重要程度以及所表达的精神了（我相信，当热忱和勇敢的蒋师爷阅读这份文件并进行解释的时候，定会露出一种愤怒的灰色面容）。幸运的是，尽管李师爷沉默寡言，忧郁不欢，但倒可以相信他能保守住这个令人沮丧的消息。

来自喀拉库木衙门的消息

每天傍晚，当我从工作的遗址上回来时，我总会忧虑地试图在慵懒的罗布里克村民中寻找消极抵制的迹象，因为他们天生迟钝，感情很容易表露出来。幸运的是，料想中来自若羌的禁令从未来到，我得以逃脱令我烦恼的阻挠。后来我才弄清楚，这要感谢适时发生的"革命"运动。原来的地区官员（前按办）曾把拉尔·辛格的调查活动向上汇报成"搞秘密活动"，从而被省部官员抓住把柄，堂而皇之地下令把他赶走。而把这位前按办轰下台的那帮"革命者"在组建自己的衙门时，如果看见了这道命令，他们定会在执行这道命令时表现出特别的热忱，以巴结省总部的官员们。但自封的"按办"在被杀之前，肯定还有更紧急、更有利可图的事务要处理，所以没看见或没顾得上这道命令。后来的军事指挥官，严格地遵从中国官方的习俗，小心谨慎地不过问民

禁令未能执行的原委

事，把所有的文件封存于衙门之中，直到从乌鲁木齐派来的新按办到任为止。当我仍在米兰的时候，这位新按办确实已经抵达了若羌，但他在正式接管官印之前未曾翻阅衙门的文件。他是一支小部队的长官，是一个亲切的老战士，当他经过若羌的时候，为了安全起见我曾拜见过他。后来他在处决完俘获的造反者后，很快赶往且末。

谢·阿里汗在交通方面的帮助

上述这些情况（我当时并不都很清楚）避免了我长期担忧的来自官方的阻挠，这也是我多次紧急地向若羌请求支援骆驼而没有一点反应的原因。在我几乎绝望的最后关头，幸运之神来到了。当马继业爵士传来的令人惊慌的消息到达米兰的那天，从敦煌方向的沙漠小道上来了一位名叫谢·阿里汗的商人，他是来自印度西北边疆一位巴乔尔（Bajaor，地方乡绅——译者），富有进取心。1907 年我在敦煌时曾遇见过他，并托他把一封邮件带到喀什，发往欧洲，我对他的帮助一直心存感激①。这位勇敢和聪明的帕坦人（图 111）这次又行进于从遥远的四川到莎车的两年一次的旅行途上，他带领的驼队有 40 多只骆驼，主要运载的是茶叶。他的及时出现，使我一下子从令人焦虑的消息中解脱出来。当他了解到我所面临的严重的交通难题时，便立即让他从敦煌租用的驼队在若羌停留，他本人则从若羌回到这里，目的是用他自己的牧畜来帮我运输古物，因为我在进行沙漠考察前，急于想把这些古物安全地运往喀什。由此我们前往敦煌的沉重的装备和货物的交通运输，以及长途旅行中 14 匹马的草料供应问题都得到了解决。

---

① 参见《沙漠契丹》第二卷 68 页。

但是，我们依然面临着很大的困难。尽管拉尔·辛格工作已经非常辛苦，但他希望尽快地再工作，因此我安排他去调查库鲁克河（Kuruk-daryā）及其支流的古代河床。通过这些河道，孔雀河（Kouche-daryā）的水曾经到达过现已是沙漠的库鲁克塔格低山丘陵以南地区。最初中国人即通过这一地区的道路进入塔里木盆地，其证据是楼兰遗址。该遗址是斯文·赫定博士于 1900 年首次发现的，1907 年时我曾考察过，我们计划会合于此。由于我没有租用到足够的牲畜，不可能额外为拉尔·辛格的艰苦旅行派出骆驼，于是我不得不于 1 月 23 日让他带着租用的马匹，沿塔里木河向北前往铁干里克（Tikenlik）。我希望他能在那里带上四个月前我在喀什向阿布都热依木预约的骆驼。阿布都热依木是铁干里克勇敢的猎人，是拉尔·辛格在库鲁克塔格调查时的老向导，我相信他会准备好这些骆驼。我不知道阿布都热依木是否能接到我的指示以及现在何处，同时我对乌鲁木齐官方的禁令是否会使这次安排夭折也不得而知。

拉尔·辛格前往库鲁克河

由于交通困难和另外一些考虑，在罗布泊沙漠调查中调查员穆罕默德·亚库卜的工作安排颇费我的脑筋。我原打算让他在现在的喀拉库顺（Kara-Koshun）沼泽地东缘周围［那里是古代罗布泊的罗布海（Lop sea）的所在，但现已干涸成盐碱荒地］进行调查，然后考察后者（罗布海）的东北岸，直至楼兰遗址的范围，在那里与我们会合。这个计划主要是从地理学的方面来考虑的，但我现在不得不放弃了。一方面，我不可能给穆罕默德·亚库卜的小队配备足够的骆驼以及在未被考察过的沙漠地区至少工作三个星期所需的冰块；另一方面凭旅行经验，我认为，虽然这个调查员天性勇敢，而且非常愿意去做这份工作，但派他去从事这类独立的

派给穆罕默德·亚库卜的调查任务

工作，他自己及小队的安全能否保证是个严重的问题。所以，我决定派他带着 5 只骆驼，沿着（已结成盐碱硬壳）罗布盆地南岸的沙漠小道，前往库木库都克（Kum-kuduk）附近的地点。我们在前一次考察中，已大致确定了古代罗布泊的最东延部分，所以他的这次任务是向疏勒河的终端拉一条水平线，目的是尽可能比以前更确切地确定疏勒河与塔里木河末端盆地的地理关系。

预定的考察项目

我给自己安排的任务主要是在库鲁克河干涸地带进行考察，尽可能地寻找和发掘任何古代遗存，以及确定从楼兰遗址向东至敦煌西边城墙末端的古道。为了确保后一个更危险的工作，以及罗布海湖床北面和东北部分的调查（未调查过，盐碱硬壳）有足够的时间，我假设那条古道一定经过我要调查的地区，我估计在那里进行抢救性发掘是必不可少的，所以我要尽可能地多带一些劳力以及用水。

在罗布泊中的交通安排

我成功地集拢了 30 只骆驼，但相对于所要携带的大量货物和行李来说，这一数量绝不是太多了。我们不得不带上足够的冰，以保证 35 个人至少一个月的最低用水量，还有全体人员一个月的食物供应及我们自己后一个月的食物和水。此外，我们还得带上抵御沙漠刺骨寒风的皮毛、毛毡等成套的御寒服装，以及银币、照相感光版和其他一些不可缺少的物资。除了我们自己精良的牲畜，我还预备了少数能胜任沙漠地区长久任务的牲畜，它们既不驮粮，也不载水。所以理所当然，为了尽可能地减少骆驼的负载量，民工们必须随身携带一些个人的行李。更无须说，每个人都得步行。

1 月 31 日，当所有的必需物品归拢起来的时候，我终于松了一大口气。同一天，出土的壁画也被牢固地包扎起来，准备运往西方（图127）。而令我感到最高兴的是，我们不久就可进入沙漠深处，在那里，我可以完全摆脱所有的人为干扰，更何况那里有着令人迷恋的古物和重要的地理现象，它们定会极大地回报我在途中所遇到的环境困难和各种风险。

<h2 style="text-align:center">在米兰遗址采集、发掘出土的遗物</h2>

M.III~VI.01~09　9块陶器残片。粗红色，未上釉。01和05由红黏土制成，已烧黑，内杂白色沙砾。02表面有一层薄釉。均被沙蚀过。一般厚度为 $\frac{1}{4}$ 英寸，最大残片 $3\frac{1}{4}$ 英寸 $\times 3\frac{1}{2}$ 英寸，最小残片2英寸 $\times 1\frac{3}{4}$ 英寸。

M.IV.01、02　2件长卵形玻璃坠饰。（在瓦砾堆中发现）不透明，坚实，上有颜料，边有垂直的棱纹。球形头部，有孔可以穿线，已残破。形状与希腊用作颈坠的卵形小金瓶饰相似。

颜料可能是红铜氧化物。表面已氧化成浅绿松石色。暴露部分磨损，无颜色。类似的坠饰参见《西域考古图记》第四卷图版XXIX中的N.XXIX.005。01长 $1\frac{1}{8}$ 英寸。02长 $1\frac{1}{16}$ 英寸，最大直径 $\frac{1}{2}$ 英寸。图版XXIV。

M.V.01　木瘤。顶端的锥体已截去，顶面中心微突，中轴穿有铁钉。也许是莲花柱脚，或（相反）悬饰的附属物。类似的瘤参见《西域考古图记》第一卷546页M.V.009、010和第四卷图版XLVII中的M.V.006。底座直径4英寸，顶部直径 $2\frac{7}{8}$ 英寸，中心突起 $1\frac{1}{4}$ 英寸，高 $1\frac{5}{8}$ 英寸。图版XXVII。

M.XIV.01　泥塑残块。圆形，也许是从佛像上掉落下来的。表面涂金，有沙碱的硬壳。软泥质。 $5\frac{1}{2}$ 英寸 $\times 3\frac{1}{2}$ 英寸 $\times$ （最大厚度） $1\frac{1}{2}$ 英寸。

M.XIV.02、03　镟制的木盒。带盖（02为木盒，03为盖）。素面，圆形，盖略呈圆锥形。盒子顶边内收以承盖子，两者相合严丝合缝。其侧面和盖上有黑漆的痕迹，上有黄色和灰色图案，但已辨认不清。

盖上图案似乎为六角，或为六朵放射状地分出的花朵。每一角端是中心为半卵形雌蕊的美洲蒲葵。在各角间，也有六个放射状的黄色轮廓的圆形唇瓣，上有横向的同色杂纹，向下到达锥体的半腰。盒的各面，都有黑白色的细环纹，环纹之间有装饰的花彩（？）条纹。部分侧面和盖的一部分已残失。直径4英寸，最大高度2英寸。图版XXI。

M.XIV.04~06 3个木雕残件。长方形，侧面略微突出。底端残，（05、06的）顶端完整，圆形，雕刻形式为圆头的五叶羽毛饰或美洲蒲葵，中心为半椭圆形，下面以两个横向的条纹为界，其间有钉头装饰带。06有白色和粉红色彩绘。04在条带上方残损。背面均虫蛀过。（05和06）长3英寸，宽$\frac{1}{4}$英寸。图版XXI。

M.XIV.07~09 3个木雕残件。07和09（拼接）表现的是部分雕刻条纹。沿长边返回的一段略弯曲。另一个长边已残失。08可能是返回的条纹件上的残件，未雕刻。

雕刻图案：在两个素面线脚之间用钉头装饰线做成的一个简洁的方形曲褶，空白处填充大的方形的四叶玫瑰花结。正面有洁白的最佳部分的遗迹。长$7\frac{3}{4}$英寸，宽$1\frac{3}{4}$英寸，回折件（已残）最大厚度$\frac{7}{8}$英寸。图版XXI。

M.XIV.010 木雕残件。或属于与M.XIV.07~09一样的器物。主要由素面的回折边组成，弯曲面有弯曲的条纹。前面平整，后面就像前一件那样已腐朽。长$2\frac{3}{4}$英寸，宽$\frac{3}{4}$英寸，回折$\frac{7}{8}$英寸。

M.XV.01、012 12块人骨。01完整，可能是踝骨，$1\frac{3}{4}$英寸×$1\frac{1}{2}$英寸×$\frac{7}{8}$英寸。03可能是桡骨，长$\frac{7}{8}$英寸，最大直径$\frac{5}{8}$英寸。剩余是躯干长骨残片。03和012可拼合，06可与09拼合，后者较厚，且致密，一边有清晰的断面。最大长度 $3\frac{15}{16}$ 英寸（010）。

M.XV.013　泥塑头像残片。魔鬼形。双目圆鼓，扁鼻多皱，嘴作笑状，嘴角褶皱非常明显。下唇突出，露出牙齿。左边脸已残失。脸呈粉红色，眼睛和嘴唇呈红色。黏土质，易碎。高 $5\frac{1}{2}$ 英寸，最大宽度 $4\frac{1}{2}$ 英寸（不完整）。图版 XX。

M.XV.014　泥塑头像。可能是菩萨头像，比真人头稍小。窄长脸，小鼻小嘴，双眼加长，作蒙眬状。头发宽松地盘于头上，波浪形的发帘垂至太阳穴处，盖住了耳顶，并在耳朵前形成了一个小的卷曲。双下颏。

制作非常生动活泼，独具特色。眉目分明，作半圆形弧曲。眼睑呈圆弧状，鼻翼清晰，唇形优美。

嘴角及鼻孔处凹陷。右耳垂已残，左耳及头侧已残缺，颈及右颊已残失。面部呈白色或浅粉红色。易碎，黏土质。（下颏至头根）高 5 英寸，通高 $8\frac{1}{2}$ 英寸，太阳穴处宽约 4 英寸，浮雕最高 $5\frac{1}{2}$ 英寸。图版 XX。

M.XV.015　泥塑头像。几乎是圆雕。也许是菩萨头像，真人头大小。非常精美，风格上与前述标本相同。眼睛处理富有活力，内角内倾并向下，眉毛分开得很好。鼻孔很窄。小嘴，轮廓分明，嘴角略下垂。脸下部为圆形，下颏丰满。头发厚而拳曲，前额有发帘，每边向下有三个环形拳曲。耳朵被头发盖住，无装饰。部分颈部残留，其余已残缺。质地较脆。下颏至头顶 $8\frac{1}{2}$ 英寸，连颈在内残长 1 英尺，最大宽度 $7\frac{1}{2}$ 英寸。图版 XIX。

M.XV.016　泥塑残件。带臂钏的手臂。臂钏由突起的条带纹及缀饰的圆形宝石、长圆形玫瑰花饰、滴形饰、中心圆瘤和珍珠组成。两颗珍珠已经掉失。$2\frac{1}{4}$ 英寸×$2\frac{1}{2}$ 英寸。图版 XXI。

M.XV.017　泥塑头像。可能是菩萨头像，真人头大小。处理手法与

M.XV.014类似，但耳朵、头顶、头背及所有头发均已残失。额顶有方形珠宝组成的宝冠痕迹，每颗珠宝都是以圆环为中心，周围四片花瓣。其中的两颗珠宝间隔约1英寸，中间装饰两颗上斜的叶形珠宝。

面部呈肉色，轮廓线用红色勾画。眉毛，浅淡的髭，虹膜呈黑色。鲜红色的嘴唇。双下颏有皱。表面非常脆。高 $8\frac{1}{2}$ 英寸，最大宽度约 5 英寸，浮雕最高约 4 英寸。图版 XX。

M.XV.018　泥塑佛头像。残。比真人头更大一些。下颏、双耳及整个头顶已残缺。眉毛从吉祥记处上斜。眼睛细长微闭。嘴更突出，作微笑状。带红色和浅肉色痕迹，但表面毁坏较多。易碎。高 $6\frac{3}{4}$ 英寸，最大宽度 $6\frac{3}{4}$ 英寸。

M.XV.019　泥塑头像。与 M.XV.018 佛头像类似，但头顶仍保留着，头发盖住前额，呈螺旋形拳曲。后面的头发是成排的半圆形鬈发。头发呈蓝色。上唇以下均已残失。高（不完整）8 英寸，最大宽度 6 英寸，浮雕最高约 $4\frac{1}{2}$ 英寸。

M.XV.020　泥塑头像。残。为老人头像。前额有皱，双目半睁。鼻子及下半部脸已残失。带彩，粉色轮廓线。黑眉毛。易碎。$5\frac{1}{4}$ 英寸×7 英寸。

第六章　古三角洲上的遗存

第一节　古城堡 L.K 遗址

2月1日早晨，我的大队人马终于离开米兰，向东北方离开米兰
向进发。此时我感到如释重负，因为我现在终于有了充分的
自由和时间来执行我的计划。无疑，米兰的悠闲和懒惰的罗
布里克人（Lopliks）也对我们的离开感到轻松。他们用惯常
高呼"尧勒包勒松"（Yol bolɔun，意为"一路平安"——译者）
的方式与我们告别，宽厚的脸上露出了亲切的表情。我们所
有暂时用不上的行李都留在了后面，由我的两个人负责看
护。和行李在一起的还有李师爷，因为他虚弱的身体不可能
承受沙漠考察的艰苦。在米兰的时候，我就已为他返回喀什
付给他一笔丰厚的津贴，但他不接受，因为怕落个贪财的坏
名声。但剩下的沿着沙漠小道把李师爷安全地送到敦煌的任
务，后来落到了忠诚的依布拉音伯克身上，为此伯克感到非
常苦恼，当在楼兰遗址决定把他派回去的时候，他不安地请
示，在异常艰难的旅行中，万一李师爷坚持不住该如何处理
他的遗体。

我们的下一个目标是一处大型的古城堡遗址。这个遗址托乎提阿洪的
侦寻
是我的老随从、罗布里克人——托乎提阿洪发现的。他在
1910年春曾作为向导随着年轻的日本探险家橘瑞超先生去

457

楼兰遗址，在返回阿布旦（Abdal）的途中，从远处看见了那处遗址。因那时考察队缺水，为了赶时间，他们没有停下来考察。当我到达米兰后，一听说这件事，便立即派托乎提阿洪前去落实这处遗址的确切方位及其特征等，并回来向我汇报。他是一个方向感特好的猎人，从未迷过路。他在搜寻后回来报告，他成功地找到了这处遗址，尽管风蚀沙漠令人迷惑。从他对遗址的描绘以及他在遗址附近捡拾到的两枚汉代钱币等各种小器物可以推断，毋庸置疑那是一处古代遗址。他汇报时还附上了草图，清楚地表明我们最好从我第一次访问楼兰遗址时所走的路线去考察这处遗址，所以我们现在要重新走这条路。

沿水量渐少的
塔里木河前进

我们第一天走的是 1906—1907 年已经走过两次的路线，来到了塔里木河畔的阿布旦。如同前面提到的那样①，这里曾是罗布泊地区的首府，后来被完全废弃，这可由一排现已遗弃的砖砌房屋所证明（只有一处房屋是我的猎人向导托乎提阿洪再一次按照我的吩咐提供的较为舒适的庇护场所）。次日早晨，我们穿过横宽 48 码、冰冻得非常坚实的塔里木河的末端河床。我们沿着左岸明显的路线，沿着库木恰普干（kum-chapgan）的方向，来到了单独的一条河道，它宽 45 码，流速为 50 码/140 秒，无冰，和阿布旦河段一样深。据说在去年夏天，除河床那边的深水池外，此河曾完全干涸。人们记得此类事情以前从未发生过。人们认为，干涸的原因是罗布里克人最近在铁干里克上面的塔里木河上拦水筑坝。建坝的目的是拦成一座大水库，以保证新垦区的灌溉。另一方面，托乎提阿洪记得，1892 年的一场大水，冲进了塔里木

---

① 参见本书第五章第三节。

河末尾的河道，并淹没了在英苏（Yangi-su）和卡克玛克恰什（Kakmak-chash）成串盐水湖西边的所有牧场。洪水甚至还冲到了距恰依奴特库勒（Chainut-köl）一天路程的地方。

随后两天的途中观察清楚地表明，我在 1906 年 12 月横穿这片土地时见到的干涸过程，自那以后一直延续着。由于《西域考古图记》中已对此进行了讨论，在此我无须赘述①，也不必在此讨论洪水泛滥期及干枯期交替变化的关系及它们对塔里木河尾间沼泽地区位移的影响问题。在本书中，我要记录的是直接影响该地区地形地貌或古遗址分布的客观因素及原因。② 而从地理学方面要对这些因素进行广泛的讨论，无疑首先要对其他人特别是斯文·赫定博士在这一地区附近所作的考察作一仔细的分析（这引起了我对地理学疑难问题的兴趣），但由于各种原因，我不得不把这项工作暂时搁置起来，留给更有资格的人去做。

离开阿布旦的那天傍晚，我们经过了 1906 年我们在阿拉木霍加库勒（Ālam-Khōja-Köl）附近的老营地，发现这一片洼地已经干涸。于是我们不得不往东走了 1.5 英里，找到了一片名叫乌尊库勒的湖沼（图 122），湖面已结厚冰，我们在那里安下了新的营地。③ 夜里，我们把湖中的淡水冰块切割下来，装入结实的毛编织袋。第二天早晨，我们用了 19 只骆驼来驮运这些冰块。到 1906 年的路线以东 2~4 英里的恰依奴特库勒约有一天的路程，但因为许多洼地现已干涸，所以很容易就能穿越过去。这些洼地与东面卡克玛克恰什一

塔里木河洪水泛滥的间隔期

穿过干涸的洼地

---

① 参见《西域考古图记》第一卷 352 页以下。
② 比例为 1∶25 000 的罗布沙漠的特殊地图是我为了本书的出版而准备的，我希望它能更清楚地说明这些事例。
③ 由于编辑上的一个小错，地图上误把我们 1914 年的 LXXXVIII 的营地标为 1906 年的 118 号营地。应把它移到标有乌尊库勒入口处。

线的潟湖相连接，表现出的是一条河道。正如托乎提阿洪的解释和 11 个月后阿弗拉兹·古尔的观察所证实的那样，该水道尽管水量已大大减少，但每年春季都有流水。

盐碱块的形成　　洼地底部覆盖的盐碱或盐壳较薄，所以当重新走上 1906年 119 号营地附近的老路时，我被一个小盆所吸引住了，盆地的形状为多边形，边缘隆起，极像当我沿古代罗布海干湖床南岸行进时常常提起的那些盆地，表面均覆盖着大块的硬盐壳。据托乎提阿洪所说，这个小盆地及相似的单个盆地中的奇特的盐壳，是湖水抵达更南的潟湖时，水从这些盆地底部慢慢渗出所致。（鉴于我们对罗布大沙漠中的盐壳已经非常熟悉，故托乎提阿洪的观察值得一提。）那天晚上，我们到达了恰依奴特库勒咸水湖，1906 年 12 月我们在此调查时湖中仍有一薄层盐水，但现已完全干涸。其北端有一个深坑，以前我们在时那里曾是一个水塘，其水可供牲畜饮用，现在那里仍有冰，略带点咸味，于是我们在那里扎下营地。1915 年 3 月，阿弗拉兹·古尔从北面回到恰依奴特库勒咸水湖的时候，他看到这个小盆地又被从卡克玛克恰什湖方向过来的洪水注满。

英库勒的干涸　　1 月 4 日早晨，天气格外晴朗，但寒冷刺骨，我站在营地附近一个显眼的红柳包顶上，非常清楚地辨认出远在南边阿尔金山脉外围的低山丘陵，以及拉尔·辛格在秋天三角测量过的巴什库尔干西的一些高峰，从而用平板仪在地图上确定了我们的位置。那天的行军是在熟悉的地段上进行的，沿着 1906 年所走的 119 号营地和 121 号营地间的路线，我们直向东北，路线虽较为漫长，但骆驼容易走。在《西域考古图记》中，我已详细地叙述了于第二次考察途

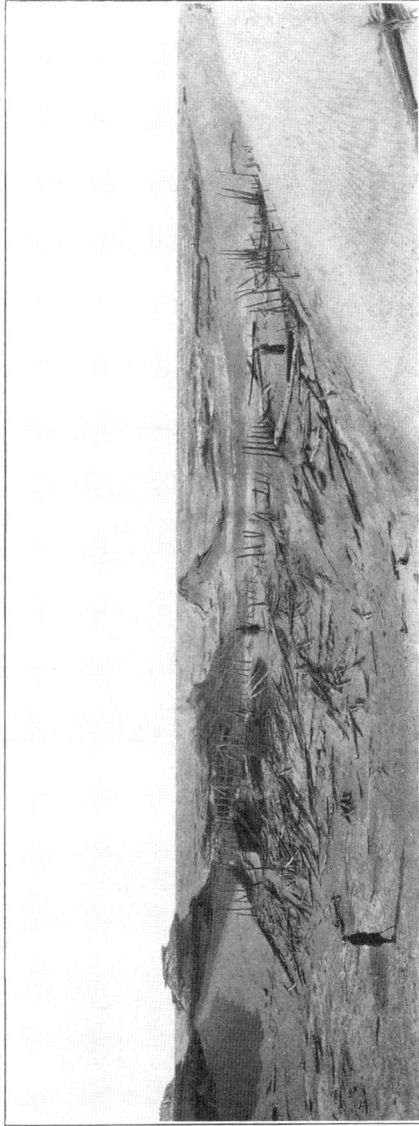

图128 从东城角看罗布沙漠古城堡 L.K

图 129 罗布沙漠古城堡 L.K 西南城墙的风蚀缺口

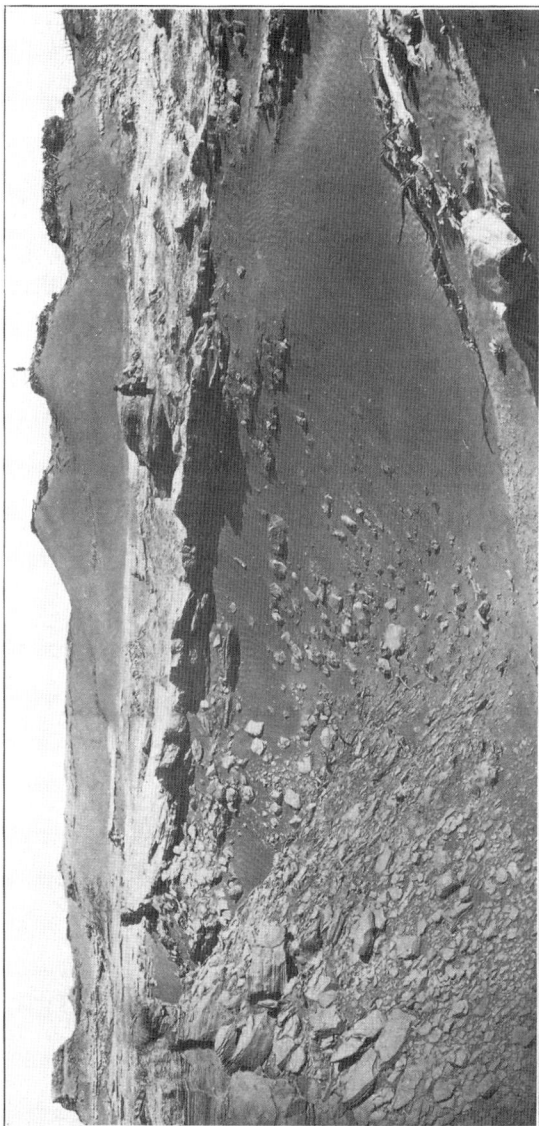

图130　罗布沙漠古城堡 L.K 西南城墙外的风蚀地

图131 尼雅遗迹 N.XLIV 建筑遗存附近风蚀地的全景

图132　尼雅遗迹 N.XLIV 建筑遗存附近的葡萄园及棚架残柱

图133 罗布沙漠古城堡 L.K 内的全景，从北城角取景

中在这片土地上所观察到的自然特征①，所以，在此我谨把我的评论限定于在 1900 年和 1901 年所看到的广大的英库勒咸水湖洼地完全干涸的结果。1906 年时，该地区的一些低洼部分仍有小盐水湖，但现在除了到处可见的小块沼泽地以及托乎提阿洪库阿特干库勒（Tokhta-Ākhūn-ku-atkan-köl，此名为纪念我们的猎人向导托乎提阿洪而起）和乔杜克库勒（Juduk-Kol）湖盆之间的几个小水塘，它们都已干涸。水很咸，无冰。

红柳生长和风蚀的进程

最大的干涸盆地是更北的库尔班库鲁库勒（Kurbān-Kullu-Köl），在它边缘附近，红柳包已几乎全部枯死，表明这是持续了很长时期的古岸线。1906 年时，因为连续的干旱，盆地内几乎没有发现植物，但现在幼小的红柳树已在尚有地下水的地方扎下了根。如果这些红柳存活下来，它们将慢慢长大，形成一个新的小红柳沙包圈。在这些盆地后，我们通过一片活着的小红柳包，再经过尚未发育完全的沙丘，最后来到已经描述过的②、风蚀时间不太久远的地方。在这里，大片地表覆盖着死芦苇，苇秆都沿着东—北东到西—南西的方向倒伏。在没有死芦苇覆盖的地方，赤裸的黏土便被吹出道道的雅丹浅沟，沟向与上述的这片沙漠地区的风向几乎一致。这些浅沟深 3～4 英尺，足以证明塔里木河末尾盆地北缘附近土地上的风蚀，似乎是近几个世纪才发生的事。

水流到的风蚀洼地

与此完全一致的一种奇怪现象是：在这块现暴露于风蚀的粉状地中间，有几小块活着的芦苇丛占据着几片小洼地。最可能的解释是，当塔里木河发生突如其来的洪峰，水便渗

---

① 参见《西域考古图记》第一卷 325 页以下。

② 参见《西域考古图记》第一卷 353 页。

进这片过渡地带的风蚀洼地（作为塔里木河三角洲边缘地区和北面沙漠之间的过渡地带，库鲁克河三角洲的水曾到过该地带）。类似的解释，则把上述这种现象归因于在高仅2~4英尺的小沙包上大量生长的幼小红柳，这些红柳沙包都分布于风蚀盆地似的平地内，完全没有最近潮湿的迹象。这些生长着植物的小洼地的方向与我们道路的西南—东北向大致相同，这个事实支持了上述风蚀方向的解释，亦使我们行进起来较为容易一些。一个较长的湖盆里有小块的湿润地，可作为最近被水淹没过的证据。在此湖盆后，我们来到长着芦苇及棘手灌木的条形地，它沿着一排高高的红柳沙包延伸出很远。托乎提阿洪以前曾标过这个地点，在这里我们的骆驼可以找到少量的牧草，于是我们在此停留过夜。这一天我们走了约18英里。

从 xc 号营地看到的沙漠

2月5日早晨，在 xc 号营地附近，我爬上了高足40英尺且仍在增高的一个红柳包顶，我用双筒望远镜向北—东北的方向瞭望，看到了托乎提阿洪所说的 L.K 遗址。向西看，则是连绵不断的高沙丘地区，无疑是我在1907年1月从楼兰遗址前往塔里木河途中所穿越的那片地区。向北，出现在我面前的是我仍清楚记得的楼兰遗址周围的那种荒芜景象，赤裸的黏土地平坦地伸展着，被风蚀切割，上面仅散布着几处带有枯死红柳的沙包。在少见的红柳包与风蚀地之间，是长条的淡色流沙，倒伏着成排的死胡杨。

第一条古河床

我们经过几排死树中的洼地（结着盐碱硬壳，并有最近生长的植物），它们表明在离我们营地0.5英里的范围内曾有过一条古代河道。在它后面，土地被侵蚀成大大小小的雅丹地貌，其中央是一片长而弯曲的洼地，中间有一个小的盐

水坑。① 很明显，它是我们 1906 年时在 121 号营地南面穿越
的最近干涸的湖床的一部分，而这个小水坑正是湖床新近萎
缩后的残余。② 我站在湖床北端附近的一个死红柳包顶上向
北望去，L.K 遗址已清晰可见，直线距离约只有 3 英里，在
其西—北西方向有个小遗址，是托乎提阿洪在最近的搜寻中
发现的。

　　再走 1 英里多，我们经过了一处深 25 英尺的奇特的风
蚀穴，其底部潮湿并有白花花的盐碱，说明来自塔里木河的
一场突如其来的洪水造成的南面洼地里的地下水，已渗透到
这个需水并在多个世纪中一直遭受风蚀的地方。更重要的
是，正如斯文·赫定博士在楼兰南面进行的水平测量所显示
的那样，我们的观察表明，这片洼地并不一定是一处旧湖
床，而有可能是因长期不断的风蚀而形成的。

风蚀穴中的湿土

　　仍沿着 L.K 遗址的方向行进，我们在距之约 2.5 英里的
风蚀地上首次遇见了石器时代的古物，即各种各样加工过的
小件石头（L.K.073~078、0130）。不久，我们又遇见了大量
碎石和粗陶片，陶片形制与我们七年前在 121 号营地后的风
蚀地面上发现的那些相同。③ 因为 121 号营地的位置在 L.K
遗址东面约 3 英里处，所以这些发现提供了可靠的证据，即
整个这块地带在石器时代的某些时期内曾有人活动过。我们
在前往 L.K 遗址途中捡拾到的各种石器可见下面遗物表中的
简述（L.K.085、0111、0112、0117 ~ 0120、0127 ~ 0130、
0135~0154、0155~0162），但其材料及制作方面尚未像史密

首次发现的石器时代的遗物

---

①　在地图中，雅丹标记应在 C.XC 西北"干湖"以远的道路两边。
　　通往 L.K 遗址的道路也应作一个小的改正。此路在附图中所示的第二个"干湖"南端附近与 1906
年所走的道路分岔，然后直通此（洼地），而不是曲线状。
②　参见《西域考古图记》第五卷，附图 60.C.4。
③　参见《西域考古图记》第一卷 356 页以下。

斯于 1906 年在相应地区发现的石器的检验那样进行专门考察。① 所以目前我不得不指出，除了由人打击出来的石片和石屑，其他石器并没有使用的痕迹。我们采集的石器有当地制作的石核（L.K.0112、0117），像 L.K.0127、0129、0161、0162 那样的可能是旧石器的粗石斧，像 L.K.0119～0120、0147、0150、0153 那样从旧石器时代沿用至新石器时代的双刃"刀片"，还有一件以上的无疑是新石器的箭头（L.K. 0111）。

在古河道发现的金属物

　　在我们遇见第一个石器遗址的附近，我亲眼见到一枚保存得很好的五铢钱。我在 1906 年曾根据距 121 号营地 4.5 英里处发现的一枚汉式青铜镞，认为在公元初的几个世纪中曾有人来过此地②，故此枚铜币的单独发现证明我的结论是正确的。再往前走，小件青铜器和铁器的残片（L.K.080～084，图版 XXIII、XXIV）以及玻璃残片，提供了历史时期这里的交通和居住的确凿证据。离开 L.K 遗址约 1 英里处，我们来到了一处由几排粗胡杨树（这些胡杨树都已死去，但有些仍直立于两岸）标示出的宽阔的河床，它正是托乎提阿洪从其参观该遗址时辨认出来并画在草图上的那条古河道。可以清楚地看出，这条古河道从西北而来，并从我们穿越的地方向东—南东方向蜿蜒而去。③ 在河道与古城堡遗址之间的土地

---

① 参见史密斯《中国新疆的石器时代》，《人类》第十一卷 81 页以下（见他在附录 N 中的论述）。
② 参见《沙漠契丹》第一卷 366 页；《西域考古图记》第一卷 358 页。
③ 正如在楼兰遗址纬度以南的风蚀沙漠的其他部分一样，库鲁克河三角洲古河床的位置只有靠成排的河边胡杨树来确定。一般来说，树列之间的距离肯定要比实际的河床宽，因此我在平板仪测量时相应地记下了它们的实际方位。
　　在我们的高位置或一些便利的地方，隔一定距离用眼睛就可清楚地看出古河床的确切洼地时，就在附图上加上黑色连线或虚线。楼兰遗址以北古河道的迹象已标在拉尔·辛格用平板仪测绘的原图上。对于这样一位具有长期丰富经验、对带有准古物意义的地理学问题完全不感兴趣的调查员，我们完全可以相信当时他只记录打动他的地形学现象。

上，碎陶片和炼渣比石器残片更为常见，与它们混在一起的
还有小件青铜器、铁器及大量的玻璃器残件。

L.K 遗址所在的地方已被风蚀出深深的凹陷，呈现出雅
丹地貌（图 130）。尽管古城堡的大部分遭受了严重的毁坏，
但遗址轮廓仍较清楚。如同平面图（附图 10）所示，堡垒
形状呈不规则长方形，其墙角略指东方。东北边和西南边为
长边，经测量，长近 620 英尺，另两处短边约长 330 英尺。
尽管此堡的围墙建筑得非常厚实，但正如在西北角内所看到
的全貌那样，已被风蚀破坏得非常严重（图 133）。也许，
由于流沙的堆积，西南边和东北边的长边城墙相对其他地方
来说保存得好一些，即使在那里，城墙角落遭受的风蚀破坏
也很严重，其西面和南面已几乎被完全侵蚀掉。

古城堡西南面城墙内比其他几面要好得多，大多没有流
沙。尽管使用的材料粗糙，城堡却建筑得非常坚固，仅此即
可解释它们经受住了这一地区最具破坏力、持续不断的风蚀
的原因。城堡内外蚀出的深约 25 英尺的凹坑可清楚地表现
出风蚀的巨大破坏力。城墙的建筑方法与我在敦煌西部首次
遇见的古代城墙的建筑方法相同，目的是防御风蚀。其西南
边南段部分可见图 129，附图 10 也对说明它们的建筑方法
有用。

城墙均用不同厚度的黏土和胡杨树干间隔筑成，并有与
之交叉的垛泥墙支撑。城墙的宽度随高度的增高而逐渐缩
小，由此，城墙的内外面均向内明显倾斜，使墙体的稳固性
大大增加了。最底层为基础，用也许是放于原始地面上的大
胡杨木板铺成，总宽度为 32 英尺。在图 129 中，站着的托
乎提阿洪标示此层的内面。墙基的原来厚度已不清，很可能
不到 2 英尺。墙基上的黏土层较厚，足有 5 英尺。这种黏土

L.K 遗址

风蚀对遗址的影响

古城墙的垒筑

层不像罗马帝国边境城墙那样由整齐匀称的捣实黏土垒成，而是由不规则的大块黏土筑成的。这些硬的黏土块可在洪水过后的河床地表上采到，或在干涸的洼地中采到。由于建筑时硬黏土块的上下还加有湿黏土，故这些垛泥墙变得非常坚实紧密。

墙壁中柴捆的
使用

再往上，即黏土层的上面是胡杨枝条层，宽 22 英尺，厚 1.5 英尺。这种束柴层（或梢捆层）的叫法，是我从对敦煌石灰墙的描述中借用而来，是相对上面两层而言一种更方便的表示方法。我注意到，为了保证一个较为统一的水平，从而获得更牢固的效果，在黏土块上放置了一层红柳枝条，枝条下面放了几块胡杨木。接下来的黏土层厚 4.5 英尺，上面有一层 15 英尺宽、足有 2 英尺厚的木头层保护着。最上方的黏土层高 4 英尺，顶上有一层 10 英尺宽的胡杨木。这最上面的木头枝条层由于暴露在外，受到破坏，所以不能确切地测量出它原来的厚度，但是很可能超过 2 英尺。但这最后的束柴层（梢捆层）无疑还要覆上一层黏土，而且还有可能有胸墙。城墙的斜坡面原来也很有可能包有黏土，现已被侵蚀、破坏掉了。黏土层暴露在外的部分也已被侵蚀无存，结果如图 129、133 所示，间隔的束柴层被悬垂、突出在外。

黏土层和束柴
层的大小厚薄

附图 10 的局部草图表明，原来的墙高肯定超过 21 英尺。草图也清楚地表明，自下而上，连续的束柴层的宽度是递缩的，比例近 2∶3，其厚度亦相应地越到顶越厚。黏土层则相反，底层厚 5 英尺，但向上厚度则慢慢缩减到 4.5 英尺和 4 英尺，似乎是为了防止出现因顶部过重而导致滑动的现象。同样，为了使整个墙体更加牢固，还使用了沉重的木头架子护撑。在沿西北、东北和东南的墙面，我们在去掉保护的沙子以后，可看到分立墙内外面的每对木柱①，木柱的间距约 15 英尺，顶高达到第三层束柴层。这些柱子很可能通过贯穿于黏土层或束柴层上的横梁而连接、加固起来。但由于时间紧张，不能解剖厚重的城墙，我未能验证是否使用了横梁。

建筑城墙使用的材料和方法都很古老。根据这种建筑方法，我们即使在缺乏任何其他证据的情况下，也足以得出较为可靠的结论，即城堡建筑的时间与中国内地工程技术流行于罗布地区的时间相一致。又根据建筑使用的材料，我们可以肯定，如同今日在塔里木盆地每条河流下游所看到的那样，遗址的附近有一片广阔的丛林地带，其中包括大小野白杨树②，说明建筑使用的木材采自当地。与此同时，该古城堡的南面靠近一条干涸的古河床，因此在建筑城墙时也很容易地从因周期性洪水而保持湿润的河床中挖取黏土块。附近大量的胡杨树也许可以解释此城墙比 1906 年考察过的楼兰 L.A 遗址的城墙要坚固得多、保存得好的原因。不管怎样，值得注意的是，L.K 遗址和楼兰 L.A 遗址的围墙角落都朝向东。

判别年代古老程度的另一个重要标志是门道设施，其位置在城堡围墙的东北面，距东角约 100 英尺。门道的顶部以及邻接墙体的地方虽然已被侵蚀、毁坏，但根据幸存的木门框、大门的轮廓及安排，门道还能较容易复原（附图 10）。大门的两侧还有护柱，每侧九根，插入两根长 22 英尺的粗大的地栿。在入口处还有一根横向的门槛联结于两侧的两根地栿之间，表明门道的宽度略超过 10 英尺。北侧现仍有七

建筑墙壁时使用的材料

古门道的建筑

---

①　图 123 表示的是盛冰的口袋，它们被卸下后堆放于围墙北角，在右边缘外墙根可见露出的一些柱子。

②　参见《西域考古图记》第一卷 355 页；第三卷 1239 页、1296 页。

根边柱直立着，其中一两根仍保持着原来的长度，顶部有梢钉，表明门道原高达 10 英尺。靠近门道外端有两扇厚重的木门，每扇宽 5 英尺。其中一扇木门已卧躺于地，但保存完好。门板厚 3 英寸，由插榫来固定。门槛上有置门枢的门臼，其两邻的门柱上有可在关门后插入门闩的孔眼。门道的尺寸和布局安排，与 1901 年发掘的喀拉墩遗址的四方形的防御性堡垒十分相似。[1] 我于 1908 年对该遗址的重新考察已经证明，其年代可能接近尼雅、楼兰被废弃的年代。[2]

大型建筑遗存　　在城墙圈内，我首先调查了靠近东北墙中间的 III 区。它的面积约为 130 英尺×100 英尺，上面覆盖着厚厚的木头建筑残骸。其南面是两小组木头与枝条混筑的住址，从东北向西南延伸（I 在附图 10 中），堆积着部分沙子。如图 133 所示，III 区的大建筑中除倒伏并混在一起的属于墙基和房架的梁、柱、地栿外，空无一物。所有这些木头，包括 30 多英尺长的木头，由于数个世纪的暴露，都已经皱缩、开裂。由于风蚀，该建筑的原地面已经消失，因此建筑结构、布局及可能留于该建筑中的器物都已经无法了解或找到。但由于该建筑规模较大，我认为它可能是某种官员住宅之类的建筑。

缺少大垃圾堆　　我根据在其他遗址上调查的经验，曾猜想该建筑附近应有保存较好的垃圾堆，但搜寻之后一无所获。除在西北墙下一个较小的 v 号垃圾堆中发现了马粪、几小块毛毡外，我们在城堡内的其他地方没有发现任何垃圾堆积。不管怎样，应该说明的是，城堡内沿东北墙堆积着厚厚的沙土，由于缺少

① 参见《古代和田》第一卷 477 页，图 53；第二卷图版 XXXVIII。
② 参见《西域考古图记》第三卷 1242 页。

时间及劳力，我们不可能把它完全清理掉。

在 III 区的南面有长形居址 i，也许由于东北墙的一段墙 居民区的遗存
体保存较好，它的背风处有积沙保护，因此它受到的侵蚀较
少。正如清理前所拍摄的全景图（图 128）所示，许多木骨
一枝条墙仍直立着。除了房间 iii 和 iv 的墙体被沙丘覆盖着
以外，泥糊墙的高度都不超过 4 英尺。我们在这里搭起帐
篷，i 号（房间）的发掘即告开始，阿弗拉兹·古尔则带着
小队人马向西北方出发，去搜寻更多的遗址。发掘表明，各
房间的墙壁均用粗糙但结实的胡杨木头以及紧捆一起的直立
的红柳枝条筑成。柳条墙用联结框架柱子的横梁来稳固
（图 138、139）。柳条墙的内外两面均糊泥，泥中仅掺杂有
苇草，总厚度为 8 英寸或 9 英寸，表面虽粗糙但很密实。尽
管这里使用的材料较粗糙，但墙架及泥糊柳条墙与尼雅遗址
上所见的墙体十分相似。

最西面的房间 i（图 134），面积有 27 英尺×20 英尺，出 木雕双托架
土了一件非常重要的器物，即双托臂柱头（L.K.i.03，图
版 XV），用坚硬的胡杨木头雕刻而成，长近 3 英尺。其四条
托臂的安排以及装饰处理与 L.K 遗址西北 L.M 遗址上的
L.M.I.iii.01 的木柱头饰最为相似，这将在下一节中叙述。这
使人联想起爱奥尼涡旋形式的涡卷形托臂，表明它与楼兰
L.A 遗址的木双托臂以及米兰 M.II 号寺院的双托臂（在台基
的半露壁柱上）有着亲缘关系。我在《西域考古图记》中
讨论米兰半露壁柱的时候就已经指出，楼兰和米兰的带涡旋
形端头的双托臂，在特征和帕塞波利坦（Persepolitan）样式
方面与犍陀罗浮雕所表现的柱头饰有着密切的联系。[①] 我还

---

① 参见《西域考古图记》第一卷 486 页以下、491 页以下，图 99、120。

把楼兰遗址的这些双托臂与法哈德伯克亚依拉克和喀达里克遗址的双托臂作了比较，充分地陈述了断定年代的证据。有关 L.K 双托臂的装饰特点，由于安德鲁斯先生在下面的遗物名录表中已有描述，故在此不再赘述。但要强调的是，虽然缺少另外一些旁证材料，这些特征亦足以使 L.K 遗址、L.M 遗址以及楼兰 L.A 遗址之间建立起最密切的年代关系来。

在居民区里的小发现

房间 i 内除保存完好的一块门板和角落里的泥糊壁炉以外，还发现一段精致的麻绳（L.K.i.01）和一件石杵。在西面一些房间里进行清理，也只找到一些小件的器物，例如 L.K.I.03 和 ii.02 这两件玻璃珠（图版 XXIV）以及 L.K.I.01、ii.01 青铜残件。有三个房间有坐台，其中的两个还有高起的泥炉盆。

近东北城墙的房间

在刚才描述的这群房间后面，即在堡垒的东北附近有另外一小组房间，从散落在地的木头残骸来看，它们似乎曾经与上述的房间相连。其靠外面的房间受到的侵蚀较严重，但近围墙的另外两个房间里却堆积了厚达 6~7 英尺的沙子，正是在这里，我们观察到了一些重要的现象。在房间 iii 的入口处（图 138、139），有半打开的单门扇仍在原位，门上端的中心现仍附有一段环状的绳子，很明显是用来系门的。从图 138 中可看到，外面的门道特别低，长仅 4.3 英尺，宽 2.5 英尺。从保存完好的房柱可以看出，房间的高度为 9.5 英尺。房间的近中央有一座小泥台，高 1 英尺，台面为 3.5 英寸见方，台沿用柳木做边。泥台的顶部已被火烧红，我的随从们认为这是铁匠的工作台，他们指着同一房间里发现的一截用胡杨树干挖成的浅木槽（约 3.5 英尺×1 英尺），认为这是铁匠用来冷却铁器的水槽。在图 138 中，木槽向外躺卧于右边的沙子上，那里还发现了一个大陶罐的残片。

从这组建筑的一个中心房间进入房间 iv，可见里面仍直立着一根支撑房顶的粗大木柱。在离房顶约 3 英尺的地方，我们发现了一副木头双托臂，长 3.3 英尺，宽、高各 0.9 英尺。尽管已经严重残损、开裂，但仍可以清楚地看出在 L.K.i.03（图版 XV）以及楼兰 L.A 遗址的双托木架上都可见到的涡旋形饰。同一房间的外面还出土了木器件 L.K.iv.02（图版 XXIX），一端带有铁柄脚，可能是刈割芦苇的工具。值得注意的是，房间 iv 房顶的一根梁木用沙枣木制成，而外面房间 iii 里的一根梁木则用白杨木制成，这表明在 L.K 遗址的范围内应有耕地。房间 iv 以及邻近地方的木头已经腐烂，说明该城址在废弃后曾有过潮湿水汽。

在 L.K.iv 房间里的发现

在古堡周围的风蚀土壤中，我们捡拾到各种小件器物。其中，首先要提到的是一些中国钱币。其中两枚是五铢钱，与托乎提阿洪从搜寻中带给我的、据称是在城中发现的那枚残币一样。另一枚是无钱纹的钱币。此外，两枚钱币以及一枚货泉钱币，是我在此城的外面调查时发现的。很明显，这些钱币应在北面楼兰遗址的使用、废弃的年代范围内。另一些遗物中，最重要的是在古城的东北面附近捡拾到的一副保存极好的银耳环（L.K.Fort.07），原先镀金（图版 XXIV）。环上有装饰图案，其坠由线形环和精美的鞭状物组成。此环造型优美，制作工艺之精良可与尼雅遗址发现的用金丝细工工艺制作的小金耳环相媲美。[1] 在这里我们还可看到风蚀对地面产生作用的例证，即距发现数个世纪以前的精美饰品的地方不远，实际上在同一高度的地方，发现了像 L.K.Fort.04、05 那样明显是新石器时代遗存的磨制石镞。

城址外面的金属器和石器

---

[1] 参见本书第四章第四节，注 03（图版 XXIV）。

L.K 遗址的年
代

到达 L.K 遗址以后，我即派阿弗拉兹·古尔带着一队骆驼和人员去搜寻从该遗址看到的小城堡 L.L 遗址，并向北寻找更多的遗址，因为根据古河道的方向，我推测那里可能有遗址。2 月 7 日早晨，阿弗拉兹·古尔带回消息说，他们的搜寻非常成功，于是我立即出发前往刚刚找到的新遗址。不管怎样，在描述进一步的考察结果之前，我应该简短地说一下我从 L.K 遗址的观察和发现中得出的一些结论。尽管 L.K 遗址没有发现任何文字遗物，但遗址的总特征和钱币的证据表明，这个古城遗址在年代上与楼兰 L.A 遗址几乎同时。我们已知楼兰 L.A 遗址使用于公元 3 世纪，其后不久即被废弃。我们虽然不能确定 L.K 遗址的始建年代是早于楼兰 L.A 遗址还是与它同时，但是可肯定其使用期不可能延续到公元 4 世纪 30 年代以后，因为我们知道那时通过罗布沙漠北面及经过楼兰的交通，极有可能出于某种地形学方面的考虑而停止了。[1]

地形学方面的
线索

在地图上，可看到 L.K 遗址正处于连接楼兰 L.A 遗址和米兰遗址的一条直线上。我在《西域考古图记》中已经证明后者（米兰遗址所在地——译者）即为《汉书》里所称的罗布地区的首府扜泥城。郦道元的《水经注》编写于公元 6 世纪初，根据的是早期的材料，该书称此地为"东故城"（见《水经注·河水二》：注滨河"其水东注泽。泽在楼兰国北扜泥城，其俗谓之东故城"——译者）[2]。《水经注》还说明塔里木河消失于扜泥北面的终端湖，并且曾占据过类似今喀拉库顺沼泽地的地方。[3]

---

① 参见《西域考古图记》第一卷 426 页以下。

② 参见《西域考古图记》第一卷 326 页以下；沙畹《通报》569 页，1905 年。

③ 参见《西域考古图记》第一卷 328 页。

　　由此我们可以推测，古代中国"中道"上的楼兰站和汉代罗布地区首府扦泥之间的道路，很可能就在连接楼兰 L.A 遗址和米兰遗址的直线附近，实际上经过 L.K 遗址。但现在风蚀沙漠已将楼兰 L.A 遗址和 L.K 遗址分割开来。我们的调查表明，这个沙漠地区一直是库鲁克河南边支流的三角洲地带，所以交通是可行的。L.K 遗址与楼兰 L.A 遗址之间的距离很可能为 30 英里，比这个重要哨站（楼兰 L.A 遗址——译者）到米兰的直线距离至少近三分之一，因此修建古城堡 L.K 的目的在于保护连接这两地的捷径并提供沿线的交通便利。之所以选择这一地点作为城堡地点，完全是因为它靠近农业村庄，即我已经找出的 L.M 遗址（其详情我将在下一节中叙述）。

L.K 遗址与楼兰 L.A 遗址、米兰的位置关系

第二节　在古城堡 L.K 遗址采集、出土的古物名录

托乎提阿洪从 L.K 遗址带回的各种遗物

L.K.01　青铜胸针底座。椭圆形，突沿，珠宝已掉失。背板上有四个小孔。带绿锈，锈蚀较甚。$1\frac{1}{8}$ 英寸×1 英寸。图版 XXIII。

L.K.02~05　4 块青铜残片。02 上焊有粗糙的银补丁。均带绿锈。最大 $\frac{7}{8}$ 英寸，最小 $\frac{1}{2}$ 英寸。图版 XXIV。

L.K.06~011　各种青铜残片。06 为青铜小扣环的残件，宽 $\frac{5}{8}$ 英寸。

07、08 为突起的饰钉头，直径分别为 $\frac{1}{2}$ 英寸和 $\frac{3}{8}$ 英寸。

09 为扣上的扣舌，绞栓的扁平端有孔，长$\frac{5}{8}$英寸。

010 为青铜残片，锈蚀，最大$\frac{1}{2}$英寸。

011 为突起的饰钉头，带有铁柄的残余，直径$\frac{1}{4}$英寸（近似）。

L.K.012　**玻璃珠**。蓝绿色，半透明，扁球形。直径$\frac{3}{16}$英寸。

L.K.013　**6颗硬黏土（？）珠**。黑色，无光泽，参见L.K.047。最大直径$\frac{1}{4}$英寸，最小直径$\frac{1}{8}$英寸。

L.K.014　**玻璃珠**。仅残剩一半。蓝色，半透明，凸圆饰形。$\frac{5}{16}$英寸×$\frac{5}{16}$英寸。

L.K.015　**玻璃珠**。仅残剩一半。绿色，半透明，甜瓜形。$\frac{7}{16}$英寸×$\frac{7}{16}$英寸。

L.K.016　**玻璃环残件**。纯蓝色，半透明。长$\frac{3}{8}$英寸，厚$\frac{1}{8}$英寸×$\frac{1}{8}$英寸（近似），原直径约$\frac{7}{8}$英寸。

L.K.019　**玻璃珠**。十二面。中腰鼓突，然后向相反的两尖端各作同样的六边塔形。中轴有穿孔。粉褐色，半透明。参见L.K.060。长$\frac{3}{4}$英寸，最大直径$\frac{1}{2}$英寸。图版XXIV。

L.K.020、021　**2颗玻璃珠**。深、浅的琥珀色，半透明，扁球体状。直径分别为$\frac{1}{2}$英寸和$\frac{1}{4}$英寸。图版XXIV。

L.K.022　**玻璃器残件**。半透明，白色。一面有凸棱。$1\frac{3}{4}$ 英寸 × $1\frac{1}{8}$ 英寸。图版 XXIV。

在前往 L.K 遗址南的途中发现的遗物

L.K.073~078　**6 块石器残片**。形体较小，包括小碧玉片（史密斯先生）。078 有对穿的小孔。最大残片 $1\frac{7}{16}$ 英寸 × $\frac{9}{16}$ 英寸，最小残片 $\frac{1}{2}$ 英寸 × $\frac{7}{16}$ 英寸。

L.K.079　**石头**。黑灰色，凿形，黄铁矿石。$2\frac{3}{4}$ 英寸 × $\frac{3}{4}$ 英寸 × $\frac{1}{2}$ 英寸。

L.K.080　**铁器残件**。椭圆形，粗糙，锈蚀。$1\frac{1}{8}$ 英寸 × $\frac{7}{8}$ 英寸 × $\frac{1}{4}$ 英寸。

L.K.081　**青铜残件**。长方形。$\frac{9}{16}$ 英寸 × $\frac{1}{2}$ 英寸 × $\frac{1}{16}$ 英寸。

L.K.082　**残铁块**。不规则形。$\frac{3}{4}$ 英寸 × $\frac{1}{2}$ 英寸 × $\frac{1}{8}$ 英寸。

L.K.083　**青铜扣**。形体小，椭圆形，带有扁平的波形舌。已锈蚀。直径 $\frac{3}{4}$ 英寸 × $\frac{5}{8}$ 英寸。图版 XXIV。

L.K.084　**青铜工具**。形似战斧，带有长方形环（残断）。刃部已残损。$1\frac{5}{8}$ 英寸 × $1\frac{3}{8}$ 英寸。图版 XXIII。

L.K.0161、0162　**2 件凿（斧?）**。制作较粗糙。$4\frac{3}{4}$ 英寸 × $3\frac{1}{8}$ 英寸 × $\frac{1}{4}$~$\frac{3}{4}$ 英寸；$4\frac{3}{4}$ 英寸 × $3\frac{1}{2}$ 英寸 × $\frac{5}{8}$ 英寸。

L.K 遗址附近发现的遗物

L.K.023～044   各种青铜残件。勺、小器皿、环等的残件。024 为勺柄的残件，带有压印的环纹，环纹中心近一端。040 为突起的圆圈形钉头。044 为长方形薄板，两端均穿小孔。均已锈蚀。最大长度 2 英寸，最小长度 $\frac{3}{8}$ 英寸。图版 XXIV。

L.K.045   青铜镯。扁平线状的环圈，截面呈弓形。镏金。保存较好，但残成一段。镯环宽 $\frac{1}{8}$ 英寸，厚 $\frac{1}{16}$ 英寸，镯径约 $2\frac{1}{4}$ 英寸。

L.K.046   青铜镯残件。与 L.K.045 一样，镏金。残长 $1\frac{1}{4}$ 英寸。

L.K.047   15 颗坚硬的黏土球。与 L.K.013 类似，黑色。有些球光滑，另一些因被腐蚀或火烧而显得较为粗糙。最大直径 $\frac{3}{8}$ 英寸，最小直径 $\frac{1}{8}$ 英寸。

L.K.048、049   石或玻璃珠残件。048 为玛瑙（？）珠残件，有透孔（残）。$\frac{3}{8}$ 英寸× $\frac{5}{16}$ 英寸。049 为两个半透明、蓝色玻璃珠的残件。直径分别为 $\frac{1}{4}$ 英寸和 $\frac{3}{16}$ 英寸。

L.K.050   褐煤（？）残块。不规则形。$\frac{13}{16}$ 英寸× $\frac{3}{8}$ 英寸× $\frac{1}{4}$ 英寸。

L.K.051   青铜嵌饰底座。在圆形底座上嵌有深蓝色的珠宝。珠宝直径 $\frac{3}{16}$ 英寸，底座直径 $\frac{3}{8}$ 英寸。图版 XXIV。

L.K.052   铅制扁圆轮。中间钻一个大孔，似小纺轮。原涂银，现仅有部分残余。直径 $\frac{9}{16}$ 英寸，高 $\frac{3}{16}$ 英寸。图版 XXIV。

L.K.053　各种青铜残件。均为小型，包括两个青铜环残件，直径分别为 $\frac{5}{16}$ 英寸和 $\frac{3}{4}$ 英寸。两个残件为小的青铜钉子，长度分别为 $\frac{3}{8}$ 英寸和 $\frac{3}{16}$ 英寸。一个为空凹线段 $\frac{3}{4}$ 英寸。还有两个是不规则的青铜残件，长分别为 $\frac{3}{8}$ 英寸和 $\frac{1}{4}$ 英寸。

L.K.054　白色卵石或贝壳片。$\frac{11}{16}$ 英寸 × $\frac{1}{2}$ 英寸。

L.K.055　滑石残片。不规则形。$\frac{1}{2}$ 英寸 × $\frac{3}{8}$ 英寸 × $\frac{3}{16}$ 英寸。

L.K.056　玻璃器皿残件。半透明，浅米色。简单制作。一面有刻纹。$1\frac{1}{8}$ 英寸 × $\frac{1}{2}$ 英寸 × $\frac{3}{32}$ 英寸。图版 XXIV。

L.K.057、058　2块玻璃残片。半透明，绿色。057 为珠子，扁球形。058 为环。长分别为 $\frac{1}{4}$ 英寸和 $\frac{5}{16}$ 英寸。

L.K.059　残玻璃珠。千花玻璃（Millefiori），透明，绿色，饰以无光泽的黄色"花朵"。$\frac{9}{16}$ 英寸 × $\frac{5}{16}$ 英寸。图版 XXIV。

L.K.060　玻璃器皿残片。口沿残片，外表圆弧。粉褐色，半透明。参见 L.K.019，精致，器壁较薄。$1\frac{1}{8}$ 英寸 × 1 英寸。图版 XXIV。

L.K.061~067　7块玻璃残片。浅蜜色，半透明。061 为素沿残片。061 和 065 为装饰残件，063（绿色，可能是另一件器皿上的残件）为卷沿残片。064 为饰附加堆纹的残片。最大长度 $\frac{3}{4}$ 英寸。图版 XXIV。

L.K.069　青铜镯（?）残件。环状。有腐蚀的斑点。环圈周长 $3\frac{1}{4}$ 英寸，厚 $\frac{3}{32}$ 英寸。

L.K.085 使用过的石片。灰色。$\frac{1}{2}$英寸×$\frac{3}{8}$英寸×$\frac{1}{16}$英寸。

L.K.088 **玻璃碎片**。鲜蓝色，半透明，略突起。$\frac{11}{16}$英寸×$\frac{3}{16}$英寸×$\frac{3}{32}$英寸。

L.K.089 **青铜扣环**。椭圆形，舌已残失。$\frac{13}{16}$英寸×$\frac{11}{16}$英寸。

L.K.090 **青铜丝**。扁平，逐渐变细，粗端如凿刃。长 $2\frac{3}{4}$英寸，最大宽度$\frac{1}{8}$英寸。

L.K.091 **陶器残片**。口沿部分。粗红色黏土胎，外表黑色，边沿上翻，轮制。2 英寸×3 英寸×$\frac{1}{4}$英寸。图版 XXVI。

L.K.092 **玻璃珠残件**。三珠连接，蓝绿色，半透明。$\frac{7}{12}$英寸×$\frac{1}{4}$英寸。图版 XXIV。

L.K.093 **青铜环残件**。周长$\frac{7}{8}$英寸，宽$\frac{1}{8}$英寸。

L.K.096 **蓝绿色玻璃圆锥体**。色钝，无光泽。高$\frac{9}{16}$英寸，底径$\frac{1}{2}$英寸。图版 XXIV。

L.K.097 **玻璃珠**。双球连接，镀金。长$\frac{1}{2}$英寸，最大直径$\frac{3}{8}$英寸。图版 XXIV。

L.K.098 **褐煤（?）圆饼**。背面已残损，有沟。正面扁平。直径$\frac{5}{8}$英寸，最大厚度$\frac{3}{16}$英寸。

L.K.099、0100 2块玻璃残片。黄白色和绿白色，半透明。0100 为素面口沿残片，最大尺寸 $1\frac{1}{2}$ 英寸× $\frac{1}{2}$ 英寸× $\frac{3}{32}$ 英寸（099）。

L.K.0101~0109 各种玻璃和假宝石残件。0101、0105 为蓝色玻璃珠残件，角锥体或球形，半透明。最大长度 $\frac{5}{16}$ 英寸。

0107 为蓝色齿轮状玻璃珠，半透明，侧面有齿槽。庵摩罗果形，保存完好。直径 $\frac{6}{17}$ 英寸，高 $\frac{3}{8}$ 英寸。

0108 为蓝色假宝石珠，立方体形，无光泽。$\frac{5}{16}$ 英寸× $\frac{1}{4}$ 英寸。

0102 为褐色的假宝石珠，圆球形，无光泽。直径 $\frac{3}{16}$ 英寸。

0106 为黄色玻璃贴饰条残端，半透明。长 $\frac{3}{8}$ 英寸。

0104、0109 为像 L.K.013、047 那样的无光泽黏土珠。最大直径 $\frac{1}{4}$ 英寸。

0103 为木球（坚果?），钻孔。长 $\frac{7}{16}$ 英寸。图版 XXIV。

L.K.0110 青铜饰件残片。小三角形，茎秆弯曲。$\frac{1}{2}$ 英寸× $\frac{3}{8}$ 英寸× $\frac{1}{16}$ 英寸。

L.K.0111 叶形石镞。紫褐色碧玉，制作精美。长 $1\frac{1}{4}$ 英寸，最大宽度 $\frac{7}{12}$ 英寸，最大厚度 $\frac{1}{8}$ 英寸。

L.K.0112 石核。黄褐色碧玉。$1\frac{1}{4}$ 英寸× $\frac{7}{8}$ 英寸× $\frac{3}{4}$ 英寸。

L.K.0113 圆形陶片。用陶片加工而成，与《西域考古图记》第四卷图版 LI 中的 M.I.IV.009 纺轮相似，淡红色黏土质。直径 $1\frac{1}{8}$ 英寸，厚 $\frac{3}{16}$ 英寸。

L.K.0114 **铁块**。锈蚀较严重，弯曲。4 英寸×$2\frac{1}{4}$ 英寸×$\frac{1}{2}$ 英寸。

L.K.0115、0116 **2 块陶片**。素面，残，红色。0115 外表有浅米色陶衣。$3\frac{1}{4}$ 英寸×$2\frac{1}{2}$ 英寸×$\frac{1}{4}$ 英寸。

L.K.0117 **黄色石核**。$\frac{3}{4}$ 英寸×$\frac{5}{8}$ 英寸×$\frac{5}{8}$ 英寸。

L.K.0118 **硬灰石残块**。似心形。$1\frac{1}{2}$ 英寸×$1\frac{1}{4}$ 英寸×$\frac{3}{8}$ 英寸。

L.K.0119、0120 **2 块石片残块**。最大尺寸 $1\frac{3}{8}$ 英寸×$\frac{3}{8}$ 英寸×$\frac{1}{8}$ 英寸。

L.K.0121、0122 **2 块铁残块**。粗糙，氧化较严重。最大尺寸 $1\frac{1}{4}$ 英寸×1 英寸×$\frac{5}{16}$ 英寸。

L.K.0123~0126 **4 块陶片**。红陶和黑陶（0123）。红陶片较粗糙，淘洗较差。最大尺寸 $2\frac{5}{8}$ 英寸×$1\frac{5}{8}$ 英寸×$\frac{1}{4}$ 英寸。

L.K.0127~0129 **3 件石器**。粗加工而成。0128 为石凿。最大尺寸 $2\frac{3}{4}$ 英寸×（最大宽度）$2\frac{1}{4}$ 英寸×（最大厚度）$\frac{5}{8}$ 英寸。

L.K.0130 **石球**。不规整，两端及两侧平滑，直径 $2\frac{1}{2}$ 英寸。

L.K.0131、0132 **2 块陶器炼渣**。最大尺寸 $1\frac{5}{8}$ 英寸×1 英寸×$\frac{1}{2}$ 英寸。

L.K.0133 **铁器残件**。锈蚀严重。$1\frac{1}{4}$ 英寸×$\frac{7}{8}$ 英寸×$\frac{3}{16}$ 英寸。

L.K.0135~0154　各种石器残件。有石片、石叶和石核。最大尺寸 $1\frac{3}{4}$ 英寸×1英寸× $\frac{3}{4}$ 英寸（0137）。

在 L.K 遗址外面发现的遗物

L.K.Fort.04、05　2件石镞。叶形，深灰色和紫色碧玉，制作精美。04 尖端微残。长分别为 $2\frac{1}{2}$ 英寸和 $1\frac{9}{16}$ 英寸。

L.K.Fort.06　玻璃珠。镏金。三球上下连接（串球形）。长 $\frac{1}{2}$ 英寸，最大直径 $\frac{5}{16}$ 英寸。

L.K.Fort.07　银耳饰。有镏金痕迹。由两部分组成，并用一个红铜圈连接起来。下面部分较大，略呈方形（原文与图对应不上，看图下面部分应为长方形——译者）（ $\frac{9}{16}$ 英寸），由两片银薄片组成，先模制装饰纹样，然后背对背地在边上接合（不完全）。

面有钱纹（中国圆形方孔钱纹）。下面，银片的底沿有一排小孔，上悬一系列8字形线圈，圈上系有五股流苏，线股扁平，上端有孔以穿线。

上面部分除坠饰和附属装饰外与上面所述部分相同，有钱纹。形小，仅为一层薄片。其背面底部附有大的线环，以悬挂于耳。它首先是在装饰物的下部附加一个红铜小环，然后上折，再向下弯曲成钩。设计巧妙，给人深刻的印象。丝线明显是拉制而成。保存极好。弯钩不算，长 $1\frac{3}{4}$ 英寸。图版 XXIV。

L.K.Fort.08　白石（?）器。三角形，面微突，中心钻孔。边长 $1\frac{3}{8}$ 英寸，厚 $\frac{3}{16}$ 英寸。图版 XXIV。

L.K.Fort.09　陶片。深灰色，口沿外敞，鼓肩，阴刻星云图案。$3\frac{1}{2}$英寸×$2\frac{1}{4}$英寸×$\frac{1}{4}$英寸。图版XXVI。

在 L.K 遗址发掘出土的遗物

L.K.I.01　青铜扣残件（?）。薄钩形，碎成两段。一端细圆，有孔。另一端呈方形，分叉。两枝略内弯，已残。$\frac{7}{8}$英寸×$\frac{7}{16}$英寸。

L.K.I.02　青铜残块。$\frac{3}{16}$英寸见方。

L.K.I.03　玻璃珠。蓝色，无光泽，环形。直径$\frac{5}{16}$英寸，高$\frac{1}{8}$英寸。

L.K.i.01　麻（?）绳残段。用两股搓成，结成环形。长$8\frac{1}{2}$英寸，厚$\frac{3}{8}$英寸。

L.K.i.02　石锤。绿—黑色硬石（玄武岩?），略呈椭圆形，一端较粗糙。长$2\frac{5}{8}$英寸，直径$1\frac{3}{8}$英寸。

L.K.i.03　双托木柱头。由四部分组成：中间为柱头的长方形木块；两侧各有一个托臂；一块柱头顶板。中心木块素面，高出托臂面$\frac{1}{8}$英寸，底面11英寸×$7\frac{1}{4}$英寸，中间有承柱孔，孔径3英寸，深$2\frac{3}{4}$英寸。

托臂为简单、向下蜷曲的卷云纹，内侧与中间块木的底角相接处为一斜面，斜角约45°，然后与涡卷连接，涡卷中心似眼珠。其外侧面近乎垂直，但从柱头顶板的底角处向下渐外撇，然后向内作涡卷。托臂的顶部分别是柱头顶板和锯齿形饰板。眼睛太大，刻成突出的涡卷形，扁平的锥体，顶点向外。托臂之侧沿略成斜面。

柱头顶板由两层板块组成，每层厚 1 英寸。上层的板块素面，下层已褪色。下层板块边沿向上渐内收，直至上层板块的底面。其正面用双刃的凿子雕刻成八根长方形的扁平木条，彼此由宽 $\frac{7}{8}$ 英寸的棱柱分开。

端头的扁平木条端面呈圆弧形，端面上有三根木条（包括角上扁平木条在内）。中心木条下面是一个小的突出，无实用意义，似 L.M.I.iii.01 檐壁上的凸撑。

双托臂的前、后面相似。一侧保存良好，但另一侧已裂开，褪色。

上面中心平坦，有 $2\frac{1}{2}$ 英寸 $\times \frac{3}{4}$ 英寸 $\times 1\frac{5}{8}$ 英寸的榫孔。木质坚硬。长 $29\frac{1}{8}$ 英寸，高 $10\frac{1}{2}$ 英寸，厚 $7\frac{1}{4}$ 英寸。图版 XV。

L.K.ii.01　青铜残片。长方形，曲角处钻一个小孔。$\frac{3}{4}$ 英寸 $\times \frac{1}{2}$ 英寸。

L.K.ii.02　玻璃珠（"珠"应为"管"——译者）。蓝绿色，半透明，长管形。长 $1\frac{5}{8}$ 英寸，直径 $\frac{1}{4}$ 英寸。图版 XXIV。

L.K.iv.01　陶器残片。粗红砂陶，表面灰色。表面残有大圆环、条带和臂章形的部分阴刻纹饰。$4\frac{1}{3}$ 英寸 $\times 3\frac{1}{4}$ 英寸 $\times \frac{5}{16}$ 英寸。图版 XXV、XXVI。

L.K.iv.02　木质农具（?）把柄。略弯曲，一端较粗，另一端较细，镶嵌一块残铁片，上有两个铆孔。其中一孔内残存一颗铆钉，带有方形的垫圈。腐烂，裂开。长 $10\frac{1}{2}$ 英寸，直径 $1\frac{3}{4}$ 英寸。图版 XXIX。

L.K.V.01　毛毡残块。黄色，缝有白色和褐色的条带。5 英寸 $\times 2\frac{3}{4}$ 英寸。

L.K.V.02　毛毡残块。纯白色，最大长度 5 英寸。

L.K.V.03、04　2 根鹅（?）毛。残断，褐色，长 6 英寸。

第三节　古城堡 L.L 和 L.M 遗址

前往 L.L 遗址　　　　2 月 7 日，我赶往托乎提阿洪所说的小城堡遗址。我从 L.K 遗址出发，往近正西方向走了约 3 英里。我们穿越过的地方由于风蚀几乎全部是黏土，塑成了雅丹地貌。但当接近 L.L 遗址时，雅丹沟变浅了，深 5~6 英尺，流沙吹过时，土地显得更为广阔一些。在道路南面，可看出以前曾在 L.K 遗址附近见过的古代河床，沿岸有成排的死胡杨树，清楚地标示出河床的位置，其走向接近北—西方向。在路上，我们捡拾到包括一件小玉斧 L.K~L.L.01 在内的一些加工过的石器，表明 L.K 附近的史前居住区曾延续到西边。

L.L 遗址围墙
遗迹　　　　L.L 遗址在建筑特征上与 L.K 遗址非常接近，但规模很小且保存情况不佳。其城堡用硬黏土块及间隔的红柳枝层垛筑而成，形成了一座长方形城堡，其两短边各长约 138 英尺，走向为东—北东至西—南西，正好沿着主要风向。另外的两长边的长度各接近 218 英尺。北面的短墙保存最好，墙基厚约 26 英尺，往上共有 7 层连续的黏土层，每层约厚 16 英寸，黏土层之间由厚约 16 英寸的红柳枝和灌木层隔开。根据一根躺卧的粗木柱推断，大门很可能在东墙。东墙已被侵蚀掉约 74 英尺。

东南角的围墙　　　　在东墙的南段，墙面向外突出约 42 英尺，以容纳邻接它的一垛内围墙，内围墙长约 68 英尺，延伸至东南角。这一内围墙被其北面和东面的墙阻隔，而与城内其他部分（厚约 8 英尺，主要用束柴和黏土筑成）隔开。这段围墙内的地面高出其他地面 8~10 英尺，覆盖着厚厚的苇草和垃圾，主要是羊和其他动物的粪便。在清理这处垃圾时，我们发现了大量的纺织物残片，主要是毛毡和羊毛织物（L.L.01、03、06、07、013~015）。

　　这里还发现了一块印花丝织品 L.L.02（图版 LXXXVI），蓝底，白点斜格装饰图案。这块丝织品之所以重要，是因为安德鲁斯先生的鉴定表明，其织法与以下要讨论的 L.C 墓地出土的人物丝织品一样，是精致的经畦织法（Warp-rib）①，是汉代中国丝绸的最早标本②。在当时我未认识到印花丝绸提供的年代线索，而且在那里发现的青铜器或铁器小残件（L.L.04、05、010）在判别年代方面也没有派上什么用场。但幸运的是，在同一堆积层中发现了一张磨损的小纸片，上面有几个明显像早期粟特文字的字迹，仅此就足以说明此城堡的使用年代很可能与楼兰 L.A 遗址的年代同时。

　　因城内缺少建筑遗存，我们不能确定刚才提到的垃圾是原哨所使用时造成的，还是由于像在米兰和楼兰遗址各种建筑遗存上发生的、被后来的牧人用作庇护之处而造成的。③除这个垃圾层保护的内围墙外，城内部分已被完全侵蚀破坏。尽管侵蚀作用不是很显著（这里的侵蚀深度最多仅 6 英尺），但侵蚀过程与 L.K 遗址非常相似，沙子由毁坏了的东墙处吹入，再从西北角的一个缺口吹出去。在西墙外约 60 码曾立过木头、灰泥建筑的地方，仅有碎裂的地栿残留在一条低矮的丘堆的斜坡上，等等。

　　从 L.L 遗址出发，我在阿弗拉兹·古尔搜寻小队的一名队员的向导下，向西北方向行进，走了约 3 英里后，来到了所说的居址旁。我们路经的风蚀地上，散布着高 6~10 英尺

① 参见本书第七章第四节。
② 参见安德鲁斯《古代中国纹样丝绸》19 页（《柏灵顿杂志》1920 年 9 月）。
③ 参见《西域考古图记》第一卷 245 页、400 页、402 页、427 页、490 页。

的孤沙丘，沿路我们捡拾到的石器、陶片、青铜和玻璃小件的数量，随着我们走近 L.M 遗址越来越多（见表）。在玻璃小件中，应特别提起的是着色或镀金的玻璃珠（L.L ~ L.M.I.021、022、026；L.K ~ L.M.01 ~ 03、010 ~ 014）以及熔融或浇铸成的玻璃器（L.L ~ L.M.I.02、07；L.K ~ L.M.04 ~ 09，图版 XXIV）。L.M 遗址分布在一片洼地的两边，从边上成行的死胡杨树以及它从西至东的蜿蜒方向（附图 11）来看，这片洼地是一条古河道。接着，我们穿过了一片与前述洼地相似但规模要小得多的低地后，即到达了第一处房址 L.M.I，该房址隆起于一块高 14 英尺的侵蚀台地上，其位置和外貌使人不由得想起尼雅遗址。半露于积沙的低矮的木骨枝条墙标明了原地面上房间的位置。而另一些房间已被侵蚀、毁坏，仅见台地周围斜坡上散落的大木头。

清理 L.M.I 遗址　　因为我们必须回到 L.K 遗址的营地，所以第一处遗存即 L.M.I（附图 11）的清理工作在夜幕降临之前便完成了，收获颇丰。中央的一个房间 iii，面积为 25 英尺×30 英尺（图 137），其大部分粗大的墙柱仍站立在原来位置上，房间的墙壁是用木头、枝条筑成，墙基是大的木基枕。有两垛墙的内侧筑有黏土座台。曾支撑过房顶的一根粗重的胡杨中心柱斜躺于房内地面上，柱头仍带着精美的木柱头饰（L.M.I.iii.01，图版 XV）。将于下面表中详述的柱头饰，两侧有涡旋形的托臂，顶有木条状装饰，其造型极似 L.K 遗址发现的双托臂柱头饰（L.K.i.03，图版 XV）。如前所述，对 L.K 遗址、楼兰 L.A 遗址发现的双托臂柱头饰及米兰遗址 M.II 佛寺里的拉毛灰泥半露柱的顶头饰进行比较，即可得到一条非常有用的断

代线索。① 对于从L.M遗址获得了年代方面的结论性证据及
在清掉中厅西北隔壁的垃圾时发现了非直接证据，我感到特
别的满意。

　　L.M.I.i 房间的垃圾层，堆积于残存的窄条形泥地上，厚
2 英尺，主要由苇草和骆驼粪组成。但根据从垃圾层中出土
的丝、毛织物的残片看，其中包括印花丝绸（L.M.I.i.08、09，
图版 LXXXVI）、几块有花和怪异动物图案的毛挂毯
（L.M.I.i.01，见图版 XXXIII、LXXXVII），还有精致的皮革
制品遗存，其中包括装饰有青铜饰件的一条皮带（L.M.I.i.
016）（图版 XXVI）以及像食盘（L.M.I.i.017）那样的木制
用品（图版 XXVIII）。在形式上，这些出土物都和第二次考
察时在楼兰遗址发现的遗物非常一致。在同一垃圾堆积层中
发现的若干汉文文书残片（其中一块较大）以及一枚佉卢文
楔形小木简（L.M.I.i.023），确凿地证明这个居址与楼兰等
遗址同属一个时期。同样特别重要的是可能为菩提叶的两片
小纸页，上面有二行细小精美的中亚婆罗米斜体字，显然是
龟兹语②。

L.M.I.i 垃圾层中的发现

　　另一处垃圾堆积位于中央房间西南的房间里，未出土文
书残件，但出土了其他重要的遗物。最值得一提的是精美的
漆盆残件（L.M.I.01～04，图版 XXV），无疑是中国内地制
品。其顶、底及两个长边条是分开发现的，端头已残失。
顶、侧外面有非常优美的边沿装饰，图案为卷云和怪兽，黑
底红彩，其图案如图版 XXV 所示，在风格上与下面将要讨
论的后来在L.C墓地发现的汉代带图案的丝织品非常相似。

L.M.I.ii垃圾堆中的发现

① 参见本书第六章第一节。
② 参见附录F。

木碗（L.M.I.05，图版 XXVI）如同在敦煌长城发现的 T.VI.B.ii.001（《西域考古图记》第四卷图版 LII）的同类物那样，具有汉代风格。L.M.I.026、ii.05 的纹样丝绸图案（图版 XLII）以及其经畦组织织法，是 L.C 墓地和敦煌长城出土的所有汉代纹样丝绸的典型织法，也是断代的依据。另一些要特别提到的是，精致的箭杆（L.M.I.07，图版 XXVI）、形状不同一般的木骰子（L.M.I.012，图版 XXVI）、细高的木杯（L.M.I.035，图版 XXVII）以及木纺锤（L.M.I.ii.01）。

L.M.II 遗存　　在黑暗中我们行走了近 6 英里。当我们向东行进时，雅丹地貌的沟沟坎坎变得越来越深，使我们走得痛苦不堪，最后终于回到了 L.K 遗址上的营地。考虑到 L.M 遗址的初次"发现"便这么丰富、有价值，我们于次日早晨便把营地移到了那里。开头的工作是在一处居址上进行的，它位于 L.M.I 西北约 600 码处的几组死胡杨树中，它所在的风蚀冈顶高出南面现在地面 16 英尺。这处遗存以及南面高 8 英尺的洼地阶地上的死红柳说明，这块地面在被侵蚀很长一段时期后，曾一度湿润过。建筑遗存的侵蚀仍历历在目，一个大房间面积有 35 英尺×26 英尺，其残存的木骨枝条墙仅高出地面 1 英尺。北面邻接的一个小房间 i，被破坏的情形更为严重。西南由灯芯草墙围起来的房间 iii 也是如此。从东南斜坡上残存的木梁、椽来看，此建筑还沿那个方向延伸出去。

L.M.III（据本书英文版"补遗和勘误"，应为 L.M.II——译者）出土的遗物　　居址中央的房间只覆有 8 英寸厚的积沙，清理中未发现什么东西，仅露出四个粗大的长方形胡杨木础，标示出支撑房顶的柱子位置。房间 i 的遗存中除出土了一定数量的褴褛的纺织物，包括花纹图案与 L.M.I 的一块纺织物相同的印花丝绸残片（L.M.II.i.02）、一页残纸片（上面用优美的汉字书写着某些宗教或军事的文书）。房间 iii 的垃圾中出土了一把木钥匙（L.M.II.iii.01，图版 XXVI），其形式与和田地区及其他地区各类遗址中发现的一样①。此外还有一把纺梳木梭（L.M.II.iii.03，图版 XXVI）及柳条编织物残件。在这里还发现了一张佉卢文纸文书残片（L.M.II.iii.04）。

该建筑遗存的东面有一块地方，面积约 40 平方英尺，上面覆盖着一层厚厚的苇草和马粪。刚开始清理这个编号为 ii 的垃圾层时，出土了一张折皱了的纸质文书（L.M.II.09，图版 CXXIV），尺寸为 7 英寸×4 英寸，上面有 20 行早期粟特文字。虽然第一批早期粟特文书是在楼兰 L.A 遗址及敦煌西汉长城烽火台上发现的②，但这次发现也特别令人欣喜，因为它证实了我以前对该遗址及小古堡 L.L 遗址使用年代的推论。此外，在这里还发现了汉文和草书的婆罗米文纸文书残片。还应提到的是一块羊毛和山羊毛织物残片（L.M.II.ii.02~04）及藤茎编织物（L.M.II.ii.09~011，图版 XXVI），特别是一块绒毛地毯的残片（L.M.II.ii.05），磨损较严重，已褪色，其花纹图案已不能看出。

从垃圾堆里出土的文书

向西北方向行进时，我们穿越了一些宽约 90 码的洼地，两岸排列着几排枯死的胡杨树。在离 L.M.II 遗址约 700 码的地方，我们发现了一块孤立的雅丹台地，台地顶上有少量的遗存，从散落于斜坡的木头残骸可判断此处定是一处中等规模的居址（图 136）。从胡杨墙柱看，此房址仅有一个房间，面积约有 27 平方英尺。房内地面上残存有与 L.M 遗址的木柱础相似的两个长方形木柱础（上有承柱的臼窝）。在外面斜坡上的木头残骸中发现的两件双托臂柱头饰，和 L.M.I 遗

L.M.III 遗存

---

① 参见《西域考古图记》第三卷 1541 页、1546 页，索引条"钥匙、锁"。
② 参见《西域考古图记》第一卷 383 页，第二卷 652 页、671 页以下。

址上发现的那件形状相同，但残损情况更严重。在房间西墙外的垃圾层中出土了一页纸文书残片，一面是汉字，另一面是几行佉卢文字。

另一处被风蚀的建筑

在西边约 340 码的地方，我们又发现另一处居址 L.M.IV，规模似乎更大，但侵蚀得非常严重。两个房间的墙壁是木头、枝条泥糊墙，其中一个房间的面积仍可看出为 40 英尺×28 英尺，而另一个房间可能是同样大小，虽然其木头墙基仍保留原位，但地面已被风刮得一干二净。事实说明，侵蚀力很强，即居址南面的土地已被掏挖至由建筑地面标志的原地面下 22 英尺的深度。在散落于斜坡上的胡杨大木梁和其他木头中，我们辨认出两件碎裂严重的带有涡旋形端头的柱头饰，在那里还捡拾到若干件铁质家居用具（L.M.IV.01～05，图版 XXIV、XXVI）和几块青铜残片。遗址仅有的另外一处建筑 L.M.V 位于 L.M.IV 北边约 330 码的地方，如图 135 所示，也遭到了严重侵蚀。在枯萎的木头中，我们差点未能认出通常形式的一件双托臂柱头饰和柱础。

遗存所散布的区域

刚才所说的居址位于西北至西南足有 1 英里的地面上，我认为这本身就足具重要性。根据塔克拉玛干沙漠南缘尼雅遗址及另外一些居住遗址的考察经验，我们可以推断，现存下来的只是那些木头构架厚重、较牢固结实的建筑，而满足大多数居民要求的泥筑居址则已完全被侵蚀，看不见了。

钱币证据

这一结论可被大量塔提型小杂物所证实。我们未进行较长时间的系统搜寻，仅一天内就从遗址上捡拾到了这些杂物。其中首先要提到的是六枚中国钱币，它们都有钱铭，是大五铢类型，属于汉代及紧随其后的时期，所以在关于该遗址的年代上，钱币学证据与发现的佉卢文以及粟特文文书提供的证据是一致的。

图 134　罗布沙漠古城堡 L.K 中心居址，房间 i

图 135　罗布沙漠 L.M.V 居址的风蚀残木

图 136　罗布沙漠 L.M.III 居址所在的雅丹台地

图 137　罗布沙漠 L.M.I 居址的风蚀遗存

图 138　罗布沙漠古城堡 L.K 遗址内，发掘后的房间 iii

图 139　罗布沙漠古城堡 L.K 遗址房间 iii 的内部（左角为门板）

各种小发现　　约与楼兰遗址同时期使用的遗物包括：大量的带各种颜色或镏金的玻璃器和假宝石珠（L.M.025、027、071～0101、0134；L.K～L.M.01～013），其中有些带有阴刻或突起的花纹（图版XXIV）；特别值得提到的精蓝色玻璃流嘴（L.M.070，图版XXIV）；说明玻璃是在当地熔炼的玻璃熔渣残件（L.M.034）。在陶瓷遗物中，较重要的有绿釉陶器残件（L.M.042、0122）及刻有纹饰的灰陶器（L.M.054）。小件假宝石器（L.M.063～069、0133）也出土了。大量的青铜遗物包括：精致的装饰物（L.M.0119，图版XXIV）、与楼兰L.A遗址发现物相似的一件"猫铃"（L.M.0131，图版XXIV）、嵌珠宝的盘座（L.M.0129，图版XXIV）、制作简洁的耳挖（L.M.0150，图版XXIV）等。铁器（L.M.051、0145～0147，图版XXIV、XXVI）也出现了。像在楼兰许多遗址那样，在这些属于早期中西交流时期的遗物旁边，我们发现了被风蚀吹刮出来的、古老的石器时代的各类遗物。制作精美的石箭头（L.M.010、0155）可能是新石器，而大量的"刀片"（L.M.012～024、0156）及玉斧（或凿）（L.M.04、043、055，图版XXII），年代明显更早。石核（L.L～L.M.I.01，图版XXII、L.M.06～09）则说明这些石器都是当地制作的。

石器时代的遗存　　在L.M遗址及其周围发现的石器时代的遗物，可与L.K遗址东南方向以及1906年12月15日我们前往121号营地途中大量发现的石器联系起来考虑。①

史前居住遗迹　　正如在《西域考古图记》中指出的那样，非常明显的是，这一从西向东延伸的地带，在史前一个较长的时期内，

---

① 参见《西域考古图记》第一卷356页以下。

一定适合流动的生活方式。① 由于与风蚀效应相联系的多种自然环境，我们不可能得出这些史前遗存的确切的年代学结论来，但可以肯定的是，据此可推测这里找到的几条河道曾有过流水，尽管它们不一定处在同一时期。这些古代河道具有非常重要的地理学意义，我在《西域考古图记》中已简要指出，我在罗布沙漠里的第二和第三次调查已表明它们均源自库鲁克河，下面我将进行特别的叙述。②

从地理学的观点来说，L.M 遗址提供的古物证据具有特别的重要性。正如上面所记录的那样，这一证据表明，这一平常的定居点与楼兰 L.A 遗址差不多同时，其使用时期在公元初的几个世纪内。考虑到该遗址的特点和分布以及在其中一处遗存中捡拾到的谷类食物，至少部分居民从事农业已是无疑。③ 同样可以肯定的是，因为在遗存所在的地区内可清楚地找到干涸的河道，当时的居民可从河道中汲水。

与楼兰 L.A 遗址同时代的居住遗存

水来自库鲁克河这一结论，是根据一年后阿弗拉兹·古尔从恰依奴特库勒咸水湖至库鲁克山麓的雅丹布拉克泉的旅途中的发现而作出的。他的旅行记录可参见本书第二十章。但在此可顺便了解他根据我以前的指示，于 1915 年 3 月 9 日（据本书英文版"补遗和勘误"，应为 3 月 8 日——译者）对 L.M 遗址附近遗存进行搜寻的结果。从我们在 L.M. III 遗址附近的老营地开始，他对东面和东北面进行了广泛的搜寻，但没有碰见任何遗存，也没有见到干涸的河床。但

L.R 遗址与 L.M 遗址西北的古河道

① 参见《西域考古图记》第一卷 357 页以下。
② 参见《西域考古图记》第一卷 355 页以下；本书第六章第五节。
③ 参见 L.M.0137、0138，阿弗拉兹·古尔从搜索中带回的似为印度品种的玉米，未表明确切的发现地点（可能是 L.M.I 或 II 的垃圾堆中得来的）。L.K 遗址东面组房间中发现的沙枣树和白杨木梁证明附近有栽培，见本书第六章第一节。

对原来的西北方向重新搜索约 2 英里后，他发现了三处成一组的居住遗址。像 L.M 遗址的那些居住遗存那样，这些房址也用木头和枝条牢固地构筑起来。其中两处遗存，如同阿弗拉兹·古尔绘制的 L.K 遗址草图显示的那样，房间内堆积了较多的沙子，但房间的部分布局仍较明显。而西边的一些房间似乎已被沙子所掩埋。阿弗拉兹·古尔当时只带了三个随从人员，而且考虑到他马上要穿越艰险的沙漠，时间非常有限，故未能对这些房间进行清理。但在旁边风蚀斜坡上捡拾到的青铜、铁和玻璃小件（见 L.R 遗址名下的遗物表），清楚地表明这些遗存的年代与 L.M 遗址相同。阿弗拉兹·古尔进一步向西北行进，在这些遗存以远 1 英里处，穿过了一条河道，河道宽约 100 码，深达 50 英尺，部分已被沙丘占据。正如阿弗拉兹·古尔的平板仪测绘图所示，他最后见到的古河道距 L.R 遗址约 2 英里，从北向东南蜿蜒。再往前，高沙丘越来越大，遗址的考察工作变得更加困难。

库鲁克河三角洲南缘

根据从 L.R 遗址收集到的辅助性材料，结合 L.K 遗址附近的调查，我认为从 L.R 遗址到 L.K 遗址沿线近 10 英里范围的一连串小遗址，其年代在公元初的几个世纪。这些遗址清楚地表明，库鲁克河三角洲的最南部分，在楼兰遗址和中国商路废弃之前，仍有着足够的水量供人们长时间居住。至于 L.M 居址的性质，可能只有在该遗址上发现汉文及其他文书才能得到较明确的认识。但我认为，从地形学和考古学方面来说，其重要性在于它的位置，即靠近连接楼兰 L.A 遗址、作为罗布地区或鄯善国首府的米兰和若羌之间的捷径。

与 L.K 遗址有关的 L.M 遗址位置

楼兰 L.A 哨站遗址，作为从敦煌穿越沙漠、进入塔里木盆地的中国古道的桥头堡，在公元前后的几个世纪中，在连接中西方的主要交通路上发挥了伟大的作用，这一点我已在《西域考古图记》中详细地作了讨论。[1] 连接楼兰遗址和米兰遗址（鄯善或罗布旧都）以及若羌（伊循，I-hsün）绿洲的道路，当时曾被频繁地使用过。L.K 遗址因为正位于两地之间最近的路线上[2]，所以它的作用是戍卫这条道路，当然也很有可能是用来维持这处设防哨站及来往交通所需的给养。尽管在 L.K 遗址周围未找到古代的耕田，但结论似乎是有根据的，即 L.M 遗址的居民点提供了这些给养，从而为古城堡 L.K 的位置选择提供了直接的理由。进而类推，我们可以考虑古城堡 L.E 遗址在从敦煌城墙通向楼兰遗址的大道上占据的位置与作用。[3]

第四节　在古城堡 L.L、L.M 和 L.R 遗址采集、出土的古物名录

在 L.K 和 L.L 遗址之间发现的遗物

L.K～L.L.01　玉斧。*面宽，侧薄，斧刃锋利。绿玉。*$1\frac{1}{2}$ 英寸×$1\frac{7}{8}$ 英寸×$\frac{1}{4}$ 英寸。

L.K～L.L.02、03　2 块石片。*单面或双面凸棱。*$1\frac{1}{8}$ 英寸×$\frac{9}{16}$ 英寸和 $1\frac{1}{4}$ 英寸×$\frac{3}{8}$ 英寸。

L.L 遗址出土的遗物

L.L.01　纺织物残片。有毛毡、粗布、丝绸等残片及粗发绳和细麻绳的

---

① 参见《西域考古图记》第一卷 416 页以下。
② 参见本书第六章第一节。
③ 参见本书第七章第七节。

残段。最大长度 1.8 英尺。

L.L.02　印花丝绸残片。 蓝色，带斜格白点的防染（似蜡染那样，把不想染的地方扎起来或盖起来——译者）图案，每个菱形块中，中心的圆点及周围的七个圆点组成一个圆花饰。精致的经畦组织。已撕裂。约 3 平方英尺。图版 LXXXVI。

L.L.03　细毛绳。 由三股扭结而成。长约 7 英寸。

L.L.04　青铜扣。 长方形，在麻绳上。$\frac{5}{8}$ 英寸 × $\frac{1}{2}$ 英寸。

L.L.05　铁（?）渣残件。 $2\frac{1}{4}$ 英寸 × 2 英寸 × $\frac{5}{16}$ 英寸。

L.L.06　编织物残件。 包括毛布、毛毡、绳子、草绳、平纹毛布、布（?）绳束等，最长（绳索）为 2.3 英尺。

L.L.07　毛毡残片。 带绳及几块斜纹毛布。最大（毛毡）尺寸约 $9\frac{1}{2}$ 英寸 × $10\frac{1}{2}$ 英寸。

L.L.08　灰色大理石残件。 不规则形。$2\frac{1}{8}$ 英寸 × $\frac{7}{8}$ 英寸 × $\frac{5}{8}$ 英寸。

L.L.09　被切割的大量麦草和 2 块朽木残块。

L.L.010　青铜残件。 面呈凹凸状。$1\frac{1}{2}$ 英寸 × $\frac{3}{4}$ 英寸 × $\frac{1}{32}$ 英寸。

L.L.011　陶片。 纯黑色。$1\frac{1}{2}$ 英寸 × $\frac{7}{8}$ 英寸 × $\frac{1}{8}$ 英寸。

L.L.012　石核。 深黑色。1 英寸 × $1\frac{1}{8}$ 英寸 × $\frac{7}{8}$ 英寸。

L.L.013　长条毛织物。 淡米色，结实，编织均匀，平纹布。9 英寸 × $\frac{1}{4}$ 英寸。

L.L.014　长条形毛毡。 浅黄色，上附带图案的毛织物残余。8 英寸 ×

1 英寸。

L.L.015　**毛毡残片**。浅黄色，有穿孔。11 英寸×9$\frac{1}{2}$英寸。

L.L.016　**棉（?）线束**。未染色。长 1.4 英尺。

在 L.L 和 L.M 遗址间发现的遗物

L.L~L.M.I.01　**燧石石核**。从痕迹看，已剥落下长条石片多片。2 英寸×1 英寸×$\frac{3}{4}$英寸。图版 XXII。

L.L~L.M.I.02　**玻璃残片**。深蓝色，半透明，带几个疵点。凹面、凸面，外表饰附加堆纹。1$\frac{5}{8}$英寸×$\frac{7}{8}$英寸×$\frac{1}{8}$英寸。图版 XXIV。

L.L~L.M.I.03~06　**4 块碧玉片**。呈黑、灰、黄色。最大片 2 英寸×$\frac{9}{16}$英寸。

L.L~L.M.I.07　**玻璃残片**。器皿口沿，厚沿，深橄榄绿。制作精美。1$\frac{1}{8}$英寸×$\frac{3}{8}$英寸。

L.L~L.M.I.08~010　**3 块玻璃残片**。半透明，蓝色，制作精美。无图案花纹，其中一块有黑色的线条，可能是品质不纯所致。最大尺寸$\frac{9}{16}$英寸×$\frac{3}{8}$英寸。

L.L~L.M.I.011　**绿色石斧（?）**。加工粗糙。1$\frac{5}{8}$英寸×$\frac{7}{8}$英寸×$\frac{5}{16}$英寸。

L.L~L.M.I.012、013　**2 块碧玉片**。深棕色，加工粗糙。最大尺寸 1$\frac{1}{4}$英寸×$\frac{7}{8}$英寸。

L.L~L.M.I.014　**陶片**。陶器口沿和颈部的残片。喇叭形口，表面有数道弦纹。细黏土胎，烧制甚好。3 英寸×1$\frac{1}{4}$ 英寸，颈部厚$\frac{5}{32}$英寸。图版 XXVI。

L.L~L.M.I.015 **铁器残件**。薄且弯曲，已氧化。$\frac{1}{2}$英寸×$\frac{5}{8}$英寸。

L.L~L.M.I.016 **青铜指环残件**。仅剩一半，剖面呈三角形，内面较平，外面突出。凹陷处用漆填充。较精致。最大直径$\frac{9}{16}$英寸。

L.L~L.M.I.017、018 **2 块贝壳残片**。白色。$\frac{15}{16}$英寸×$\frac{3}{8}$英寸×$\frac{1}{16}$英寸。

L.L~L.M.I.019 **黏土珠残件**。暗黄色，多纤维质。$\frac{3}{8}$英寸×$\frac{1}{2}$英寸。

L.L~L.M.I.020 **玛瑙（？）珠**。红色，八面体，末端平。长$\frac{1}{2}$英寸，最大直径$\frac{1}{4}$英寸。

L.L~L.M.I.021 **玻璃珠**。浅蓝色，半透明，十二面体。长$\frac{1}{2}$英寸，最大直径$\frac{3}{8}$英寸。

L.L~L.M.I.022 **玻璃珠**。已残为一半。圆柱形，绿蓝色，半透明。$\frac{3}{8}$英寸×$\frac{3}{8}$英寸。

L.L~L.M.I.025 **青铜指环**。素面环圈。直径$\frac{3}{4}$英寸，宽$\frac{1}{8}$英寸。

L.L~L.M.I.026 **玻璃珠**。镏金，扁球体。与 L.K~L.M.I.012 等类似。直径$\frac{1}{4}$英寸，高$\frac{5}{32}$英寸。

在 L.M 遗址东南发现的遗物

L.K~L.M.01~03　3 颗玻璃珠。深黑色、淡蓝色和绿色。有纵向的蓝色凸棱。最大直径 $\frac{1}{2}$ 英寸（01）。

L.K~L.M.04~09　各种玻璃残片。素面，模制，雕刻。半透明，淡黄色和蓝绿色。08 为器皿的素沿，侧面从 $\frac{1}{4}$ 英寸处作斜切的面。07 有轮旋的花纹。最大残片 $1\frac{9}{16}$ 英寸 $\times \frac{3}{4}$ 英寸 $\times \frac{1}{16}$ 英寸（08）。图版 XXIV。

L.K~L.M.010　玻璃残件。深蓝色，也许是 L.K~L.M.01 的一部分。最大长度 $\frac{3}{8}$ 英寸。

L.K~L.M.011~014　4 颗玻璃珠残件。011、012，扁珠体，镏金。013 为双珠连接，镏金。014 为圆柱形，中空，半透明，黄色。最大长度 $\frac{1}{2}$ 英寸（014）。

在 L.M 遗址发现的各种遗物

L.M.01　陶纺轮。圆饼形，钻孔。灰泥陶，粗糙。直径 $2\frac{3}{16}$ 英寸。图版 XXVI。

L.M.02　陶片。粗红陶，两面均有黑褐色釉，上有穿过釉面的两道刻纹。釉可能因器表玻璃化烧结而产生。$2\frac{5}{8}$ 英寸 $\times 1\frac{1}{2}$ 英寸 $\times \frac{3}{8}$ 英寸。

L.M.03　陶纺轮。扁平凸圆形，底面饰一周八个小圆圈，直径 $1\frac{3}{8}$ 英寸，最大高度 $\frac{5}{8}$ 英寸。图版 XXVI。

L.M.04　**玉斧**。墨绿色，一面粗糙。$1\frac{7}{8}$ 英寸 × $1\frac{3}{16}$ 英寸 × $\frac{3}{8}$ 英寸。图版 XXII。

L.M.05　**残玉（？）片**。薄而扁平，橄榄绿色，有斑点，表面粗糙。$1\frac{1}{2}$ 英寸 × $1\frac{1}{4}$ 英寸 × $\frac{1}{8}$ 英寸。

L.M.06~09　**各种类型的石核**。黄色、灰色和褐色。最大尺寸 $2\frac{1}{2}$ 英寸 × $1\frac{5}{8}$ 英寸 × $\frac{7}{8}$ 英寸。

L.M.010　**叶形碧玉镞**。制作甚好，尖端已残，浅绿色石。长 $1\frac{7}{8}$ 英寸。

L.M.011　**方棱柱形石饰**。深褐色，各边平整，端头已残。$1\frac{1}{4}$ 英寸 × $\frac{5}{16}$ 英寸 × $\frac{5}{16}$ 英寸。

L.M.012~024　**石叶残片**。大小不同，用几种不同的石头制成。最大尺寸 $1\frac{7}{8}$ 英寸 × $\frac{1}{2}$ 英寸 × $\frac{1}{16}$ 英寸。

L.M.025　**玻璃残片**。深蓝色，半透明，外表阴刻长方形花纹。最大宽度 $\frac{3}{4}$ 英寸。图版 XXIV。

L.M.026　**青铜饰钉**。方金字塔形钉头。钉头 $\frac{1}{2}$ 平方英寸，高 $\frac{3}{16}$ 英寸。图版 XXIV。

L.M.030~033　**青铜残件**。饰件、薄片、带扣（031）的残件。带扣长 $1\frac{1}{4}$ 英寸，最大宽度 $\frac{7}{8}$ 英寸。图版 XXIV。

L.M.034　**玻璃熔渣残件**。$\frac{3}{4}$ 英寸 × $\frac{3}{16}$ 英寸。

L.M.035~040　**青铜钉、条形残件**。最大长度 $\frac{3}{4}$ 英寸。

L.M.041　**铁铆钉**。锈蚀较严重。长 $1\frac{3}{16}$ 英寸，最大宽度 $\frac{3}{8}$ 英寸。

L.M.042　**陶片**。粗灰，两面均有绿釉，大部分已残失。$2\frac{3}{16}$ 英寸 $\times 1\frac{1}{2}$ 英寸 $\times \frac{1}{4}$ 英寸。

L.M.043　**玉斧**。深绿色，残断，或许是半成品。2 英寸 $\times 1\frac{1}{4}$ 英寸 $\times \frac{3}{4}$ 英寸。

L.M.044~049　**天然铜矿石**。最大尺寸约 $\frac{3}{4}$ 英寸 $\times \frac{5}{8}$ 英寸。

L.M.051　**铁（?）锥或凿**。笔直的长条，一端尖锐，另一端呈扁平的凿形。长 3 英寸，最大宽度 $\frac{1}{4}$ 英寸。图版 XXIV。

L.M.052　**石器残块**。深灰色薄片，剖面呈菱形（刮削器?）。已风化。$1\frac{1}{2}$ 英寸 $\times 1\frac{3}{8}$ 英寸 $\times \frac{9}{16}$ 英寸。

L.M.053　**大理石（?）残件**。白色，灰色条层。面已风化。$1\frac{3}{8}$ 英寸 $\times 1\frac{1}{4}$ 英寸 $\times \frac{3}{8}$ 英寸。

L.M.054　**粗陶器残件**。外表光滑，呈灰色。$2\frac{7}{8}$ 英寸 $\times 1\frac{3}{16}$ 英寸 $\times \frac{1}{4}$ 英寸。

L.M.055　**玉斧**。浅绿色，制作粗糙。$2\frac{1}{8}$ 英寸 $\times 1\frac{1}{4}$ 英寸 $\times \frac{11}{16}$ 英寸。图版 XXII。

L.M.056　石核。黑色，从上面曾剥落下长条的石叶。$1\frac{1}{4}$ 英寸×1 英寸×$\frac{1}{2}$ 英寸。

L.M.057~059　3 块石器残片。不规则形，有凹口，可能是石核。058 呈红褐色，带有粉红色层理（燧石?）。最大尺寸 $1\frac{3}{4}$ 英寸×1 英寸×$\frac{7}{8}$ 英寸（058）。

L.M.060　骨纺轮。圆饼形，钻孔。直径 $\frac{13}{16}$ 英寸，厚 $\frac{1}{8}$ 英寸。图版 XXIV。

L.M.061　陶纺轮。扁平圆盘形，用陶片粗加工而成，中心钻孔。直径 $\frac{7}{8}$ 英寸。

L.M.062　陶圆片。粗加工而成，像纺轮那样部分钻孔。直径 $1\frac{1}{4}$ 英寸。

L.M.063~069　7 颗假宝石球。黑色，无光泽，不规则形状。与 L.K.047 类似。最大尺寸 $\frac{1}{2}$ 英寸×$\frac{3}{8}$ 英寸。

L.M.070　玻璃流嘴。纯蓝色，半透明。管形，略弯曲，一端渐细。两端残断。长 $2\frac{1}{2}$ 英寸，最大直径 $\frac{5}{8}$ 英寸。图版 XXIV。

L.M.071~082　12 块玻璃残片。纯蓝色，半透明，与 L.M.070 类似，略弯曲。最大残片 1 英寸×$\frac{3}{4}$ 英寸（073）。

L.M.083~093　11 颗玻璃珠。呈深绿色、浅蓝色、半透明粉色、黄色、蓝色，一颗白色的玻璃珠上镏金。形状为圆管形、环形和两件双环形（091、092）。最大长度 $\frac{1}{2}$ 英寸。

L.M.094~099 6块玻璃残片。淡绿色或稻草色，透明。有突起的图案花纹。平均尺寸$\frac{7}{8}$英寸×$\frac{1}{2}$英寸。图版 XXIV。

L.M.0100 玻璃残片。淡米黄色，半透明，圆盘形，一面平坦，另一面为中空的圆柱形，似乎是镶嵌的底座（?）。直径$\frac{15}{32}$英寸。

L.M.0101 玻璃棒端。深蓝色，半透明，与 L.M.071~082 类似。最大直径$\frac{1}{2}$英寸。

L.M.0102 小卵石。奶白色，豆形。$\frac{11}{16}$英寸×$\frac{7}{16}$英寸×$\frac{1}{4}$英寸。

L.M.0103~0117 各种青铜残件。大多为薄片。最大残件 0103 为器皿边沿的残片。$1\frac{1}{4}$英寸×$\frac{11}{16}$英寸×$\frac{1}{20}$英寸。

L.M.0118 青铜指环。残，锈蚀。直径约$\frac{5}{8}$英寸，宽$\frac{3}{16}$英寸。

L.M.0119 青铜花饰残件。厚重，浮雕铸件。呈扩展的羽毛状，羽毛从中心渐向外加宽，羽毛间由正背面的沟线来区分。

每片羽毛的顶端有部分钻透的孔，背面的孔与此类似。两孔原来可能是贯通的，但可能在锈蚀中被堵塞了，也许是镶嵌珠宝的座。每片的上端略呈圆弧形，顶端渐成小尖，下端已残断，右边的大部分已经腐蚀。高 3 英寸，最大宽度 $2\frac{1}{8}$英寸，厚$\frac{1}{4}$英寸。图版 XXIV。

L.M.0120 青铜棒残件。剖面呈方形，带铁核。长 $1\frac{1}{4}$英寸，宽$\frac{3}{8}$英寸。

L.M.0121 贝壳残件。1 英寸×$\frac{5}{16}$英寸。

L.M.0122 陶片。红陶，可能是器皿口沿部分。两面均有绿釉，但大多已残失。$\frac{7}{8}$英寸×$\frac{3}{4}$英寸×$\frac{1}{4}$英寸。

L.M.0129 **青铜宝石嵌座**。与 L.K.01 类似。圆形，内面平，外为环形边沿。座底有两孔，可安放指环或其他附加物。$\frac{13}{16}$英寸×$\frac{5}{8}$英寸。图版 XXIV。

L.M.0130 **青铜戒指**。线状圈，截面呈圆形，残。直径$\frac{3}{4}$~$\frac{7}{8}$英寸。

L.M.0131 **青铜"猫铃"**。完整，带铃锤及悬环，与《西域考古图记》第四卷图版 XXIX 中的 L.A.00104 等类似。直径$\frac{7}{16}$英寸。图版 XXIV。

L.M.0132 **铁片**。已氧化。$1\frac{1}{5}$英寸×$\frac{1}{2}$英寸×$\frac{1}{8}$英寸。

L.M.0133 **黏土残块**。无光泽，巧克力色。$\frac{3}{4}$英寸×$\frac{3}{8}$英寸×$\frac{5}{16}$英寸。

L.M.0134 **玻璃残片**。青铜色，不透明。$\frac{1}{2}$英寸×$\frac{3}{8}$英寸×$\frac{1}{16}$英寸。

L.M.0135、0136 **2 件陶饰（?）**。最大尺寸 1 英寸×$\frac{3}{4}$英寸×$\frac{5}{8}$英寸。

L.M.0137、0138 **2 颗印度玉米粒**。

L.M.0139 **毛（?）绳残段**。圆绳，鲜红色和米色。长 $1\frac{1}{4}$英寸，粗$\frac{1}{4}$英寸。

L.M.0140~0143 **青铜钉饰残件**。0142、0143 为钉头，已锈蚀。最大长度$\frac{5}{16}$英寸，最大宽度$\frac{5}{16}$英寸。

L.M.0144 **青铜勺匙残件**。长形，带厚边。$2\frac{1}{2}$英寸×$\frac{3}{4}$英寸。图版 XXIV。

L.M.0145~0147　3 个铁工具残件。0145 弯曲，扁平，一端加宽，有三齿；0146 为弯钩形。0145 最大，尺寸 $2\frac{3}{4}$ 英寸×$1\frac{1}{8}$（最宽度）英寸。图版 XXVI。

L.M.0148　铅片。不规则形，一端钻孔。$1\frac{11}{16}$ 英寸×$\frac{3}{4}$ 英寸×$\frac{1}{8}$ 英寸。图版 XXIV。

L.M.0149　青铜钉。钝端向上弯曲，残。长 $1\frac{7}{8}$ 英寸，直径 $\frac{3}{32}$ 英寸。

L.M.0150　青铜小匙。长条形方柄，一端有细小的圆勺，略向上弯。可能是挖耳勺。长 $3\frac{1}{2}$ 英寸，勺宽 $\frac{1}{4}$ 英寸。图版 XXVI。

L.M.0153　陶片。手制，夹沙，微呈红色，无纹饰。最大尺寸 6 英寸×厚约 $\frac{1}{4}$ 英寸。

L.M.0154　青铜残片。带铆钉。最大尺寸 1 英寸×$\frac{5}{8}$ 英寸。

L.M.0155　叶形碧玉镞。显然是切削而成，保存完好。如 L.I.012，但形制小一些。长 2 英寸，宽 $\frac{9}{16}$ 英寸，厚 $\frac{5}{16}$ 英寸。

L.M.0156　石叶（肉红玉髓）。粉色。$1\frac{1}{2}$ 英寸×$\frac{7}{16}$ 英寸×$\frac{1}{8}$ 英寸。

L.M.I 遗址房间 i 出土的遗物

L.M.I.i.01　毛毯残块。织法粗糙，带非常格式化的叶、花、鸟和动物的图案。总体布局不清。有两件残块中心的水平状茎秆上，各向左右分出不同颜色的对叶条带，已残。下面是大头的怪鹿（？）纹。在另一残块上，有一系列作奔跑状的怪异动物，均带长尾。在第三块残块上，残有鸟翼的图案。共 11 块，颜色各异，有深浅的蓝色、绿色和米黄色。最大尺寸 8 英寸×$8\frac{1}{4}$ 英寸。图版 XXXIII、LXXXVII。

L.M.I.i.02 **羽毛残片**。柔软，弯曲。$3\frac{1}{4}$ 英寸×$1\frac{3}{4}$ 英寸。

L.M.I.i.03 **扁平的细毛绳辫**。米黄色。23 英寸×$\frac{1}{2}$ 英寸（宽度）。

L.M.I.i.04 **植物纤维绳残段**。结实的 2 股。长 20 英寸，直径 $\frac{1}{4}$ 英寸。

L.M.I.i.05 **三角形皮袋或鞘**。薄，上有刺绣。制作较粗。深 $3\frac{1}{2}$ 英寸，口宽 $1\frac{3}{4}$ 英寸。

L.M.I.i.06 **丝绸残片**。素面，白色，带缝制物。2 英寸×1 英寸。

L.M.I.i.07 **毛织物残件**。组织疏松，鲜红色的粗斜纹织物，上有深蔷薇色的图案，呈褴褛状。16 英寸×8 英寸。

L.M.I.i.08 **印花丝绸残片**。鲜红色底，上有小圆点围成的玫瑰形花饰，其各花间点缀着一个防染的大圆点。另一件残块，参见图版 LXXVIII 中的 L.M.II.i.02 以及 L. M. I. i.09 和 Ast. vi. iii.03。已残破，5 英寸×2 英寸。图版 LXXXVI。

L.M.I.i.09 **印花丝绸残件**。蓝底，图案是由防染的圆点组成的菱形格，每个格内中心有玫瑰花形饰。参见前一件标本和 Ast.vi.iii.03。$6\frac{1}{2}$ 英寸×$2\frac{1}{4}$ 英寸。

L.M.I.i.010 **丝绸残片**。素面，白色，双面，缝合，保存极差。6 英寸×$\frac{3}{8}$ 英寸。

L.M.I.i.011 **丝绸残片**。

L.M.I.i.012 **粗绳残段**。植物纤维质，两段绳子缠结在一起，均为两股。25 英寸×$\frac{3}{8}$英寸。

L.M.I.i.013 革带（?）。 两条缝于一起，上粘毛织物残片。沿一边和一端有缝合的痕迹，另一边和另一端已被撕裂。长 $16\frac{1}{2}$ 英寸，宽 $5\frac{3}{4}$ 英寸。

L.M.I.i.014 成团的粗毛布片。 厚，组织紧密，呈米黄色和褐色。

L.M.I.i.015 粗毛布残片。 纯米黄色，有穿孔。最大残片 $4\frac{1}{2}$ 英寸。

L.M.I.i.016 皮带。 两条厚皮带上下叠压，并在边沿缝合。上面铆接有金字塔形的青铜饰钉，一端有圆形饰钉，旁边有两件青铜带束。皮带中心，直角地连接有小金字塔形饰钉的薄皮带。两端均残断。可能是马辔的前部。长 10 英寸，宽$\frac{1}{2}$英寸。图版XXVI。

L.M.I.i.017 木盘。 长方形，四足，足呈短的金字塔形，截去顶端，从木盘的整块中雕出。四边素沿，因为侧面扭弯，盘面微凹。盘面和盘底面都有砍挖的痕迹。保存较好。长 1 英尺 $11\frac{1}{4}$ 英寸，宽 9 英寸，高 $2\frac{1}{4}$ 英寸。图版 XXVIII。

L.M.I.i.018 无盖的木器。 可能是量谷器（?）。圆桶形，用整块木头挖成，器底则用另一块木板制成。器壁上有用于拼合的木榫。器底内面凹陷。器壁已裂缝、扭曲。外表有用刀砍削的痕迹。边沿已磨光。高 $5\frac{1}{8}$ 英寸，直径 6 英寸，平均厚度$\frac{1}{4}$英寸。图版 XXVIII。

L.M.I.i.023 楔形木简。 方头端有穿孔。正面穿孔上方有两行佉卢文短句，背面有四行佉卢文，稍褪色。木质坚硬。$4\frac{7}{8}$ 英寸×（最大）$1\frac{1}{2}$ 英寸×约$\frac{3}{16}$英寸。

L.M.I.i.024　条形木简。 长方形，中间有穿孔，表面被腐蚀。两面均无字迹（?）。$4\frac{1}{8}$英寸×$\frac{5}{8}$英寸×$\frac{1}{8}$英寸。

L.M.I 遗址房间 ii 出土的遗物

L.M.I.01~04　漆木箱。 端头的木板已残失，剩余部分已散开。呈长方形，顶大于底，故侧板从上至下渐向内倾斜。表面贴有坚实的粗布，然后在上面涂漆。内面为红色的封蜡，外表面饰黑底和红色纹饰。

顶板 02 边沿内侧以与长边平行的双线为界，边沿各宽 $1\frac{1}{2}$ 英寸，用细线作菱形和螺旋形纹饰。中间饰有细线的卷云纹和怪兽图案，绘法自由灵活。一端有凹槽。沿一长边刻有三条凹槽，应是装饰性附件（仿铰链?）的所在，附件用紫胶或虫胶固定。端头是小的楔形榫和木榫钉。

箱子底板 01 沿四周边沿饰有双线条，另一对线条饰于内面 $1\frac{3}{4}$ 英寸的地方，每对线条彼此间隔 $\frac{1}{4}$ 英寸。每一角落均有半球状的青铜瘤，底座上有突起的轮沿，其中一个仍在原位，一个已脱离（L.M.I.ii.07），两个已经掉失。这些瘤似乎只用紫胶（虫胶）胶结。每瘤的底面围以红线，每瘤的左右是彩绘的小新月。底板中间没有装饰。

边板（03、04）是狭窄的板材，端头斜切，与最长的边沿成约 40° 的夹角。03 板的双线边框内有彩绘的怪兽和与顶板纹饰相似的那种云纹。

所有的箱板都已褪色并有所残损。大多数红漆纹饰已经消失，但由于红色纹饰下的黑底保存较好，故少数纹饰尚可辨别。顶板 23 英寸×$6\frac{7}{8}$ 英寸，底板 $17\frac{3}{8}$ 英寸×$5\frac{1}{4}$ 英寸。边板长边 23 英寸，短边 $17\frac{3}{8}$ 英寸，端边 $4\frac{1}{2}$ 英寸，宽 $3\frac{1}{2}$ 英寸，厚 $\frac{1}{4}$ 英寸。瘤高 $\frac{5}{8}$ 英寸，直径 $1\frac{1}{4}$ 英寸。图版 XXV。

L.M.I.05　**木耳杯**。与《西域考古图记》第四卷图版 LII 中的 T.vI.b.ii. 001 形式相同，但未上漆，制作较粗糙。杯口中间略弧凹。内底有粉色痕迹。已裂成三块，现已修复。$4\frac{1}{4}$ 英寸×$3\frac{1}{4}$ 英寸×$1\frac{3}{4}$ 英寸。图版 XXVI。

L.M.I.06　**植物纤维细绳**。两段。一段细软，另一段粗硬，最大长度约 27 英寸，直径 $\frac{1}{2}$ 英寸。

L.M.I.07　**木箭杆**。尖端已残。最粗处在箭杆的中部。箭羽原捆绑于箭杆末尾的凹槽旁，捆绑处涂以黑漆，现已掉落。用本地藤茎制成。近中心有三个小孔，也许表示重心所在。$26\frac{3}{4}$ 英寸×$\frac{3}{8}$ 英寸。图版 XXVI。

L.M.I.08　**木额枋或柱头顶板残件**。在素面、突出的平沿下，有宽约 $3\frac{1}{2}$ 英寸的齿状装饰，各齿饰间隔约 $1\frac{1}{8}$ 英寸。齿饰接缝两侧左右各作斜面。制作粗糙，长边及一端已残失。16 英寸×$2\frac{1}{8}$ 英寸×$\frac{3}{4}$ 英寸。图版 XXVI。

L.M.I.09　**木额枋或柱头顶板残件**。与图版 XXVI 中的 L.M.I.08 类似。$13\frac{1}{2}$ 英寸×$1\frac{3}{4}$ 英寸×$\frac{3}{4}$ 英寸。

L.M.I.010　**山羊皮或山羊羔皮残片**。拳曲，附有羊毛。边上有大量缝扎的痕迹。最大长度约 11 英寸。

L.M.I.011　**亚麻（?）织物残片**。双面织、缝，被烧过，褴褛状。最大长度 20 英寸。

L.M.I.012　**长方形木骰**。一面空白，另一面刻有连续的三个交叉形图案。端面空白。制作粗糙。$2\frac{1}{4}$ 英寸×$\frac{5}{8}$ 英寸×$\frac{9}{16}$ 英寸。图版 XXVI。

L.M.I.013　**旋制的木盖**。中心弧形隆起，带扁平纽。边沿突起，内侧凹进。直径 $1\frac{5}{8}$ 英寸，最大高度 $\frac{3}{4}$ 英寸。图版 XXVI。

L.M.I.014~018　**丝织物残片**。上有红和蓝色的条纹，背缝白背衬。褴褛状。最大长度 $10\frac{1}{2}$ 英寸。

L.M.I.09　**残纸片**。软，空白无字，向上扭曲。已被撕破。$8\frac{1}{4}$ 平方英寸。

L.M.I.020~024　**毛（?）粗布残片**。米色和红色。最大尺寸 18 英寸× $6\frac{1}{2}$ 英寸。

L.M.I.025　**角质细颈瓶（?）残片**。口部及腹部残片。参见《西域考古图记》256 页、267 页、479 页。长 $3\frac{1}{4}$ 英寸。

L.M.I.026　**丝绸残片**。有红色、蓝色、米色等条纹，图案不清楚，但卷云纹和四等分的叶形饰仍可看出。双面编织，经畦组织。破碎较甚。7 英寸× $1\frac{1}{4}$ 英寸。

L.M.I.027　**粗毛布残片**。质地细密。多有穿孔。最大长度约 3 英寸。

L.M.I.028　**铁器残片**。一边较厚，粗糙，严重锈蚀。3 英寸× $1\frac{3}{4}$ 英寸× $\frac{11}{16}$ 英寸。图版 XXVI。

L.M.I.029　**青铜残片**。一端较窄（残），另一端较宽，圆钝且薄。边沿微突，一面有中脊。$2\frac{1}{4}$ 英寸× $1\frac{1}{2}$ 英寸× $\frac{1}{16}$ 英寸。图版 XXIV。

L.M.I.030　**木梳**。圆弧形背，梳齿粗疏，也许是马栉。$3\frac{1}{4}$ 英寸× $3\frac{1}{4}$ 英寸× $\frac{1}{2}$ 英寸。图版 XXVI。

L.M.I.031　**粗制的残木器**。钻有三排 12 个穿孔，每排 4 个。其中两个穿孔仍有绳段。$3\frac{1}{4}$ 英寸×2 英寸×$\frac{1}{4}$ 英寸。图版 XXVI。

L.M.I.032　**木塞**。一端残断，中间粗钻一孔，边沿有烧灼痕迹。4 英寸×3 英寸×$\frac{5}{8}$ 英寸。

L.M.I.033　**木棍**。呈自然的 L 形，长段端头削尖。长段长 $9\frac{3}{4}$ 英寸，短段长 4 英寸，最大直径约 1 英寸。图版 XXVI。

L.M.I.034　**植物纤维绳段**。由两股拧成，粗糙。长 41 英寸，直径约 $\frac{1}{2}$ 英寸。

L.M.I.035　**旋制的木杯**。细高杯，直沿，杯身向下渐细，表面微弧曲，至近底处收缩，然后在足部又向外膨胀。近腹底处有凸棱，足有一周弦纹。已劈裂为二，一面已残失。木质坚硬。高 $7\frac{15}{16}$ 英寸，口径 $4\frac{5}{8}$ 英寸，底径 $4\frac{1}{4}$ 英寸。图版 XXVII。

L.M.I.ii.01　**木纺轮**。制作精致，上系成束的短线，最粗部分饰一圈黑点，并各向两侧变细。长 $14\frac{1}{4}$ 英寸，最大直径 $\frac{3}{8}$ 英寸。

L.M.I.ii.02　**角匙**。有长而弯曲的把柄，向上端渐粗。腐蚀较甚，已扭曲。柄长 6 英寸，匙勺长 $2\frac{1}{4}$ 英寸。图版 XXVI。

L.M.I.ii.03　**皮带残段**。厚度不同。带有用铁铆钉固定、中心钻孔的骨圆轮。皮带 $1\frac{5}{8}$ 英寸×$\frac{1}{2}$ 英寸，盘径 1 英寸。图版 XXIV。

L.M.I.ii.04　**皮革残片**。薄，已制成熟皮（硝过）。米色，皮上均有缝纫的痕迹。最大尺寸 6 英寸×4 英寸。

L.M.I.ii.05　**2 块织锦残片**。编织精致，鲜红底上有绿色（？）和米色的卷云和面向左边的狮子纹。狮子背后有四叶花纹。织物上的花纹图案重复出现。双面，经畦组织。褴褛，细部装饰已模糊不清。最大尺寸 9 英寸×$1\frac{1}{2}$英寸（已清理）。图版 XLII。

L.M.I.ii.06　植物纤维（?）绳圈。 细，两股。长 $22\frac{1}{2}$ 英寸，直径 18 英寸。

L.M.I.ii.07　青铜圆纽。 底座处有窄的轮沿，上有粗布和胶漆的遗迹。明显是 L.M.I.01 木箱（贴粗布和上漆）上的附件。高 $\frac{5}{8}$ 英寸，底径 $1\frac{1}{8}$ 英寸。

L.M.I.ii.08　小块破布。 上粘残物（药物?）。长 2 英寸。

L.M.I 遗址房间 iii 出土的遗物

L.M.I.iii.01　双托臂木柱头饰。 用整块木头加工而成。分四个部分：下接柱头的中央木块，两侧的爱奥尼式的涡旋形拱及上面的顶板。中央木块和两翼的涡旋形拱仅在上部相连接。中央木块底面约 8 平方英寸，中间挖有直径 $4\frac{1}{2}$ 英寸、深 4 英寸的柱孔。中央木块上宽下窄，两侧作斜面，至 6 英寸高、面宽 $10\frac{1}{2}$ 英寸时与涡旋拱相接。

涡旋形拱略成圆圈形。中央木块和涡旋形拱的表面有宽 2 英寸的界限，其表面中间突出约 $\frac{3}{8}$ 英寸。涡旋形拱的中心均有一个直径 4 英寸的圆圈，用 V 字形雕法雕出，刻槽宽 $\frac{3}{4}$ 英寸。

顶板略被涡旋形拱的顶部所挤托，有两层，每层分五个长的齿状装饰，其表面圆弧。顶板下面由三个长度相同、形状相似的齿状饰组成，两端与涡旋带的顶沿相接。

顶板长与涡旋拱之中腰的宽度相等，故其两端各向外出檐。突檐由一个突出、略弯曲的中心条带所支撑，此条带宽 $3\frac{1}{2}$ 英寸。柱头饰的各端均素面无纹。

背面雕刻如正面，但残毁严重。顶面有少许的沟槽，也许是由于收缩和翘曲所致。涡旋形拱的最底面削平，与中央木块底面平齐。整个柱头饰经长时期的曝晒而褪色、破裂。长 40 英寸，高 10 英寸，厚 8 英寸。图版 XV。

L.M.II 遗址出土的遗物

L.M.II.i.01　腐朽的织物残片。主要是蓝色丝绸、米色（棉？）粗布和毛毡。

L.M.II.i.02　织锦残片。与 L.M.I.i.08 相同，参见图版 LXXXVI。最大长度 11 英寸。

L.M.II.ii.01　青铜钉（？）。钹形。铸造。中央隆起，中心钻有一孔。保存很好。参见 L.M.I.01 上的饰钉。底径 $1\frac{15}{16}$ 英寸，高 $\frac{1}{2}$ 英寸，沿宽 $\frac{5}{16}$ 英寸，厚 $\frac{3}{32}$ 英寸。图版 XXVI。

L.M.II.ii.02　毛织物残片。红色，平纹织法。粗经，细双纱纬。编织较坚实。15 英寸×1 英寸。

L.M.II.ii.03　滤布（？）残片。带有粗孔的毛布残片，多处平式缝合，粘有毛毡、细布的残片等。参见《西域考古图记》第四卷图版 XXVIII 中的 N.XII.0018。约 5 英寸×5 英寸。

L.M.II.ii.04　山羊毛绳辫。一端有圆环。81 英寸×约 1 英寸。

L.M.II.ii.05　绒毯残片。用蓝色、绿色（？）、鲜红色、褐色、米色茸毛编织而成。毛绳为经，粗毛绳为纬，背面的纬棱突起较甚。绒毛放于纬梭之间。破碎严重，褪色。14 英寸×14 英寸。

L.M.II.ii.06　成束的芦苇。从垃圾层中出土。

L.M.II.ii.07　漆木器残件。扁圆形（？）器物的残件。边沿略向上卷（已残），卷沿与器壁间有一条凸弦纹。器壁红色，口沿和背面呈黑色。各面均已残。漆直接涂于木器之上。2 英寸×$1\frac{7}{8}$英寸×$\frac{7}{32}$英寸。图版 XXVI。

L.M.II.ii.08　木棍。一端作 Y 形分叉，另一端呈圆锥形，并用绳子缠裹。长 $6\frac{1}{4}$ 英寸，Y 叉宽 3 英寸，平均直径 $\frac{3}{4}$ 英尺。图版 XXVI。

L.M.II.ii.09~011　3 个编篮残件。用木条和藤茎编成。弯曲形，制作结构上与 L.M.II.iii.02 非常相似。最大尺寸 $8\frac{1}{2}$ 英寸×$3\frac{1}{4}$ 英寸。图版 XXVI。

L.M.II.iii.01　木钥匙。与《西域考古图记》第四卷图版 XVII 中的 Kha.IX.008 类似。上面不平均地置有三根钉桩。尖端钻孔。保存较好。$6\frac{1}{2}$ 英寸×$\frac{7}{8}$英寸×$1\frac{1}{4}$英寸（包括钉桩的长度）。图版 XXVI。

L.M.II.iii.02　2 个柳条编篮残件。长方形，纵穿木条，纬织藤茎。参见 L.M.II.ii.09~011。风干，易脆。最大尺寸 15 英寸×$5\frac{1}{2}$英寸×$\frac{1}{2}$英寸。

L.M.II.iii.03　木织梳残件。与《西域考古图记》第四卷图版 XXVIII 中的 N.XXII.i.01 类似。背和部分栉齿已残失。4 英寸×$2\frac{1}{4}$英寸×2 英寸。图版 XXVI。

L.M.II.iii.04　纸片。正面有两组佉卢文。背面空白。$3\frac{1}{2}$英寸×$1\frac{7}{8}$英寸。

在古三角洲 L.M.III～L.M.IV 遗址发现的遗物

L.M.III.01　玻璃珠。镏金，双球连接。长 $\frac{3}{8}$ 英寸，直径 $\frac{1}{4}$ 英寸。

L.M.IV.01　铁片残件。钻有六个孔，一面有火烧痕迹。可能是炊事用具。边沿已残破，表面已锈蚀，但坚硬。$9\frac{1}{4}$ 英寸×$5\frac{1}{4}$ 英寸。

L.M.IV.02　长条形残铁片。一端有铆钉的痕迹，另一端残断。已锈蚀，但仍坚固。$3\frac{1}{2}$ 英寸×1英寸。图版 XXVI。

L.M.IV.03　长条形残铁片。一端较宽、圆钝，有铆孔。另一端已残断。已锈蚀，但仍坚固。$4\frac{1}{4}$ 英寸×$\frac{3}{4}$ 英寸。图版 XXVI。

L.M.IV.04　铁镰残件。锋刃断残严重。已锈蚀，但仍坚固。长 $6\frac{1}{2}$ 英寸，宽 $\frac{5}{8}$ 英寸，背厚 $\frac{3}{16}$ 英寸。图版 XXVI。

L.M.IV.05　铁铆钉。短粗，头部呈不规则形。长 $\frac{3}{4}$ 英寸，大头直径 $\frac{7}{8}$ 英寸。图版 XXIV。

L.M.IV.06　青铜铆板。盾牌形，背面有两颗钉。已锈蚀。长 $\frac{13}{16}$ 英寸，最大宽度约 $\frac{9}{16}$ 英寸。图版XXIV。

L.M.IV.07　青铜饰件残片。弯曲的翼形叶片。底已残，保存很好。最大宽度 $1\frac{1}{4}$ 英寸。图版XXIV。

L.M.IV.08　扁平长条形角片。中间略收腰，钻有三个大孔（直径 $\frac{7}{16}$ 英寸)。有裂缝。$2\frac{1}{16}$ 英寸×$\frac{5}{8}$ 英寸×约 $\frac{3}{16}$ 英寸。图版 XXIV。

L.R 遗址发现的遗物

L.R.ii.01 青铜带扣。长方形，由两个彼此平行、间隔 $\frac{5}{16}$ 英寸的长条及两端长 $\frac{1}{8}$ 英寸的铆钉连接而成。锈蚀较严重。$1\frac{1}{4}$ 英寸×$\frac{3}{8}$ 英寸×（中空）$\frac{1}{2}$ 英寸。图版 XXIV。

L.R.ii.02 玻璃串珠。镏金，由四颗扁平珠串连而成。长 $\frac{7}{8}$ 英寸，直径 $\frac{5}{16}$ 英寸。图版 XXIV。

L.R.iii.01 石纺轮。皂石（?），凸圆盘形，中有穿孔，孔径为 $\frac{7}{16}$ 英寸。质软，灰黑色石。直径 $1\frac{11}{16}$ 英寸，最大厚度约 $\frac{1}{4}$ 英寸。

L.R.iii.02 青铜皮带头。双层薄长条，在端头两角上，分别用 $\frac{3}{32}$ 英寸×$\frac{1}{2}$ 英寸的 2 颗铆钉钉合，压在一起。一边已残，锈蚀。$1\frac{5}{8}$ 英寸（双层）×$1\frac{3}{16}$ 英寸。原中空 $\frac{1}{2}$ 英寸。图版 XXIV。

L.R.iii.03 青铜带扣。D 形，弯曲部分的横剖面呈凹凸形，直边部分（舌头系杆）横剖面呈圆形。扣舌已残失。保存良好。$1\frac{1}{4}$ 英寸×$\frac{13}{16}$ 英寸×约 $\frac{1}{8}$ 英寸。舌头系杆 $\frac{1}{2}$ 英寸。图版 XXIV。

L.R.iii.04 青铜棒残件。已变曲，也许是前述带扣的部件。最大长度 $\frac{13}{16}$

英寸。

L.R.iii.05 **铁环**。扁平，椭圆形，已锈蚀。$1\frac{1}{4}$英寸×（最大宽度）$\frac{3}{4}$英寸×约$\frac{1}{16}$英寸。

L.R.iii.06、07 **2个铁棒残件**。相接组成 D 形的弯曲部分。带扣部件。锈蚀较甚。最大长度 1 英寸。

L.R.iii.08 **铁镞**。铤长而尖，表面不平整。剖面呈菱形，严重锈蚀。镞身长$\frac{13}{16}$英寸，通长 $2\frac{7}{16}$英寸。最大宽度$\frac{5}{16}$英寸。图版 XXIV。

第五节　穿越库鲁克河古三角洲

　　2 月 9 日早晨，我们离开 L.M 遗址上的营地，向东北方向的目的地楼兰 L.A 遗址进发，以建立即将进行考察的基地。我们这次走的是一条新路，路经之处在地理学和古物方面都很重要。我首次穿越此地是在 1906 年 12 月，那次穿越提供了足够的理由使我相信，这片宽约 30 英里的风蚀沙漠地带，是库鲁克河的古三角洲地带。那时我们从 L.K 遗址以东的 121 号营地出发，走的是一条几乎直向北面的道路。而这次之所以这么选择走新路，是因为我考虑到平板仪标出的 L.M 遗址和楼兰 L.A 遗址的相对位置，故此道走向为西南至东北方向。因此我可以利用这一绝好机会，用崭新而独立的观察来验证以前得出的结论。我曾利用我上次考察时获得的新证据，在《西域考古图记》中讨论了此地的地貌及其地理

前往楼兰站

特征。① 而这一次将详细地讨论那次考察的情况，它是我们得出结论的基础（地图不可能把它全部记录下来）。

风蚀迹象　在 L.M 遗址以远的土地上，风蚀现象极为明显：被掏挖出来的雅丹沟壑深至 8~12 英尺。沟壑之间的台地上常有低矮的沙丘。在走了 2 英里后，我们经过一排死胡杨树，它们从西北转而排向东面。离开 L.M 遗址后，发现加工过的石头出现得越来越少，仅在离此遗址约 5 英里的地方捡拾到唯一一件燧石器（在刚才提到的一排枯树干后面就完全没有发现）。再往前走，雅丹地貌变得越来越不明显，同时现高 15~20 英尺的沙丘彼此间隔较远，很容易通过。那里的土地几乎是平坦的，看上去像刚研磨过似的，偶尔才被沙丘打破。曾使沙丘形成并仍然保持它们的处处红柳均已枯死，只有顶尖的枝条尚露出一丝生机。

死胡杨标示出的干河道　当把平板仪固定于离 xcii 号营地（L.M 遗址）直线距离约 8 英里的孤立的红柳包上时，我们可以清楚地标出我们前面一条宽阔的河道，因为其岸边的胡杨树自西北向东南方向排列。再继续向前走 2 英里，穿过它的一条支流，其岸边有另一片西北向东南方向排列的死树。比例为 1∶250 000 的地图显示，这两条干涸的河道很明显地向东南方向延伸，直至 1906 年我们在 122 号营地南穿越过的两片相应的古林带。而如果我们转向西北方向，定会找到库鲁克河的古支流和相似的河边林带，因为我和阿弗拉兹·古尔于 1907 年和 1915 年在 127a 号营地和 ccxlviiia 号营地附近曾分别调查过那里。② 从上述方位，我们首先望见的是北方茫茫的黄沙和地平线上

---

① 参见《西域考古图记》第一卷 354 页以下。
② 参见《西域考古图记》附图 60.B.3。

显露出来的库鲁克山脉低山丘陵的黑色轮廓，而早晨在 xcii 号营地可清晰看见的远在南边的昆仑山雪峰，自东北风起后，已隐没于茫茫的沙雾之后。

新石器遗存

如图 140 所示，在长条形的河边死树林后面，我们穿越的土地，除覆盖低沙丘的地方外，其余均被切割成 4~6 英尺高的小雅丹。此处的地貌极似 1906 年在 122 号营地旁的地貌。[1] 现位于后者附近的道路，再现了 1906 年观察到的某些特点，使我感到非常的亲切。粗糙的新石器时代的陶片（L.M~C.xciii.011、012）以及几件石器遗物，与 1906 年我在 122 号营地北面附近采集到的遗物非常类似。[2]

枯苇地带

此外，在到达 xciii 号营地之前的几英里，我常观察到雅丹顶部低矮的枯死的芦苇。我在《西域考古图记》中已经讨论了这些苇地的重要性，不仅在于它们非常古老，而且还在于它们表明该地区曾遭受过水淹。[3] 我还指出，水淹的时间相对较晚，这与斯文·赫定博士在该地区所做的重要观察完全一致。斯文·赫定博士对楼兰 L.A 遗址和喀拉库顺之间的地层曾做过重要的测量，结果表明，在这一片洼地范围内，伸展约 2.5 英里的洼地层与 1901 年春喀拉库顺洪积层的间隔平均有 1 米（3 英尺 34 英寸）。

雅丹顶部的死芦苇

我们的道路呈西南—东北方向，与雅丹的常规方向（雅丹的常规方向如同楼兰地区其他地方一样，为西南西—东北东方向）几乎平行，那天我们很容易地就走了 18 英里。傍晚，我们来到了一排红柳包旁，此情此景使人想起塔里木盆地河旁的红柳包，在此旁边我们扎下了 xciii 号营地。在营地

---

① 参见《西域考古图记》第一卷 360 页。
② 地图中与 1906 年道路有关的"陶片"词条应南移到距 122 号营地约 1.5 英里处。
③ 参见《西域考古图记》第一卷 359 页以下。

附近我们也发现，上面提到的那种死苇地占据了雅丹沟壑的顶部。在凹槽状的地面上，这些雅丹沙包的高度各有不同，高差多至 8 英尺。这清楚地表明，这些芦苇生长的唯一原因是近来水又回到了这片长时间被风蚀的土地。在水回返时，水所到达的层位是不同的、有变化的。

死胡杨标示的古河道支流河床

另一个重要的事实是，2 月 10 日早晨我们又开始了行进，走了不到 1 英里，我们就遇到了几排枯死的胡杨树，它们排列于一条西北—东南方向蜿蜒的浅河道旁。如附图所示，这条河道的方向与 1906 年我们调查的在 122 号营地北约 4 英里的长条形死树林和芦苇地的方向非常一致。[①] 重要的是，如果我们沿着同样的路线继续向西北方向走，这条路线就会把我们带向胡杨和红柳地带，1906 年我的平板仪记录表明此地带距 126a 号营地西南约 4 英里，正处于从楼兰 L.B 遗址至塔里木河的道路上。[②] 这里，也像我们从 L.K 和 L.M 遗址向前调查过程中提到的例子那样，库鲁克河的古代支流在地图上仍可清楚地寻找出来。

石器和陶器残片

在河床以远，我们走了约 6 英里，穿过了一片赤裸而又平坦的黏土地，风蚀皱沟相对较少，上面散落着稀疏的死红柳沙包和低矮的沙丘。石器时代的遗物，如加工过的石头和粗糙的新石器时代陶器，又出现于此。我们发现，从楼兰 L.A 遗址附近 4 英里起这些遗物很常见。正如下面器物名录表所描述的那样，在加工过的石器中数量最多的是狭窄、锋利的石刃片，可能用作刀片，与我经常提到的在楼兰遗址南

---

① 参见《西域考古图记》第五卷附图 60.C.3。

② 参见《西域考古图记》第五卷附图 60.C.3。由于疏忽，表示死树的标志被遗漏了。应标示其从西北至东南的走向线，同样，稀有陶器的分布也应标示出来。

的侵蚀地区的石片相似。① 除不能确定其用途的各类石器外，还应提到的是刮削器（C.xciii.022）、精致的石镞（C.xciii.016、017、099，图版 XXII）以及玉斧（C.xciii.0141、0142、0146，图版 XXII）。

由于前面所说的原因，从罗布沙漠风蚀地上发现的石器时代的遗物中，不可能得出有关史前遗址的确切年代。② 但要说明的是，这些遗物，不管是石器还是粗陶器，在 1914 年我们所走的 L.M 遗址后面短距离的道路上几乎看不见，直到我们到达 122 号营地附近为止。此外，1906 年我们所走的近 10 英里的一条捷径上，此类遗物也普遍缺乏或非常稀少。③ 故我认为，可能由于某些不太清楚的原因，在史前及其以后的汉代，除了沿着从楼兰 L.A 遗址通向 L.K 遗址，然后继续通向罗布地区首府米兰的道路，人们很少光顾这一地区。

石器时代遗物的分布

在距 xciii 号营地约 5 英里的地方，我们首次捡拾到一些具有断代意义的、独特的古器物。它们是一片装饰灵活的青铜残片（C.xciii.074，图版 XXIII）及一些玻璃器皿小残片（C.xciii.075、080，图版 XXIII）。从此再往前走，这些明显是汉代及随后一个世纪的遗物变得多见起来，这种情况一直延续至行军结束。其中，有玻璃珠（C.xciii.030、033、034、077、078，图版 XXIII）、青铜箭头（C.xciii.069、071、图

汉代遗物的发现

---

① 参见下文 C.xciii.013~015、018~021、024~026、035~063、082~098、0100~0140、0158~0162（见图版 XXII）等遗物的名录表。大量的石器刃沿都有长期使用后留下的磨损痕迹。参见本书第六章第一节；《西域考古图记》第一卷 357 页。

② 参见本书第六章第三节；《西域考古图记》第一卷 357 页。

③ 我在《西域考古图记》中未能清楚地说明 1906 年我们所走的路线，对此我甚感遗憾。我对这个地点的回忆，根据的是《西域考古图记》第五卷附图 60.C.3.C.4 中用平板仪测量所记录的道路。该记录表明在纬度 40°11′和 40°19′之间没有什么发现，而且，《西域考古图记》第一卷 363 页以下的遗物名录未说明在 121 号营地以北 6 公里多的明确的发现地点。

版 XXIII)、青铜镜残沿（C.xciii.068）以及各种青铜、铅和铁的小残件（C.xciii.029、067、070、072、073、076、0144、0145、0157，图版 XXIII)。它们本身无关紧要，但这些历史时期古物的重要性，在于它们所在的地区的南界，几乎呈一条线。我从 1906 年所走的道路再向西，在位于 122 号营地以北 9 英里的地方首次碰见了青铜器残件以及精致的陶片。[1]这些新的发现证实了那时我作出的推论，即该地点以北的一些地方在历史上曾被占据过，换句话说，至少是常被光顾过。

未发现具有断代意义器物的洼地

从地图上看，在我所走的两条路上，从纬度 40°10′到 40°22′南面，都未找到历史时期的任何遗物。在《西域考古图记》中，我已经提醒大家注意这样一个事实，即该地区包括 1901 年斯文·赫定博士进行水平测量过的宽 10 英里的地带，是一片明显的洼地。[2] 在同一书中，我也利用了测量过的侵蚀层的数值，作出了我认为适合此洼地的解释，那就是洼地的侵蚀层平均低于楼兰 L.A 遗址的现侵蚀层近 4.5 英尺。如果组成这一片洼地的部分三角洲地区自石器时代结束以后缺水、河床干涸，如同楼兰整体缺乏历史时期的具有断代意义的古物那样，那么其土壤将不会被植被所保护，结果暴露于风蚀和剥蚀之下的时间必将比它以北、以南的河床地带要长出数个世纪。在后一地区，如 L.A、L.B 和 L.K、L.M 遗址所证明的那样，河床中有水的时间一直延续到公元 4 世纪上半叶，而且在某种程度上很可能时断时续地延得更长一些。而那两块地带之间的土地的风蚀时间更长，故可以设想

---

① 参见《西域考古图记》第一卷 361 页。

② 参见《西域考古图记》第一卷 359 页；斯文·赫定《中亚》第二卷 234 页以下、314 页以下，图版 36、37、59。

它在楼兰遗址被废弃之前就已经干涸了若干个世纪。斯文·赫定博士在洼地里观察到的风蚀层的平均厚薄可充分说明这一点。我在楼兰L.A遗址也进行了测量，结果证明，主要遗址附近的开阔地在某种程度上已被风蚀而有所降低，平均每世纪降低约 1 英尺。①

　　上面推测性的解释在实地观察中得到了证明。一个观察是相比我们在从此线到楼兰 L.A 遗址途中所穿越的那些古代干河床来说，从 L.M 遗址纬度以北，一直到两条道路上首次出现历史时期遗物的地方，干河床看起来不是很明显。很有可能它们自新石器时代以来至 L.A、L.M、L.K 等遗址废弃之前的几个世纪中就不再有水，以致在长期风蚀下被破坏得这么严重。另一个观察是斯文·赫定博士曾用水平仪测绘过的洼地并没有扩展到该地区的南部。这很容易理解，如同罗布沙漠古三角洲的风蚀效应所表现的那样，当我们越向南走，即离库鲁克山的缓斜坡越远，雅丹沟壑的深度也就明显越小。我相信，风蚀作用的不同结果应证明了这个事实，即在风蚀作风中作为摩擦工具的沙子越往北就越有力，在北面沙子是库鲁克山沙砾缓斜坡上吹落下来的粗沙粒，而在南面沙子主要是当地风化的细黄土。

　　离发现上述青铜饰件的地方不到 2 英里，我们看到了从西—北西向东—南东方向蜿蜒的一片洼地，那是一条古河道（图 143）。在其两边有几排死胡杨树，如照片所示，有些仍直立着。河床宽约 150 码。从雅丹沟壑必然紧跟河流方向来看，河流的分汊方向很容易辨认出来。1906 年在发现第一批

風蚀效应的差異

穿越古河道

---

　　① 参见《西域考古图记》第一卷 371 页、375 页、388 页、390 页、392 页、399 页；本书第七章第一节。

汉代遗物之前我们经过的一排红柳高包①，就位于这条干河道的西—北西方向的延续线上②。在河的北岸附近，我们捡拾到了一件保存很好的铁锥（C.xciii.011）③。

钱币和金属器的发现

在这片土地后面，正如在离 xciii 号营地 8.5 英里处所照的照片（图 141、142）所显示的那样，是侵蚀切出的迷宫似的雅丹短沟，深约 10 英尺。在这里很快就捡拾到三枚中国钱币。一枚有五铢钱纹，另一枚同型，但剪去较多，而第三枚钱币虽被剪过，但仍可看出货泉的钱纹痕迹，此钱币是约公元初年时由篡位者王莽发行的。再往前走 0.5 英里，我们穿过了一条古河床，古河床不很明显，河床两岸躺卧数排死树④。穿过古河床之后，我们进入了侵蚀较严重、几乎没有古代植被的地方。在约 3 英里的范围内我们发现了石器、各种金属残片、玻璃珠及大量的陶片。往北，在远处的地平线上可看到一排高高的红柳包。经过 12 英里的跋涉之后，我爬上了一座高约 30 英尺的孤沙丘，在北—北东方向可以清楚地看到离此不远的楼兰 L.A 遗址的佛塔以及邻近的遗存。它们在太阳光下的情景，恰似几年前我在第二次考察途中寻找敦煌城墙时其烽燧的情景。看到楼兰遗址，我又一次感到轻松起来，因为我们穿越的是一片真正的荒无人烟的死亡沙漠。

---

① 参见《西域考古图记》第一卷 361 页。

② 地图中成排死树的标记及标志古河道的虚线应更向西。在 1906 年道路的相应点上，"古代遗址"的标记应置于"陶片和青铜残件"地图条目的下方。

③ 这一件小工具可能是斯文·赫定博士或橘瑞超先生的随从人员在穿越此地时遗失的。

④ 带有死胡杨树标志的河床应标在地图汉代钱币的北面，其位置在西北—东南方向，应与一排死胡杨树标明的古河床一致。1906 年我们的调查记录表明此河床位于 123 号营地以南约 1.5 英里的地方（《西域考古图记》第一卷 361 页），它可能还延伸于地图上所标的至塔里木路上的 126a 号营地附近的死树带中，参见《西域考古图记》第五卷附图 60.C.3。

　　我们抵达的这排密集的死红柳包，高 20~30 英尺，紧靠一条古河床（图 144），其两岸排列着枯死的胡杨树，其中许多仍直立着。河床深 16~18 英尺，走向接近从西经南向东。我们穿越的地方河床宽 146 码，河道内到处是小的死红柳包，许多地方还有低矮的沙丘。很显然，这些红柳包是在河道虽然干枯但仍有地下水的时候堆积、成长起来的。此河道的总体面貌，与 1915 年 3 月我在雅丹布拉克南和东南看到的库鲁克河主河道高处许多地方的面貌非常相似。① 地图表明，这条干河道与死红柳沙包的排列方向相一致，距我们 1906 年的 123 号营地以北约 1 英里。1906 年 12 月底在前往塔里木时，我用平板仪记录了距 126a 号营地东北约 3 英里的"干枯的咸水湖"及枯树林中高 20 英尺的湖岸。② 这很可能表示位置较高处的古河道水流也就较宽。

沿干河床排列的红柳包

　　傍晚时，驼队也赶到了这处河道，与我们会合。尽管我知道从此地到目的地楼兰 L.A 遗址之间的中间地，侵蚀较为严重，穿越起来十分困难，但我还是决定当晚赶到那里，这意味着不但可以为以后的工作节省出一天时间，而且对骆驼来说，也可以使它们拥有极需要的少许休息和吃草的时间，所以我们努力走在它们前头。我们走了约 2 英里的裸露崎岖的黏土荒地，很少碰到枯死的植物遗存，但我们捡到了大量石器。经过 1 小时 45 分钟的艰难跋涉，在穿过了侵蚀极严重的土地以后，我们来到了另一条宽约 200 码、非常蜿蜒的干河床。在河岸上躺卧的成排的树干中，我的队员们认出其中的两棵是沙枣树。当我们穿过这条河道时，夜幕已经降

前往楼兰遗址上的佛塔

---

① 参见本书第二十章第三节。
② 参见《西域考古图记》第一卷 450 页，第五卷附图 60.C.3。

临，但令我们感到欣慰的是，一轮明亮的圆月不久就升了起来。我在一个孤零的红柳包上点燃了一堆篝火，以引导远远落在后面的骆驼，同时，我们继续穿越密集的雅丹垄脊和沟壑。在月光下，楼兰 L.A 遗址的佛塔已越来越大地隐现于我们眼前。最后，在跋涉 12 个小时、穿越 19 英里多的路程后，我终于又一次置身于沉寂的楼兰遗址之中。自从 1906 年 12 月在这里度过了许多难忘的工作日后，我的思绪常飞回这里。在这个熟悉的中国古遗址上，我们在佛塔前的坡地上用古代的木头燃起了一大堆篝火。此时，我长时间的焦虑得到了奇异的解脱，一下子变得轻松起来。几个小时后，疲惫的驼队也终于安全抵达这里。

在塔里木咸水湖后面的第一块地区

在描述对楼兰遗址新的考察以前，我应简单地归纳一下这一地区的自然特征及与人类居住有关的调查结果，包括这一次和前一次在穿越塔里木河和楼兰遗址间的罗布沙漠的考察旅行。从塔里木终点河道向北前进，可轻易地辨别出两个主要的地带。南面的地带，从喀拉库顺沼泽地延伸至东北近 40°4′ 的纬度，我们首先发现像恰依奴特库勒那样的咸水湖，每年或多或少地从塔里木河的洪水中接到水。这些湖后面有一系列的小洼地，它们只有通过长时间间歇的、罕见的洪水才能注水，由此形成的湖面因蒸发而逐渐缩小成小盐池，最后干涸。尽管沿这些终端咸水湖伸展出约 10 英里的土地，接收到足够的湿气以维持像芦苇、红柳这样的沙漠植物，但该土地的结构和特性并不适于耕作和永久居住。在东面的喀拉库顺沼泽和它们后面干涸的古代罗布泊湖床的盐壳包裹的荒地，在春季洪水泛滥时，塔里木河的洪水仍可能抵达其边缘。在西面直至北南向的塔里木河的整个地区，都覆盖着高沙丘。

第六章　古三角洲上的遗存

图 140　xcii 号营地东北约 13 英里，正在穿越风蚀地的骆驼

图 141　xciii 号营地东北约 8.5 英里的雅丹垄脊和沟壑

图 142　xciii 号营地以远，越过风蚀地向西南方向望

图 143　xciii 号营地东北 7 英里处的洼地，应为古河道

第六章　古三角洲上的遗存

图 144　罗布沙漠 L.A 遗址南约 7 英里，成排红柳包之间的古河道

图 145　罗布沙漠 L.D 遗址附近的古河道及活红柳

图146 楼兰遗址L.A.XI塔址附近的风蚀景象

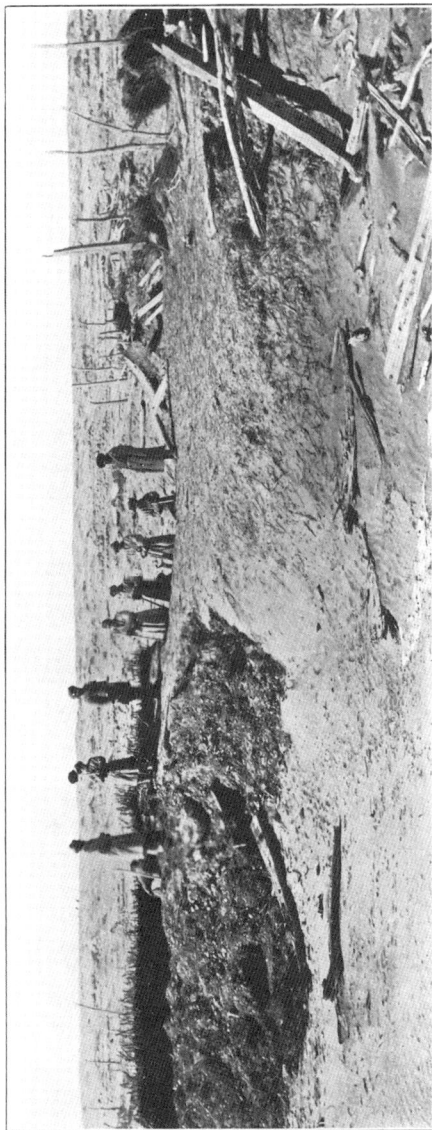

图147　清理楼兰遗址 L.A.V 和 L.A.VI 居址之间的垃圾

图148 楼兰 L.A.II 居址及南面的地面，洼地里有枯死的红柳

在洪水极少渗入的这一地带的北界附近，我们遇见了一小块暴露于风蚀之下的土地，那里活着的植物极少。第二个地带是由一排干枯时间不长的小湖组成的沙漠。在这里，风蚀吹积沙是决定这块地方现存地貌的主要因素。这一地带被侵蚀得非常严重，主要归因于从东—北东方向吹进这一地带的强大风力和非常频繁的风蚀，以及靠北山（Pei-shan）和内蒙古裸露高原的"呼吸"而吹入这个塔里木盆地最底部的东—北东的强风力和高频率。更进一步地说，土壤性质亦使得侵蚀变得非常容易，因为这里是塔里木盆地底，沉淀着可能自第三纪以来这个巨大的内陆湖形成的黏土。

风蚀的死三角洲地区

除风蚀土壤外，干涸的古河道的两岸有长条形的死树林，是这一地带最突出的面貌特征。其方向确切证明它们是曾经东流的盐壳包裹的库鲁克河三角洲大荒地的一部分。1915 年 2 月，阿弗拉兹·古尔曾经走过的罗布泊盆地边缘干枯了的沼泽是该地带的东界。向东，该地带邻接的是大沙丘覆盖的地区（也是库鲁克河古三角洲与塔里木河边地带的分隔带）。向北，它直接延伸到库鲁克山的缓斜坡，从而也包括了本章所述的调查范围之外的、楼兰遗址北面的部分古三角洲。

死三角洲的自然特征

上述地带上人类居住的遗迹使我们可以分辨出三个地带。最南面的是 L.R、L.M、L.L、L.K 遗址一线，由西北向东南方向延伸，我们已经获得了明确的考古学证据，即是石器时代史前遗存与楼兰遗址遗存同时的居民点遗址，它们也许一直幸存到公元 4 世纪之初。这些遗址表明，库鲁克河在这一地带的支流或最南的支流在公元初的几个世纪中曾经有水源。不管怎样，历史上受灌溉的河边地带一直很狭窄。

历史时期占用的地带

历史时期未被
占用的地带

在北面的第二个地带内，也能找到断断续续的古河床，但人类居住的证据是石器时代的遗物，它们出现的频率比北面、南面的邻近地带要小。这一地带的宽度，可以说从纬度40°12′延伸到纬度40°22′，粗算一下有16~17英里。我们有理由推测，在最早的历史时期内，这一部分古三角洲用于耕作和永久居住的供水严重不足，因此很快就枯竭了，致使洼地及古河床（斯文·赫定博士曾用水平仪测绘过）长时间暴露于风蚀之下。

汉代由库鲁克
河灌溉的地带

第三个地带从纬度40°22′向北延伸到库鲁克山外围丘陵的砂砾缓坡。这一地带内有1906年考察过的楼兰遗址以及1914年找出来的同一时期的遗存。它们都提供了清楚的证据，说明库鲁克河北支流中的一两条支流，至少在公元初的几个世纪中有足够的水量以供灌溉。此外，在这里也发现了石器时代的大量遗物，说明在史前时期，这一地带也拥有足够的供水，使得游牧活动成为可能。根据在那些遗址不远处发现的钱币及另外的可大致断代的遗物判断，似乎可以肯定，那时这里的自然环境与现在的塔里木河边地带较为相似，可进行渔猎、游牧生活，这种情况一直延续到公元4世纪早期，即楼兰及穿过那里的古道最后被废弃的时期。事实上，下一章将要讨论的材料似乎说明在这一地区，最晚的新石器文化和汉朝控制时期之间没有太大的时间间隔，影响这一地带的自然环境也没有什么重要的变化。

在 L.M 遗址和 xciii 号营地之间发现的遗物

L.M~C.xciii.01　**石核**。淡褐色，从窄长的石叶上面打下来的。长 $1\frac{1}{4}$ 英寸。

L.M~C.xciii.02~010　**小石片**。各种形状，各种石质。最大长度 $1\frac{3}{16}$ 英寸。

L.M~C.xciii.011、012　**2 块陶片**。粗糙，淘洗不佳，泥质红陶和黑陶，已磨蚀。最大长度 2 英寸。

L.M~C.xcii~xciii.01　**磨石**。砂石质，灰黑色。一端圆钝，钻有一孔，另一端残断。参见《西域考古图记》第一卷 444 页的 L.B.IV.007。4 英寸×1 英寸× $\frac{1}{2}$ 英寸。图版 XXVI。

L.M~C.xcii~xciii.02　**残玉块**。粗糙，绿色，不规则形状。2 $\frac{5}{8}$ 英寸×1 英寸× $\frac{1}{8}$ 英寸。

在 xciii 号营地和 L.A 遗址之间发现的遗物

C.xciii.01　**残铁块**。已裂，锈蚀。$1\frac{1}{4}$ 英寸× $\frac{11}{16}$ 英寸× $\frac{3}{8}$ 英寸。

C.xciii.010　**石叶**。窄长，深绿灰色，双刃，磨损较甚。一端下面有打击点，另一端残断。长 2 英寸。

C.xciii.011　**铁锥**。横截面呈方形，插于木柄中。总长 $3\frac{1}{2}$ 英寸，柄长 $2\frac{1}{4}$ 英寸，最大直径 $\frac{5}{8}$ 英寸。

C.xciii.012　**陶片**。厚，泥质红陶。可能轮制。内面黑色。$1\frac{1}{2}$ 英寸×

$1\dfrac{3}{16}$英寸×$\dfrac{3}{16}$英寸。

C.xciii.013~015　3片石叶。013宽阔，双脊，一脊有肩，一面向后修整成柄部。长边虽修整过但仍凹凸不齐。宽端呈凿尖形。为刮削器（?）。深绿灰色。长$2\dfrac{3}{8}$英寸。柄部$1\dfrac{1}{16}$英寸，尖宽$\dfrac{1}{2}$英寸。014狭窄，三脊，外面的两脊靠近刃部。底端有打击点。深灰绿色。一端磨损、残断。$1\dfrac{3}{8}$英寸。015较为宽阔，有两道明显的脊和两刃，底面有打击点。黄褐色。刃部已磨损。一端残。$1\dfrac{11}{16}$英寸。

C.xciii.016、017　2个尖状石器。叶形，似L.I.012。深灰色。$2\dfrac{1}{4}$英寸×$\dfrac{5}{8}$英寸×$\dfrac{1}{4}$英寸；$1\dfrac{5}{8}$英寸×$\dfrac{3}{8}$英寸×$\dfrac{3}{16}$英寸。图版XXII。

C.xciii.018、019　2块石片。窄长，深灰色和黑色。最大长度$1\dfrac{5}{8}$英寸（018）。

C.xciii.020、021　2块石片。宽、平，深灰色和褐色。最大长度$1\dfrac{3}{8}$英寸（020）。

C.xciii.022　石刮削器（?）。深绿色，颗粒极细。有不规则的刃部。一端宽、钝。$1\dfrac{1}{4}$英寸×1英寸×$\dfrac{7}{16}$英寸。

C.xciii.023　燧石残件（?）。深灰色，一面有长叶剥落的痕迹，用途不明。最大长度$\dfrac{13}{16}$英寸。

C.xciii.024~026　3块残石片（叶）。窄长，深灰色、黄褐色和红色。最大长度$\dfrac{7}{8}$英寸。

C.xciii.027　**玛瑙珠宝或印章残件**。边沿为斜面。$\frac{1}{2}$英寸×$\frac{1}{4}$英寸×$\frac{1}{8}$英寸。

C.xciii.028　**半球形石器**。有灰色和汉白玉色的层理。底径$\frac{3}{4}$英寸，高$\frac{3}{8}$英寸。

C.xciii.029　**铁器残件**。锈蚀。2英寸×1$\frac{1}{8}$英寸×$\frac{3}{8}$英寸。

C.xciii.030　**玻璃珠残件**。球形，有蓝色、白色的条纹。直径$\frac{1}{2}$英寸。

C.xciii.031、032　**2块玻璃残片**。浅黄色，半透明。最大尺寸$\frac{1}{2}$英寸×$\frac{3}{8}$英寸×$\frac{1}{4}$英寸。

C.xciii.033、034　**2颗玻璃珠**。鎏金，联珠形。最大尺寸$\frac{3}{8}$英寸×$\frac{1}{4}$英寸。图版XXIII。

C.xciii.035～063　**19片石叶**。长、窄。黑灰色和黄褐色石质。多数为小残片。最大尺寸2$\frac{1}{16}$英寸×$\frac{1}{2}$英寸×$\frac{1}{8}$英寸（063）。

C.xciii.067　**青铜棒残件**。直体，锈蚀。长2$\frac{1}{2}$英寸，直径$\frac{1}{8}$英寸。图版XXIII。

C.xciii.068　**铜镜边沿残片**。突起的素沿，沿内有放射形条带纹饰。边沿长1$\frac{7}{8}$英寸，宽$\frac{3}{8}$英寸。图版XXIII。

C.xciii.069　**青铜镞首**。卵形，双刃，与图版CXI中的Kucha.062类似，但要短一些。长1英寸，最大宽度$\frac{9}{16}$英寸。图版XXIII。

C.xciii.070　铅珠。中心钻孔。直径 $\frac{3}{8}$ 英寸，厚 $\frac{1}{10}$ 英寸。图版 XXIII。

C.xciii.071　青铜镞残件。面平，三角形，六角形箭杆。如 L.J.01 等，$\frac{5}{8}$ 英寸 × $\frac{1}{2}$ 英寸。图版XXIII。

C.xciii.072　青铜针（钉?）头。圆柱形，从中心开始逐渐变细。一端有小孔。锈蚀。长 $\frac{1}{2}$ 英寸，最大直径 $\frac{1}{4}$ 英寸。

C.xciii.073　扁平铁条。两端均残断，一端已弯曲。$1\frac{5}{8}$ 英寸 × $\frac{1}{4}$ 英寸 × $\frac{1}{8}$ 英寸。图版 XXIII。

C.xciii.074　青铜残片。凸面，弯曲的锯齿形花边，饰以小点连成的放射状线条。略微浮雕。一边向后和部分邻边翻卷。$\frac{7}{8}$ 英寸 × $\frac{1}{2}$ 英寸 × $\frac{1}{32}$ 英寸。图版 XXIII。

C.xciii.075　玻璃器皿边沿残片。裂为两片，不透明，铜绿色。$\frac{3}{4}$ 英寸 × $\frac{5}{16}$ 英寸。图版 XXIII。

C.xciii.077、078　2 颗玻璃珠。已残为一半。凸圆饰形。077 为深黄色，半透明；078 为淡蓝色，半透明。表面锈蚀。直径分别为 $\frac{1}{2}$ 英寸和 $\frac{9}{16}$ 英寸。图版 XXIII。

C.xciii.079　玛瑙珠。红黄色，球形。直径 $\frac{1}{4}$ 英寸。图版 XXIII。

C.xciii.080　玻璃残片。淡绿色，半透明。$\frac{7}{8}$ 英寸 × $\frac{5}{16}$ 英寸。图版 XXIII。

C.xciii.081　**玻璃珠残件**。扁球形，半透明，黄色。直径约 $\frac{3}{8}$ 英寸。

C.xciii.082　**石片**。灰褐色，形状不规则。最大长度 $1\frac{9}{16}$ 英寸。

C.xciii.083　**石叶**。纹理细密，深灰色。微向下和向外弯曲。下面平坦，一端有打击点。单脊部分在中间，但向后伸至一端。凹面的单刃弯曲，磨损。背面平坦，在其总长度（$1\frac{9}{16}$ 英寸）约三分之一的地方方向改变。

C.xciii.084　**残石叶**。深灰绿色，纹理细密。双刃，双脊。长 $\frac{9}{16}$ 英寸。

C.xciii.085　**尖状石器**。深灰色，纹理细密，弯曲，叶形。底面平坦，粗大之一端有打击点。上有双脊，会聚于尖。长 $1\frac{3}{16}$ 英寸，宽 $\frac{15}{32}$ 英寸。

C.xciii.086　**残石叶**。深灰绿色，纹理细密。双刃，下面有打击点，中脊磨损。长 $1\frac{1}{8}$ 英寸。

C.xciii.087　**石器**。深灰色，纹理细密。一端渐细至圆尖，另一端歪斜，钝角略圆钝、削尖。有中脊和两个不完整的边脊。下面平坦，有打击点，长 $1\frac{1}{4}$ 英寸，最大宽度 $\frac{1}{2}$ 英寸，厚 $\frac{5}{32}$ 英寸。

C.xciii.088~098　**11 片残石叶**。深灰色、绿灰色、灰褐色和黄褐色，纹理细密，双脊。下面平坦，上面有一个或多个脊。最大长度 $1\frac{3}{8}$ 英寸。

C.xciii.099　**石镞**。深灰绿色，纹理细密，叶形，一面剥落。两刃均加工过。长 1 英寸，最大宽度 $\frac{3}{8}$ 英寸。

C.xciii.0100~0120　**21 块石片**。大部分是燧石石叶或其残片。除了下面提到的石片，其余均呈不同深浅的灰色。纹理细密，有单脊、双脊或三脊之分。0101 为窄石叶残片，边上磨损较严重。0102 不整齐。低面有部分大的打击点，上面扇形裂纹。0105 短宽形，底面纵凹。0110 棕褐色碧玉，狭窄，中脊高，沿其纵长修整过。形状均笨拙，窄长，一端下弯曲较严重。0114 窄长，底面有小的打击点，上面平坦，近磨损的边沿有两脊。0119 残，侧面弯向尖端，薄，从上面粗糙地剥落。0120 残，深灰褐色，两面平坦，底面带明显的打击点。向打击点石片渐细，单边磨损，背面平坦。最大长度 $2\frac{13}{16}$ 英寸（0114），最小长度 $\frac{4}{5}$ 英寸（0114）。图版 XXII。

C.xciii.0121~0140　**20 块石片**。大部分是残石叶。深灰色、绿灰色和灰褐色。纹理致密。0121 中脊高，边沿磨损。0122 中脊，边沿磨损。0123 双刃，近一刃处有相近的两个脊。0124 单（?）脊，近背面处有两脊，一端为圆锐的凿尖。0126、0127 和 0129 刃部磨损较严重。0120 上面平坦，近刃处有脊。0131~0135 刃部磨损较严重。0137 上面修整过，几乎把脊去掉。0140 薄、平，双刃使用过。最大长度 $2\frac{5}{16}$ 英寸（0121），最小长度 $\frac{7}{8}$ 英寸（0133）。图版 XXII。

C.xciii.0141　**玉斧**。锋利的刃部，切削过。上部粗糙且残。长 $2\frac{7}{16}$ 英寸，最大宽度 $1\frac{3}{16}$ 英寸，最大厚度 $\frac{1}{2}$ 英寸。图版 XXII。

C.xciii.0142　**石斧**。粗削而成，薄，长三角形。顶端残失。深灰斑驳的石质。三刃均锋利。粗大的一头侧面略弯曲。长 $1\frac{7}{8}$ 英寸，最大宽度 $1\frac{1}{8}$ 英寸，最大厚度 $\frac{5}{16}$ 英寸。图版 XXII。

C.xciii.0143　**石片**。橄榄绿色。最大长度 1 英寸。

C.xciii.0144、0145　**2 个青铜残件**。部分锈蚀。最大厚度 $1\frac{1}{8}$ 英寸。

C.xciii.0146　**玉斧**。绿色，平坦，刃部锋利。长 $1\frac{7}{16}$ 英寸，最大宽度

$1\dfrac{3}{16}$ 英寸，最大厚度约 $\dfrac{3}{16}$ 英寸。

　　C.xciii.0148　**石片**。橄榄绿色，与 C.Xciii.0143 类似。最大长度 $1\dfrac{1}{16}$ 英寸。

　　C.xciii.0149　**石核**。深灰色，有从上面剥离下窄长石叶的痕迹。长 $1\dfrac{1}{8}$ 英寸。

　　C.xciii.0150　**石片**。橄榄绿，与 C.Xciii.0143、0148 类似。最大长度 $\dfrac{13}{16}$ 英寸。

　　C.xciii.0151　**石刮削器**（?）。深灰色，切口扁平。略弯曲。背平，部分加工，部分残破。粗大的一端平坦。另一端从下变圆，粗凿至波浪形边沿，边沿与背部相接处为一锋利的尖。$2\dfrac{1}{2}$ 英寸 $\times$ $\dfrac{3}{4}$ 英寸 $\times$ $\dfrac{1}{4}$ 英寸。

　　C.xciii.0152　**陶片**。夹砂泥质红陶，外表呈深灰色。最大宽度 $11\dfrac{1}{2}$ 英寸。

　　C.xciii.0153　**石片**。深黑色。一端粗大，另一端加工成极短的边沿。沙蚀过，平整，粗钝。最大厚度 $1\dfrac{1}{4}$ 英寸。

　　C.xciii.0154　**石器残块**。略呈圆形，内凹，似海绵那样多小孔。边沿圆凹，平坦的面被研磨过。坚硬、黑色。或许是一件研磨器。高 $\dfrac{1}{2}$ 英寸，平坦面的直径为 $1\dfrac{1}{16}$ 英寸。

　　C.xciii.0155、0156　**2 块陶片**。夹砂粗陶。0155 为红陶，外表黑色。一边成斜面。也许是一件器皿的底或侧面。0156 为浅灰陶。最大宽度 $2\dfrac{3}{8}$ 英寸（0156）。均因曝晒而褪色，磨损。

C.xciii.0157　铁器残件。已锈蚀。2英寸×1$\frac{1}{8}$英寸×$\frac{1}{4}$英寸。

C.xciii.0158~0162　5块石片。0158为褐色碧玉，也许是作削刮器。0159黄褐色，总体呈三角形，中脊高，边沿修整过。0160灰褐色，有打击点。0161坚硬，黑色，打击点带贝壳状环圈，下面的一端修整过。0162为窄长的叶片，绿色，刃部磨损。最大长度1$\frac{7}{16}$英寸（0158）。图版XXII。

C.xciii.0163~0166　4块陶片。0163为夹砂红陶，外表剥落。内面带有轮制的痕迹。0164为夹砂陶，内面呈红色，外表灰色。因曝晒而褪色，磨损。0165夹砂红陶，内外面均黑，可能手制。0166与0165类似但内面为红色。磨损。最大长度1$\frac{7}{8}$英寸，最大厚度$\frac{3}{8}$英寸。

C.xciii~L.A.01~07　7片碧玉石叶和燧石石叶。窄长形，单脊或双脊，黄褐色、灰色、黑色和深红色。最大长度2$\frac{3}{8}$英寸（03）。

C.xciii~L.A.08　软石残块。灰色和白色，半圆柱形，长1$\frac{1}{8}$英寸，直径$\frac{1}{2}$英寸。

C.xciii~L.A.09~011　3件碧玉镞（?）。09一端削成方形，绿灰色，长1$\frac{3}{8}$英寸。010两端均呈尖状，黄褐色，长1$\frac{1}{8}$英寸。011呈长叶形，与L.I.012等类似，橄榄绿色，长2$\frac{3}{16}$英寸。